WING SURFEN & FOILEN

ECKARDT
MATHEIS
DE GRAAF

VON DEN ANFÄNGEN BIS ZUM ERSTEN SPRUNGMANÖVER

DELIUS KLASING VERLAG

Bibliografische Information der Deutschen Nationalbibliothek
Die Deutsche Nationalbibliothek verzeichnet diese Publikation in der Deutschen Nationalbibliografie; detaillierte bibliografische Daten sind im Internet über http://dnb.dnb.de abrufbar.

2. Auflage
ISBN 978-3-667-12374-9

Texte: Gordon H. Eckardt, Bernd Matheis, Swen de Graaf
Lektorat: Kirsten Ochs
Fotos: wingpassion, außer: Frithjof Blaasch aka Bulgenslag: S. 14/15, 31, 42, 178 (r);
Daniel Pankoke: S. 88/89, 212/213, 215, 217 (oben l, oben r); 137, 153 (r), 154/155, 180/181, 183, 219;
Kilian Rüthel: S. 177, 178 (l 1+2), 179; Lukas Stiller: 17, 24; Mathias Müller: S. 165;
Stephan Gölnitz: 92 (u); Tobias Krüger: S. 157, 184; Tobias Meier: S. 23, 33 (o), 144/145; KI generiert: S. 56.
Grafiken/Illustrationen: Gordon Eckardt
Umschlaggestaltung: Felix Kempf, www.fx68.de
Coverbild: Frithjof Blaasch aka Bulgenslag
Back-Coverbild: Georg Hein
Layout: Josefine Graf
Gesamtgestaltung und Lithografie: Die Werkstatt Medien-Produktion GmbH, Göttingen
Druck: Print Consult, München
Printed in Slovenia 2026

Delius Klasing Verlag GmbH, Schillerstraße 81, 33609 Bielefeld
Tel.: 0521/559-0
E-Mail: info@delius-klasing.de
www.delius-klasing.de

Willkommen

Wingsurfen und Wingfoilen sind populär. Für uns ist es noch mehr, es ist eine Leidenschaft. Wir lieben diesen Sport, weil er eine großartige Herausforderung, zugleich aber gar nicht so schwer zu erlernen ist. Immer wieder werden wir am Strand angesprochen und gefragt: Was ist das eigentlich, was ihr da macht? Das sieht ja toll aus, ist das schwierig? Wo bekommt man das Material? Wie teuer ist das? Was braucht man für den Anfang? Geht das mit dem Wing auch einfach auf dem SUP-Board? usw. usw.

Gern möchten wir diese und weitere Fragen beantworten, unsere Leidenschaft teilen und viele Interessierte für diesen großartigen, noch recht neuen Freizeitsport begeistern. Dafür gibt es dieses Buch und auch unsere Website *wingpassion.de*.

Wir haben eine Menge an Informationen zusammengetragen und versucht, diese so systematisch wie möglich und zugleich unterhaltsam aufzubereiten.

Das Buch folgt einer gewissen Struktur: Wir beschreiben eine gute Vorbereitung auf den Sport, den Umgang mit dem Material sowie die grundlegenden Techniken und gehen auf die Naturelemente Wind und Wasser ein. Diese Inhalte bilden gemeinsam mit dem Thema Sicherheit den Anfang und die Grundlage (Kapitel I und II).

Danach geht's aufs Wasser. Wir üben zunächst mit dem SUP-Board, um uns anschließend an die ersten Fahrten und Flüge mit dem Foil zu wagen (Kapitel III und IV).

Es folgen die Basismanöver und schließlich die Manöver für Fortgeschrittene (Kapitel V und VI).

Abschließend gehen wir kurz auf die Wettkampfdisziplinen ein. Eine detailliertere Kaufberatung sowie Hinweise für die Suche nach einem Wingfoil-Kurs schließen das Buch ab (Kapitel VII, VIII, IX).

Alles wird in einer möglichst einfachen und für Einsteiger angenehmen Sprache erklärt. Viele Bilder, Grafiken und Übersichten unterstützen das Verstehen und Lernen. Darüber hinaus findest du zahlreiche Links zu interaktiven Elementen und Videos, die das Beschriebene in bewegten Bildern anschaulich machen. Einfach den QR-Code scannen oder den Webcode auf *wingpassion.de/buch* eingeben, und los geht's!

Kreuz und quer lesen, vorwärts und rückwärts blättern, nachschlagen und Notizen machen ist ausdrücklich erwünscht. Die Kapitelmarkierungen, das Inhaltsverzeichnis sowie der Index und ein kleines Wingsurfer-Glossar unterstützen dich dabei. Ergänze alles nach Belieben! Nimm einen Stift und/oder Textmarker und mach das Buch zu deinem Begleiter und Werkzeug für eine steile Lernkurve im besten Wassersport der Welt!

Der Sport ist jung und wird sich weiter entwickeln. Über unsere Website und unsere Social Media Accounts kannst du problemlos am Ball oder besser „am Wing bleiben“. Über Feedback und Anregungen freuen wir uns sehr. Schick uns gern eine E-Mail an: *buch@wingpassion.de*.

Wir wünschen dir von Herzen viel Spaß und freuen uns über dein Feedback!

Gordon, Bernd & Swen

WINGPASSION.DE
SHARED PASSION FOR WINGING AND FOILING

!

Hier findest du interaktive Elemente zum Buch – inklusive Hinweisen zu Aktualisierungen. Probiere es gern gleich einmal aus! Gehe auf *wingpassion.de* und gib dort den Webcode ein, oder nutze den QR-Code mit deinem Smartphone.

Webcode: 0000

Inhalt

Welche Fähigkeiten brauche ich?

Wingfoilen ist ein faszinierender Sport, und die meisten, die zum ersten Mal Wingfoiler auf dem Wasser sehen, sind beeindruckt.

Bei nahezu jeder Session werden wir von Passanten und interessierten Zuschauern angesprochen. Die erste Frage lautet dann meist: „Was ist das eigentlich, was ihr da macht?“ Und die zweite Frage: „Ist das schwierig?“

Unsere Antwort lautet dann meist: „Es ist einfacher, als es zunächst aussieht!“ Und das stimmt unserer Ansicht nach vollkommen. Dennoch ist es einigermaßen komplex zu erlernen, und es bedarf einer Reihe von Kenntnissen und Fähigkeiten, die miteinander kombiniert werden müssen.

Die Struktur dieses Buches orientiert sich an den erforderlichen Kenntnissen und Fähigkeiten.

Welche Fähigkeiten brauchst du, um Wingfoilen zu beherrschen?

Da sind zunächst die sehr grundlegenden Kenntnisse und Fähigkeiten, die mit dem Sport und dem Spaß daran vermeintlich wenig zu tun haben, aber elementare Voraussetzung dafür sind, dass wir den Spaß daran erhalten und unsere Erfolge wohlbehalten genießen können:

- Wir benötigen Kenntnisse über das Material und den Umgang damit.
- Wir müssen uns mit den Naturelementen Wasser und Wind auskennen.
- Wir brauchen grundlegende Kenntnisse über die Fortbewegungsmöglichkeiten mithilfe des Windes.
- Da wir häufig nicht allein auf dem Wasser sein werden, müssen wir Regeln für das Verhalten untereinander kennen.
- Wir müssen wissen, wie wir mit den möglichen Gefahren des Sports umgehen und diese beherrschen können.

Zusätzlich brauchen wir natürlich Wissen und Fähigkeiten in Bezug auf die grundlegenden Techniken des Sports:

- Wir sollten möglichst schnell möglichst sicher mit den drei Sportgeräten Wing, Board und Foil– einzeln und in Kombination – umgehen können.
- Wir brauchen Techniken für das Aufstehen auf einem relativ kleinen Board, das bei Wind und Welle auf dem Wasser treibt.
- Wir müssen die Energie des Windes übertragen und das Board zum Fahren bringen, um es dann zielgerichtet zu steuern.
- Gelingt uns dies, müssen wir das Board und uns mithilfe des Foils, das nicht nur zufällig an die Form eines Flugzeuges erinnert, zum Fliegen bringen, in der Luft halten und schließlich kontrolliert landen können.
- Hinzu kommt die kontrollierte Veränderung der Fahrt- oder Flugrichtung – das Steuern und Lenken –, die beherrscht werden will.

Schließlich geht es um die folgenden weiterführenden Techniken:

- Wir brauchen die Fähigkeit zum Richtungswechsel, die uns durch das Beherrschen der Basismanöver Halse und Wende gegeben wird.
- Wir wollen uns vermutlich auch weiterentwickeln und uns weiterführende, anspruchsvollere Manöver, wie zum Beispiel das Sprungmanöver im nebenstehenden Bild, aneignen.

Je nach mitgebrachten Vorkenntnissen und -erfahrungen muss jeder von uns mehr oder weniger viele Fähigkeiten neu erwerben. Dementsprechend wird dein individueller Lernprozess beim Wingfoilen schneller oder langsamer verlaufen.

Mit diesem Buch wollen wir diesen Prozess für dich so leicht und effektiv wie möglich gestalten. Die einzelnen Kapitel folgen in ihrer Struktur im Wesentlichen der vorstehenden Auflistung.
Gedacht ist dieses Buch aber als Lern-, Übungs- und Begleitbuch, das du nach deinen individuellen Bedürfnissen in Kombination mit deinen Vorerfahrungen und deinem Lernfortschritt aktiv nutzen solltest. Es ist also nicht erforderlich, von vorn nach hinten zu lesen. Springen, Blättern, Markieren und Nachschlagen sind ausdrücklich erwünscht!

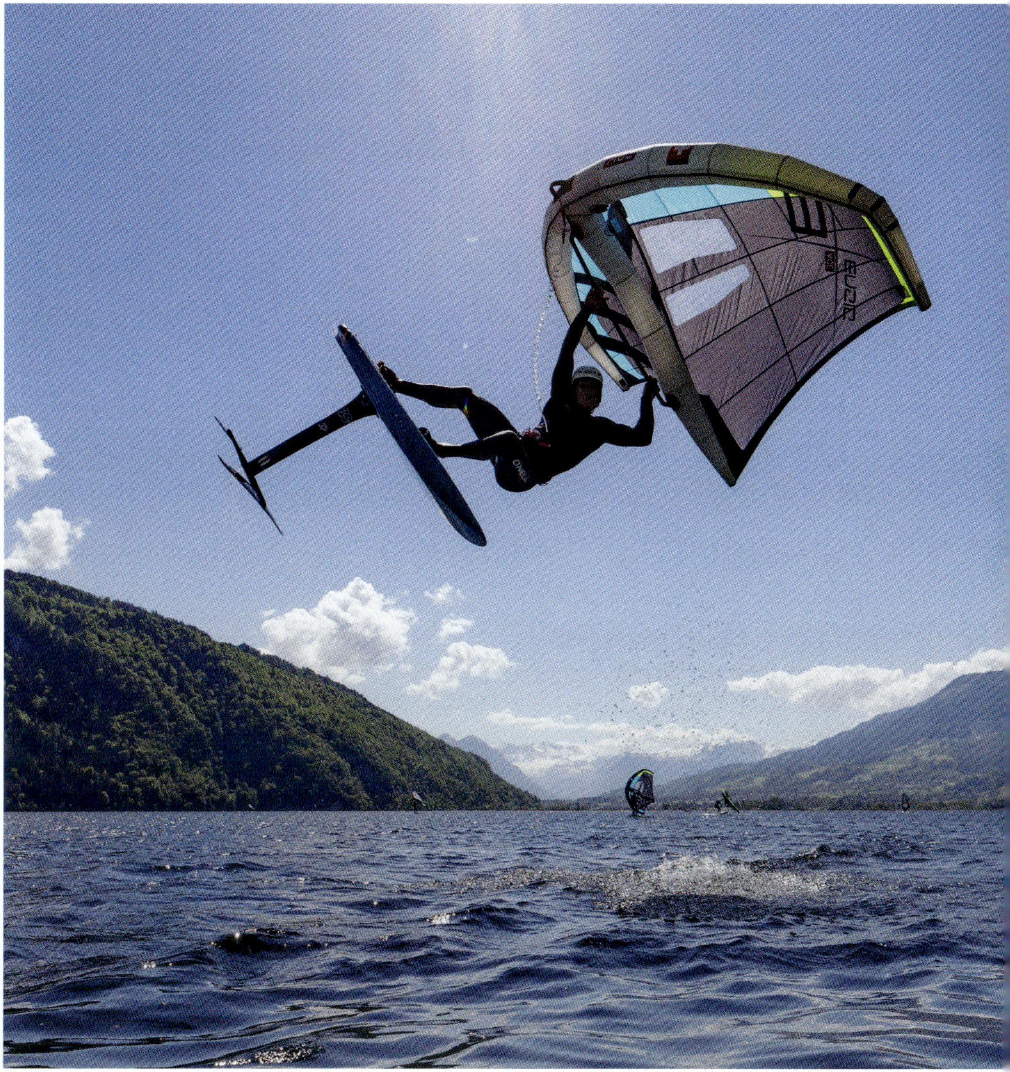
Fortgeschrittene Sprungmanöver sehen toll aus und sind für viele Einsteiger sicher ein anspornendes Ziel.

Die Vorteile des Wingsurfens gegenüber anderen Windwassersportarten

Du bist noch unschlüssig, ob Wingsurfen oder Wingfoilen das Richtige für dich ist? Oder du bist begeistert, brauchst aber noch ein paar mehr oder weniger sachliche Argumente, um den Ein- oder Umstieg zum Wingsurfen zu rechtfertigen? Hier findest du ein paar aus unserer Sicht beachtliche Vorteile im Vergleich zu den anderen Windwassersportarten:

Material: wenig! Leicht! Kompakt! Überschaubar!

Für das Wingsurfen brauchst du vergleichsweise wenig Material: Ein kompaktes Board, ein Foil und natürlich ein Wing genügen durchaus – zumindest für den Anfang.

Natürlich kommt schnell mehr dazu. Mit fortschreitendem Können wollen die meisten eine breitere Auswahl an Winggrößen für unterschiedliche Windbedingungen. Außerdem kommt früher oder später der Wunsch nach schnelleren (kleineren) Flügeln und gegebenenfalls längeren Masten für das Foil auf.

Materialtransport: easy!

Der Transport des Materials ist vergleichsweise einfach – vor allem gegenüber dem Windsurfen ist weniger klein- und großteiliges Material zu transportieren. Das Board passt in jeden Kleinwagen oder Fahrradanhänger. Das Foil lässt sich komplett zerlegen und dann in einer größeren Aktentasche verstauen. Und der Wing findet in der Regel Platz in einer sehr kompakten Tasche. Auch längere Fußwege lassen sich damit durchaus bewältigen: Den Wing auf dem Rücken, das Foil in der einen und das Board in der anderen Hand. Auf geht's!

Aufbau: simpel!

Auch der Aufbau des Materials ist deutlich einfacher als beim Windsurfen oder Kiten. Du brauchst nichts zu trimmen oder irgendwelche Leinen auszurollen. Einfach den Wing aus der Tasche nehmen und aufpumpen. Das Foil zusammenbauen und am Board befestigen. Das geht in wenigen Minuten. Fertig!

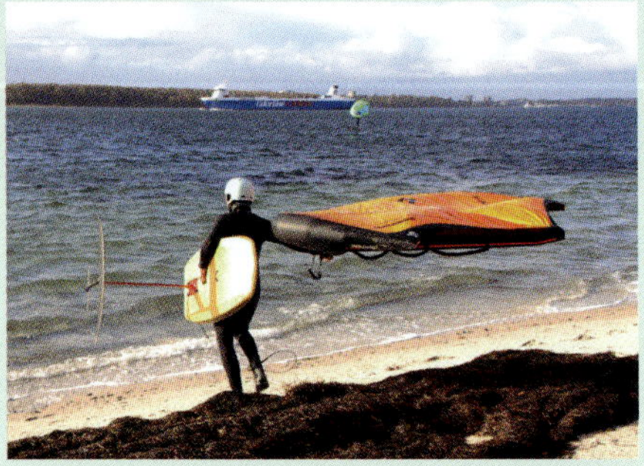

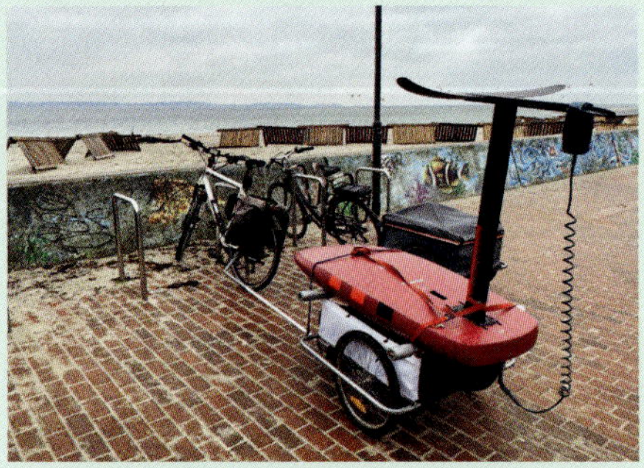

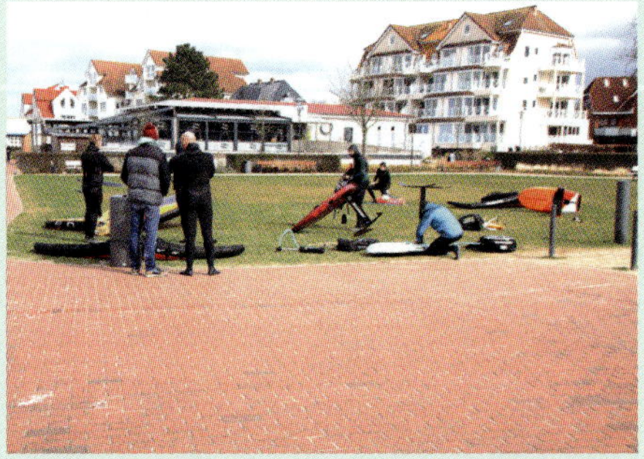

Einstieg: schnell!

Der Einstieg in den Sport ist vergleichsweise einfach. Jeder, der auf einem SUP-Board stehen kann, nimmt einfach den Wing dazu, und schon geht es los! Wichtig ist für den Anfang ein Board, das genügend Volumen hat. Die Faustregel für den Einstieg lautet: Eigengewicht plus mindestens 40 Liter. Erste Erfolge lassen sich dann tatsächlich schon in der ersten Session erzielen. Wer zudem Erfahrung aus anderen Windwassersportarten, vor allem dem Windsurfen, mitbringt, hat es in der Regel nach zehn Minuten raus. Und wer dann noch Foilerfahrung hat und sehr sportlich ist, schafft es mitunter sogar in der ersten Session aufs Foil.

Sicherheit: hoch!

Es gibt keine Leinen wie beim Kitesurfen, die sich irgendwo verheddern, kein fest verbundenes Trapez, das dich mit den Leinen aufs Land schleudern könnte, keinen Mast wie beim Windsurfen, der dir auf den Kopf schlagen könnte. Schleuderstürze sind quasi ausgeschlossen, ebenso die Gefahr, unter dem Segel eingeklemmt zu werden. Mit dem Wing dich oder andere zu verletzen, ist fast unmöglich!

Etwas anders sieht es natürlich aus, wenn auch das Foil zum Einsatz kommt. Dieses ist naturgemäß sehr hart und scharfkantig. Mindestens seinetwegen solltest du einen Helm und eine Prallschutzweste tragen. Dass du zudem besondere Rücksicht auf andere nimmst, ist wohl selbstverständlich. Dennoch gilt auch hier, dass die Kontrolle des Foils im Vergleich zum Windsurf- oder Kitefoilen deutlich besser möglich ist. Damit ist das Wingsurffoilen auch vergleichsweise sicherer.

Einsatzbereich & Vielfalt: riesig!

Der Einsatzbereich des Wings auf dem Wasser und an Land ist äußerst vielfältig. An Land bringt er in Verbindung mit einem Skate- oder Mountainboard super Laune. Auf dem Wasser findet er viele Einsatzmöglichkeiten für SUP-Boarder, Wellenreiter und natürlich Wingfoiler. Mit dem SUP-Board bringt er einfach so Spaß oder hilft in die Wellen zu kommen, um diese abzureiten. Das gilt auch für das Foilboard, mit dem du zudem bei fast allen Windbedingungen auf Meer, Fluss und See viel Spaß haben kannst. Ab acht bis zehn Knoten Windgeschwindigkeit ist das Wingsurfen möglich, richtig Spaß macht es ab zwölf Knoten – und nach oben ist es (fast) offen!

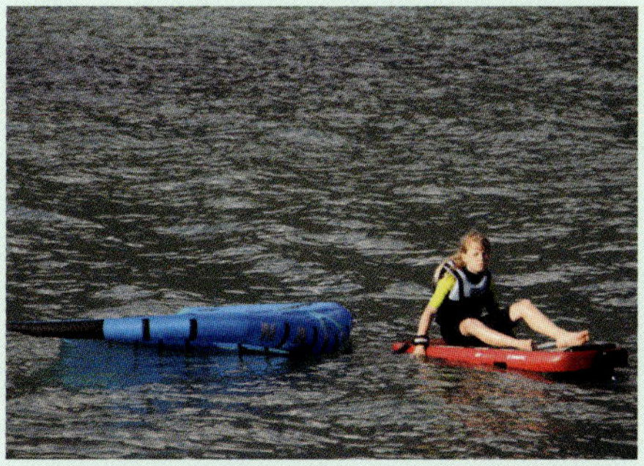

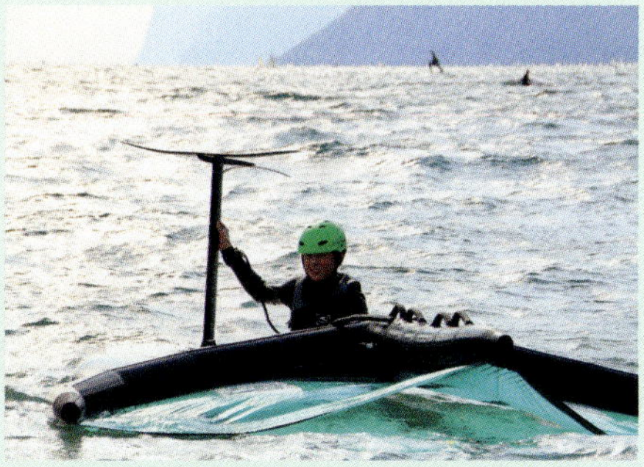

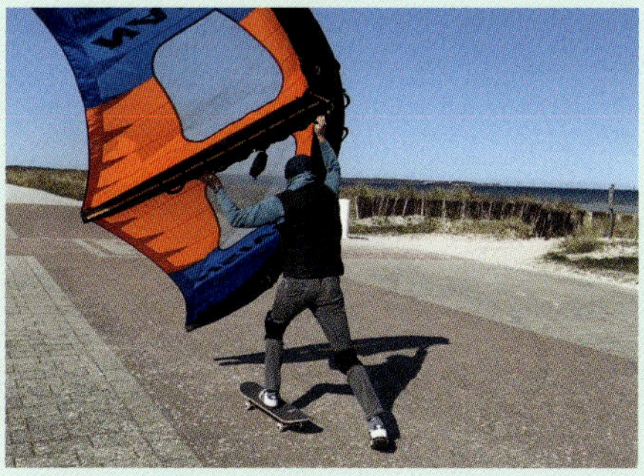

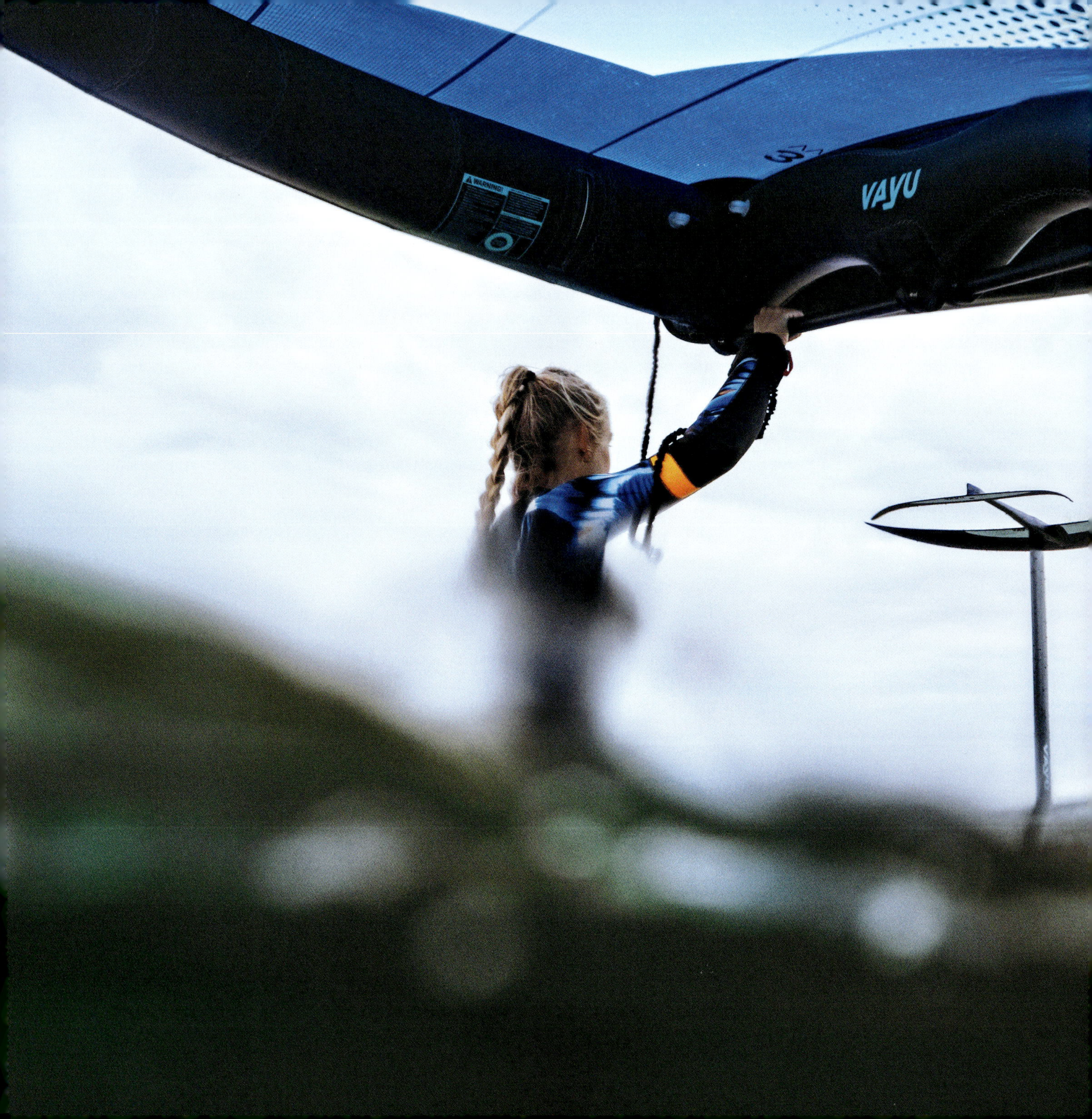
VAYU

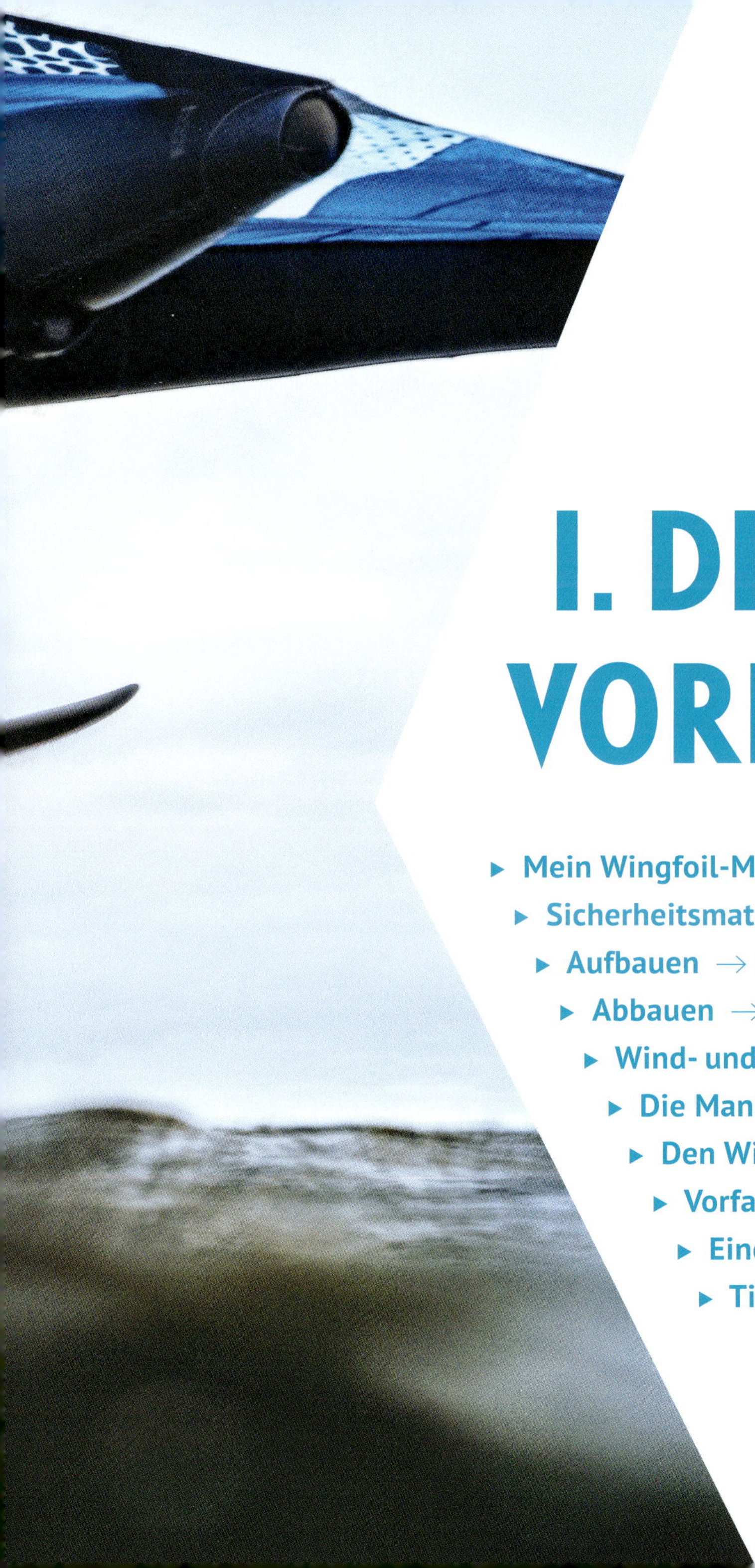

I. DIE VORBEREITUNG

Foto: Frithjof Blaasch

I. Die Vorbereitung

Du willst Wingsurfen und/oder Wingfoilen lernen. Es soll losgehen!

Wie so oft stehen am Anfang eine Menge grundlegender Fragen, die beantwortet werden sollten, bevor es mit dem eigentlichen Spaß und Sport losgehen kann:

- Welches Material brauche ich?
- Was gibt es beim Aufbau und Abbau zu beachten?
- Wie funktioniert das mit dem Wind?
- Wohin kann ich fahren, und welche Manöver gibt es?
- Wer hat wann Vorfahrt?
- Wo kann man (gut) Wingsurfen und -foilen?
- Wie sicher oder gefährlich ist das Ganze?
- Was sollte ich tun und beachten, damit weder ich noch das (teure) Material Schaden nehmen?

Bevor wir also gemeinsam mit dir aufs Wasser gehen, möchten wir in den nachfolgenden Unterkapiteln zunächst diese grundlegenden Fragen beantworten.

Foto: Lukas Stiller

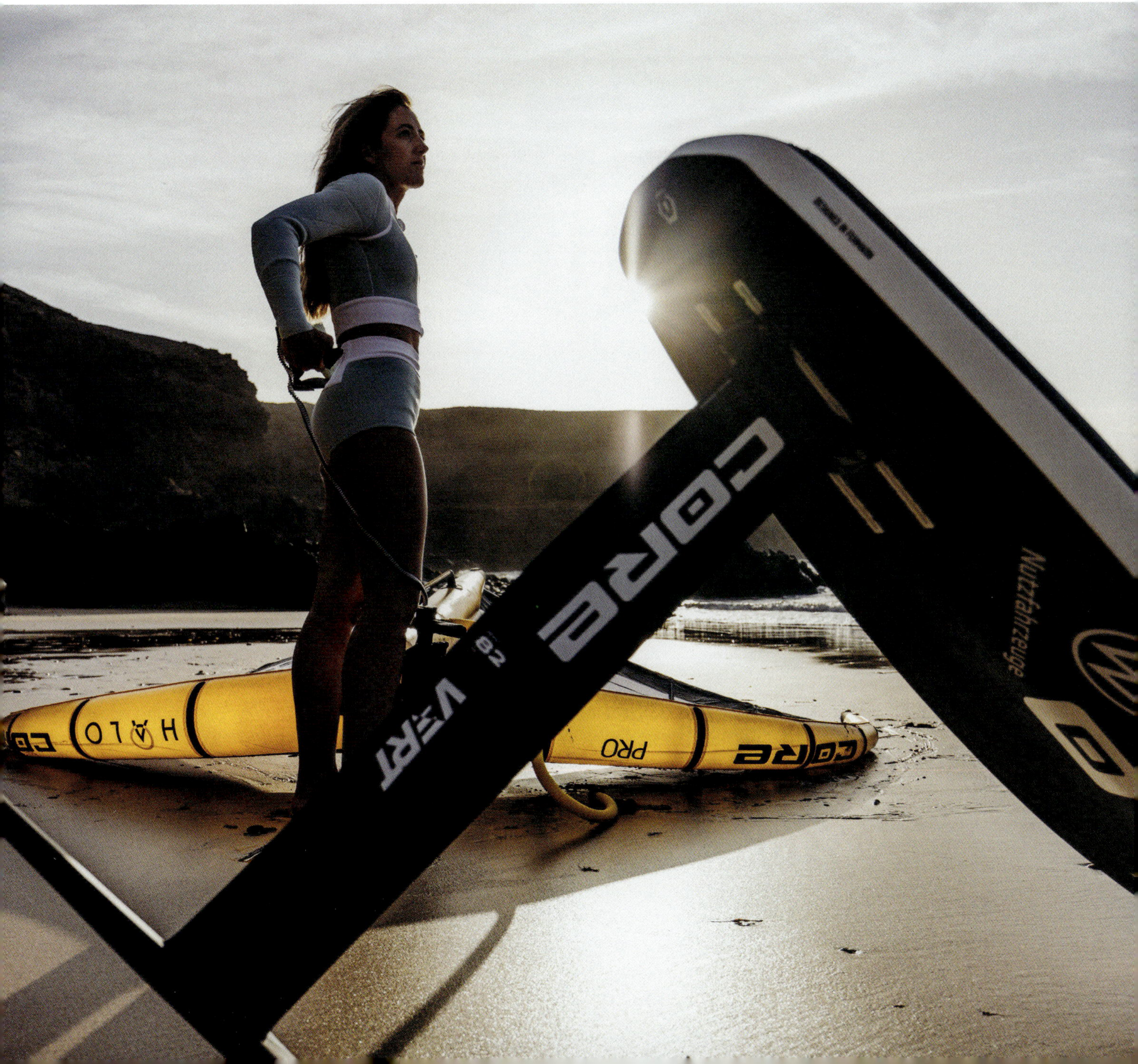
CORE
VERT
PRO
Nutzfahrzeuge

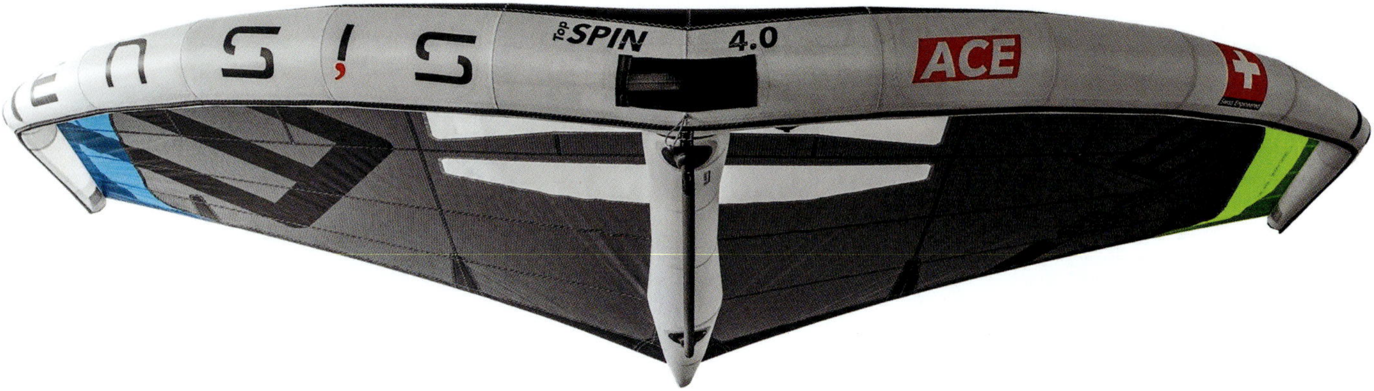

◀ **ENSIS Top Spin ACE** mit Boom.

Mein Wingfoil-Material

Was gehört zum Wingsurfen und Wingfoilen dazu? Welches Material brauche ich?
Na klar, wie der Name schon sagt, du brauchst einen Wing, ein Foil und dazwischen ein Board. So weit, so gut.
Was aber bedeutet das im Einzelnen, worauf solltest du achten, und worin liegen die Unterschiede?

1. Der Wing

Natürlich brauchst du zunächst erst einmal einen Wing. Der Begriff stammt aus dem Englischen und bedeutet Flügel. Ein Wing ähnelt hinsichtlich seiner Bauform sowie der verwendeten Technologien und Materialien einem Kite. Die Handhabung und Steuerung – wenn man dann erst einmal auf dem Board steht – ähneln jedoch mehr dem Windsurfen. Die Aufgabe des Wings ist es, dem Fahrer gleichzeitig Auftrieb und Vortrieb zu geben. Anders als beim Windsurfen ist der Wing nicht fest mit dem Board verbunden. Stattdessen hat der Fahrer ihn direkt in der Hand. Damit er nicht verloren gehen kann, ist der Wing über eine Leash mit dem Fahrer verbunden. Diese wird bei den meisten Wings mitgeliefert. Zumeist wird sie am Handgelenk befestigt, mitunter aber auch an einem Bauchgurt oder an der Prallschutzweste.
Wings gibt es von vielen Herstellern und in unterschiedlichen Größen. Der Aufbau und die Gestaltung des Wings weichen je nach Hersteller leicht voneinander ab. Grundsätzlich verfügen alle Wings über eine aufblasbare Fronttube – ähnlich einem Kite. Daneben besteht der größte Unterschied in der Art der Griffe, über welche die Steuerung durch den Fahrer erfolgt. Während zu Beginn fast alle Wings mit mehreren Schlaufen entlang der Mittelstrut ausgestattet

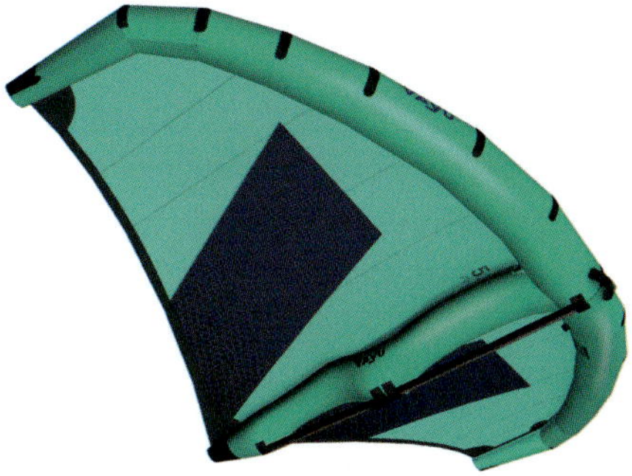

Vayu Wing mit unterbrochenem Boom.

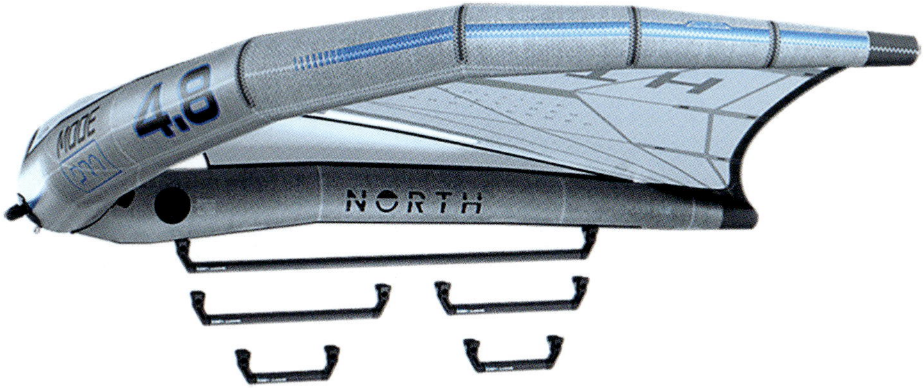

North Mode Pro Wing alternativ mit kurzen und langen Handles oder Boom.

waren, bieten die Hersteller nun häufig variable Systeme. Dabei hat der Nutzer die Wahl zwischen (größeren) Schlaufen, festen Handles oder einem durchgehenden Boom. Der wesentliche Vorteil der Boom-Variante besteht in der deutlich flexibleren Positionierung der Hände entlang dieser Stange. Nachteilig sind das sperrigere Packmaß durch den Boom sowie die etwas größere Gefahr von Beschädigungen am Board, wenn dieser darauf fällt. Als gute Kompromisslösung bieten einige Hersteller (zum Beispiel Cabrinha, Ensis, Takuma) inzwischen längere angenähte Griffe an, bei denen die Handposition zumindest in einem gewissen Rahmen flexibel verschoben werden kann, ohne beim Umgreifen loslassen zu müssen.

Die unterschiedlichen Formen haben einige Vor- und Nachteile. Diese sind nicht zuletzt abhängig vom Fähigkeitslevel und den individuellen Vorlieben des Fahrers. Die Größe der Wings wird in Quadratmeter angegeben. Die ersten Wings, wie zum Beispiel der Naish Wingsurfer aus dem Jahr 2019, wurden ausschließlich mit vier Quadratmetern angeboten. Inzwischen bieten nahezu alle Hersteller ein breites Spektrum zwischen zwei und neun Quadratmetern an. Je nach Windstärke kann dann entsprechend dem individuellen Körpergewicht und je nach Fähigkeitslevel die jeweils geeignete Größe ausgewählt werden – sofern man über eine Auswahl verfügt. Aber keine Angst, für den Start genügt ein Wing von fünf bis sechs Quadratmetern. Damit wird eine recht große Spanne hinsichtlich der erforderlichen Windstärke abgedeckt. Alle Anbieter haben einen solchen Wing im Programm. Eine super Allzweckwaffe für den Start ist zum Beispiel der 5.3 Wingsurfer von Naish. Ausführlichere Tipps findest du im ▶ Kapitel „Material- und Kaufberatung“.

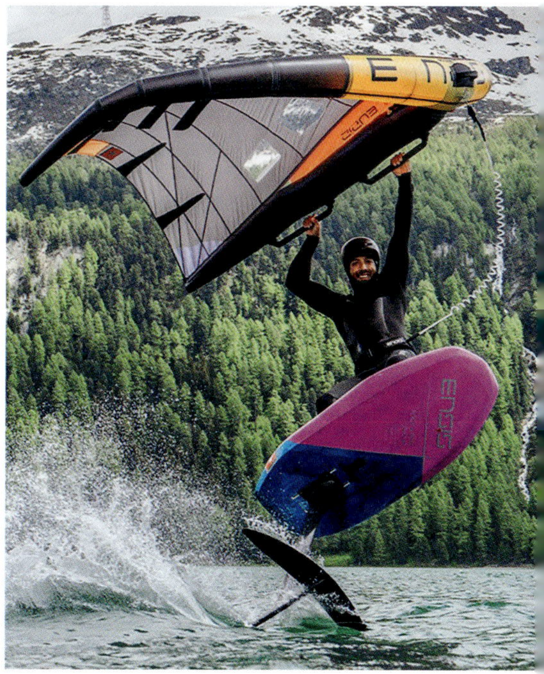

2. Das Board und die Leash

Der zweite wichtige Bestandteil ist das Board. Für das einfache Wingsurfen und für den Anfang leistet ein SUP-Board (Stand-up-Paddle-Board) oder ein Windsurfboard hervorragende Dienste. Dabei solltest du auf genügend Volumen achten, sodass das Board dich problemlos trägt. Kippstabilität und Auftrieb sind die entscheidenden Faktoren, die zu Anfang einen schnellen Lernfortschritt ermöglichen.

Je nach deinem Gewicht, deiner Vorerfahrung im Wassersport und deinem Ehrgeiz sind Boards zwischen 90 und 200 Litern möglich. Es funktionieren sowohl aufblasbare Boards als auch Hardboards. Grundsätzlich gilt: Je mehr Volumen, desto leichter gelingen die ersten Versuche, weil man sich stärker auf die Handhabung des Wings konzentrieren kann.

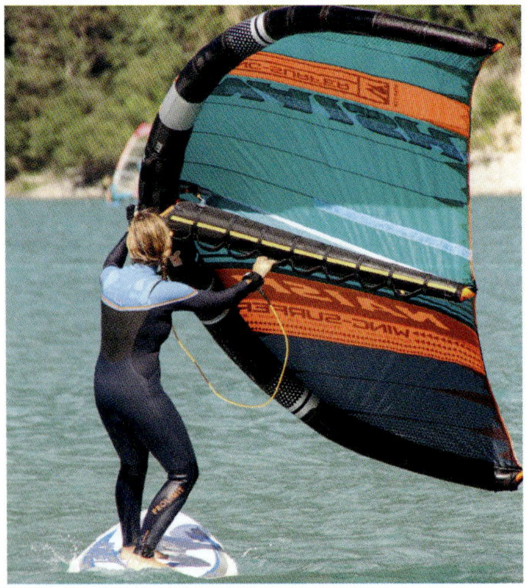

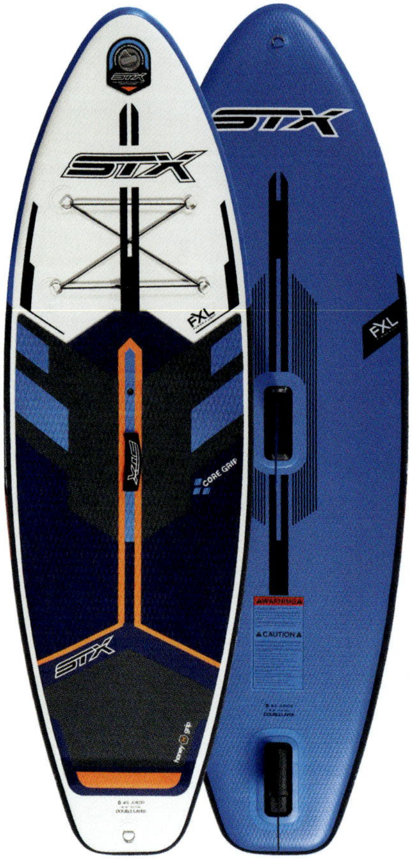

Aufblasbares Crossover-SUP-Board von STX – dank Mittelfinne ist es auch fürs Wingsurfen geeignet.

Gleichzeitig bedeutet mehr Volumen aber auch höhere Trägheit, weniger Wendigkeit und mehr Windanfälligkeit. Das Höhelaufen, also das Halten der Position in Bezug auf den Startpunkt am Ufer, wird dann schnell zum Problem. Hilfreich sind hier Boards mit Mittelfinnen, wie sie auch beim Windsurfen (für Einsteiger) eingesetzt werden. Inzwischen gibt es auch gute aufblasbare Crossoverboards, die für SUP und Wind- oder Wingsurfen geeignet sind. Besonders gut ist es, wenn diese über eine (optionale) Mittelfinne verfügen. Dies reduziert die Abdrift gerade bei diesen eher windanfälligen Boards.

Spätestens wenn du Wingfoilen willst, brauchst du ein echtes Wingboard. Auch hier wächst das Angebot kontinuierlich. Fast alle Board-Hersteller aus dem Windsurf-, Kite- und SUP-Sektor bieten inzwischen spezielle Wingboards an. Diese sind für den Sport und die besonderen Bedingungen weitestgehend optimiert. Im Vergleich zum SUP und Windsurfboard sind diese Boards in der Regel deutlich kürzer und meist auch dicker gehalten. Vor allem sind die Kanten abgeschrägt, was insbesondere beim (ungewollten) Eintauchen äußerst hilfreich ist, da das Board dann schnell wieder an die Wasseroberfläche gleitet. Dies gilt sowohl für die inzwischen klassischen Wingfoilboards als auch für die Mid-Length- oder Downwind-Boards, welche sich besonders für Leichtwindsessions eignen. Neben reinen Wingboards gibt es bei den Hardboards auch viele Cross-over-boards, die eine Verwendung als SUP- oder Windsurfboard ermöglichen. Da diese Boards für alle diese Sportarten funktionieren sollen, sind jedoch Kompromisse hinsichtlich Größe, Gewicht und Form in Kauf zu nehmen.

Für schnelle Lernerfolge sind daher reine Wingboards zu empfehlen, die es inzwischen ebenfalls als aufblasbare Varianten gibt. Die Größe der Boards wird in Volumen (Liter) sowie bezüglich Länge und Breite meist in Fuß und Inch angegeben. Auch hier bieten die Hersteller inzwischen eine große Auswahl zwischen 30 und 150 Liter Volumen an. Eine Übersicht zu den unterschiedlichen Board-Formen und -herstellern findest du im ▶ Kapitel „Material- und Kaufberatung“.

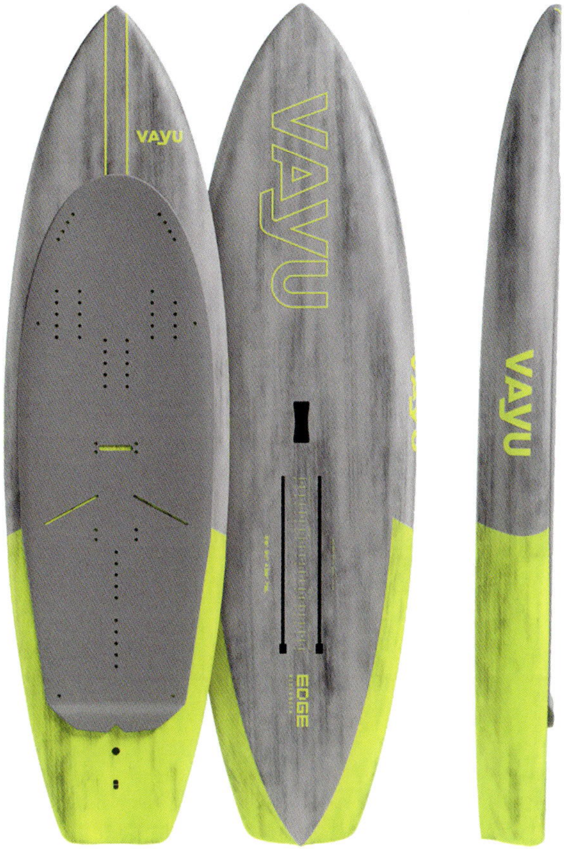

Midlength Board von VAYU.

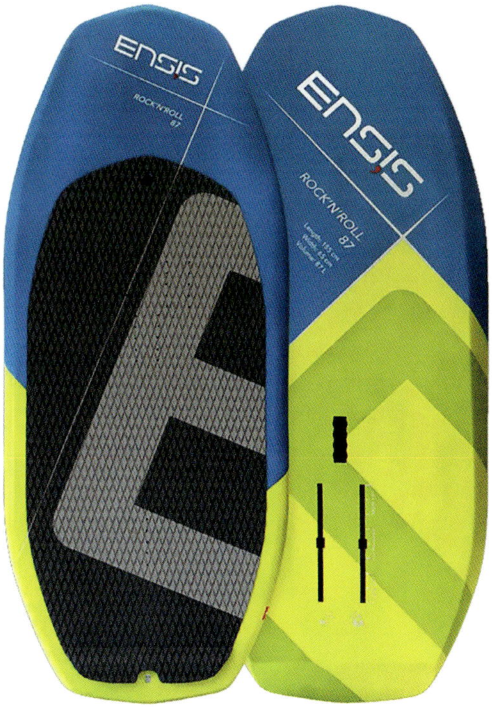

Wingfoilboard von ENSIS in klassischer Form.

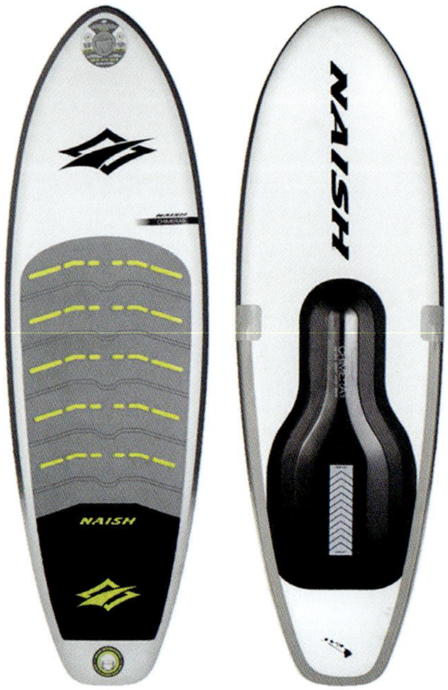

Aufblasbares Wingfoilboard von NAISH.

Für den Anfang ist je nach Gewicht und natürlich Vorerfahrung im Surfsport ein eher größeres Wingboard zu empfehlen. Die Faustregel für echte Einsteiger lautet: Eigengewicht in Kilogramm plus 40 ergibt das zu empfehlende Boardvolumen in Liter. Liegt dein Körpergewicht bei circa 80 Kilogramm, wäre ein Board mit 120 Liter Volumen perfekt.

Mehr Volumen bringt mehr Stabilität und Sicherheit. Weniger erfordert gegebenenfalls mehr Konzentration. Je mehr Vorerfahrung du im Wassersport hast, desto geringer darf die Differenz zwischen Körpergewicht und Boardvolumen sein. Unserer Erfahrung nach sind etwa 90 Prozent aller Einsteiger mit einem Board mit 120 Liter Volumen gut beraten. Wiegst du (deutlich) mehr als 90 Kilogramm, darf das Board gern auch 140 bis 150 Liter haben.

3. Das Foil

Das Foil, oder genauer Hydrofoil, ist das Gerät, das dich zum Fliegen bringt. Es sieht tatsächlich aus wie ein Flugzeug. Als Mischung aus Aluminium und Carbon besteht es aus einem Frontflügel und einem Heckflügel (Stabilizer). Verbunden sind beide Teile durch eine sogenannte Fuselage (Rumpf). An dieser ist ein Mast befestigt, der über eine Befestigungsplatte die Verbindung zum Board herstellt. Bei den Befestigungsplatten hat sich das sogenannte Doppel-US-System (doppelte US-Box) durchgesetzt. Es besteht aus zwei parallelen Schienen, die im hinteren Teil des Boards einlaminiert sind. Der Vorteil dieses Schienensystems besteht darin, dass die genaue Position des Foils unter dem Board verstellt und je nach Vorliebe des Fahrers angepasst werden kann. Die verschiedenen Größen von Frontflügel, Heckflügel, Fuselage und Mast sind für den Einsteiger zunächst recht verwirrend.

Naish S26 Hover Wing Foil Board Carbon Ultra.

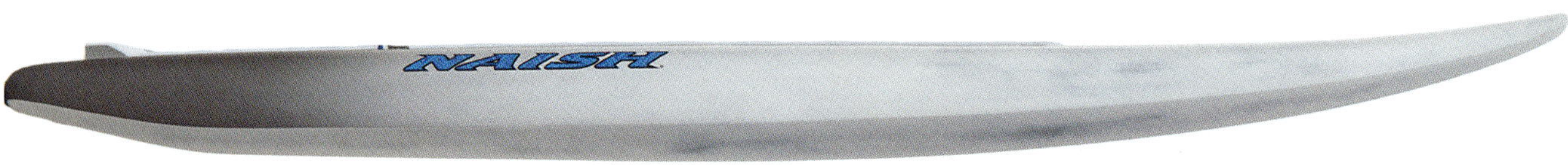

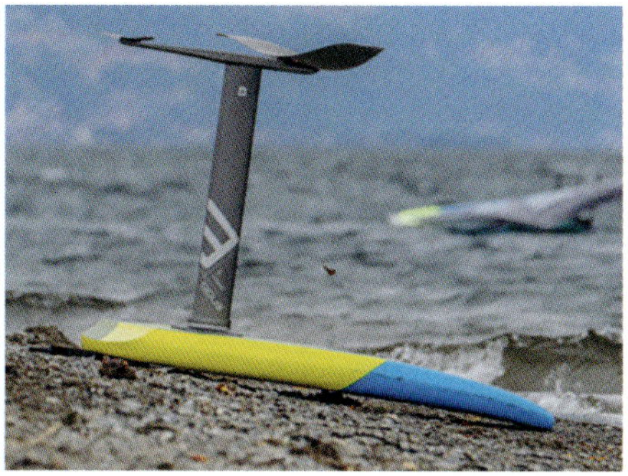

Die Mastlängen variieren zwischen 35 und 105 Zentimetern. Die üblichen Längen und Flächen der Frontflügel liegen zwischen 60 und 110 Zentimetern bzw. 1.000 und 2.600 Quadratzentimetern. Auch bei der Fuselage werden von den meisten Herstellern unterschiedliche Längen angeboten. Für den Einsteiger empfiehlt sich zunächst ein größerer Frontflügel ab 1.800 Quadratzentimetern und ein kürzerer Mast zwischen 60 und 75 Zentimetern.
Eine Übersicht zu den unterschiedlichen Foil-Arten und -Formen findest du im ▶ Kapitel „Material- und Kaufberatung“.

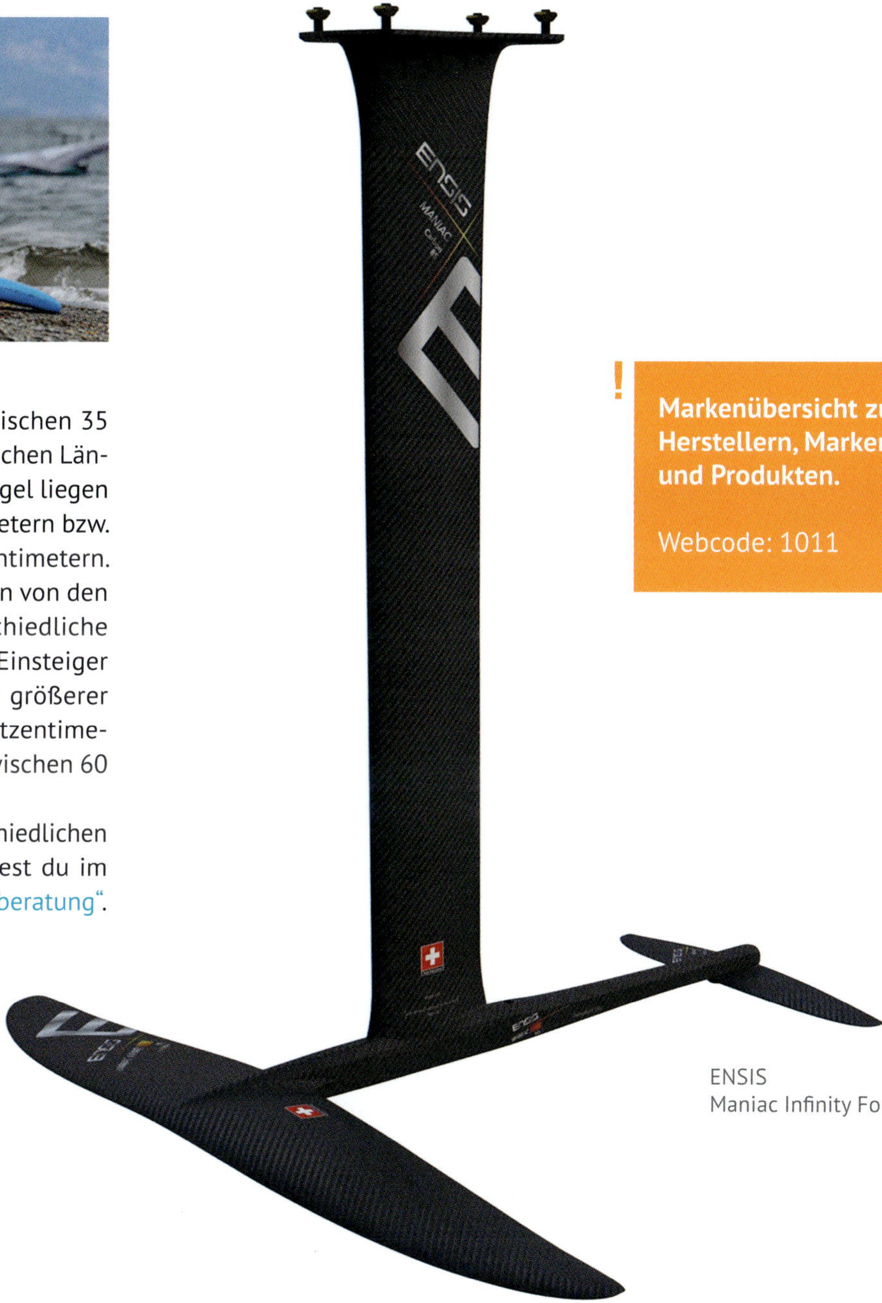

ENSIS
Maniac Infinity Foil.

!

Markenübersicht zu Herstellern, Marken und Produkten.

Webcode: 1011

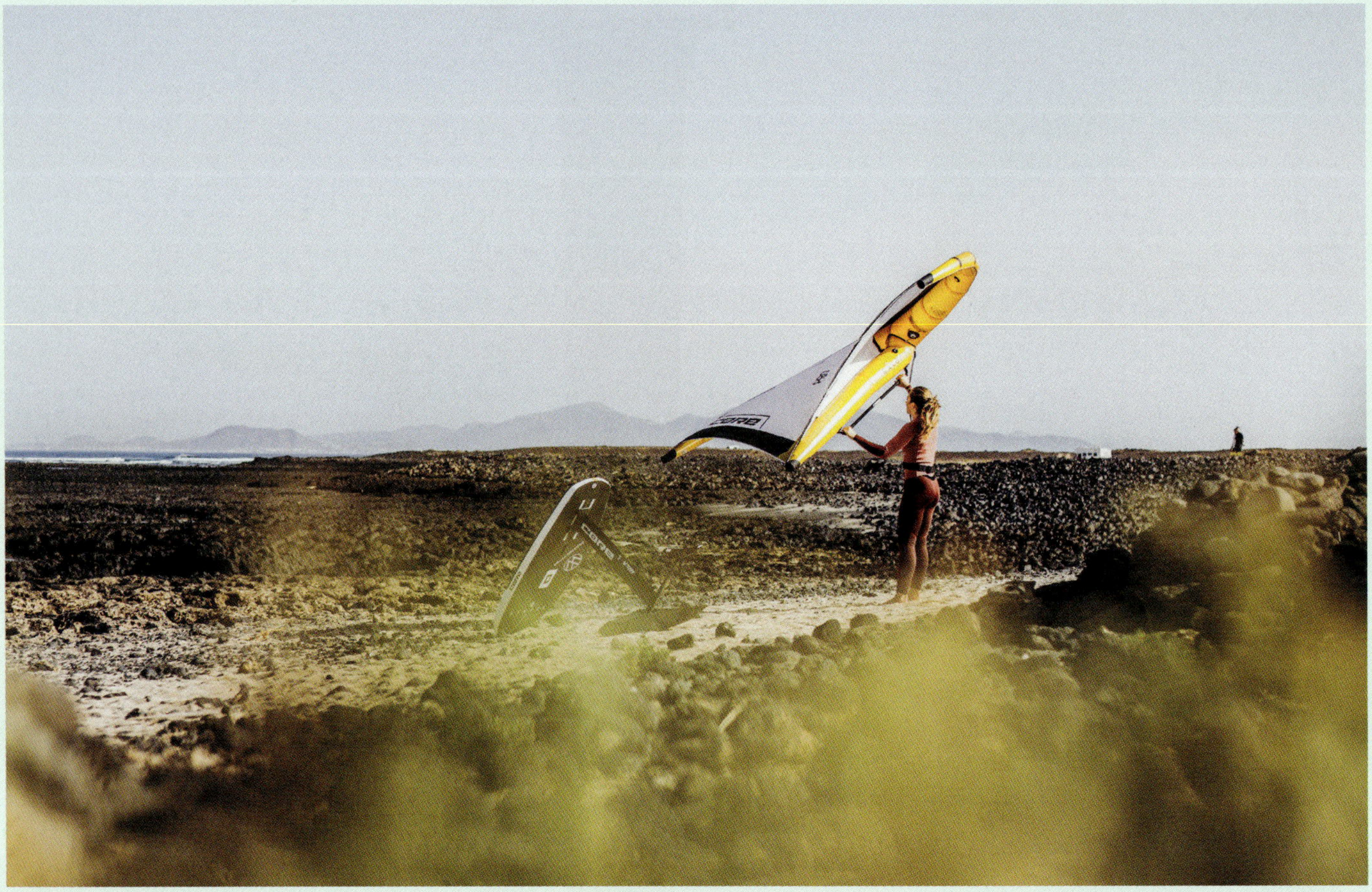

Wing: Größe 5–6 Quadratmeter.
Board: 120–140 Liter Volumen.
Foil: Frontflügel 2.000–2.500 Zentimeter.
Foil: Mast 60–70 Zentimeter.

Unsere Empfehlung für ein Einsteigerset

Du bist durchschnittlich sportlich und willst mit dem Wingfoilen beginnen? Dann ist folgende Kombination eine, die für 90 Prozent aller Einsteiger funktioniert und zu schnellen Erfolgen führt.

Eine differenziertere Empfehlung in Abhängigkeit von deinem Gewicht und deinem Fähigkeitslevel findest du auf der nebenstehenden Seite. Über den Web- und QR-Code kommst du zu unseren Kalkulatoren zur Berechnung der passenden Board-, Foil- und Winggröße.

	+/- 65 kg	+/- 85 kg	+/- 100 kg
Ab ca. 7 kn	> 6.0 m²	> 7.0 m²	> 8.0 m²
Ab ca. 10 kn	> 5.0 m²	> 6.0 m²	> 7.0 m²
Ab ca. 14 kn	> 4.5 m²	> 5.5 m²	> 6.0 m²
Ab ca. 18 kn	> 3.5 m²	> 4.5 m²	> 5.5 m²
Ab ca. 24 kn	> 3.0 m²	> 3.5 m²	> 4.5 m²
Einsteiger	95–110 l	110–125 l	125–140 l
Fortgeschrittene	75–85 l	85–95 l	95–110 l
Einsteiger	ca. 1.650 cm² ca. 1.800 cm² (high aspect)	ca. 2.000 cm² ca. 1.800 cm² (high aspect)	ca. 2.450 cm² ca. 2.150 cm² (high aspect)
Fortgeschrittene	ca. 1.250 cm² ca. 1.250 cm² (high aspect)	ca. 1.650 cm² ca. 1.400 cm² (high aspect)	ca. 2.000 cm² ca. 1.800 cm² (high aspect)

Welche Wing-, Board- und Foilgröße soll ich wählen?

Für die Größe des Wings ist neben deinem Gewicht vor allem die Intensität des Windes zu beachten. Reine Anfänger sollten im Zweifel lieber etwas überpowert starten und den Wing gegebenenfalls eine Nummer größer wählen.
Die Empfehlungen für Boards und Foils sind abhängig von deinem Gewicht und deinem Fähigkeitslevel.

!

Hier findest du Kalkulatoren, die dir helfen, die für dich passende Board-, Foil- und Winggröße zu finden.

Webcode: 1012

Sicherheitsmaterial und Kleidung

Leash für den Wing

Wings sind konstruiert, um schnell und leicht zu fliegen. Das können sie gut, und nichts tun sie lieber. Wenn du sie also nicht bändigst, machen sie das auch gern ohne dich!

Für deinen Wing besteht daher die größte Gefahr eines ungewollten Materialverlustes – und zwar schon an Land. Die Wingleash ist deshalb eines der wichtigsten Sicherheitselemente beim Wingen. Sie sollte idealerweise am besten sofort nach dem Auspacken des Wings, spätestens aber direkt nach dem Aufpumpen angelegt werden. Ohne diese Sicherung würde der Wing, sobald du ihn (ungewollt) loslässt, sofort wegfliegen.

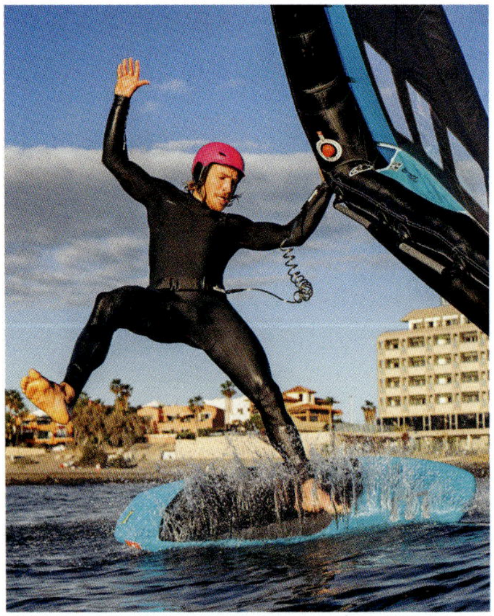

Meist sind Leashes im Lieferumfang der Hersteller enthalten. Dabei verfolgt mehr oder weniger jede Marke ihr eigenes Konzept. Die verschiedenen Varianten unterscheiden sich in Bezug auf Stil, Größe und Befestigungspunkt am Körper.

Hinsichtlich der Stilvarianten lassen sich gedrehte, sogenannte Coiled Leashes, von geraden, nicht gedrehten Leashes unterscheiden. Bei den nicht gedrehten Varianten verwenden einige Hersteller klassische Leashes, wie sie auch bei Surfboards zum Einsatz kommen. Diese sind jedoch ziemlich unelastisch und leiten ruckartige Züge direkt an den Befestigungspunkt an Wing und Fahrer ab. Außerdem besteht die Gefahr, dass sie sich leichter irgendwo verheddern. Jeder, der einmal bei einem Halse-Manöver die Leash plötzlich um den Hals hatte, weiß, was wir meinen. Funktionaler und sicherer – für Material und Fahrer! – sind daher elastische, dehnbare Leashes.

Die Größe, also die Länge der Leash sollte in etwa 90 Prozent der Länge der Mittelstrut entsprechen; bei den Coiled Leashes und den elastischen Leashes ist hier der ausgezogene Zustand gemeint.

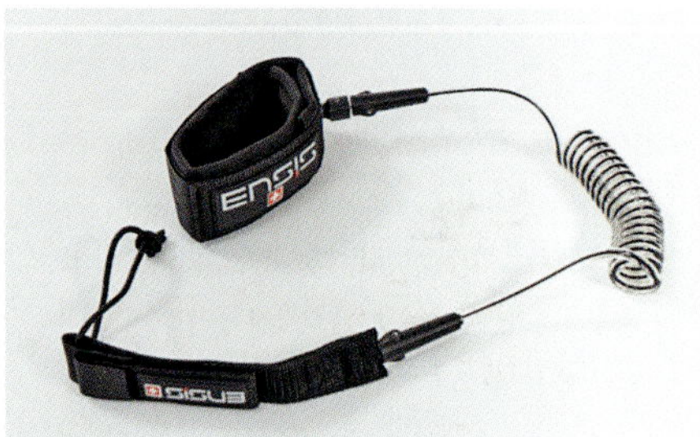

Hinsichtlich der Befestigungspunkte am Körper lassen sich Handgelenk (Wristleash) und Hüfte unterscheiden. Im Fall der Hüftleash wird ein entsprechender Gürtel (Bauchgurt) benötigt. Alternativ kann auch eine Befestigung an der Prallschutz- bzw. Schwimmweste erfolgen, sofern eine solche getragen wird und über eine Befestigungsmöglichkeit verfügt.

Eine klare Empfehlung können wir hier nicht geben. Letztlich ist es eine Frage des individuellen Gefühls und der Vorliebe.

Leash für das Board (Boardleash)

Zwar nicht unbedingt an Land, auf jeden Fall aber im Wasser kann auch das Board abhanden kommen. Denk daran: Das Board ist deine stabilste Schwimmhilfe und daher deine wichtigste Absicherung auf dem Wasser. Auch der Wing kann eine gute Schwimmhilfe und Absicherung darstellen. Zugleich macht dieser es unter Umständen aber auch ziemlich schwierig, einem wegtreibenden Board hinterherzuschwimmen.

Das Board ist daher ebenso wie der Wing mithilfe einer geeigneten Boardleash gegen Wegtreiben zu sichern. Damit bleibt nicht nur das teure Material, son-

dern auch deine Lebensversicherung immer dicht bei dir.
Auch bei den Boardleashes gibt es verschiedene Varianten, die hinsichtlich Stil, Größe und Befestigungspunkt am Körper unterschieden werden können. Bei den Stilvarianten lassen sich gedrehte, sogenannte Coiled Leashes, von geraden, nicht gedrehten unterscheiden. Auch hier haben die gedrehten Leashes zwei wesentliche Vorteile: Erstens dämpfen sie einen heftigen Ruck besser ab; sie schonen damit Material und Fahrer. Zweitens verheddern sie sich nicht so leicht am Board, am Bein des Fahrers oder am Foil.
Die Größe, also die Länge der Boardleash sollte in etwa der Boardlänge entsprechen (bei den coiled leashes ist der ausgezogene Zustand gemeint). Bezüglich der Befestigungspunkte lassen sich bei den Boardleashes Fußgelenk, unterhalb des Knies an der Wade sowie Hüfte unterscheiden. Im Fall der Hüftleash wird ein entsprechender Gürtel benötigt, der über eine Schnellentsicherung verfügt. Letztere wird von einigen als großer Vorteil gesehen.
Eine klare Empfehlung können wir auch hier nicht geben. Letztlich ist es eine Frage des individuellen Gefühls und der Vorliebe.

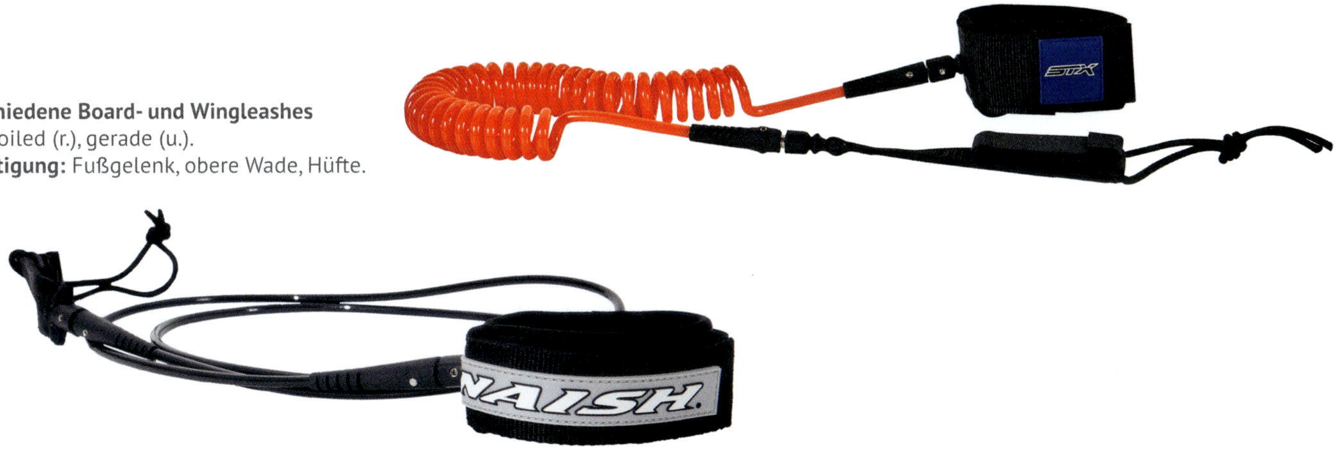

Verschiedene Board- und Wingleashes
Stil: coiled (r.), gerade (u.).
Befestigung: Fußgelenk, obere Wade, Hüfte.

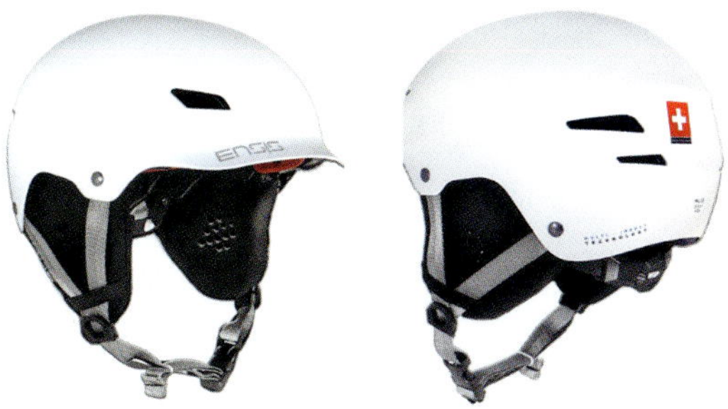

ENSIS Wassersporthelm „Balz Pro".

Helm

Dein Board und vor allem das Foil sind ziemlich harte und im zweiten Fall auch scharfkantige Gegenstände. Es ist daher mehr als ratsam, einen Helm zu tragen, um schweren Kopfverletzungen vorzubeugen. Nicht umsonst besteht bei allen Wettkämpfen, zum Beispiel der Global Wingfoil Association (GWA) oder der Deutschen Wing Foil Vereinigung (DWFV), unbedingte Helmpflicht.

Prallschutzweste

Beim Wingfoilen bewegst du dich bereits in normaler Fahrt bis zu einem Meter über der Wasseroberfläche, bei Sprungmanövern kann das noch erheblich mehr sein. Stürze auf das Wasser können dann schon sehr hart sein und haben so manchem schon die Luft genommen. Denk einmal an einen unglücklichen Bauchklatscher im Schwimmbad. Darüber hinaus sind Board und Foil auch für den Rest des Körpers im Ernstfall harte Gegner. Die Prallschutzweste dämpft den Aufprall ab und verhindert ernstere Verletzungen im Bereich des Oberkörpers.

Außerdem sorgt sie für zusätzlichen Auftrieb und macht das Schwimmen im Wasser oder das Aufs-Board-Steigen weniger anstrengend. Nicht zuletzt sorgt sie im Winter für einen zusätzlichen Wärmepuffer.

Vor allem für Kinder empfehlen wir darüber hinausgehend, unbedingt eine Regatta-Schwimmweste zu tragen. Auch Erwachsenen ist das natürlich nicht verboten.

Neoprenschuhe

Neoprenschuhe halten warm und schützen vor Verletzungen durch Muscheln, Glasscherben, Steine etc. oder auch dein Foil. Dieses Ding unter dem Board ist auch für erfahrene Wassersportler am Anfang sehr ungewohnt, und man kommt doch recht häufig damit in Berührung.

Im Winter gehören Neoprenschuhe in jedem Fall zur Basisausstattung, da sie vor Unterkühlung schützen. Aber auch im Sommer sind sie zu empfehlen. Neben dem Schutz vor Verletzungen geben sie zusätzlichen Halt und damit mehr Sicherheit auf dem Board. Zu empfehlen sind knöchelhohe Schuhe mit einer Stärke von fünf bis sechs Millimetern für den Winter und zwei bis drei Millimetern für den Sommer.

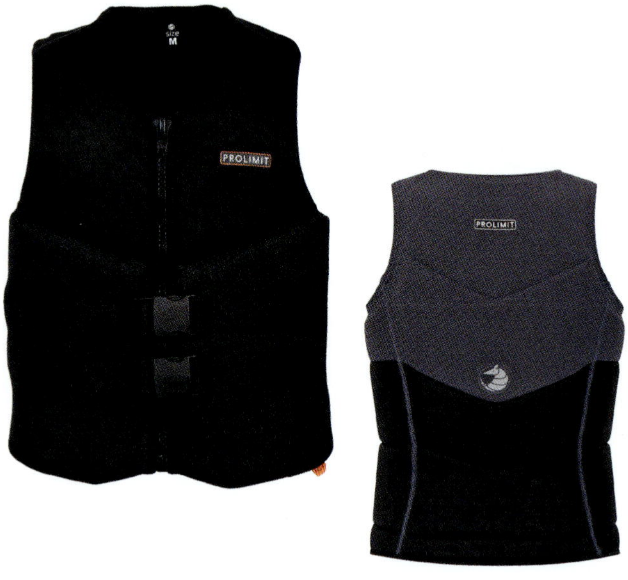

Prolimit-Prallschutzweste.

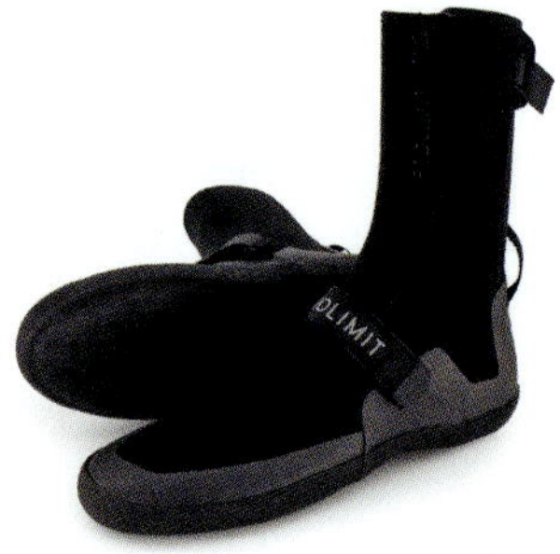

Prolimit-Neoprenschuhe.

Neoprenhandschuhe

In der kühleren Jahreszeit sind Handschuhe nicht wegzudenken. Schließlich befinden sich deine nassen Hände die gesamte Zeit, die du auf dem Wasser verbringst, im Wind. Die Körperwärme wird hier im wahrsten Sinne des Wortes fortlaufend weggeblasen. Die Folge sind heftig schmerzende Finger bereits nach kurzer Zeit.

Zu empfehlen sind in der Übergangszeit offene Fäustlinge, die an der Außenseite deiner Hände die kalte Luft abhalten, zugleich aber an der Innenseite ein direktes Greifgefühl erhalten. Wenn es dann kühler wird, müssen dickere und vollwertigere Handschuhe her, gern dicker als drei Millimeter. Zu empfehlen sind hier unbedingt Fingerhandschuhe, deren Finger vorgekrümmt sind. Ansonsten gibt es schnell schmerzende Unterarme, weil die Hände nicht nur den Wing festhalten, sondern zusätzlich gegen den Widerstand des Materials anarbeiten müssen.

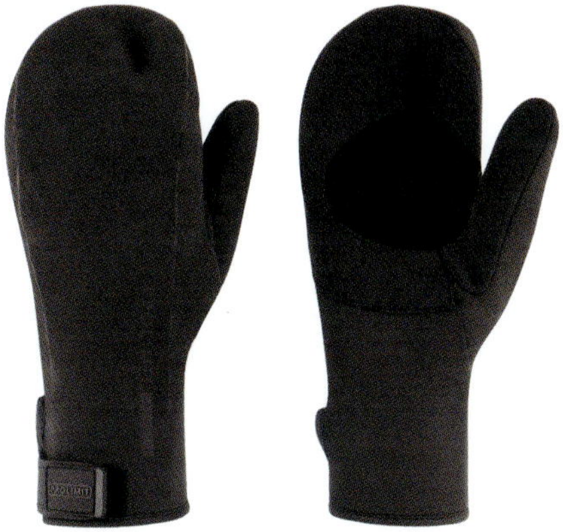

Neoprenanzug (Wetsuit)

Last, not least gehört ein Neoprenanzug (Wetsuit) zur absoluten Basisausstattung – und zwar das gesamte Jahr über. Er schützt vor Aus- und Unterkühlung durch Nässe und Wind, die in ihrer Kombination die Temperatur auf der Haut sehr schnell sehr niedrig werden lassen. Darüber hinaus bietet der Anzug Schutz vor Sonnenbrand sowie nicht zuletzt vor Verletzungen durch Berührungen mit dem Foil. Schließlich schützt er gegen Scheuerwunden (zum Beispiel an Ellenbogen und Knien), die durch das häufige Aufsteigen auf das Board entstehen können.

Es lohnt sich, hier nicht zu sehr auf den Euro zu schauen. Qualitativ hochwertige Neos halten deutlich länger (die Nähte sind hier häufig das Problem), und die Investition zahlt sich erfahrungsgemäß längerfristig aus. Willst du nicht gleich in mehrere Anzüge für unterschiedliche Wetter- und Temperaturbedingungen investieren, ist ein „Universalanzug“ in der Dicke 5/4 oder 5/3 zu empfehlen. Den kann man fast das ganze Jahr über tragen.

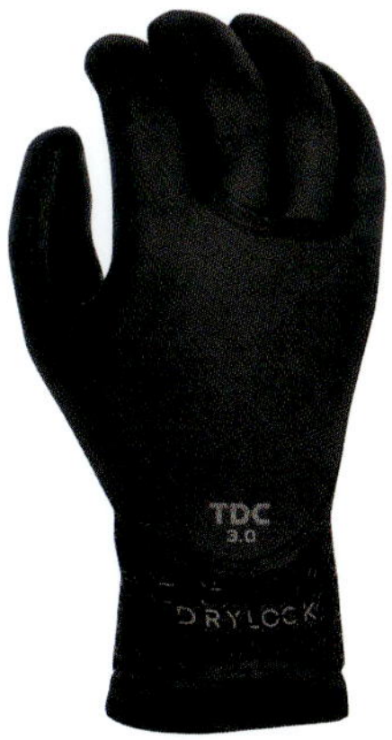

(l.) Offene Fäustlinge.
(u.) XCEL-Handschuhe gekrümmt.

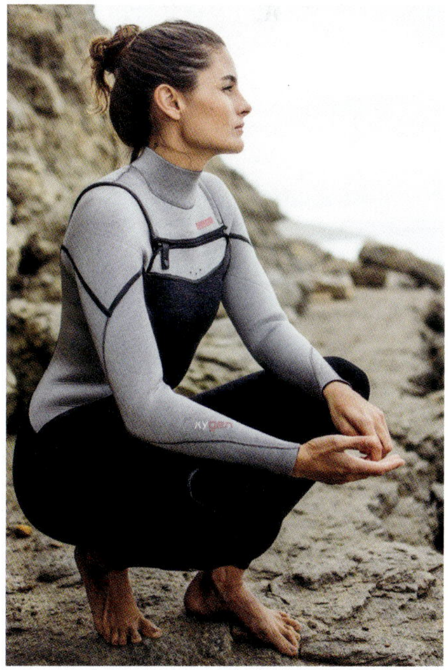

Kopfbedeckung

Ergänzend, sofern du einen Anzug ohne Haube hast, solltest du dir für die kalte Jahreszeit auch eine Mütze und/oder Haube aus Neopren besorgen. Im Sommer bietet der Helm meist ausreichenden Sonnenschutz. Ansonsten ist hier natürlich auch eine geeignete Mütze zu empfehlen.

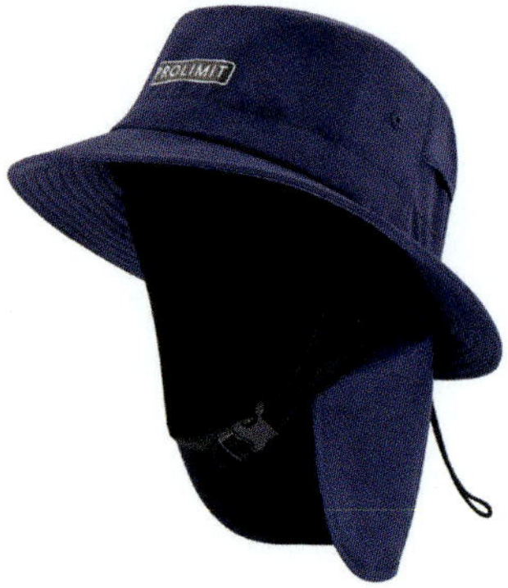

Prolimit-Hut.

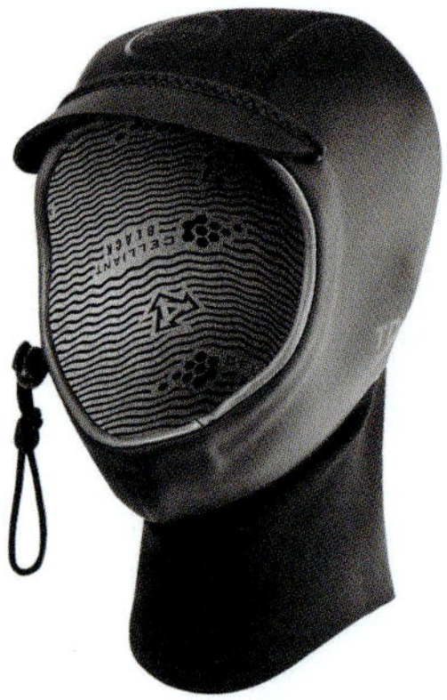

XCEL-Neoprenhaube.

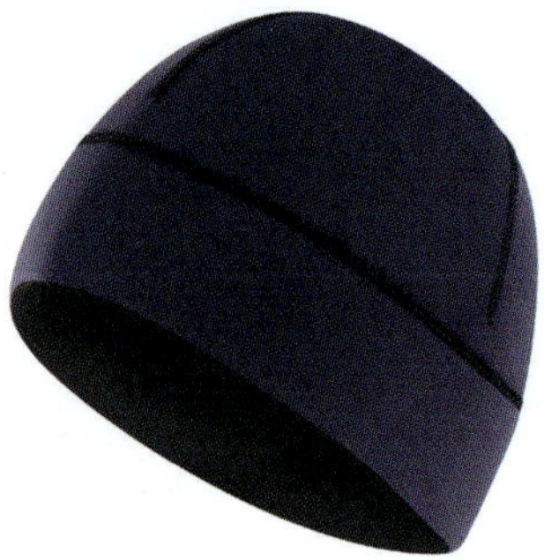

Prolimit Neopren Beanie.

Ohrstöpsel

Schließlich empfehlen wir dir, wassersporttaugliche Ohrstöpsel (Earplugs) zu tragen.

Kaltes (Salz-)Wasser in den Ohren kann zu Ohrenentzündungen führen. Wenn das häufiger passiert, reagiert dein Körper eventuell mit einer Knochenbildung und Verengung rund um den Gehörgang. Das kann langfristig zu Schwerhörigkeit und sogar Taubheit führen. Man spricht dabei von einem „Surfer's Ear" oder auch einer Gehörgangsexostose.

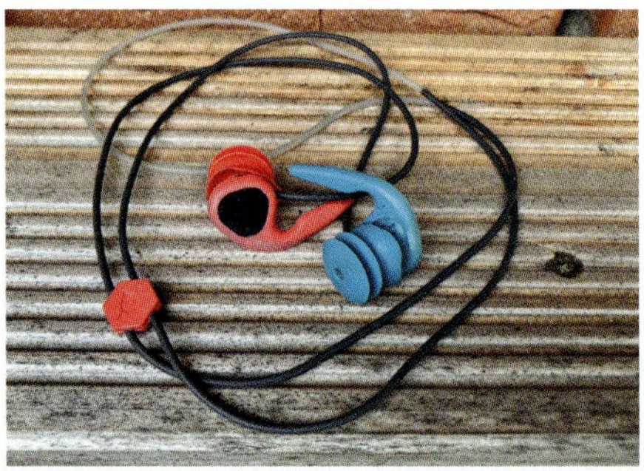

Surfears-Ohrstöpsel mit Sicherungsbändern.

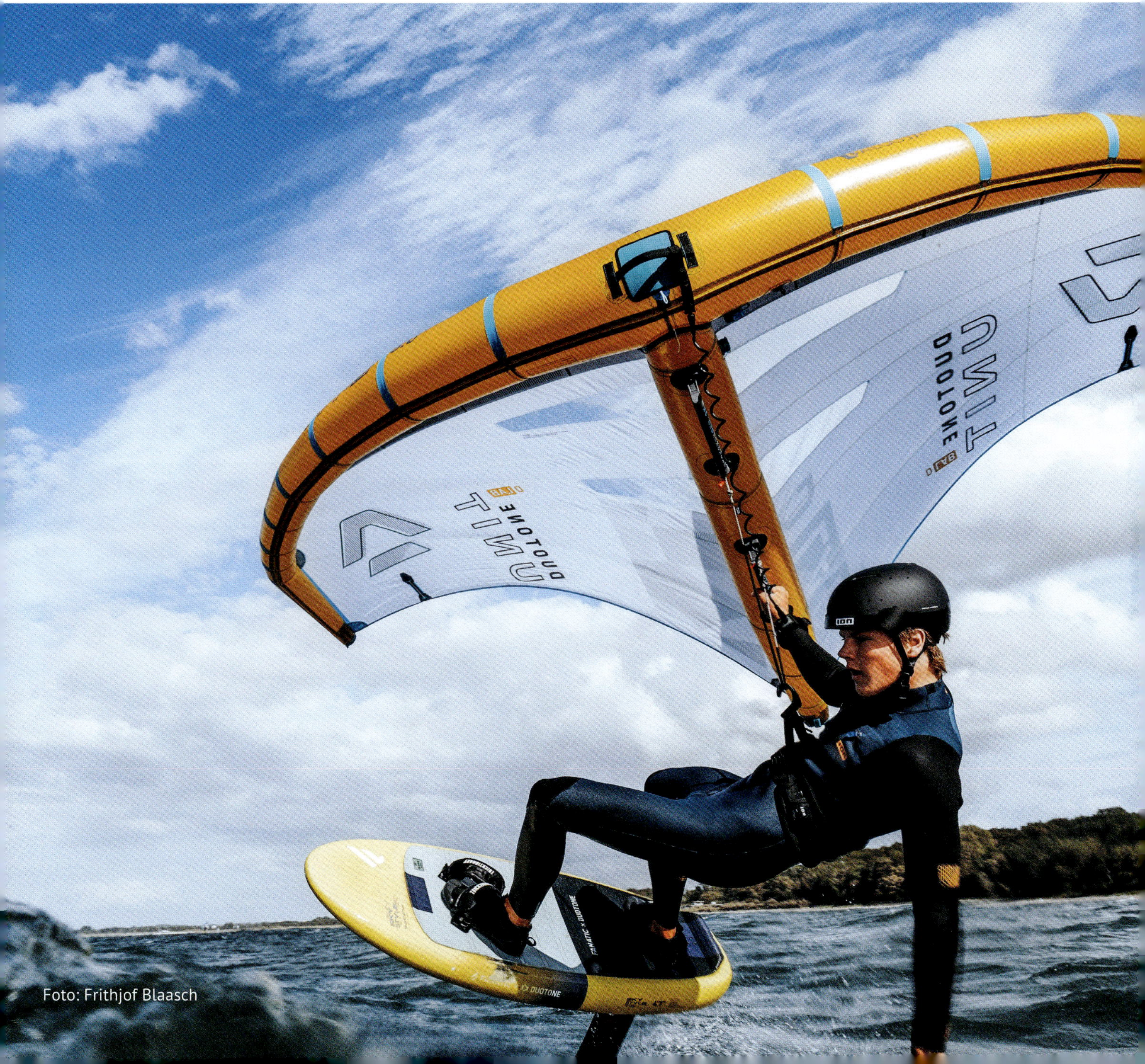

Foto: Frithjof Blaasch

Aufbauen

Vor dem Start deiner ersten Wingfoil-Session ist zunächst das Material vorzubereiten. Unsere Aufmerksamkeit ist dabei auf die drei wesentlichen Bestandteile gerichtet:

1. Das Board (Leash und gegebenenfalls Fußschlaufen befestigen)
2. Das Foil (zusammenbauen, am Board positionieren und festschrauben)
3. Den Wing (Leash befestigen und aufpumpen)

(u.) Fertig aufgebaute Board-Foil-Kombination.
(r.) Anbau einer Fußschlaufe,
(r.u.) Fußschlaufen Optionen.

Das Board vorbereiten

Um das Board für den Einsatz bereit zu machen, gilt es, zwei bis drei Dinge zu tun:

1.

Die Leash befestigen. Das ist eigentlich ganz einfach. Alle Boards besitzen eine entsprechende Aufnahme für die Leash. Leider kommen die Boards regelmäßig ohne eine Leash. Ihr solltet euch also ergänzend eine kaufen. Zu empfehlen ist eine Leash, die mindestens so lang ist wie das Board. Vorteilhaft ist mitunter eine gedrehte (coiled) Leash, wie sie häufig für SUP-Boards angeboten wird. Diese ist im zusammengedrehten Zustand kürzer (sie stört deshalb weniger) und gibt bei Zug entsprechend nach. Auch hier gilt: Im ausgezogenen Zustand sollte die Länge der des Boards entsprechen. Achtet auch darauf, eine hochwertige Leash zu kaufen. Billige Leashes halten nur kurze Zeit. Wer hier spart, zahlt drauf!

2.

Gegebenenfalls Fußschlaufen anbauen. Fußschlaufen sind kein Muss. Anfänger wie Profis können gut mit oder ohne Fußschlaufen fahren. Vielfach ist es Gewohnheits- oder Geschmackssache. Notwendig werden die Fußschlaufen eigentlich erst, wenn du Sprünge oder andere Flugmanöver durchführen willst. Bis dahin können sie für Einsteiger aber auch sehr nützlich sein. Sie helfen beim Aufstehen und dabei, im Anschluss die

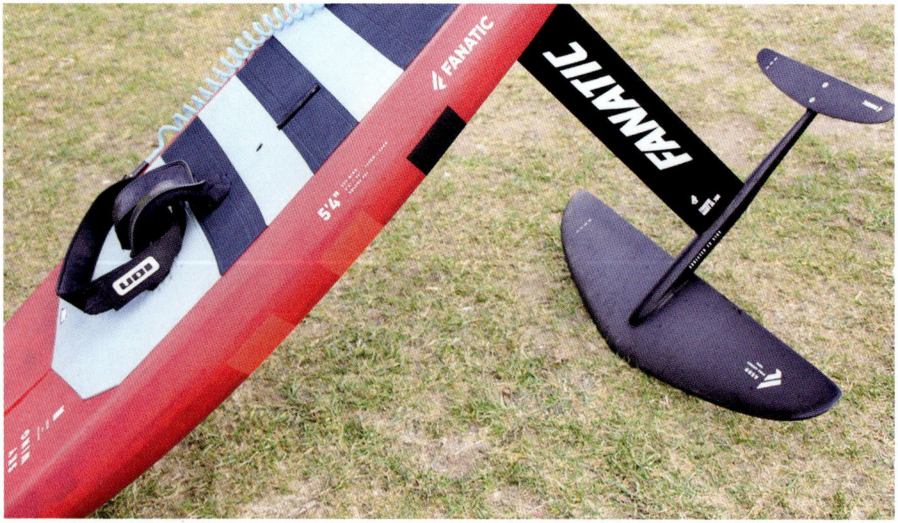

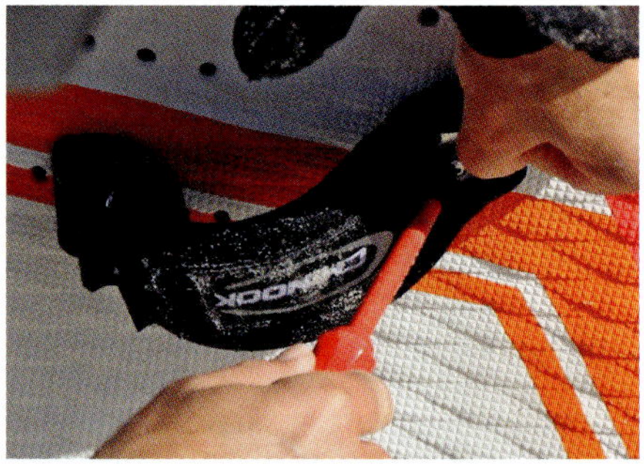

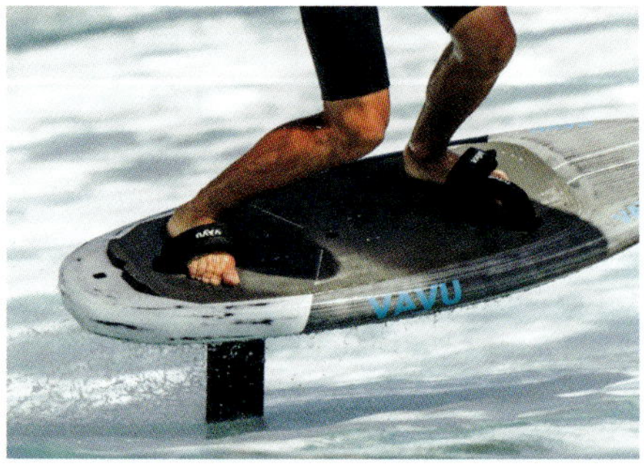

optimale Position für den vorderen Fuß schnell zu finden, ohne nach unten auf das Board schauen zu müssen. Alternativ kann diese Funktion durch eine spürbare Markierung auf dem Board übernommen werden. Dann erübrigen sich die Fußschlaufen. Unsere Empfehlung an Einsteiger ist, ohne Fußschlaufen zu starten. So kannst du am ehesten ein Gefühl für die richtige, für dich optimale Fußposition entwickeln.

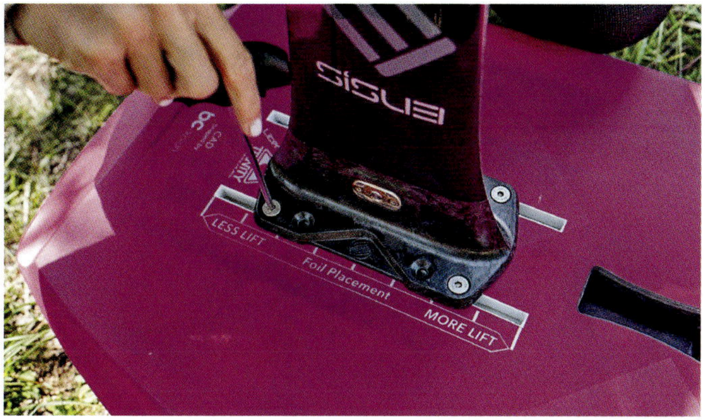

Positionierung des Foils am Board.

3.

Das Foil anbauen. Der Anbau des Foils an der Unterseite des Boards erfolgt in dem dafür vorgesehenen Schienensystem. Während es im Windsurfsektor noch verschiedene Aufnahmesysteme gibt, hat sich bei den Wingboards die sogenannte doppelte US-Box durchgesetzt. Für den Anfang empfiehlt es sich, das Foil im vorderen Drittel der US-Boxen zu positionieren. Eine detaillierte Erläuterung zur Positionierung des Foils sowie den jeweiligen Vor- und Nachteilen findest du auf ▶ der Doppelseite „Wo positioniere ich das Foil?“.

Das Foil zusammensetzen sowie am Board positionieren und festschrauben

Wenn du ein Foil kaufst, so kommt dies in der Regel in zerlegtem Zustand zu dir nach Hause. Du musst es also zunächst zusammenbauen. Je nach Hersteller sieht das ein wenig anders aus. Für alle Systeme gilt aber, dass sich der Zusammenbau zumeist relativ simpel und selbsterklärend gestaltet.

Darüber hinaus bringen die Modulsysteme der Hersteller einige wesentliche Vorteile mit sich:

- Defekte Teile lassen sich leicht ersetzen.
- Die einzelnen Teile (Frontflügel, Mast, Fuselage, Heckflügel) lassen sich entsprechend dem Lernfortschritt austauschen und daran anpassen.
- Das doch recht sperrige und zum Teil scharfkantige Foil lässt sich für den Transport und auf Reisen leicht zerlegen und transportierbarer machen.

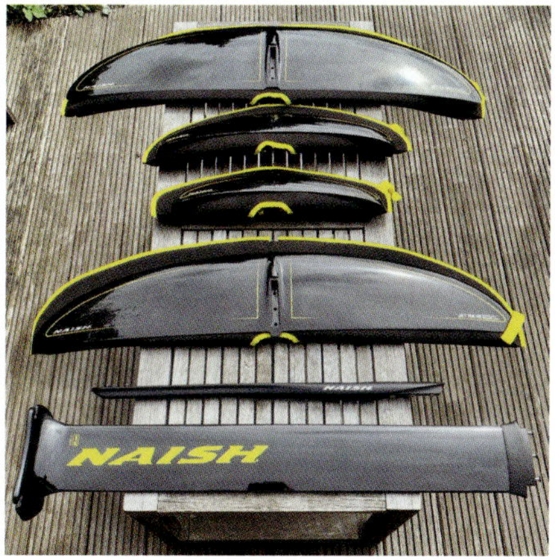

Foil-Modulsystem von Naish.

!

Das Board vorbereiten.

Webcode: 1021

Wo positioniere ich das Foil?

Vor allem am Anfang fragt man sich, an welcher Position man das Foil unterm Board festschrauben soll. Man hat ja schließlich eine Spanne von fast 30 Zentimetern.
Soll es eher vorn, hinten oder in der Mitte platziert werden? Oder irgendwo dazwischen?
Generell gilt, je weiter vorn, desto mehr Lift/Auftrieb. Umgekehrt hat man umso mehr Kontrolle, je weiter hinten das Foil steht.

Warum ist das so? Es hilft, sich das Foil wie ein Flugzeug unter Wasser vorzustellen.
Ist das Foil weiter vorn, steht der Fahrer auf dem Board mehr oder weniger direkt über dem Foil. Dadurch kommt mehr Druck auf den hinteren Teil des Foils, und das Foil befindet sich so fast automatisch im Steigflug. Durch die ständige Tendenz des Aufstieges ist es schwerer, das Foil zu kontrollieren. („Der Bock will die ganze Zeit hoch.") Man muss daher mehr Druck auf den vorderen Fuß ausüben, um das Foil in einen horizontalen Kurs oder Sinkflug zu zwingen, zulasten der Kontrolle.
Genau andersherum verhält es sich, wenn sich das Foil an der hinteren Position befindet. Man steht nicht über dem Foil, sondern davor. Dadurch hat das Foil automatisch eine große Tendenz zum Sinkflug, und man muss es aktiv, durch höheren Druck auf den hinteren Fuß, zum Steigflug zwingen. Nun hat man zwar eine sehr gute Kontrolle, aber der Aufstieg/Lift wird erschwert.

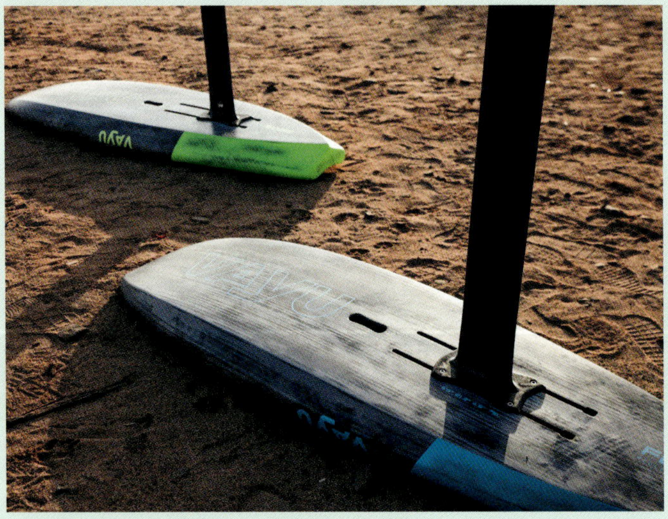

Beispielpositionierung des Foils im hinteren Drittel und mittig.

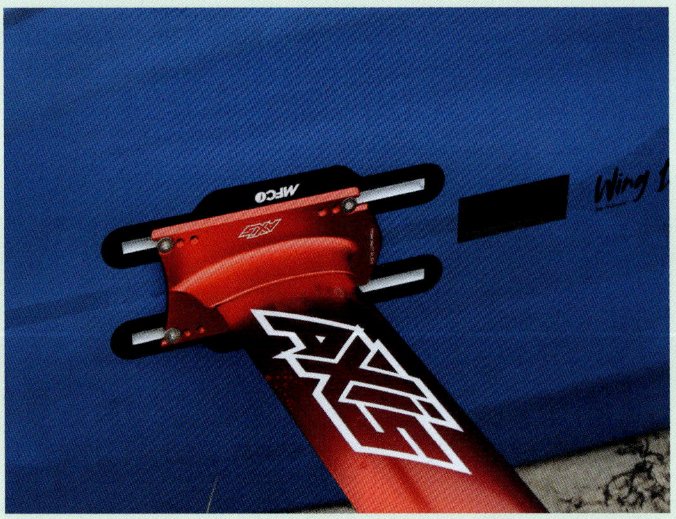

Hier ist das Foil im hinteren Drittel der US-Box installiert.

Für Einsteiger empfiehlt es sich, das Foil erst mal in der Mitte zu lassen. Zwar hat man als Anfänger Schwierigkeiten, damit überhaupt aus dem Wasser zu kommen, aber die Kontrolle über ein fliegendes Foil fällt noch schwer. Von dieser Position aus kann man dann langsam ausprobieren, was einem eher liegt, indem man das Foil circa fünf Zentimeter nach vorn oder nach hinten schiebt.
Grundsätzlich hängt die optimale Position für das Foil auch von der Windstärke ab. Je stärker der Wind ist, desto weiter nach hinten kann das Foil geschoben werden. Durch den stärkeren Druck im Wing erhält der Unterwasserflügel automatisch mehr Lift, und es ist mehr Kontrolle gefragt. Bei schwächerem Wind hilft es, das Foil weiter vorn zu befestigen, da man nun mehr Lift braucht. Die meisten erfahrenen Winger fahren ihre Foils weiter vorn, da sich durch den Stand über dem Foil die Agilität erhöht und man in Manövern auch ohne Druck vom Wing länger weiter fliegt.
Wir empfehlen, das Foil nie auf Anschlag zu positionieren, da so eine große Hebelwirkung die Schienen im Board stark belastet und unter Umständen zum Herausbrechen der einlaminierten Schienen führen kann.

Positionierung des Foils.

Webcode: 1023

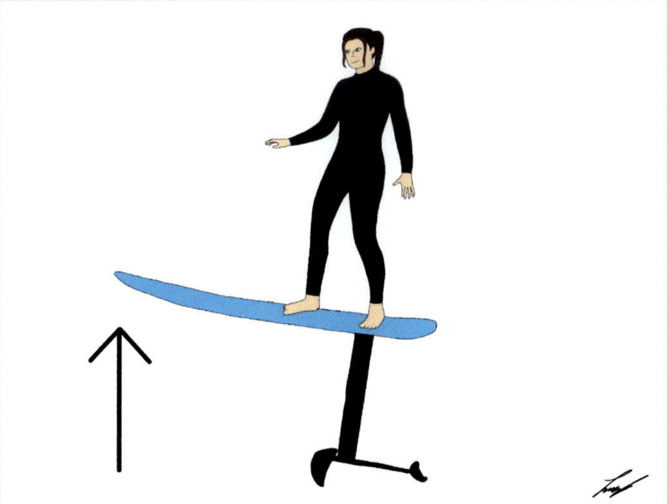

Foil weiter vorn – Board steigt früher.

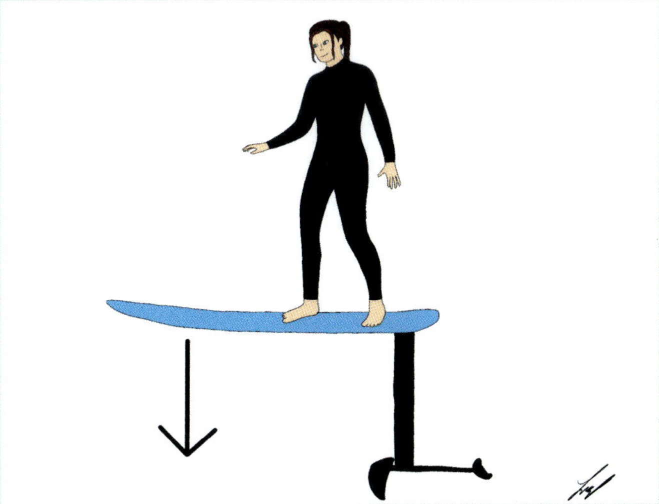

Foil weiter hinten – Board steigt später.

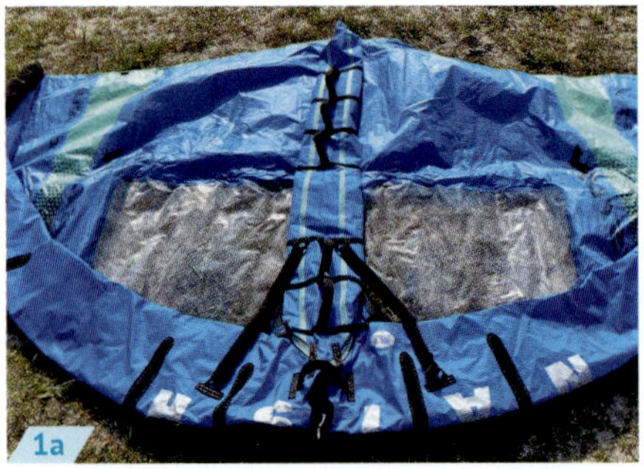
1a

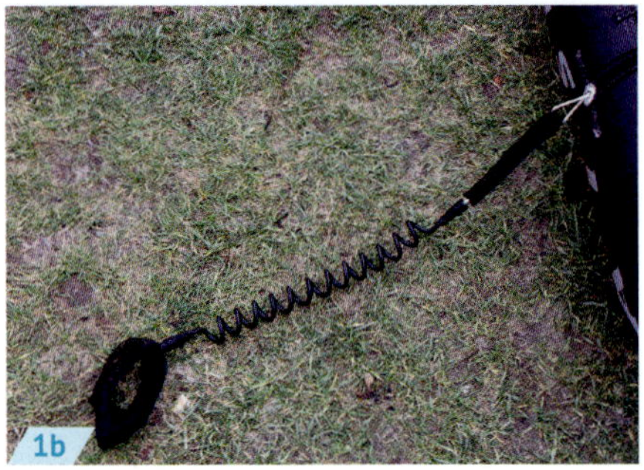
1b

Den Wing aufpumpen

Der Wing wird in einer Tasche oder einem Rucksack geliefert. Nach dem Auspacken sollte der Wing auf einem weichen Untergrund, idealerweise einer Rasenfläche, ausgebreitet werden. Achtung: Kontrolliere und gehe sicher, dass keine scharfkantigen Gegenstände oder Steine herumliegen, die das Tuch oder die Außenhaut der Tube beschädigen könnten!

Lege den Flügel mit dem Rücken nach unten auf den Boden. Die Front- und Mitteltube (Strut) sollten also sichtbar sein und die Griffschlaufen nach oben zeigen. Achte darauf, dass die Vorderkante dem Wind zugewandt ist (1a).

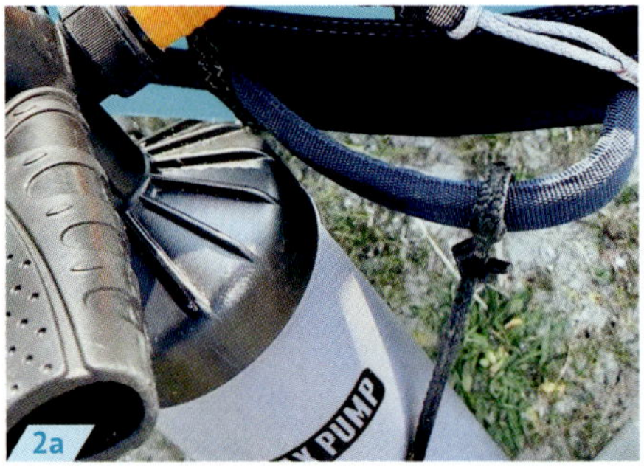

2a

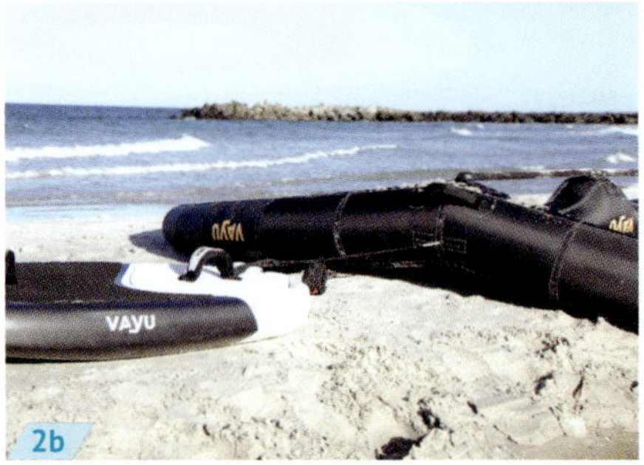

2b

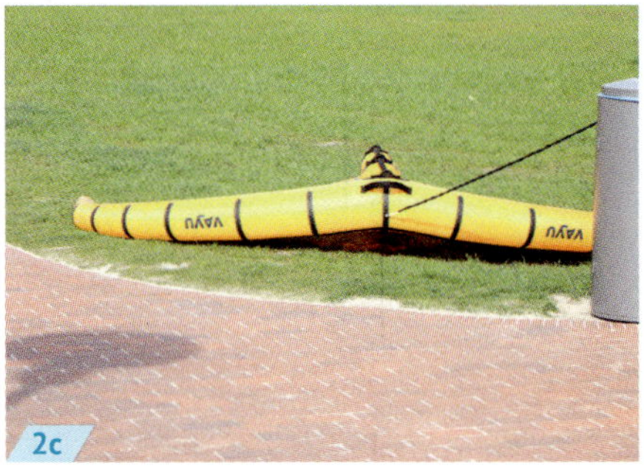
2c

Falls sie noch nicht angebracht ist, gilt es nun, als Erstes die Leash an der Fronttube anzubringen (1b) und den Wing gegen Wegfliegen zu sichern. Am besten befestigst du die Handschlaufe der Leash dann an einem festen Gegenstand (Zaunpfahl, Baum etc.) (2b–2c).

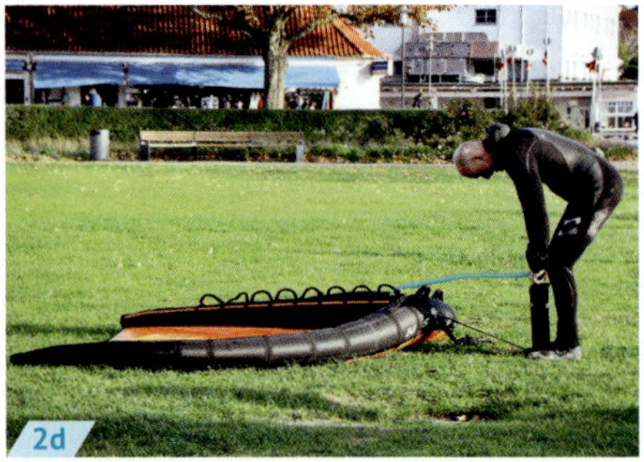
2d

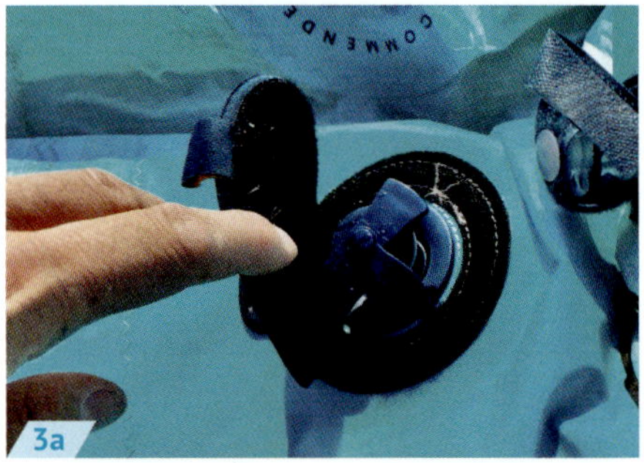
3a

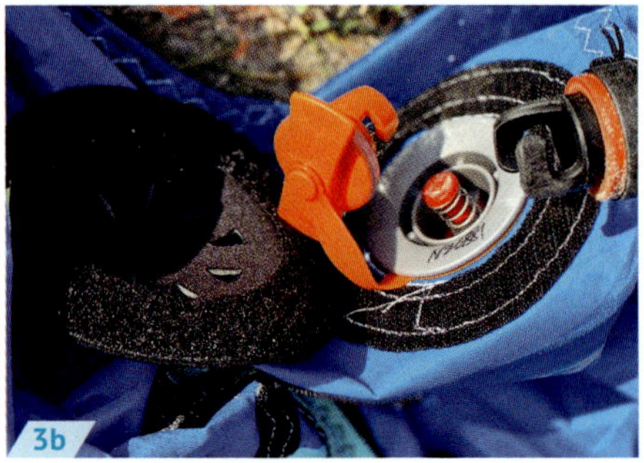
3b

Ist solch eine Befestigungsmöglichkeit nicht vorhanden, sicherst du den Wing direkt an deinem Handgelenk und/oder mindestens über die Sicherungsschnur (Pumpleash), die an den meisten Pumpen zu finden ist (2a, 2d).

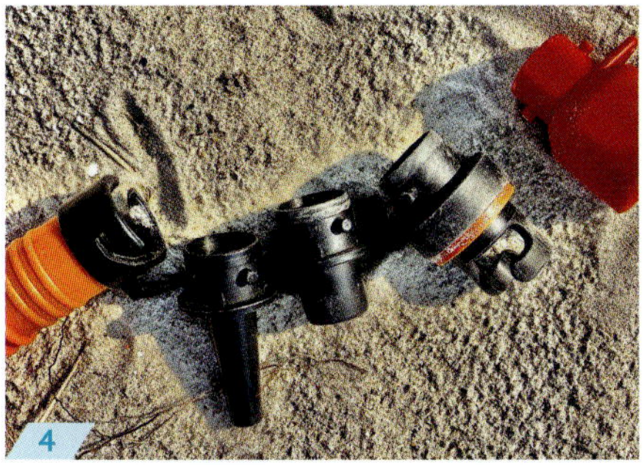
4

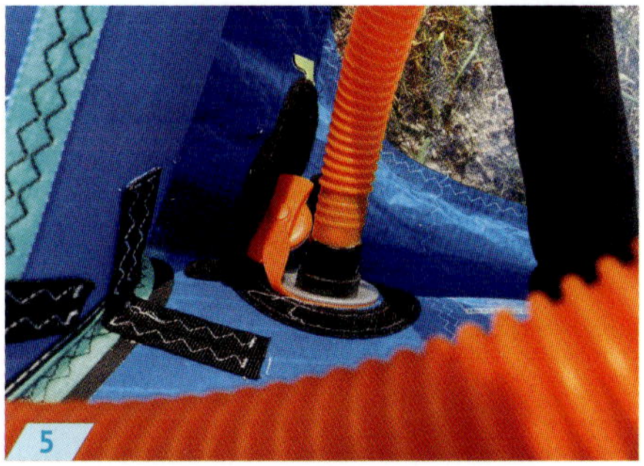
5

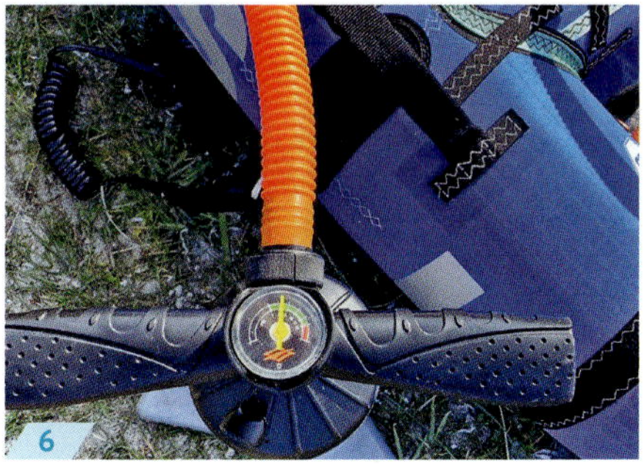
6

Nun sollte die üblicherweise vorhandene Neoprenabdeckung geöffnet werden, unter der sich das Ventil befindet (3a–3b).

Leider haben sich die Hersteller von Kites und Wings bisher nicht auf ein einheitliches Ventilsystem geeinigt. Fast

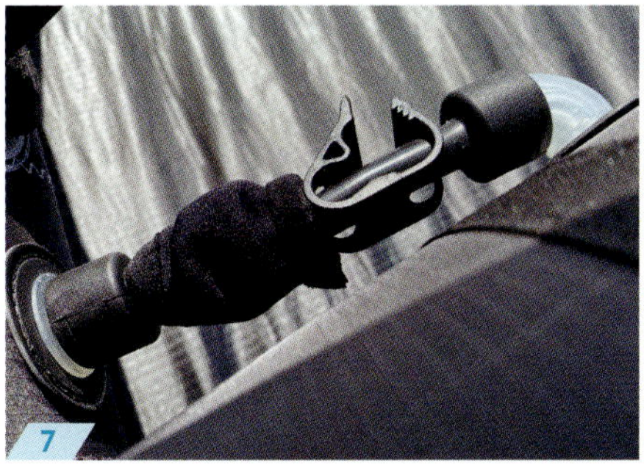
7

jeder Wing hat daher einen anderen Ventilanschluss. Stelle daher am besten schon vor der Fahrt zum Spot sicher, dass du den richtigen Pumpenaufsatz dabeihast (4).

Öffne nun also die Ventilkappe, und schließe den Pumpenschlauch an (5).

Schließlich pumpst du den Wing auf. Achte dabei darauf, dass du einen sicheren Stand hast. Beide Füße sollten auf dem Fuß der Pumpe stehen und beide Hände auf dem Griff der Pumpe liegen. Den erforderlichen Fülldruck (6) findest du als PSI-Angabe in der Nähe des Ventils. Diesen solltest du natürlich unbedingt beachten. Zu wenig Druck verschlechtert das Handling und die Performance des Wings. Bei zu viel Druck riskierst du, dass der Wing platzt. Verwende daher unbedingt eine Pumpe mit einem Manometer zur Anzeige des Fülldrucks. Da die Manometer an den Pumpen häufig nicht zuverlässig sind, empfehlen wir, den Fülldruck mit der „Ping- und Pong-Technik“ zu prüfen. Dabei schnipst du mit dem Zeigefinger gegen die Fronttube. Hörst du ein Ping,

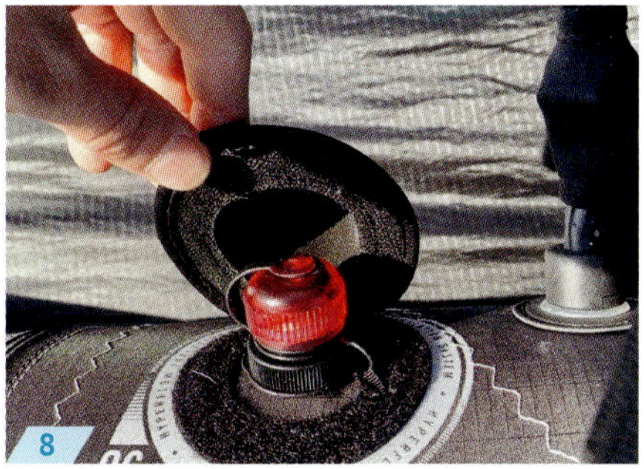
8

ist ausreichend Luft im Wing. Hörst du ein Pong, verträgt er noch etwas Luft.

Achte beim Pumpen auch darauf, dass die häufig bei Einkammersystemen vorhandene(n) Schlauchklemme(n) zwischen Front- und Mitteltube geöffnet ist/sind (7). Ein gegebenenfalls vorhandenes zweites Ablassventil sollte geschlossen sein.

Ist der gewünschte Fülldruck erreicht (8), entferne den Schlauch der Pumpe vom Ventil. Bringe nun die Ventilabdeckung wieder an, und schließe die Neoprenabdeckung. Verschließe nun auch die Schlauchklemme(n) zwischen Front- und Mitteltube wieder.

Jetzt kann der Wing aufgenommen werden. Falls du es noch nicht getan hast, befestige zuvor die Leash am Handgelenk. Und los geht's.

!

Den Wing aufbauen.

Webcode: 1024

Abbauen

Nach der Session gilt es, das Material wieder für den Transport und die Lagerung vorzubereiten. Der Wing sollte sorgsam eingepackt werden. Foil und Board müssen in der Regel getrennt und das Foil zerlegt werden. Beide sind in Transporttaschen gut aufgehoben.

Den Wing verpacken

1. Luft ablassen

Lege den Wing wieder auf einen möglichst weichen Untergrund mit dem Rücken nach unten auf den Boden. Öffne die Neoprenabdeckung, und löse den Ventilverschluss. Öffne nun das Ventil sowie die Schlauchklemme(n) zwischen Front- und Mitteltube. Die Luft entweicht zunächst mit einem lauten Zischton.

2. Den Wing zusammenpacken

Zum Verpacken sollte die Luft vollständig entfernt sein. Das passiert nicht ganz von allein. Zur Unterstützung und Vorbereitung des Verpackens werden die Flügel des Wings zur Mitte hin eingerollt. Fange auf der Seite an, wo nicht das Ventil angebracht ist. Rolle diese Seite bis zur Strut auf. Danach machst du das Gleiche auf der gegenüberliegenden Seite. Damit sich die zuerst aufgerollte Seite nicht wieder entrollt, kannst du sie mit der Leash sichern, indem du diese um den bereits aufgerollten Flügel legst und in eine Handschlaufe klemmst.

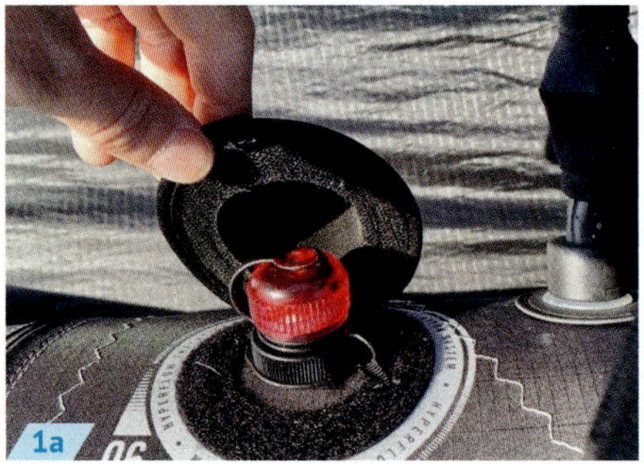

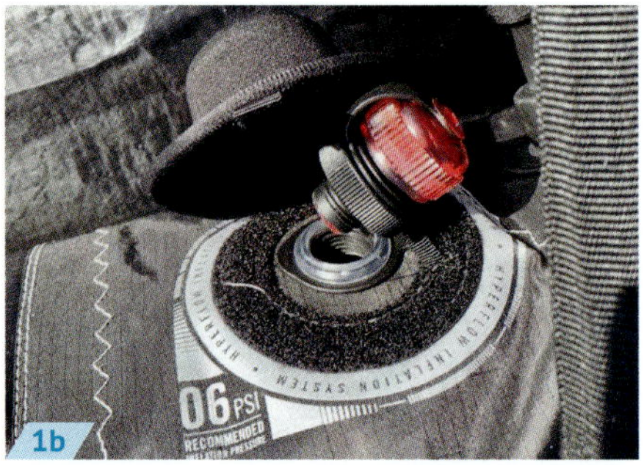

Sind beide Seiten eingerollt, drückst du die Luft aus der Strut (Mitteltube). Gegebenenfalls kannst du dich auch auf die Mitteltube legen. Ist die Luft vollständig herausgedrückt, kannst du den Wing von unten entlang der Mitteltube einfalten oder -rollen. Wie eng oder dicht gefaltet bzw. gerollt wird, hängt davon ab, ob Fenster vorhanden sind (diese niemals knicken!), und auch davon, wie groß die Tasche ist.

Die meisten Hersteller von Wings mit Fenstern sind inzwischen dazu übergegangen, eher längliche Taschen mitzuliefern, die nur ein einfaches Zusammenfalten des Wings unterhalb der Fenster erfordern. In jedem Fall solltest du ein Knicken der Fenster unbedingt vermeiden!

Alternativ zur oben gezeigten Einrolltechnik kannst du den Wing auch zunächst entlang der Strut zusammenklappen, um dann beide Flügelseiten übereinander gleichzeitig einzurollen.

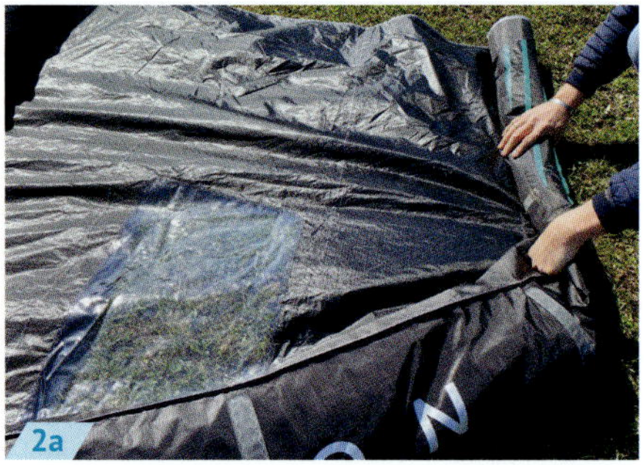

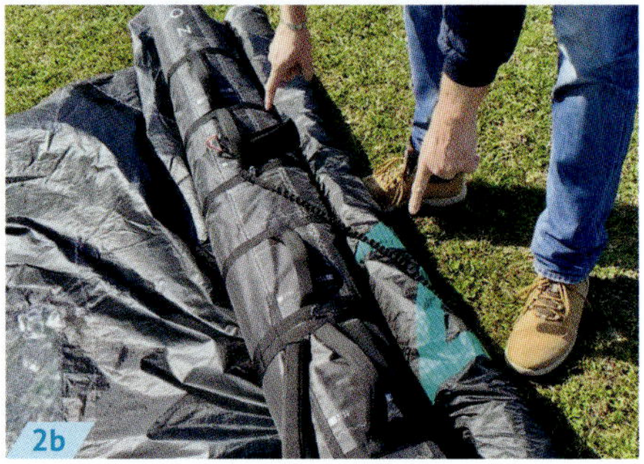

1a–1b: Luft ablassen.

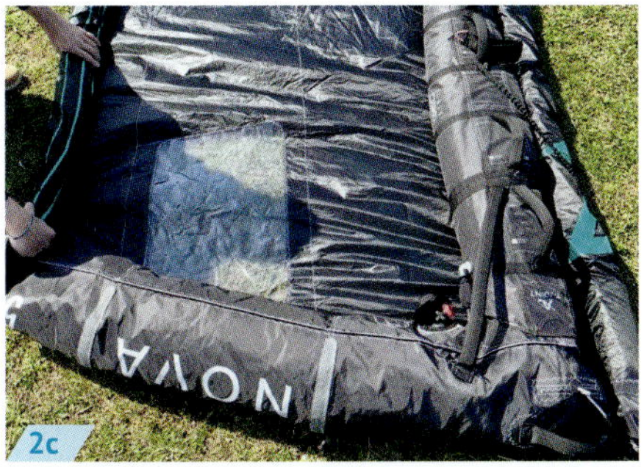

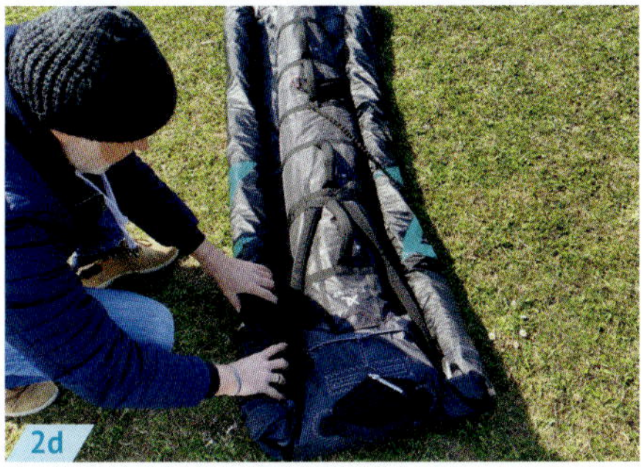

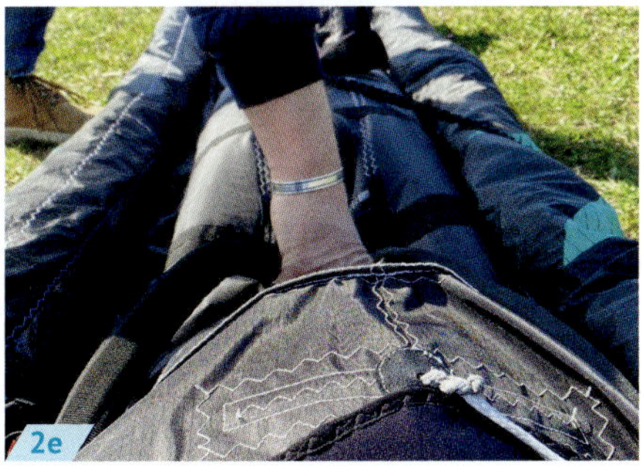

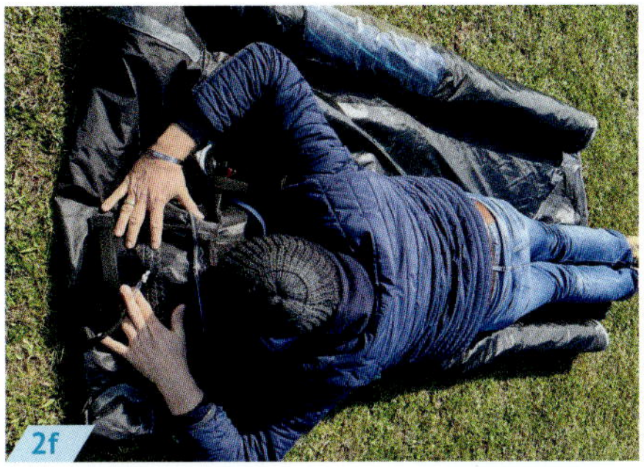

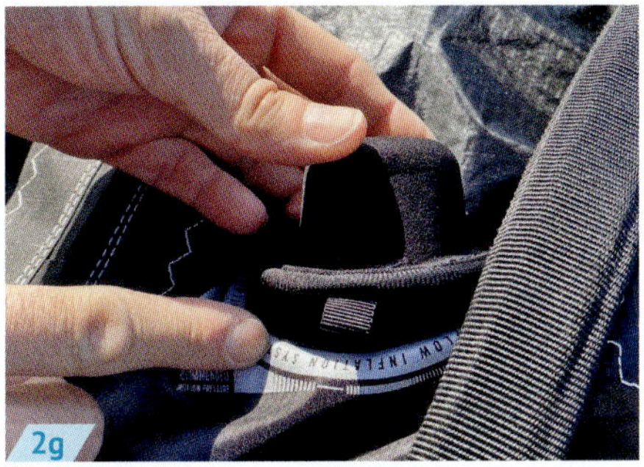

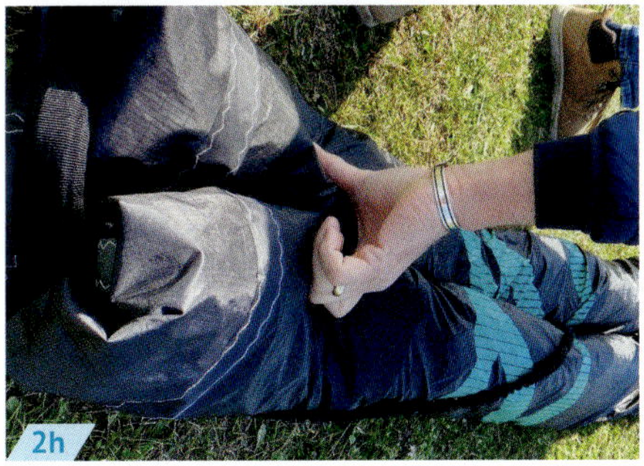

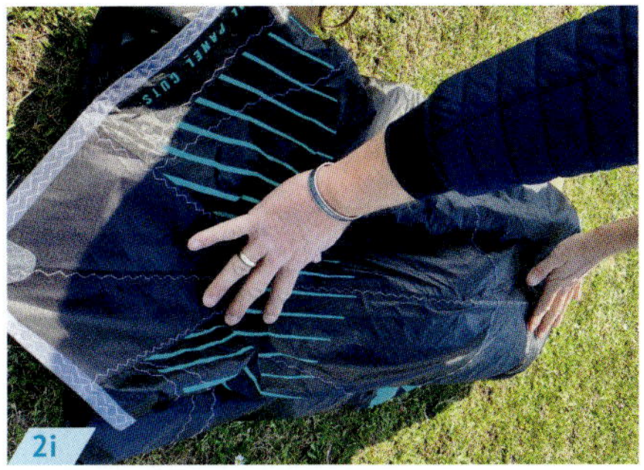

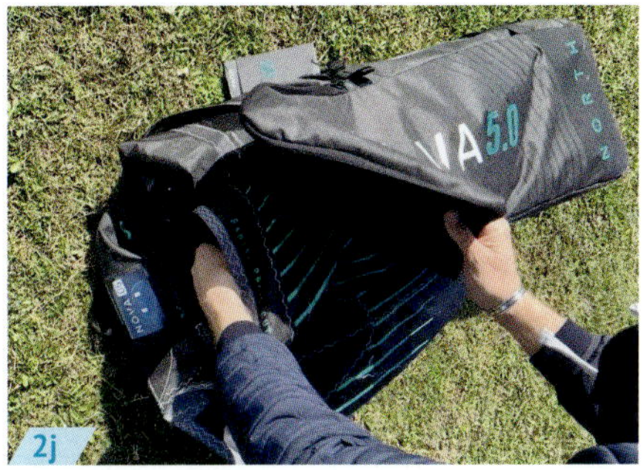

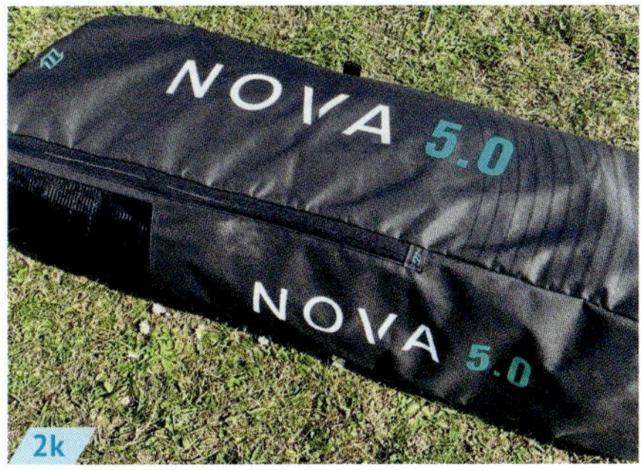

2a–2k: Luft vollständig herausdrücken, Wing zusammenlegen und verpacken.

!

Den Wing zusammenpacken.

Webcode: 1031

Pflegetipps für den Wing

Damit du an deinem Wing lange Spaß hast, möchten wir dir folgende Hinweise an die Hand geben:

Achte auf den empfohlenen Luftdruck

Pumpe deinen Wing nicht über den empfohlenen Luftdruck auf! Die Gefahr, dass er – zum Beispiel bei heftigeren Stürzen – platzt, ist nicht zu unterschätzen. Verlass dich beim Aufpumpen auch nicht unbedingt auf das Manometer der Pumpe. Die Erfahrung zeigt, dass diese oft nicht hundertprozentig genau sind. Auch lässt deren Genauigkeit mit der Zeit nach. Überprüfe den Luftdruck lieber per Hand, indem du die Tips des Wings ein wenig einknickst oder die Tube leicht mit dem Daumen eindrückst. Ein weitere Möglichkeit ist die sogenannte „Ping- und Pong-Technik". Dabei schnipst du gegen die Fronttube. Hörst du ein „Ping", ist ausreichend Luft im Wing. Hörst du ein „Pong", verträgt der Wing noch etwas mehr Luft. Probier es aus.

Halte die Tube sauber

Vermeide beim Aufpumpen, dass Sand und Dreck ins Innere der Tube gelangen. Fremdkörper im Inneren der Tube können zu Beschädigungen führen, und der Wing verliert Luft.

Meide spitze Gegenstände

Vermeide beim Aufbauen oder auch beim sonstigen Handling den Kontakt zu spitzen Gegenständen oder dem Foil. Ein Wing ist an manchen Stellen leider sehr empfindlich und trägt so schnell Beschädigungen davon.

Möglichst kein Bodenkontakt

Der Wing sollte generell so wenig wie möglich Bodenkontakt haben. Schleife ihn also nicht hinter dir her, sondern trage ihn an den Schlaufen.

Wenig Sonne

Setze den Wing möglichst nicht zu lange direkter Sonnenstrahlung aus, zum Beispiel durch eine Lagerung am Strand. UV-Licht lässt das Material schnell altern. Es wird dann spröde und rissig.

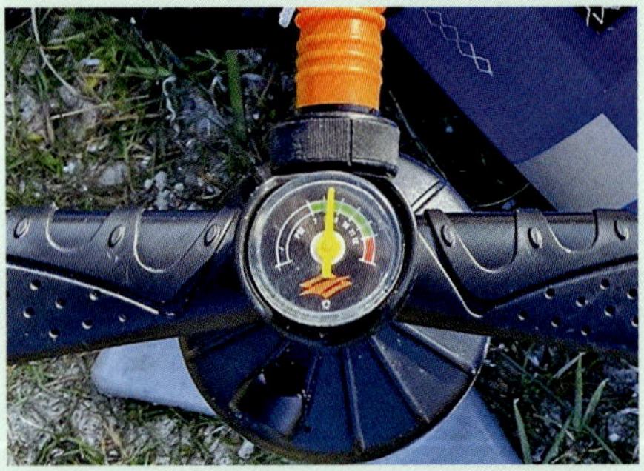

Manometer an der Pumpe hilft, den Wing mit dem richtigen Druck aufzupumpen.

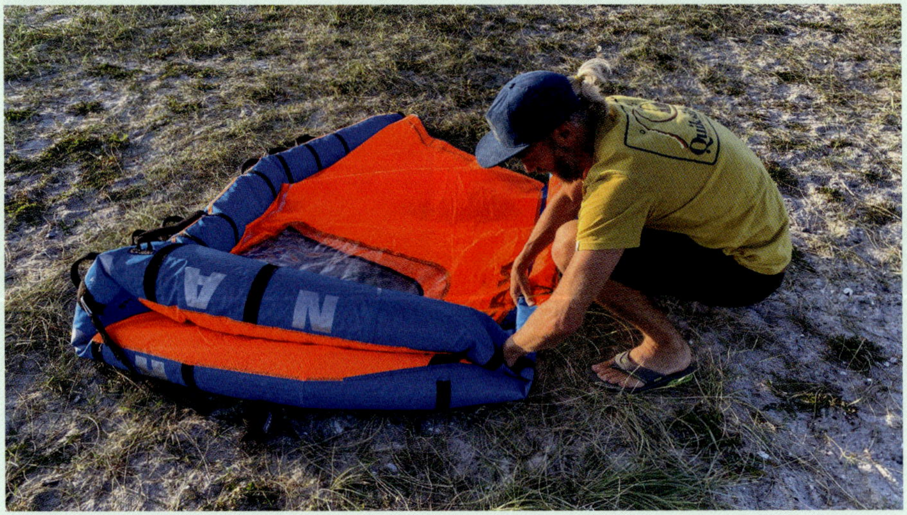

Zusammenrollen der Wingflügel schont die Fenster und beschleunigt das Zusammenpacken.

Sauber und trocken lagern

Reinige den Wing vor dem Einpacken und (längeren) Lagern von Sand und Schmutz. Sand kann das Material durch die Bewegung beim Transport schädigen. Spüle ihn daher wenn möglich nach der Nutzung mit Süßwasser ab, und lasse ihn gut trocknen. Vor allem wenn du den Wing länger nicht benutzt, solltest du ihn gegebenenfalls zu Hause noch einmal auspacken und zum Beispiel auf einem Wäscheständer oder einer robusten Wäscheleine trocknen. Salzwasser schadet dem Material im Übrigen nicht, solange der Wing trocken verpackt und gelagert wird.

Rollen und nicht knicken

Vor allem die Fenster des Wings sollten nicht gefaltet oder geknickt werden, dies kann Risse verursachen. Daher solltest du ihn beim Zusammenpacken nach Möglichkeit immer rollen und nicht knicken.

Wing kaputt! Was nun?

Falls du deinen Wing einmal beschädigt haben solltest, ist das ärgerlich, aber kein Weltuntergang. Die gute Nachricht: Es kann (fast) alles repariert werden! Unter dem unten stehenden Webcode findest Hinweise und Tipps zur Reparatur.

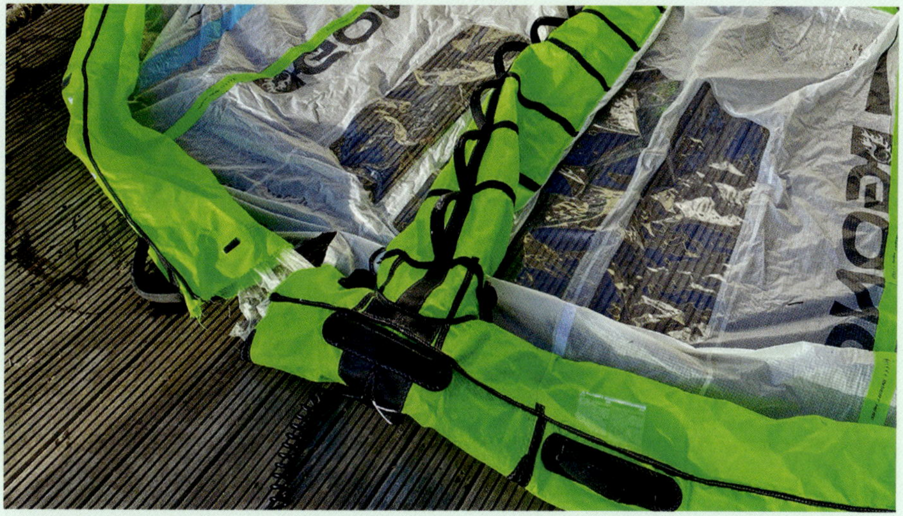

Geplatzte Fronttube und Bladder.

! **Wing kaputt! Was tun?**

Webcode: 1032

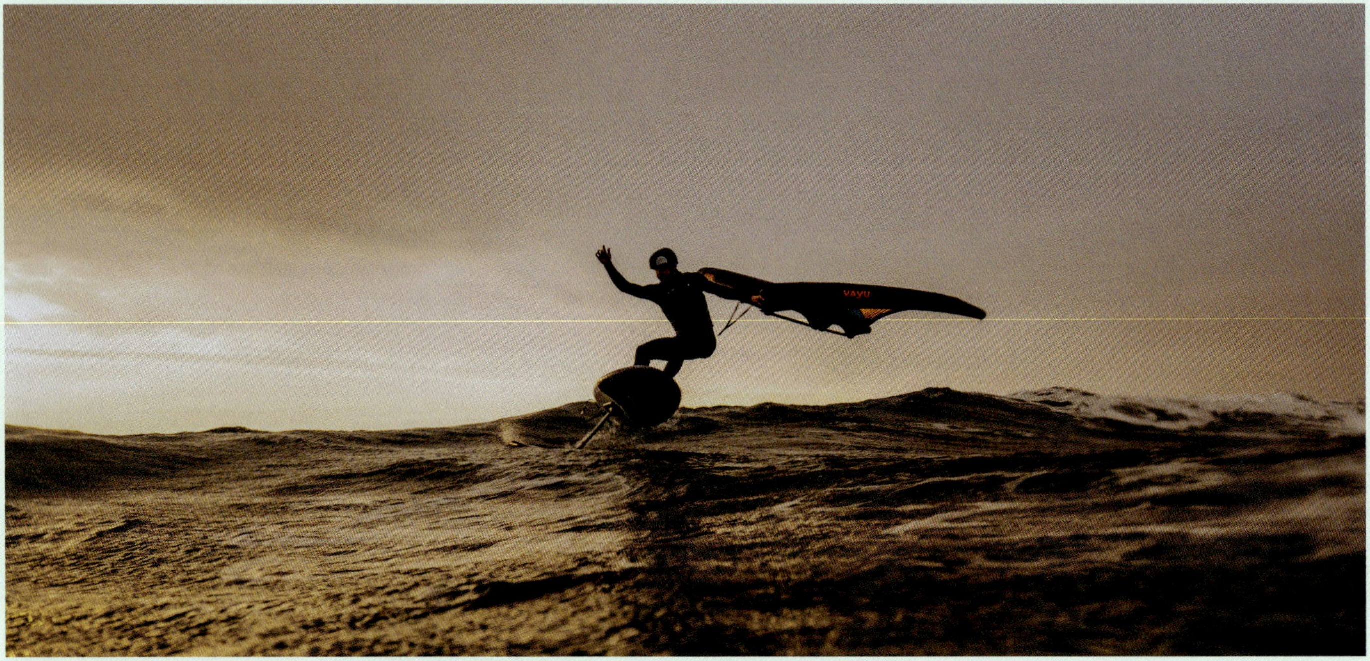

Zur Historie des Wings

Alles neu oder was? Wingsurfen ist keine neue Idee. Tatsächlich gab es bereits in den 80er-Jahren einige Vorläufer (-Ideen) zu dem, was wir heute als Basis für unseren tollen Sport verwenden, den Wing.

Die vermutlich erste Idee zu einem „Wing-Rig" als Vortriebsalternative zum klassischen Windsurfsegel hatte der Erfinder des Windsurfens, Jim Drake, gemeinsam mit Uli Stanciu, Gründer des *Surf*-Magazins, und zwar bereits im Jahr 1981. Basierend auf grundlegenden Skizzen, bauten die beiden zwei Prototypen aus einer Kombination von Alustangen und Windsurfsegeltuch. Erste Einsatzversuche mit mittelmäßigem Erfolg gab es Ende 1981 und Anfang 1982 unter anderem beim PanAm Cup in Kailua, wo Pete Cabrinha, Richard Whyte und Randy Naish das „Wing-Rig" ausprobierten. Es wurde sogar ein Patent beim Europäischen Patentamt angemeldet. Fünf Jahre später, im Jahr 1986, wurde vom Entwickler Tom Magruder ein weiterer Vorläufer des heutigen Wings konstruiert und vorgestellt: die sogenannte „Wind Weapon". Damals stand er auf einem Windsurfboard, auf dem ein frei rotierendes Segel fest montiert war – im Prinzip eine Mischung aus Windsurfsegel und Kite. Die Idee bestand darin, dass das Segel nicht nur vertikal, sondern auch horizontal – wie eine Tragfläche – bewegt werden konnte. Wie das funktionierte, seht ihr im Video ▶ Kasten, Seite 43 unten. Die „Wind Weapon" brachte es sogar zur Marktreife, konnte sich im Breitensport aber nicht durchsetzen. Aus der Idee entstanden einige Weiterentwicklungen, die auch vollständig ohne Befestigung an einem Mast auskamen – so wie die heutigen Wings. Auch in Nicht-Wassersportarten wie Skaten, Strandsegeln und Longboarding etc. wurden immer wieder ähnliche Konstruktionen mit unterschiedlichen Bezeichnungen entwickelt.

Die Kitetechnologie öffnet die Tür

Die historischen Wings bestanden mangels alternativer Technologien und Materialien aus einem starren Gestell. Sie waren dadurch vergleichsweise schwer und unhandlich. Dank der Entwicklungen in der Kitebranche wurde die Entwicklung der modernen Wings möglich: Aufblasbare Struts und leichtes Tuch machen diese Wings zugleich leicht, flexibel, robust sowie leicht transportier- und aufbaubar.

Wer kreierte den ersten modernen Wing?

Die Kitesurfmarke Slingshot mit Tony Logosz, Slingshot-Mitbegründer und Designer, ging diesen Schritt als Erste. Sie konstruierte im Jahr 2011 erste Prototypen, die dem heutigen Konzept des Wings entsprechen. Allerdings mussten diese für den Einsatz auf den damals verfügbaren SUP- oder Windsurfboards noch recht groß sein und waren damit unhandlich. Erst mit der Entwicklung großer Hydrofoil-Flügel, die wenig Widerstand im Wasser sowie viel Auftrieb und Geschwindigkeit erzeugten, entstand auch ein echtes Marktpotenzial. Im Jahr 2015 holte man den Slingwing wieder aus dem Schrank und testete ihn in Verbindung mit den großen Hydrofoils.

Das Hydrofoil bringt den Durchbruch

Und es funktionierte! Höhe laufen und gegen den Wind kreuzen, Downwind und Wellen abreiten waren plötzlich möglich – und zwar ohne lange Kiteleinen oder einen festen Mast auf dem Board. Erste Fotos in den sozialen Medien stießen auf gigantisches Interesse und äußerst positives Feedback.

Der WING und das WINGSURFING waren geboren!

Im Frühjahr 2019 kam Naish mit dem Wingsurfer auf den Markt. Es war ein Wing mit vier Quadratmeter Größe, der als One-Size-Fits-All-Lösung promotet wurde. Slingshot folgte kurz darauf mit dem Launch seines langjährig entwickelten Slingwings. Auch Duotone, Ozone, F-One und Cabrinha folgten ziemlich bald. In 2020 explodierte der Markt mit einer Vielzahl von Angeboten von nahezu allen namhaften Herstellern, wenngleich auch alle Lieferschwierigkeiten hatten. Grund waren die Produktionsausfälle in China im Zusammenhang mit der COVID-19-Situation. Inzwischen bieten alle Hersteller eine Palette von unterschiedlichen Winggrößen zwischen zweieinhalb und neun Quadratmetern an. Auch die Formgebung wird mehr und mehr differenziert und an unterschiedliche Zielgruppen und Einsatzgebiete angepasst. So finden sich bei den meisten Herstellern zunehmend auf die verschiedenen Einsatzgebiete hin optimierte Wings für Allround/Freeride, Freestyle, Wave und Race.

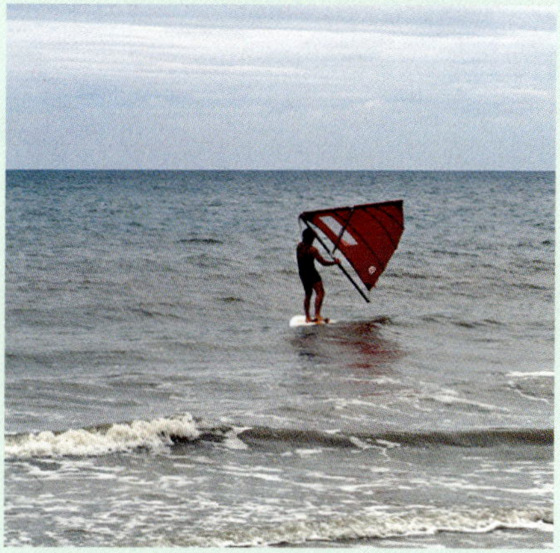

Das Wing-Rig von Jim Drake und Uli Stanciu beim Testversuch *(https://www.surfertoday.com/windsurfing/the-story-of-jim-drakes-first-wing-rig/amp)*.

!

Zur Historie des Wings.

Webcode: 8012

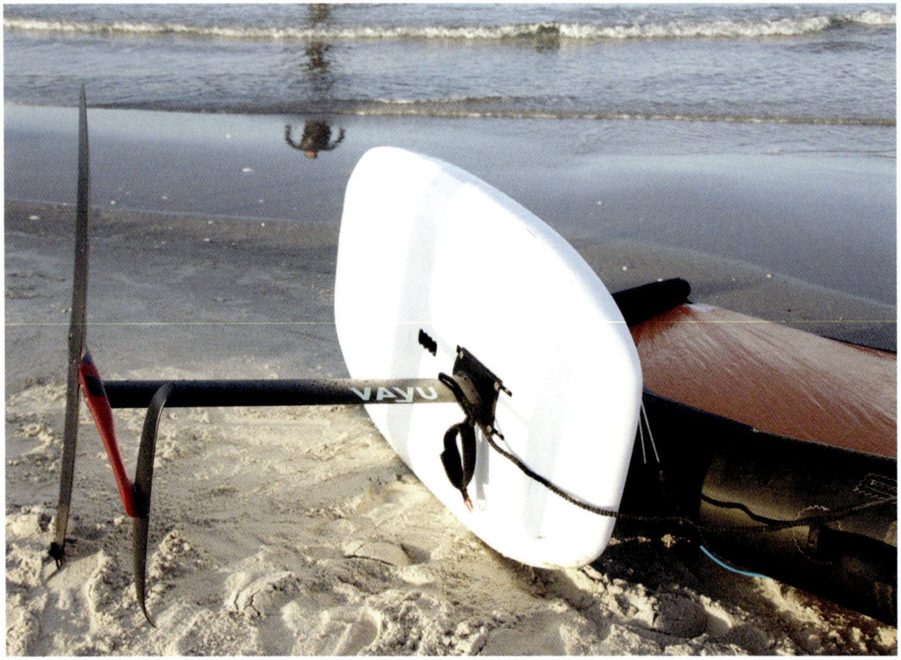

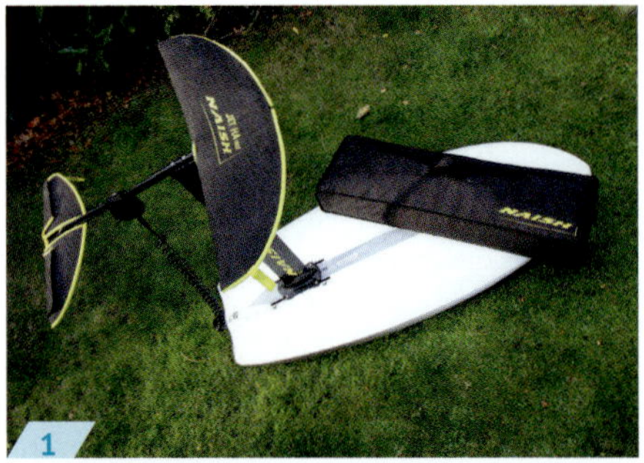

1

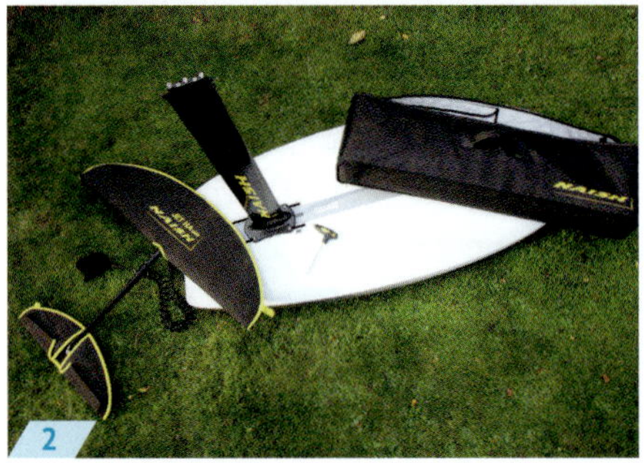

2

Foil und Board auseinanderbauen

Foil und Board zusammen bilden eine sehr sperrige Kombination. Ein Transport im zusammengebauten Zustand ist daher in den meisten Fällen nicht möglich. Für das Auseinanderbauen suche dir am besten einen weichen, ebenen Untergrund, um Board und Foil vor Kratzern zu schützen (1).

Meide nach Möglichkeit Sand oder hohes Gras als Untergrund. Eventuell heruntergefallene Kleinteile (Schrauben) lassen sich hier nur schwer wiederfinden.

1. Board und Foil voneinander trennen

Nach der Session sind also zunächst Board und Foil voneinander zu trennen (3).

Das bedeutet, dass die vier Schrauben am Mastfuß gelöst werden müssen. Haben die Schraubenlöcher am Mastfuß eine seitliche Öffnung, können die leicht gelösten Schrauben in dem „Schlitten“ der US-Box (3) verbleiben und beides seitlich herausgeschoben werden. Bei Mastfüßen ohne diese Öffnung müssen die Schrauben vollständig gelöst werden. Achte darauf, dass du die Schrauben und Muttern nicht verlierst. Am besten ist es, diese in einer eigenen, gut verschließbaren Box (zum Beispiel Plastikdose) zu sammeln. Alternativ können die Schrauben und Muttern auch in der US-Box verbleiben. Wichtig ist nur, dass du sie etwas mehr als handfest anziehst. Ansonsten besteht die Gefahr, dass sie sich beim Transport des Boards lösen und verloren gehen.

Sind Board und Foil getrennt, kann das Board – sofern vorhanden – in einer Boardbag oder Boardsocke verstaut werden. Eine Boardbag ist sicher der robustere Schutz (4). Sie verfügt in der Regel über eine Reihe von Griffen und Schlaufen, die das Handling und den Transport deutlich erleichtern. Eine Boardsocke hat diese Griffe nicht, schützt das Board

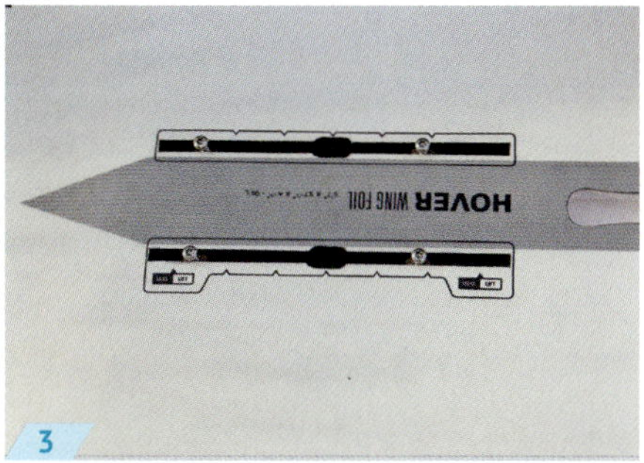

3

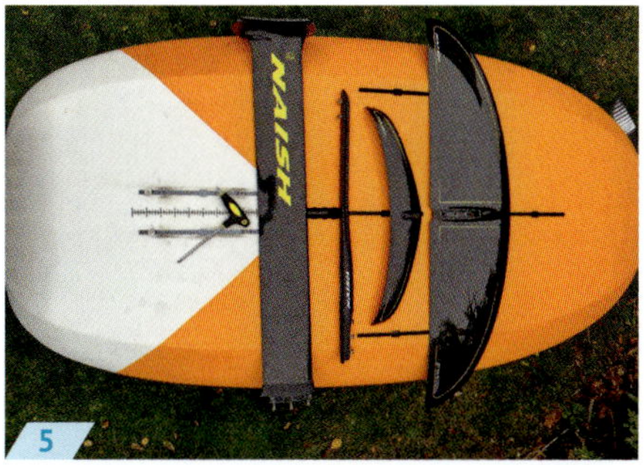

5

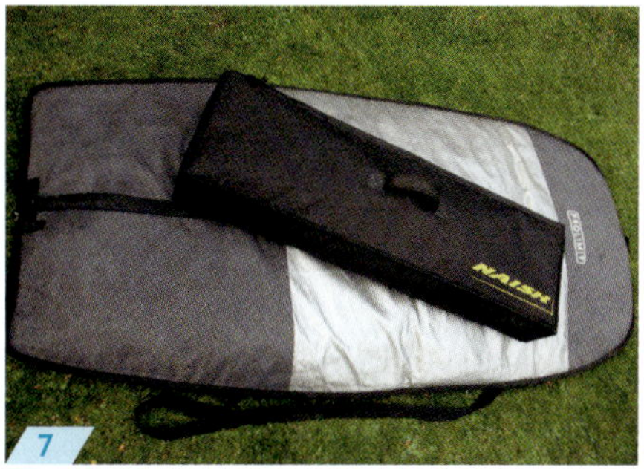

7

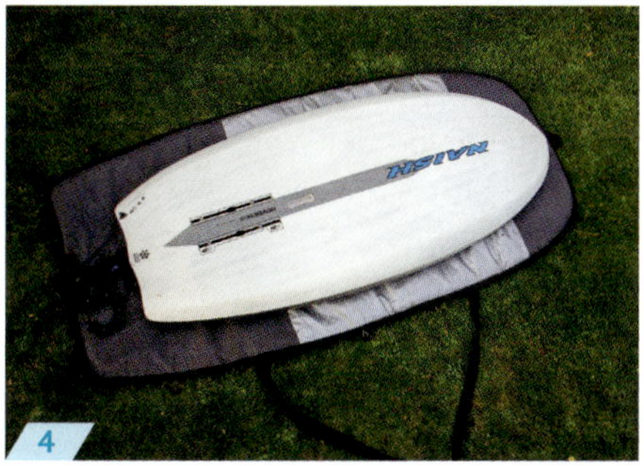

4

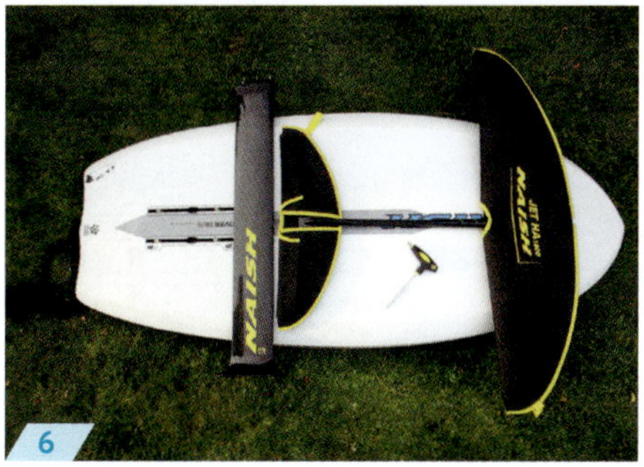

6

Bildserie 1-7:
Foil und Board zerlegen und für den Transport verpacken.

aber zunindest vor leichteren Stößen und Kratzern.

2. Foil zerlegen und verpacken

Das Foil ist ein sperriges Teil – zumindest im zusammengebauten Zustand. Es in dieser Form zu verstauen stellt durchaus eine Herausforderung dar und ist im Kleinwagen oder auf dem Fahrradanhänger kaum möglich. Auch ist die Verletzungsgefahr durch die scharfen Kanten an den Flügeln nicht zu unterschätzen.

Für den Transport empfiehlt es sich daher, das Foil teilweise oder vollständig zu zerlegen (5) und in Einzelteilen zu verstauen. Die meisten Hersteller liefern geeignete Taschen mit, in denen die einzelnen Teile (Frontflügel, Fuselage, Stabilizer, Mast, Mastfuß, Tools, Schrauben) ihren Platz finden. Vielfach ist es aber auch nicht nötig, das Foil komplett zu zerlegen. Trennt man beispielsweise nur den Mast von der Fuselage, hat man zwei deutlich handlichere Teile und muss lediglich zwei bis drei Schrauben lösen. In Verbindung mit einer Schutzhülle für die beiden Flügel ist auch die Verletzungsgefahr deutlich reduziert. Der Vorteil einer nur teilweisen Zerlegung (6) liegt darin, dass der Abbau sowie der spätere Wiederaufbau schneller vonstattengehen. Auch ist die Gefahr reduziert, dass man Kleinteile wie Schrauben verliert. Diese sollten übrigens in jedem Fall sofort nach dem Auseinanderbauen wieder möglichst weit und mindestens handfest in ihre Löcher geschraubt werden.

So stellst du sicher, dass du die Schrauben nicht verlierst und auch immer alle dabeihast. Alternativ hat sich auch hierfür eine kleine, gut verschließbare Plastikdose bewährt, in der die Schrauben gesammelt und ebenfalls sicher transportiert werden. Zum Schluss werden Board und Foil für den Transport in der Tasche verpackt (7).

Wind- und Fahrtrichtung – wohin kann ich fahren?

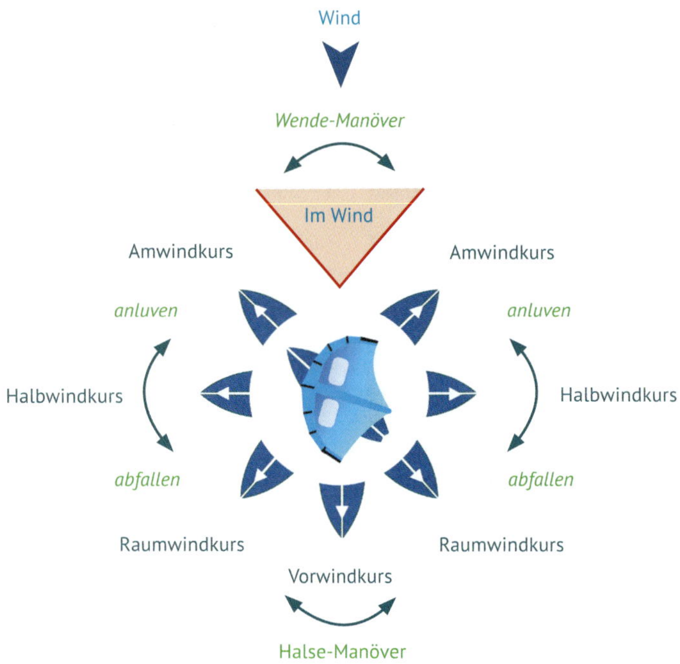

Als Einsteiger fragen sich manche: In welche Richtung kann ich eigentlich fahren? Das geht doch bestimmt nur in die gleiche Richtung, in die der Wind bläst, oder?

Tatsache ist: Du kannst in fast jede Richtung fahren, nur nicht direkt gegen den Wind!

Der Wind gibt die Richtung vor und stellt die zentrale Orientierungsgröße dar. Dabei spielt die Himmelsrichtung erst einmal keine Rolle. Wir müssen also niemandem sagen können, ob der Wind aus Nord, Süd, Ost oder West kommt. Aber wir müssen die Windrichtung kennen!

Windrichtung – Lee und Luv

Wichtig ist zu wissen, wo der Wind herkommt. Dafür kannst du Zeichen an Land nutzen. Besonders Fahnen oder Flaggen im Wind geben eine recht eindeutige Orientierung für die Windrichtung.

Daraus kannst du ableiten, wo sich Luv und Lee befinden:

- Lee ist die dem Wind abgewandte Seite, auch Downwind-Seite genannt. Beim Wingen ist es automatisch die Seite, in die der Wing weht, wenn man ihn an der vorderen Schlaufe der Fronttube (Neutral Handle) hält.
- Luv ist die dem Wind zugewandte Seite, also die Richtung, aus der der Wind kommt. Sie wird auch Upwind-Seite genannt.

Fahrtrichtungen und Kurse

Ausgehend von der Windrichtung werden die Fahrtrichtungen oder Kurse wie folgt bezeichnet:

- Fährst du direkt vor oder mit dem Wind, so nennt man das Vorwindkurs.
- Fährst du seitlich mit dem Wind, heißt das Raumwindkurs.
- Fährst du seitlich zum Wind, ist das ein Halbwindkurs.
- Fährst du seitlich (fast) gegen den Wind, bezeichnet man das als Amwindkurs.

Windrichtung, Kurse und Manöver sind in der vorstehenden Abbildung verdeutlicht.

Wingsurfen

Beim Wingsurfen, zum Beispiel auf dem SUP-Board ohne Foil, fahren wir in Verdrängerfahrt mit vergleichsweise viel Luft- und Wasserwiderstand. Beim Wingfoilen ist das anders, der Widerstand wird auf ein Minimum reduziert. Dies gibt deutlich mehr Spielraum und ermöglicht uns, recht weit gegen den Wind zu fahren. Auch wenn wir beim

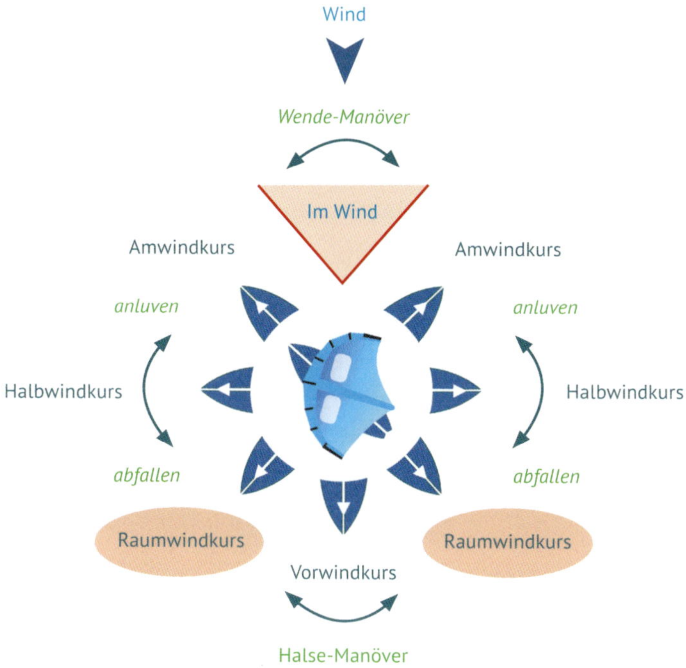

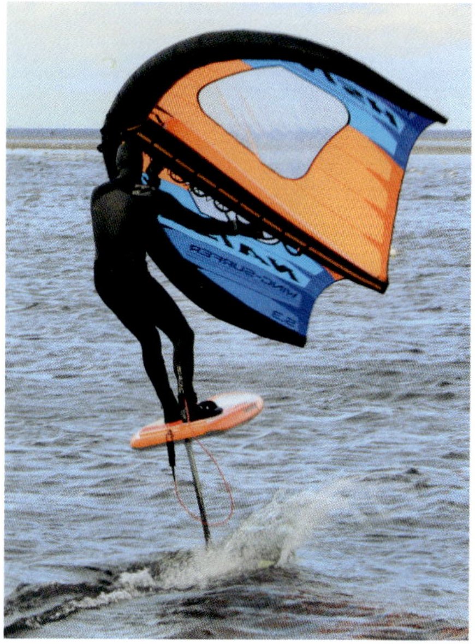

Raumwindkurs:
Der Wind kommt fast von hinten.

Wingfoilen viel mit dem Wind und den Fahrtrichtungen spielen können, ist es gut, die verschiedenen Kurse zu kennen und diese bewusst einsetzen zu können. Die Fahrtrichtungen bzw. Kurse stellen naturgemäß unterschiedliche Anforderungen an den Fahrer und bringen unterschiedliche Ergebnisse. Grundsätzlich kann man sagen:

- Der Raumwindkurs ist schnell.
- Der Halbwindkurs ist entspannt.
- Der Amwindkurs ist anstrengend.
- Der Vorwindkurs ist langsam und herausfordernd.

Durch Wind und Welle treiben wir automatisch ab und verlieren Höhe. Deshalb fahren wir meist einen Amwindkurs. Damit können wir Höhe laufen und diese Abfalltendenz ausgleichen. Außerdem hilft es uns, genügend Raum für Manöver zu haben und am Ende trotzdem wieder am Ausgangspunkt anzugelangen.

Raumwindkurs

Der Raumwindkurs ist im Grunde der Startkurs, wenn wir aufs Foil kommen. Zumindest in Situationen, in denen wir nicht überpowert fahren, lässt man sich gern zunächst leicht abfallen, um Geschwindigkeit aufzunehmen und das Foil zu aktivieren. Genau dies ist das Charakteristikum des Raumwindkurses: Geschwindigkeit. Es ist der schnellste Kurs, weil die Mischung aus Vortrieb und Widerstand optimal ist. Leider führt dieser Kurs downwind und damit weit vom Ausgangspunkt weg. Dies erfordert, dass man anschließend mühsam zurückkreuzen muss, also auf Amwind-/Halbwindkurs im Zickzack fahren. Daher besser andersherum: erst mit Amwind-/Halbwindkurs Höhe laufen, dann downwind auf Raumwind- oder Vorwindkurs.

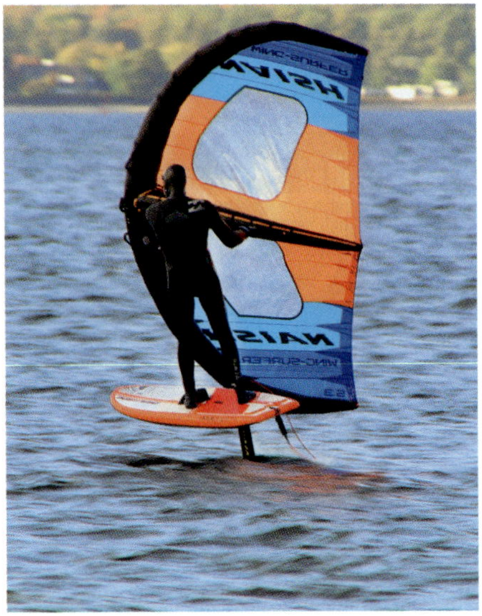

Amwindkurs:
Der Wind kommt fast von vorn.

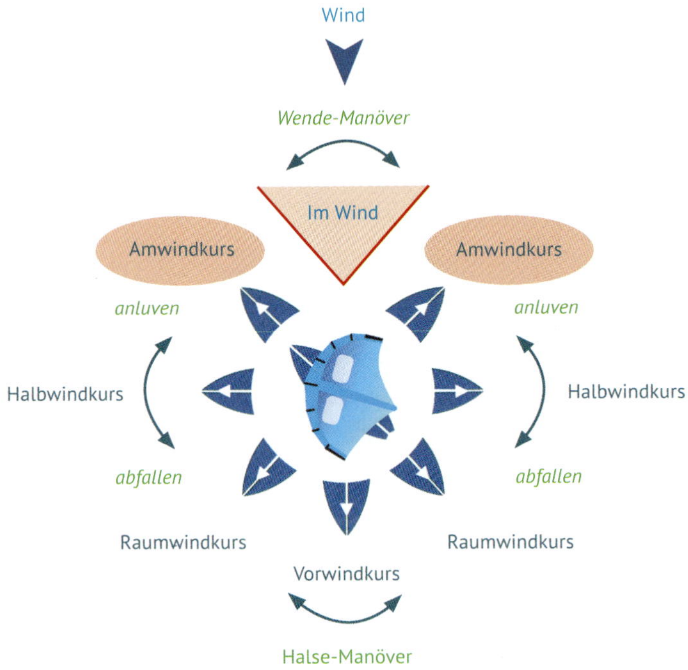

Amwindkurs

Durch Anluven können Wind(!)surfer bis maximal 45 Grad gegen den Wind ansegeln. Das Foil und die Technik beim Wingfoilen machen hier noch viel mehr möglich – vor allem bei stärkerem und konstantem Wind. Dennoch ist der Amwindkurs, gerade bei weniger und unstetigem Wind, durchaus anstrengend. Man muss fortlaufend aufpassen, dass man nicht zu viel anluvt und versehentlich eine Wende einleitet oder völlig an Fahrt verliert. Die Segelkraft erzeugt vergleichsweise viel Abdrift und wenig Vortrieb. Es gilt, die Balance zu halten zwischen ausreichend Vortrieb und Höhelaufen. Häufig muss man zwischendurch abfallen, um wieder mehr Fahrt aufzunehmen. Das kostet durchaus Kraft, und man verliert wieder an Höhe. Es ist daher besser, nicht den maximal möglichen Amwindkurs zu fahren, sondern lieber etwas abzufallen und damit mehr Geschwindigkeit und weniger Abdrift zu erreichen.

Halbwindkurs

Der Halbwindkurs verläuft in etwa quer, also im 90-Grad-Winkel zur Windrichtung. Es ist ein angenehmer Kurs, weil die Geschwindigkeit recht hoch ist und wir vergleichsweise wenig Kraft aufwenden müssen. Der Druck im Wing ist relativ gering, und man muss im Vergleich zum Amwindkurs nicht zu sehr aufpassen. Die Gefahr zu übersteuern ist gering. Außerdem führt der Halbwindkurs wieder zum Ausgangspunkt zurück – aufgrund der Abdrift muss es notwendigerweise eher ein Halbwindkurs mit Tendenz zum Amwindkurs sein.

Vorwindkurs

Der Vorwindkurs führt direkt vor dem Wind nach Lee. Anders als man als Einsteiger vielleicht vermutet, ist dies der langsamste Kurs, obwohl man ja vermeintlich die gesamte Kraft des Windes aufnimmt. Warum ist das also nicht so? Tatsächlich wirkt der Wing vor dem Wind wie eine Wand – er bremst! Zum Glück

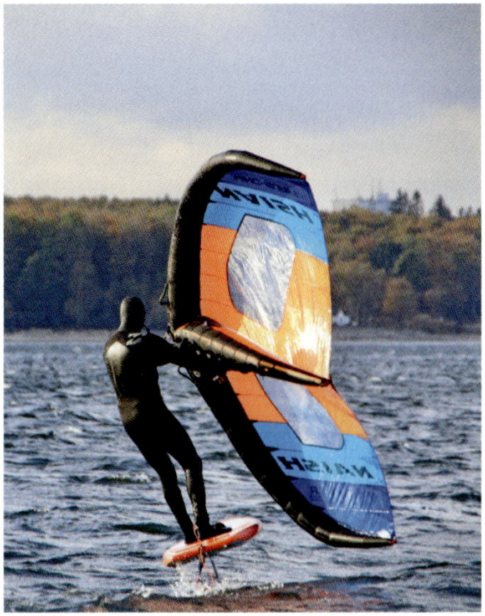

Halbwindkurs:
Der Wind kommt von der Seite.

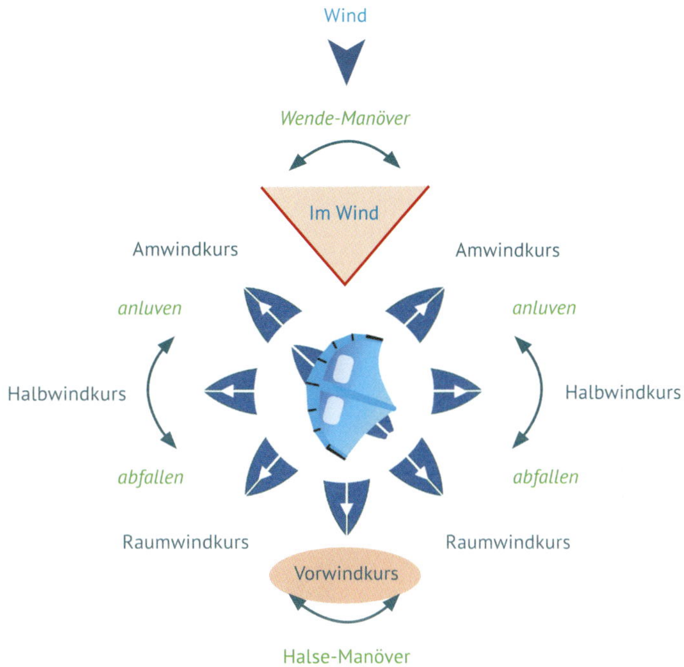

ist der Wing, anders als das Segel beim Windsurfen, nicht fest mit uns oder dem Board verbunden. Daher können wir ihn herunternehmen (auf neutral stellen) und den Windwiderstand fast auf null senken. Nur haben wir dann auch keinen Vortrieb durch den Wind mehr. Das Foil macht es glücklicherweise möglich, dass wir dennoch spannende Vorwindkurse fahren können, indem wir die Welle und die Möglichkeit zu pumpen nutzen, wodurch wir den Vortrieb aufrechterhalten können.

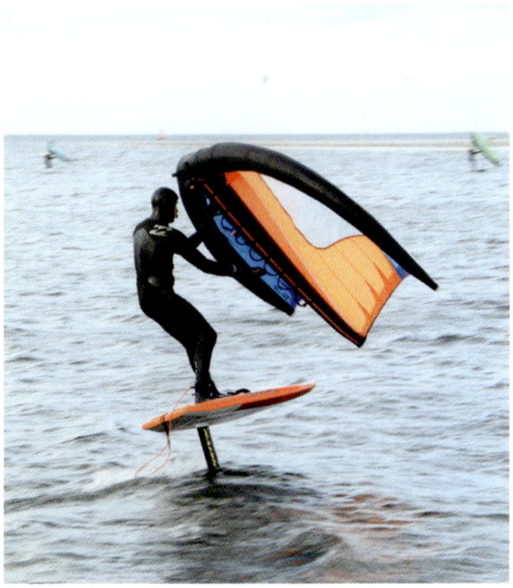

Vorwindkurs:
Der Wind kommt von hinten.

Wahrer Wind versus scheinbarer Wind

Wenn wir uns auf dem Wing- oder SUP-Board befinden und Fahrt aufnehmen, verändert sich der von uns wahrgenommene Wind in Stärke und Richtung. Und zwar deshalb, weil nun der Fahrtwind (oder Gegenwind) hinzukommt.
Im Ergebnis wird der wahre Wind, der auch als atmosphärischer Wind bezeichnet wird, aus unserer Perspektive verändert. Es wirkt der sogenannte relative Wind, der auch als scheinbarer Wind bezeichnet wird.
Der relative Wind setzt sich aus den beiden Windströmungen wahrer Wind und Fahrtwind zusammen. In Abhängigkeit von der Fahrtrichtung und -geschwindigkeit in Relation zum wahren Wind ist er unterschiedlich stark beeiflusst und weicht entsprechend mehr oder weniger stark vom wahren Wind ab.
Er kann in Form von resultierenden Kräften einer Vektorzeichnung dargestellt werden. In der nachfolgenden Grafik sind wahrer Wind, Fahrtwind und relativer Wind bei den verschiedenen Kursen dargestellt.

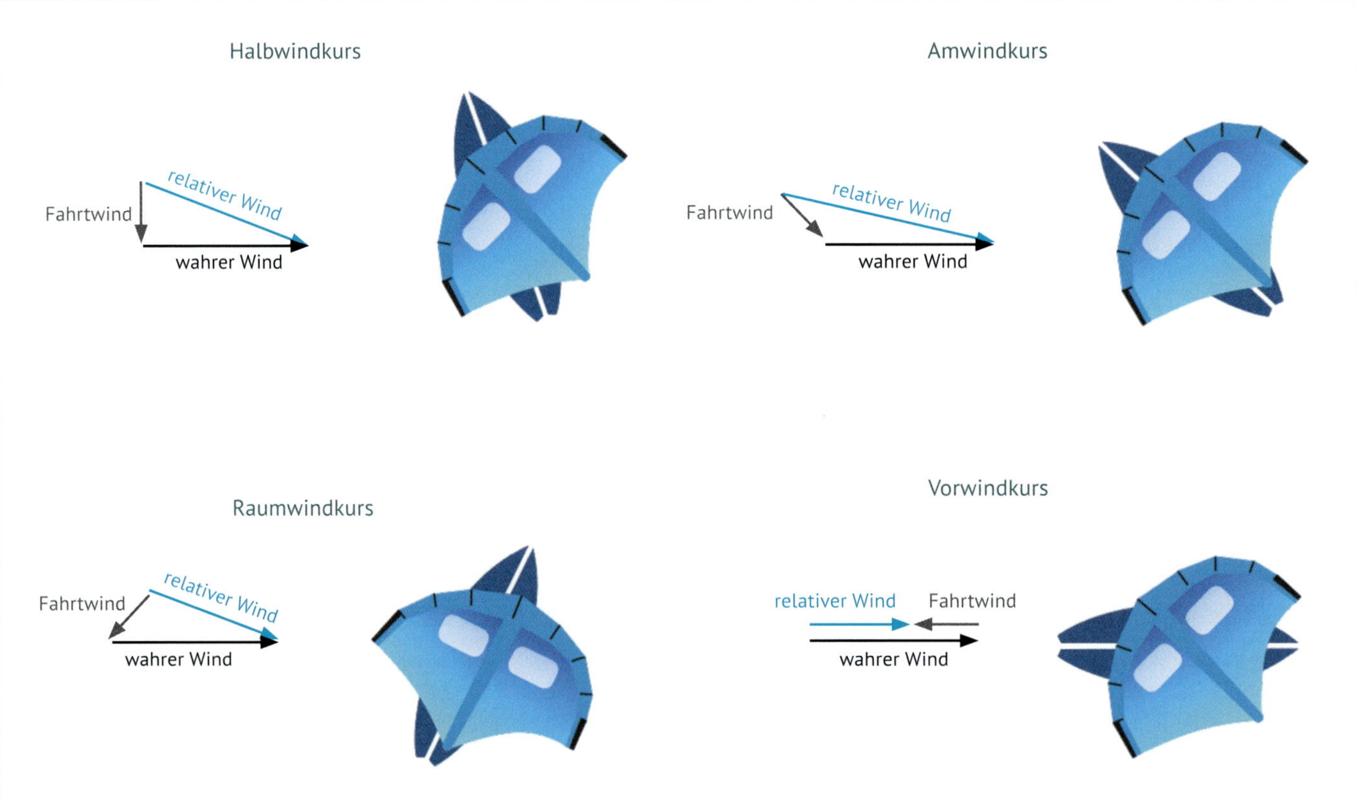

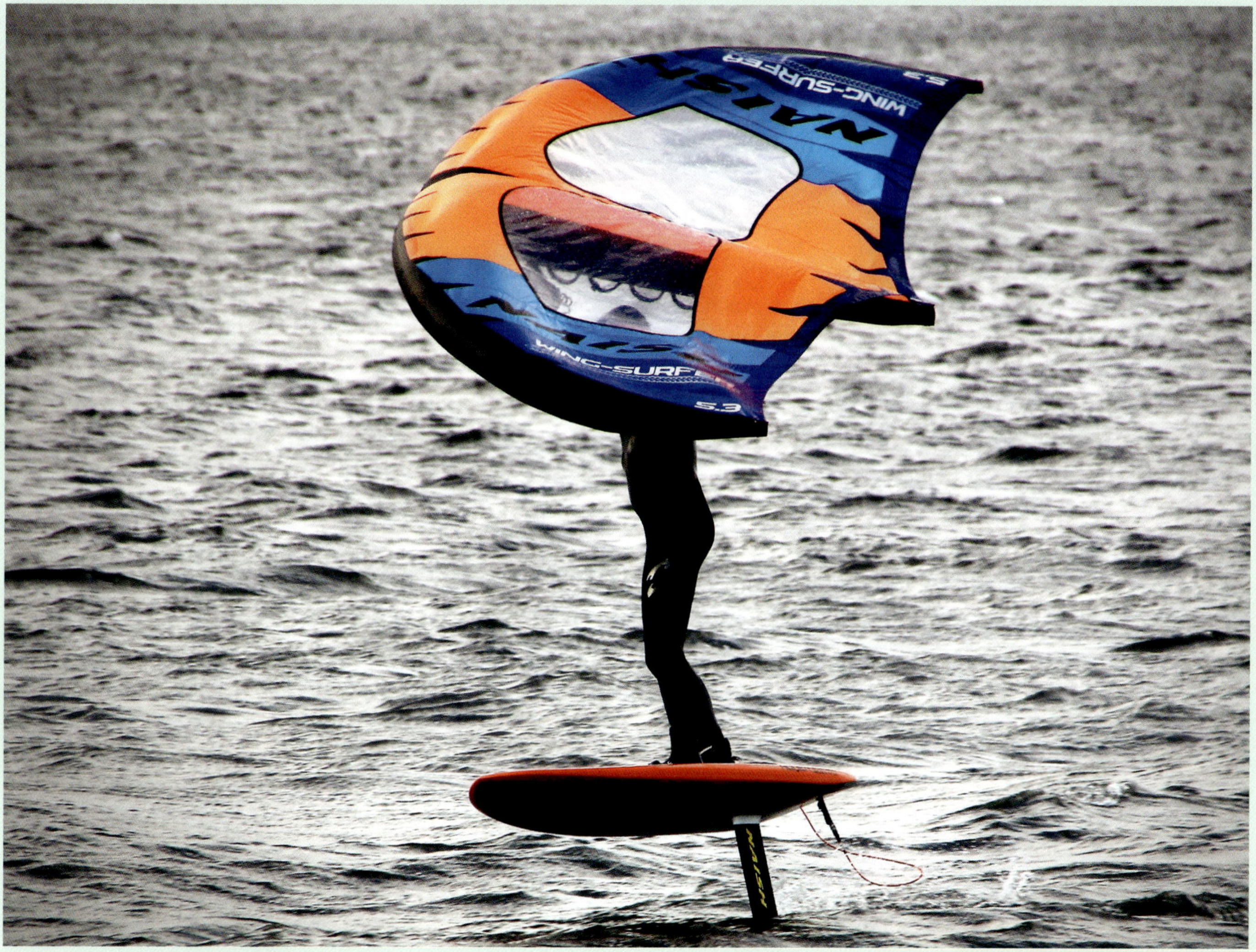

Gegen den Wind: Bei einzelnen Manövern (zum Beispiel bei der Wende) kommt es vor, dass wir kurzzeitig gegen den Wind fahren.

!

Fahrtrichtungen und Kurse.

Webcode: 1041

Die Manöver beim Wingsurfen

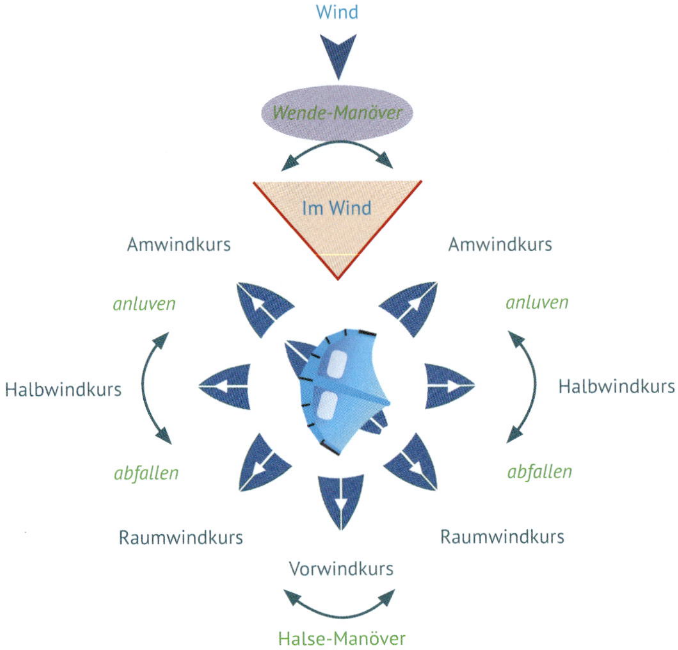

Wenn wir nun einen Richtungswechsel durchführen wollen, müssen wir uns an der Richtung des Windes orientieren.

Es gibt zwei grundlegende Manöver (Basismanöver),

- die Halse und
- die Wende.

Für die Halse lassen wir uns abfallen. Wir wechseln aus dem Amwind- oder Halbwindkurs in den Raumwindkurs und drehen uns mit dem Rücken durch den Wind. Tatsächlich kann man das Manöver sehr langsam durchführen oder auch unterbrechen und während des Manövers eine längere Zeit den Vorwindkurs fahren. Beim Wingfoilen macht man dies gern in der Welle oder mit kurzen Pump-Einlagen. Das Manöver wird dann auch durchgepumpte Halse oder Pump Jibe genannt.

Die Wende funktioniert im Prinzip umgekehrt zur Halse. Wir luven an und gehen gegebenenfalls aus dem Halbwindkurs in den Amwindkurs. Ziel ist es, die Seite des Windes zu wechseln und in den entsprechend „andersseitigen" Amwindkurs zu kommen. Dafür ist es wichtig, zunächst genügend Geschwindigkeit aufzubauen, um dann schnell mit der Spitze des Boards durch den Wind zu drehen. Durch Abfallen bauen wir nach dem Manöver wieder Geschwindigkeit auf. Beide Manöver sind im ▶ Kapitel „Die Basismanöver beim Wingfoilen" ausführlich beschrieben.

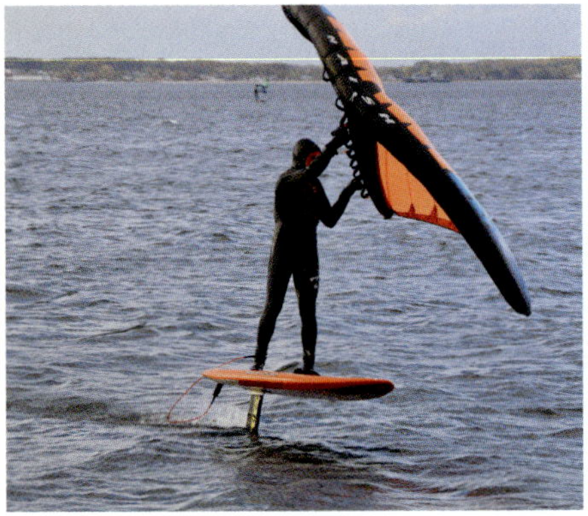

Halse: mit dem Rücken durch den Wind.

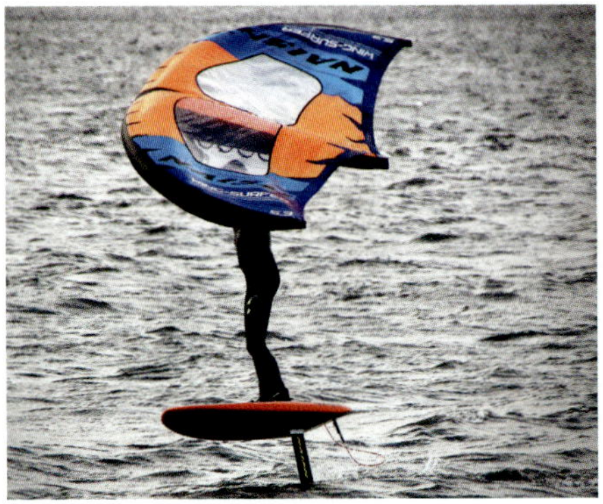

Wende: mit der Nase durch den Wind.

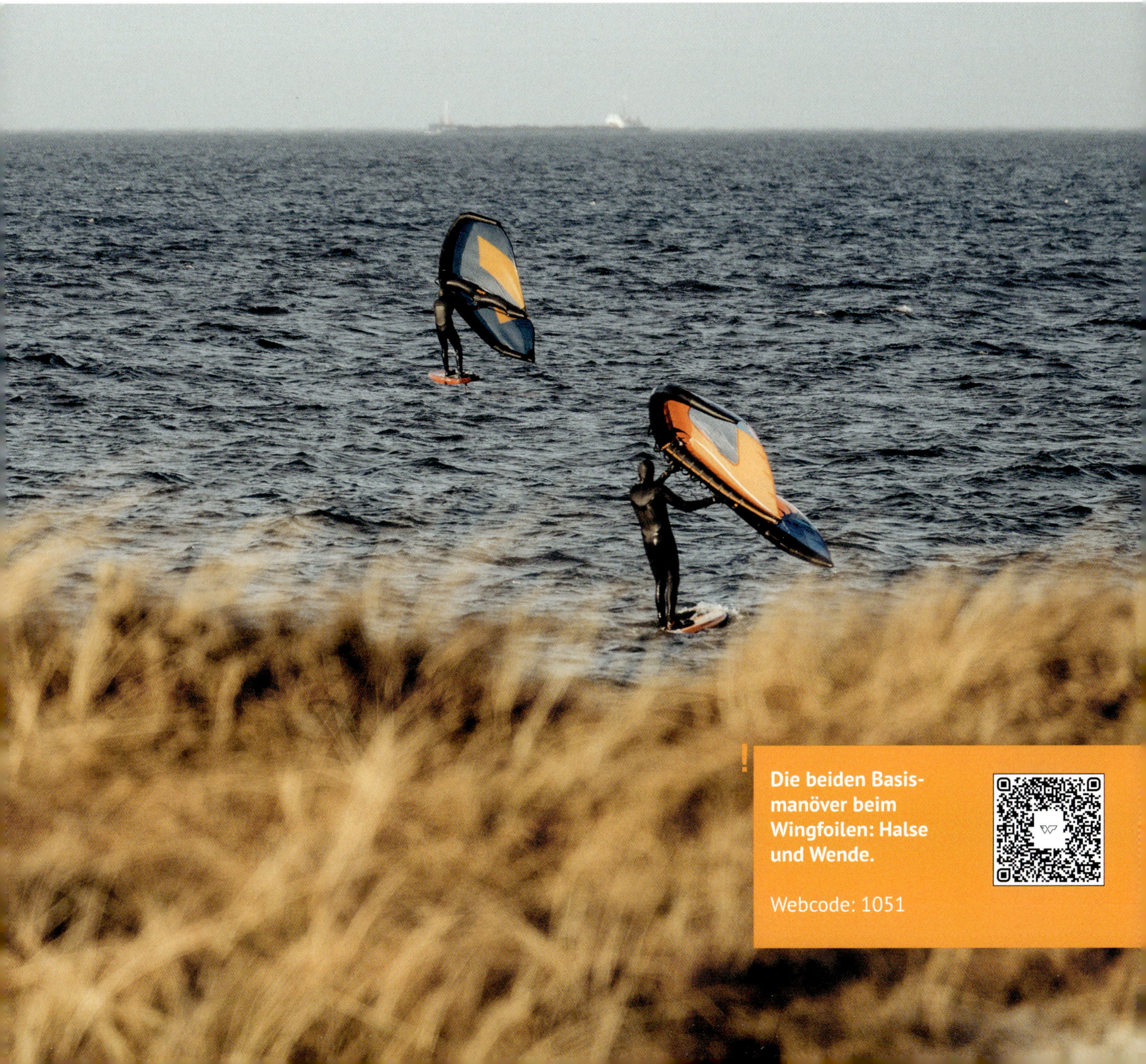

Die beiden Basismanöver beim Wingfoilen: Halse und Wende.

Webcode: 1051

Den Wind verstehen

Wie entsteht eigentlich Wind?

Mal weht er stark, mal weht er nicht so stark, und manchmal ist er weg. Für Windwassersportler ist daher die Frage interessant, wie der Wind eigentlich entsteht.

Verursacherin ist in jedem Fall die Sonne. Sie erwärmt die Luft an unterschiedlichen Orten unterschiedlich stark. Der Ausgleich zwischen den unterschiedlich stark erwärmten Luftmassen erzeugt den Wind.

So wird die Luft zum Beispiel über dem Land intensiver und schneller erwärmt als über dem Meer. An den Küsten lässt sich deshalb an warmen Tagen tagsüber ein auflandiger Seewind beobachten. Am Abend kehrt sich dieser um, weil die Luft über dem Wasser dann wärmer ist als die Luft an Land (Landwind).

Auch der Winkel, in dem das Sonnenlicht einfällt, spielt eine Rolle: Je senkrechter das Licht auf die Erde trifft, desto stärker erwärmt sich die Luft. Am Äquator steht die Sonne fast senkrecht, die Luft wird dort entsprechend stärker erwärmt als in anderen Breitengraden. Demgegenüber steht die Sonne an den Polen sehr niedrig, und die Luft erwärmt sich dort weniger.

Die erwärmte Luft dehnt sich naturgemäß aus und steigt nach oben. Dort kühlt sie sich wieder ab und sinkt nach unten. Dies verursacht die Luftbewegung, auch weil die unterschiedlich erwärmte Luft einen unterschiedlichen Druck aufweist. Kalte, herabsinkende Luft hat einen höheren Druck als die aufsteigende Warmluft. So entsteht ein Hochdruckgebiet. Steigt warme Luft auf, verringert sich der Druck, und es entsteht ein Tiefdruckgebiet.

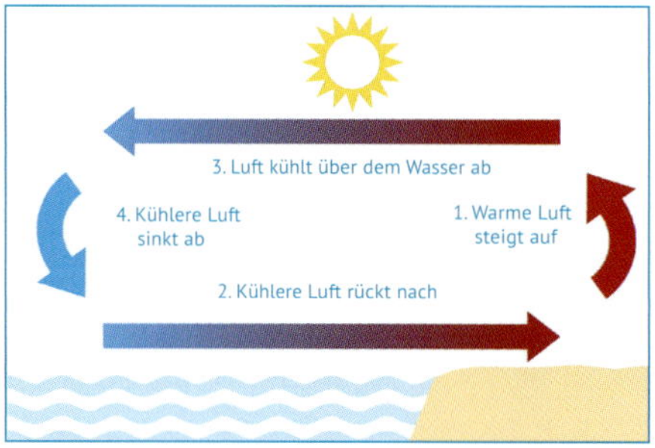

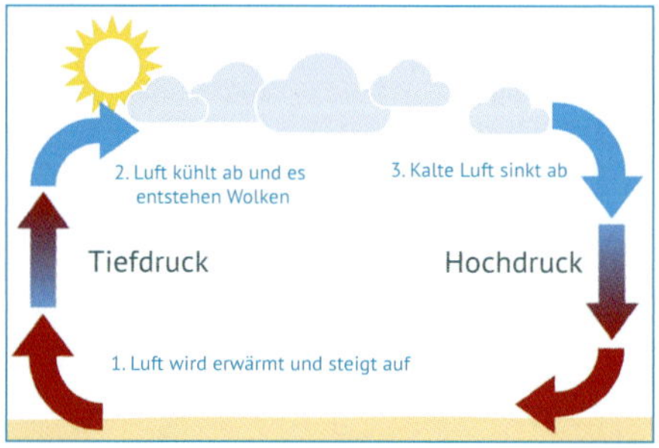

Man könnte nun meinen, der Wind muss immer vom Äquator in Richtung der Pole wehen. Dies wird aber durch die Erdrotation verhindert, weil durch sie auch die strömende Luft in eine Drehbewegung gerät. Dadurch driftet die warme Luft regelmäßig Richtung Osten ab. Es entstehen bekannte Windsysteme wie zum Beispiel die Passatwinde oder der indische Monsun.

Auch die Form der Erdoberfläche, insbesondere Gebirge, Täler und Seen, sorgt für eine Ablenkung der Luftmassen sowie regional bedingte thermische Strömungen, die unterschiedliche Winde in Stärke und Richtung erzeugen.

Der Wind entsteht also, weil sich die Luft immer von Hochdruck- zu Tiefdruckgebieten bewegt – im Kleinen wie im Großen.

Windstärke – welche Einheiten?

Eine weitere wichtige Frage zum Wind lautet: Wie viel Wind brauche ich? Ab wie viel Wind kann ich Wingsurfen bzw. Wingfoilen gehen?

Verwirrend sind dabei oft die vielen unterschiedlichen Angaben von Windstärke und Windgeschwindigkeit: Beaufort (Bft), Knoten (kn), Kilometer pro Stunde (km/h), Meter pro Sekunde (m/s).

Um die Stärke des Windes einteilen und unterscheiden zu können, nutzt man unter anderem die Beaufortskala. Sie ist benannt nach Sir Francis Beaufort (1774-1857). Er hatte sich Anfang des 19. Jahrhunderts Gedanken darüber gemacht, wie man die Windstärke in der freien Natur in etwa abschätzen kann und eine Zuordnung erstellt. 1906 veröffentlichte dann der britische Wetterdienst eine Skala, die als Beaufortskala bekannt wurde. Sie gibt die Windstärken

in verschiedenen Stufen in Beaufort (Bft) an.
Ausgehend von der Einteilung nach Beaufort (Bft) sind in der Tabelle auf folgender Doppelseite die Windgeschwindigkeiten in kn, km/h sowie m/s aufgeführt. Ergänzend findet sich darin auch die Beschreibung der Windwirkung an Land und auf See.

Windvorhersage und Windmessung – woher weiß ich, wie viel Wind da ist oder kommt?

Um nun einzuschätzen, wie stark der Wind ist, können wir die Natur und die Umwelt beobachten. Dabei können wir uns an den Zeichen orientieren, die in der Tabelle auf S. 57 beschrieben sind. Das erscheint jedoch eher umständlich und gibt auch nur bedingt Sicherheit.
Einfacher ist es sicher, einen elektromechanischen Windmesser, auch Anemometer genannt, zu nutzen. Damit kann man die Windgeschwindigkeit sehr leicht und recht einfach an Ort und Stelle messen.
Für die Planung deiner Wingsurf-Sessions helfen darüber hinaus natürlich Wettervorhersagen. Auf spezialisierten Internetseiten gibt es ausführliche und inzwischen recht genaue Vorhersagen, die bis auf einzelne Standorte heruntergebrochen sind. Diese Seiten sind oft auch mit Windmessstationen verbunden, sodass neben der Vorhersage auch der aktuelle Wind minutengenau angezeigt wird. Die zugehörigen Apps für Smartphone und Tablet bieten den Service auch für die Hosentasche an (siehe ▶ Seite 56, „Websites und Apps zur Information und Vorhersage der lokalen Windbedingungen“).

Wann kann ich wingen?

Welche Windstärke bzw. Windgeschwindigkeit ist nun geeignet für das Wingsurfen oder Wingfoilen?
Hier die Anwort: Für das Wingsurfen bzw. Wingfoilen sind die Windstärken vier bis sechs zu empfehlen. Das entspricht etwa 11 bis 27 Knoten. Darüber und darunter ist es prinzipiell natürlich auch möglich. Es bedarf aber ausreichender Erfahrung und entsprechender Fähigkeiten. Außerdem sollte das Material darauf abgestimmt werden. Bei wenig Wind brauchst du einen größeren Wing und einen größeren Frontflügel für dein Foil. Bei viel Wind ist es umgekehrt: Vor allem brauchst du einen kleinen Wing und gegebenenfalls auch einen kleineren Frontflügel.

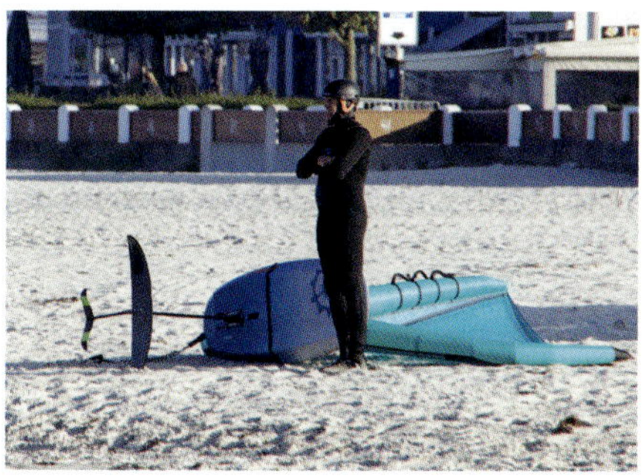

Vor der Session solltest du die Bedingungen kritisch prüfen.

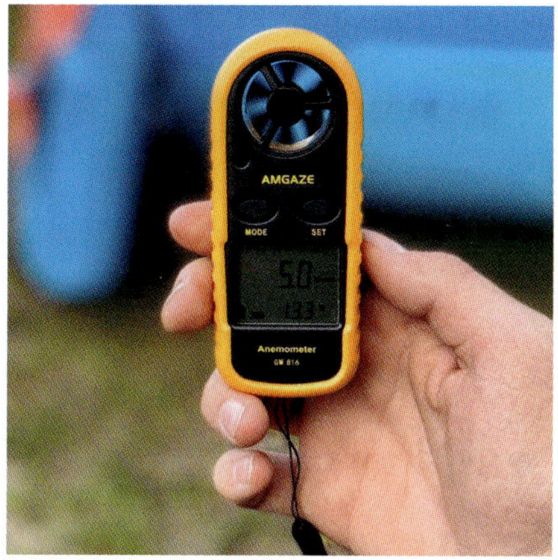

Windmesser: Damit lässt sich die Windgeschwindigkeit am Spot überprüfen.

!

Windbedingungen und Vorhersagen verstehen.

Webcode: 1061

Websites und Apps zur Information und Vorhersage der lokalen Windbedingungen

Nachfolgend stellen wir in alphabetischer Reihenfolge ein paar gute deutschsprachige Internetseiten und deren zugehörige Apps vor, die Informationen und Vorhersagen zu lokalen Windbedingungen bereitstellen.

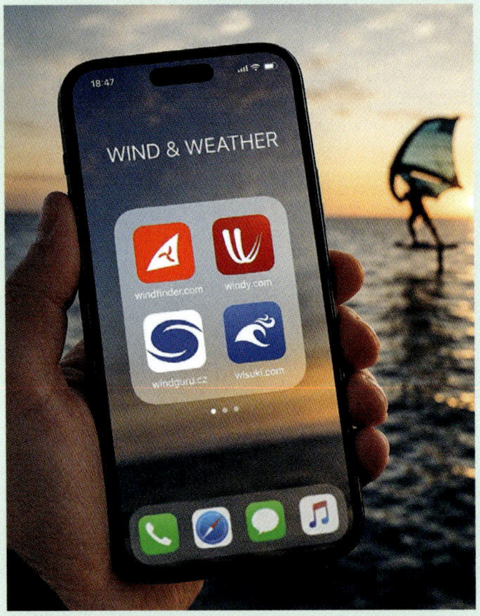

windfinder.com

verfügt über eine sehr intuitiv zu bedienende Oberfläche. Eine übersichtliche Karte mit Strömungsfilm zeigt die verfügbaren Spots an. Alternativ kann ein Spot über die Direktsuche gefunden werden. Durch Anklicken kommt man zu den gewünschten umfassenden Wind- und Wetterinformationen. Der Superforecast bringt detailliertere und genauere Infos. Darüber hinaus lassen sich Messwerte, Statistiken und gegebenenfalls verfügbare Webcam-Bilder anzeigen.

windguru.cz

bietet zum ausgewählten Spot oder der Live-Station eine Übersicht in Tabellenform oder als Graph. Durch Anklicken kann unmittelbar zwischen den angezeigten Einheiten, zum Beispiel der Windgeschwindigkeit (kn, km/h, m/s, mph, Bft), gewechselt werden. Alternativ können individuelle Modelle oder ein integriertes Vorhersagemodell ausgewählt werden. Neben der Windvorhersage lassen sich auch alle anderen Wetterinformationen, Statistiken und Gezeiten anzeigen. Die Vorhersage ist auf zehn Tage ausgelegt.

windy.com

präsentiert eine Multi-Layer-Wetterplattform mit vielen Modellen und Karten. Neben der Windvorhersage werden auch alle anderen Wetterinformationen, Statistiken und gegebenenfalls Webcam-Bilder angezeigt, inklusive Wellen. Für den ausgewählten Standort kann man sich eine Übersicht in Tabellenform darstellen lassen. Die Vorhersage ist auf bis zu zehn Tage ausgelegt. Nach Registrierung, kann man seine Lieblingsspots speichern und auch einen Windalarm einrichten.

wisuki.com

zeigt auf einer Karte sehr übersichtlich die zahlreichen verfügbaren Spots. Wird ein Spot ausgewählt, werden die wichtigsten Wetterinformationen zu Alternativspots aufgeführt. Neben der Windvorhersage gibt's auch alle anderen Wetterinformationen sowie Wellen und Gezeiten. Darüber hinaus lassen sich Statistiken und gegebenenfalls vor Ort verfügbare Webcam-Bilder anzeigen.

Windstärken und Windgeschwindigkeiten

Windstärke nach Beaufort (Bft)

		Windgeschwindigkeit			Beschreibung	
Bft	Bezeichnung der Windstärke	kn	km/h	m/s	Wirkung an Land	Wirkung auf der See
0	Windstille, Flaute	‹ 1	‹ 1	0–0,2	keine Luftbewegung, Rauch steigt senkrecht empor	spiegelglatte See
1	leiser Zug	1–3	1–5	0,3–1,5	kaum merklich, Rauch treibt leicht ab, Windflügel und Windfahnen unbewegt	leichte Kräuselwellen
2	leichte Brise	4–6	6–11	1,6–3,3	Blätter rascheln, Wind im Gesicht spürbar	kleine, kurze Wellen, Oberfläche glasig
3	schwache Brise	7–10	12–19	3,4–5,4	Blätter und dünne Zweige bewegen sich, Wimpel werden gestreckt	Anfänge der Schaumbildung
4	kräftige Brise	11–15	20–28	5,5–7,9	Zweige bewegen sich, loses Papier wird vom Boden gehoben	kleine, längere Wellen, überall Schaumköpfe
5	frische Brise	16–21	29–38	8,0–10,7	größere Zweige und Bäume bewegen sich, Wind deutlich hörbar	mäßige Wellen von großer Länge, überall Schaumköpfe
6	starker Wind	22–27	39–49	10,8–13,8	dicke Äste bewegen sich, hörbares Pfeifen an Drahtseilen und Telefonleitungen	größere Wellen mit brechenden Köpfen, überall weiße Schaumflecken
7	steifer Wind	28–33	50–61	13,9–17,1	Bäume schwanken. Widerstand beim Gehen gegen den Wind	weißer Schaum von den brechenden Wellenköpfen legt sich in Schaumstreifen in die Windrichtung
8	stürmischer Wind	34–40	62–74	17,2–20,7	große Bäume werden bewegt, Zweige brechen von Bäumen, beim Gehen erhebliche Behinderung	ziemlich hohe Wellenberge, deren Köpfe verweht werden, überall Schaumstreifen
9	Sturm	41–47	75–88	20,8–24,4	Äste brechen, kleinere Schäden an Häusern, Ziegel und Rauchhauben werden von Dächern gehoben, Gartenmöbel werden umgeworfen und verweht, beim Gehen erhebliche Behinderung	hohe Wellen mit verwehter Gischt, Brecher beginnen sich zu bilden
10	schwerer Sturm	48–55	89–102	24,5–28,4	Bäume werden entwurzelt, Baumstämme brechen, größere Schäden an Häusern; selten im Landesinneren	sehr hohe Wellen, weiße Flecken auf dem Wasser, lange, überbrechende Kämme, schwere Brecher
11	orkanartiger Sturm	56–63	103–117	28,5–32,6	heftige Böen, schwere Sturmschäden, schwere Schäden an Wäldern (Windbruch), Dächer werden abgedeckt, Autos aus der Spur geworfen, dicke Mauern werden beschädigt, Gehen ist unmöglich; sehr selten im Landesinneren	brüllende See, Wasser wird waagerecht weggeweht, starke Sichtverminderung
12	Orkan	› 64	› 118	› 32,7	schwerste Sturmschäden und Verwüstungen; sehr selten im Landesinneren	See vollkommen weiß, Luft mit Schaum und Gischt gefüllt, keine Sicht mehr

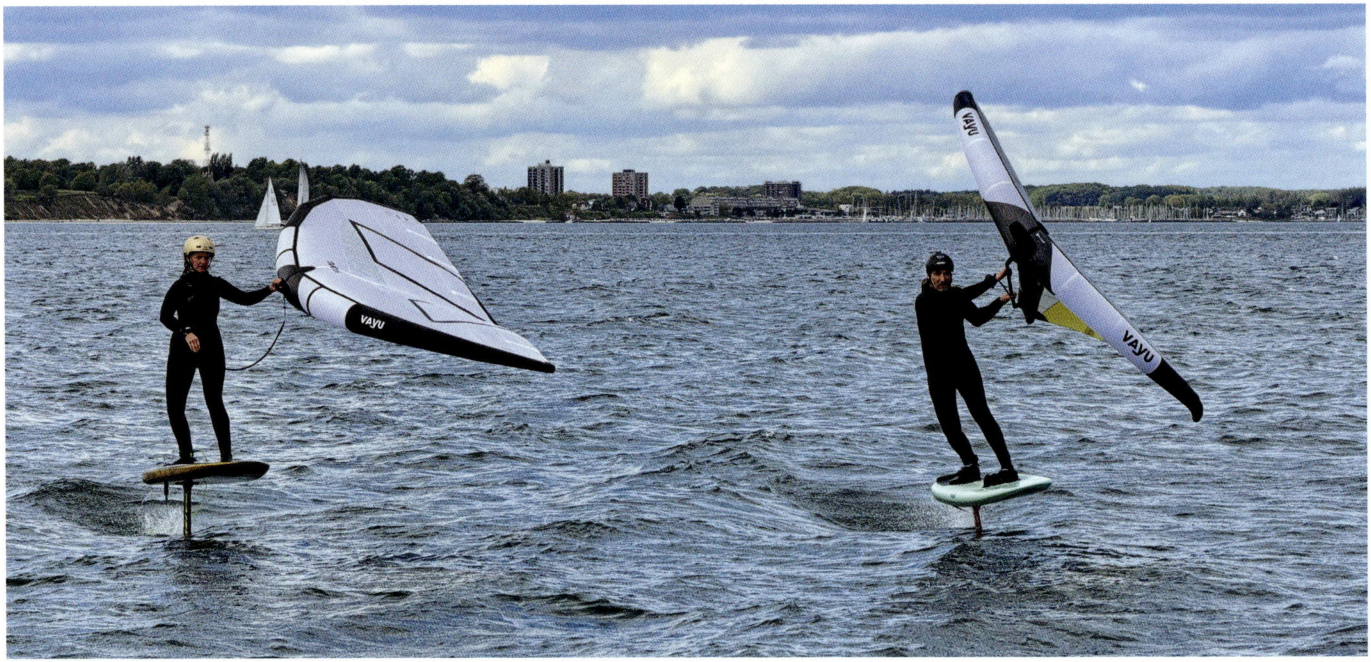

Vorfahrtsregeln

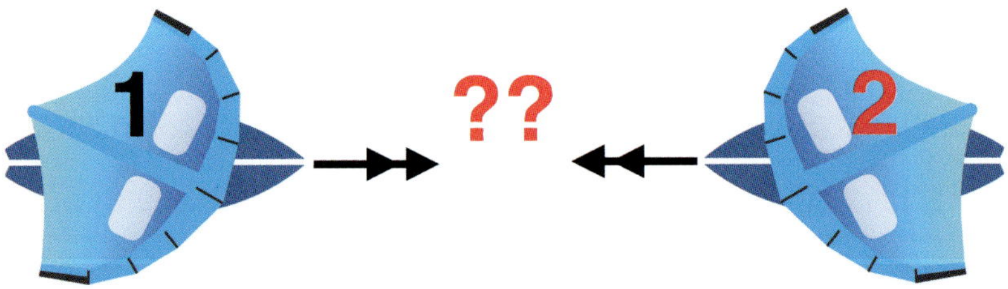

Wingsurfen und Wingfoilen liegen riesig im Trend. Das freut uns sehr! Allerdings wird es nicht zuletzt durch diesen noch neuen Windwassersport auch immer enger auf dem Wasser. Und zwar nicht nur unter den Wingsurfern, sondern auch im Zusammenspiel mit anderen Wassersportlern und Fahrzeugen.

Da stellt sich schnell die Frage: Wer hat eigentlich Vorfahrt?

Gibt es offizielle Regeln?

Der Wingsurfsport ist noch sehr jung, und es gibt unseres Wissens nach bisher noch keine offiziell festgelegten Vorfahrtsregeln. Es liegt natürlich nahe, sich an den vorhandenen Regeln für Wind- und Kitesurfer zu orientieren. Diese legen wir hier zugrunde.
Dabei sind die folgenden Situationen und Regeln zu unterscheiden:

- Wingsurfer und andere Wasserfahrzeuge
- Wingsurfer, Windsurfer und Kiter untereinander
- Besonderheiten in der Welle
- Sportgeräte mit und ohne Motor untereinander

Wingsurfer und andere Wasserfahrzeuge

Die Vorfahrtsregeln von Wing-, Wind- und Kitesurfern gegenüber anderen Wasserfahrzeugen unterscheiden sich in Binnen- und Küstengewässern.
Küstengewässer: Wing-, Wind- und Kitesurfer haben grundsätzlich Schwimmern, Seglern und auch Motorfahrzeugen Vorfahrt zu gewähren!
In Küstengewässern musst du also allen Nicht-Surfern immer ausweichen!
Binnengewässer: Segelfahrzeuge (also auch Wing- und Windsurfer) haben grundsätzlich Vorfahrt vor Motorfahrzeugen. Davon ausgenommen sind Linienschiffe und Boote über 20 Meter Länge. Diese haben immer Vorfahrt. Unter den Segelfahrzeugen haben Segelboote aber Vorfahrt vor Wing-, Wind- und Kitesurfern.
In Binnengewässern, d.h. auf Seen und Flüssen, hast du also Vorfahrt vor Motorfahrzeugen unter 20 Meter Länge. Du musst aber allen Linienschiffen und Segelbooten ausweichen!

Backbordbug vor Steuerbordbug!

Fahren zwei Wing-, Wind- oder Kitesurfer aufeinander zu, muss derjenige ausweichen, der in Fahrtrichtung gesehen seine linke Hand vorn hat. Derjenige mit der rechten Hand vorn hat eine Kurshaltepflicht. Anders ausgedrückt: Derjenige (Wing-)Surfer, der seinen Wing (Segel, Kite) auf der Backbordseite des Boards fährt, hat Vorfahrt und muss den Kurs halten. Als einfache Faustregel kannst du dir merken: „Rechte Hand vorn hat Vorfahrt und Kurshaltepflicht" oder „Wind von rechts vor Wind von links."

Lee vor Luv!

Fahren zwei (Wing-)Surfer in der gleichen Richtung bzw. haben beide Surfer den Wing (Segel, Kite) auf der gleichen Seite, gilt die Regel „Lee vor Luv". Das heißt, der (Wing-)Surfer auf der windabgewandten Seite hat Vorfahrt, und der (Wing-)Surfer, der sich höher am Wind befindet, weicht aus.

Überholer hält sich frei!

Wer einen anderen Wind- oder Kitesurfer überholt, der hält einen Abstand von mindestens einer Mastlänge bzw. einer Segellänge ein. Bei Wingsurfern dürfte es mindestens eine Winggröße sein. Das Überholen sollte in Lee erfolgen.

Lee vor Luv

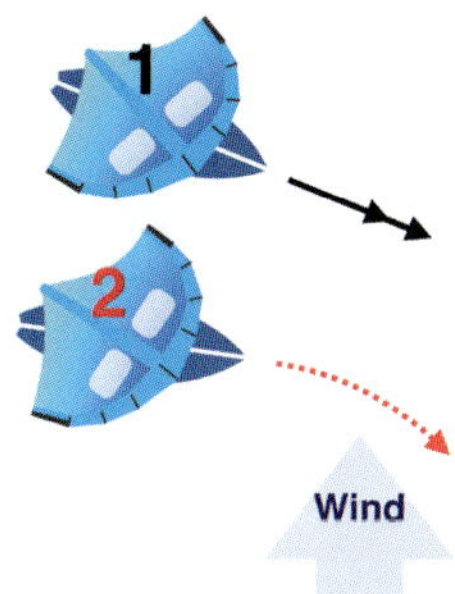

Wingsurfer 1 hält den Kurs,
Wingsurfer 2 weicht aus.

Hindernisse

Fahren zwei (Wing-)Surfer hintereinander auf ein Hindernis zu, hat der hintere Fahrer die Pflicht, frühzeitig abzudrehen, um den vor ihm fahrenden (Wing-)Surfer nicht zu behindern oder zu einem Not-Stopp zu drängen. Der hintere Fahrer sollte sich also rechtzeitig abfallen lassen bzw. eine Halse oder Wende durchführen, um den vorderen Fahrer nicht zu behindern.

Backboardbug vor Steuerboardbug

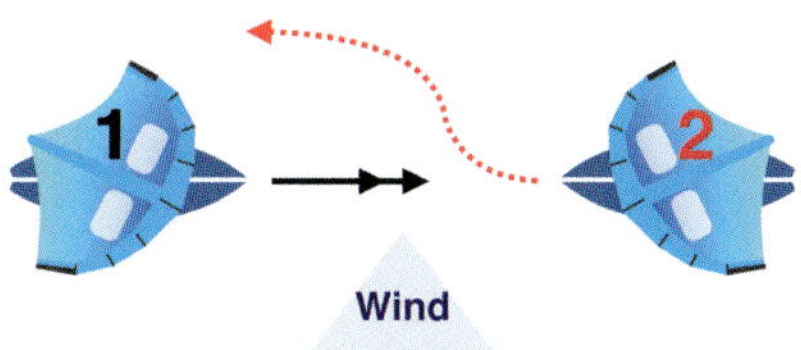

Wingsurfer 2 muss ausweichen.

Überholer hält sich frei.

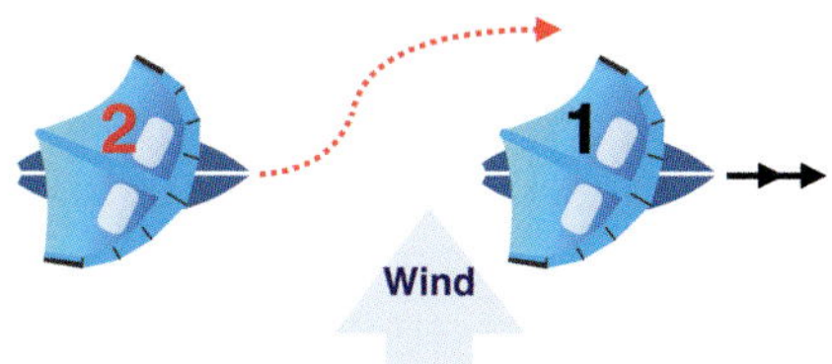

Wingsurfer 1 hält den Kurs,
Wingsurfer 2 weicht aus.

Manövrierunfähigkeit

Siehst du einen manövrierunfähigen (Wing-)Surfer im Wasser, so solltest du immer mit ausreichend großem Abstand ausweichen bzw. diesem immer Vorfahrt gewähren oder bei Bedarf natürlich Hilfe leisten.

- Muskelkraft vor Segelkraft – das gilt insbesondere in der Welle! Wellenreiter oder Bodyboarder haben immer Vorfahrt. Beachte auch unbedingt die Anpaddelzone, in die du nicht surfen solltest.

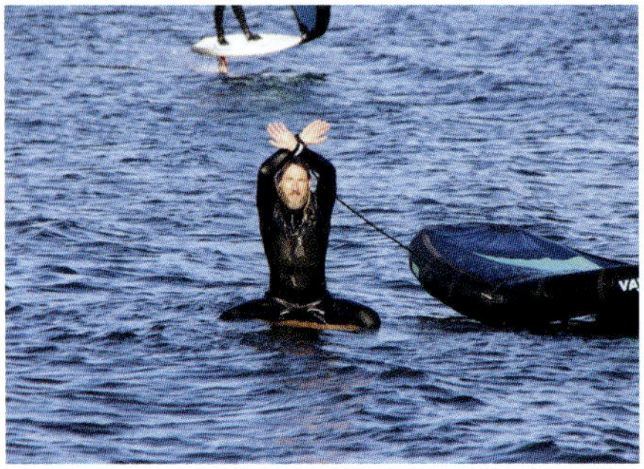

Rettungssignal im Notfall.

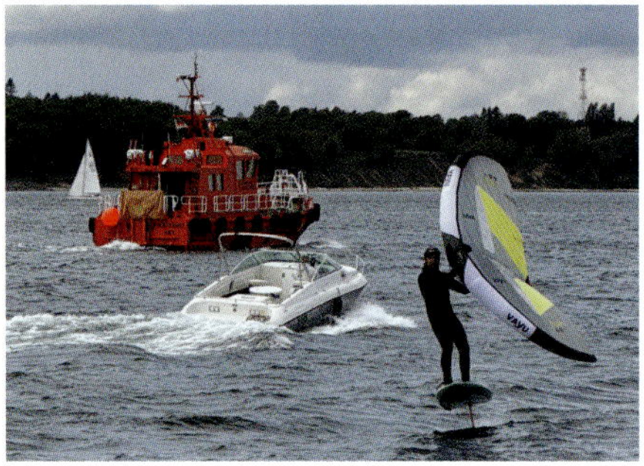

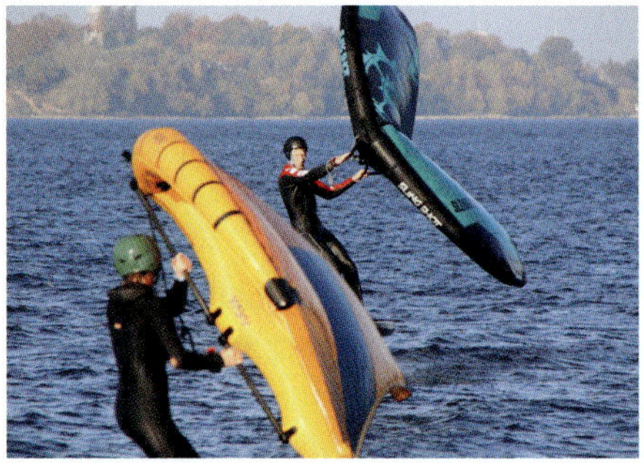

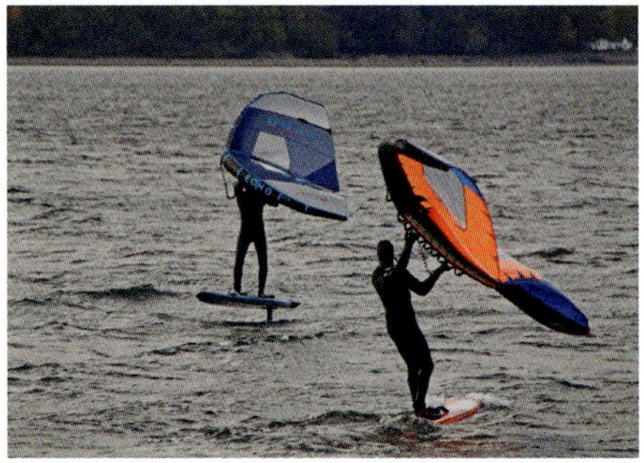

Besonderheiten in der Welle

Für das Waveriding gelten aufgrund der Besonderheiten in der Welle ein paar ergänzende Regelungen:

- Wer gegen die Welle raussurft, hat Vorfahrt gegenüber demjenigen, der mit der Welle surft oder sie abreitet. Das ist darin begründet, dass durch den Wellenvorschub eine deutlich bessere Manövrierbarkeit gegeben ist, egal bei welcher Windrichtung!
- Wer zuerst kommt, dem gehört die Welle! Teilen sich mehrere Surfer eine Welle, so hat derjenige Vorfahrt, der am dichtesten zur brechenden Lippe surft.

Sportgeräte mit und ohne Motor untereinander

Wingsurfer/-foiler, Windsurfer, Kitesurfer und Wellenreiter fallen in die Rubrik „Sportgeräte" – genauso wie zum Beispiel Jetskis oder elektrische Wingfoils. Hier gilt der Grundsatz „Muskelkraft vor Segelkraft vor Motorkraft": Der Wingsurfer weicht dem Wellenreiter aus, und der Jetski oder das ElektroFoil weichen dem Wingsurfer aus.

Generell und besonders in der Welle gilt: Nimm Rücksicht, fahre vorausschauend, und besteh nicht auf dein Recht auf Vorfahrt!

Wer hat Vorfahrt? ▶
Im Bild sieht man, dass der hintere, entgegenkommende Fahrer die rechte Hand vorn am Wing hat und aus seiner Sicht der Wind von rechts kommt. Er hat also Vorfahrt, und der andere Fahrer links im Bild sollte in Lee ausweichen.

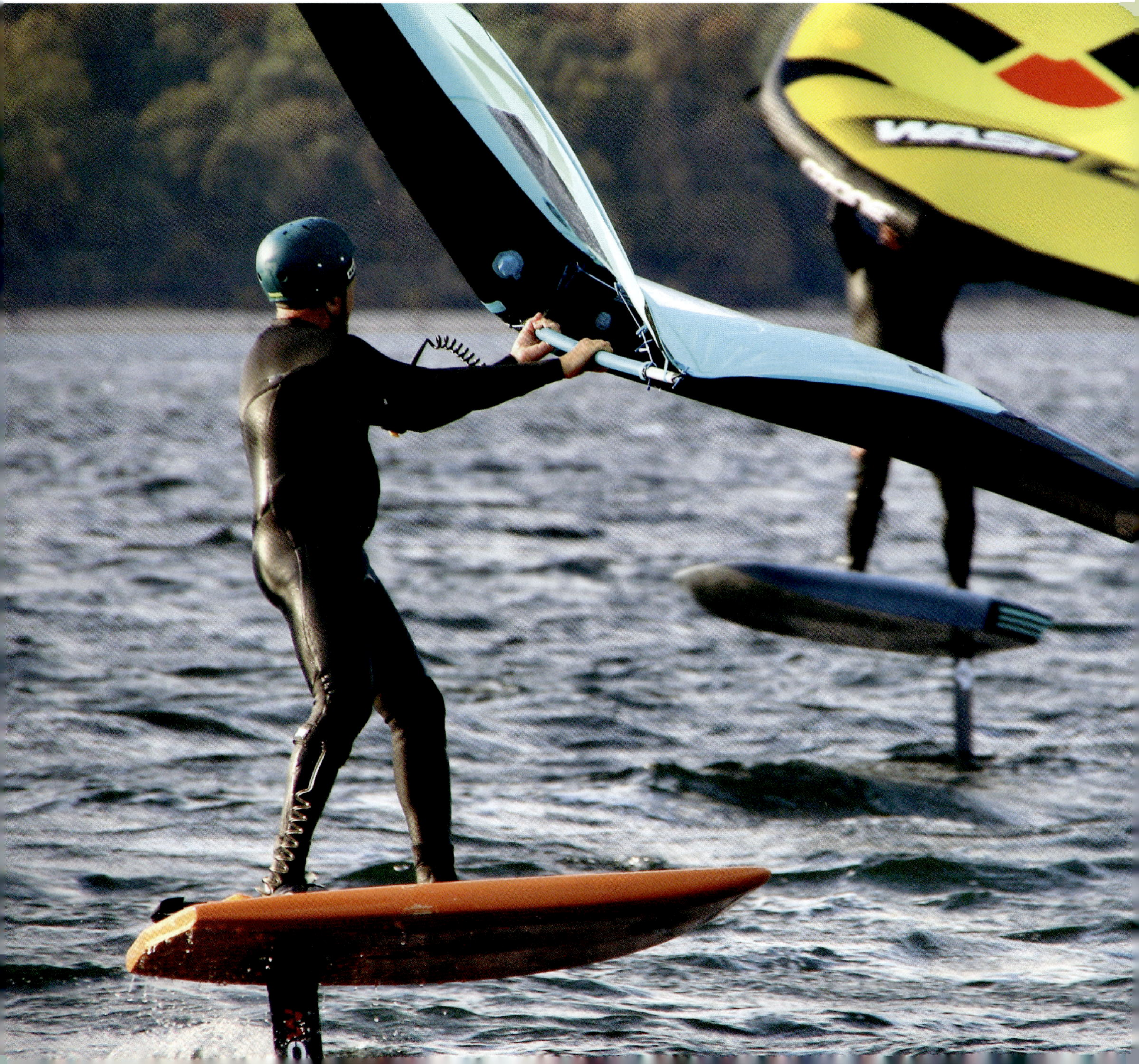
WASP

Einen geeigneten Spot finden

Einen geeigneten Spot für das Wingsurfen zu finden ist oft nicht einfach. Region und Entfernung, Windrichtung, Wassertiefe, Park- und Zugangsmöglichkeiten, Umweltschutz etc. sind eine Vielzahl von Faktoren, die bekannt sein müssen und beachtet werden wollen. Zum Glück gibt es eine Reihe von Websites und Apps, die gut aufbereitete Informationen zu Spots bereitstellen. Vielfach verfügen diese über Suchmasken und eine Kriterienauswahl. Zumeist sind die Seiten (derzeit noch) für Wind- und/oder Kitesurfer aufbereitet. Auf Wing- und Foilsurfer ausgerichtete Infos sind bisher nur bedingt zu finden. Das wird sich aber sicher bald ändern. Hier findet ihr in alphabetischer Reihenfolge ein paar Links zu Internetseiten mit Übersichten und Beschreibungen, die euch helfen, gute Spots in eurer Nähe oder für den nächsten Urlaub zu finden.

Auf *wingpassion.de* gibt es darüber hinaus eine Rubrik „Spotfinder & Travel". Darunter finden sich Reiseberichte sowie Spotfinder zu einigen uns bekannten Regionen. Unter anderem haben wir dort die besten Spots in unserer Heimatregion – der Ostsee rund um Kiel – beschrieben.

Spotfinder im Internet und Spotfinder-Apps

dailydose.de

DAILY DOSE.DE führt eine umfassende Übersicht zu Spots auf der ganzen Welt. Über eine Auswahlfunktion kann nach Region, Windrichtung, Surfbedingungen, Einstiegsbedingungen sowie Luft- und Wassertemperaturen selektiert werden.

duotonesports.com

ist eine Lern- und Community-App für Wingfoiler. Über die Funktion „SPOTS" können Wingfoil-Spots gesucht, gespeichert und über Google Maps angesteuert werden. Zusätzlich sieht man, welche Rider an einem Spot aktiv sind, kann sich mit Locals austauschen und so Hinweise zu Regeln, Hindernissen oder typischen Bedingungen erhalten.

foilmates.com

foil mates ist eine App für die Foil-Community mit Schwerpunkt Pumpfoilen. Über eine Spotkarte können weltweit Foil-Spots gefunden und geteilt werden. Zu den Spots gibt es praktische Hinweise, zum Beispiel zu Einstieg, Dock, Parken oder Infrastruktur. Zusätzlich bietet die App Chat-, Community- und Session-Funktionen, über die man andere Foiler finden und gemeinsame Sessions planen kann. Laut App-Beschreibung ist Foil Mates für iOS und Android verfügbar.

kite-and-windsurfing-guide.com

enthält eine umfassende Kartenübersicht zu Spots auf der ganzen Welt. Über eine Such-/Auswahlfunktion kann beliebig vorselektiert oder einfach auf der Karte ausgewählt werden. Zu den Spots gibt es ausführliche und über Icons schnell erfassbare Infos zu den Spoteigenschaften (Windrichtung, Spottyp, Wasserbedingungen, Zugangs-/Strandbedingungen, Könnerstufe), zu Start- und Landezone, Anfahrt und Parken sowie Gefahren, ergänzt durch Hinweise und Verhaltensregeln.

kitedrop.de

bietet eine gigantische Übersicht zu Spots auf der ganzen Welt. Ausgehend von der Weltkarte können über die Zoomfunktion Spots angeklickt und angeschaut werden. Es gibt umfangreiche und sehr detaillierte Informationen über den jeweiligen Spot. Das Ganze gibt es auch als Buch: *The Kite and Windsurfing Guide Europe* und *The World Kite and Windsurfing Guide*, sowie sehr praktisch als iOS App für iPhone und iPad.

kitespotapp.com

bietet eine umfangreiche Übersicht zu Spots, Schulen und Unterkünften für Kiter, Windsurfer und Wingfoiler. Über Such- und Kartenfunktionen können Spots weltweit gefunden und ausgewählt werden. Ergänzt wird die App durch Community-Funktionen, Events und die Möglichkeit, sich mit anderen Wassersportlern zu vernetzen.

spotnetz.de

beinhaltet ebenfalls eine umfassende Übersicht zu Spots auf der ganzen Welt. Über eine Auswahlfunktion kann nach Land und Region selektiert werden. Darunter findet man Spots in der Region, die gegebenenfalls nach Windrichtung ausgewählt werden. Zum jeweiligen Spot gibt es eine allgemeine Beschreibung, eine Wegbeschreibung sowie Infos zu Wetter-/Wind-/Wellenbedingungen, Infrastruktur, Unterkünften etc.

spotyride.com

beinhaltet eine breite Übersicht zu Wassersport-Spots, Schulen und Aktivitäten. Neben Kite- und Windsurfen finden sich dort auch Informationen rund ums Wingfoilen. Die Plattform eignet sich besonders zur Reiseplanung, wenn man in einer Region nicht nur Spots, sondern auch Schulen, Verleihmöglichkeiten und weitere Angebote suchen möchte.

sunandfun.com

liefert eine umfangreiche Übersicht zu Spots auf der ganzen Welt – mit Fokus auf Reiseplanung. Über einen Filter kann nach bester Windzeit, Land, Spot selektiert werden. Alternativ scrollt man die nach Ländern in alphabetischer Reihenfolge erstellte Liste hinunter. Klickt man einen Spot an, bekommt man ausführliche Infos in Textform sowie Hinweise zu Unterkünften, Surfschulen etc.

surfspot.de

liefert eine im Blog- bzw. Magazin-Style aufbereitete Liste von weltweiten Spots, die von Mitsurfern gepostet wurden. Über die Menüstruktur trifft man eine Auswahl nach Kontinent und Land. Es erscheint dann eine Liste mit eingetragenen Spots, die jeweils über Fotos, eine Sternebewertung sowie Beschreibungen (Kurzinfo, Wegbeschreibung, Spotbedingungen, sonstiges) vorgestellt werden. Über Links auf der Seitenleiste wird auf ähnliche Spots hingewiesen.

wingfoiltips.com

ist ein kleinerer, speziell auf Wingfoiler ausgerichteter Spotfinder. Über eine Karte können Wingfoil-Spots gesucht und von Nutzern ergänzt werden. Die Plattform lebt stark vom Community-Gedanken und kann besonders als zusätzliche Informationsquelle für neue Regionen oder Reisen hilfreich sein.

Spotfinder und Reisebericht.

Webcode: 1081

Hier kommst du direkt zu den Spotfinder-Seiten und -Apps.

Webcode: 1083

Tipps und Regeln zur Sicherheit

Ganz oft werden wir gefragt: „Ist das nicht gefährlich – mit dem scharfkantigen Foil und so?"
Keine Sorge, Wingfoilen ist weniger gefährlich, als man vielleicht im ersten Moment denkt! Leichtsinnig werden solltest du trotzdem nicht. Wir empfehlen dir, dich immer an ein paar Grundregeln zu orientieren und die möglichen Gefahren im Auge zu behalten – immer! Bevor du deine erste Session startest, möchten wir dir hier ein paar Hinweise und Regeln zur Sicherheit ans Herz legen.

Sichere dein Wingfoil-Material immer und überall

Sichere dein Material, und zwar vor, während und nach der Session, einfach immer. Der Wing ist extrem windanfällig. Wir haben schon Wings mitsamt Board und Foil über den Strand fliegen sehen. Der Wing musste danach repariert werden. Auch Board und Foil sind relativ leicht und können durchaus durch Windböen weggetrieben werden. Daher solltest du dein Material, vor allem den Wing, fortlaufend sichern. Befestige Wing und Board sowohl an Land als auch im Wasser an festen Elementen bzw. über die jeweilige Leash an deinem Körper (Arm, Hüfte, Bein). Sichere vor allem den Wing sofort und immer mittels der Leash! Stelle vor dem Aufpumpen sicher, dass die Leash am Wing fest und sicher installiert ist. Verbinde den Wing dann schon beim Aufpumpen entweder an deinem Handgelenk oder an einem feststehendem Gegenstand (zum Beispiel einem Zaunpfahl), mindestens aber an der Pumpleash. Die Grundregel lautet: Niemals lösen, schon gar nicht auf dem Wasser! Die Dinger fliegen schneller weg, als du gucken kannst – und dann kann es ziemlich gefährlich und/oder teuer werden.
Halte das Foil fern vom Wing – immer! Dein Wing besteht aus Stoff. Dieser ist sicher recht robust und wird seinen Aufgaben gut gerecht. Einem scharfkantigen aus Aluminium und/oder Carbon bestehendem Foil kann er aber kaum standhalten. Wir haben es selbst mehrfach erleben müssen: Eine kleine Unachtsamkeit beim Tragen, beim Lagern am Strand oder auch während eines unglücklichen Sturzes, und schon fliegt der Wing aufs Foil und zerreißt. Besonders bei stark böigen Bedingungen passiert das rasch. Und auch die prall gefüllte Front- oder Mitteltube kann schnell betroffen sein. Die gute Nachricht: Es lässt sich zumeist alles reparieren! Leider kostet das Geld und Zeit. Und die Wingsession ist auch erst mal gelaufen, wenn kein zweiter Wing verfügbar ist.

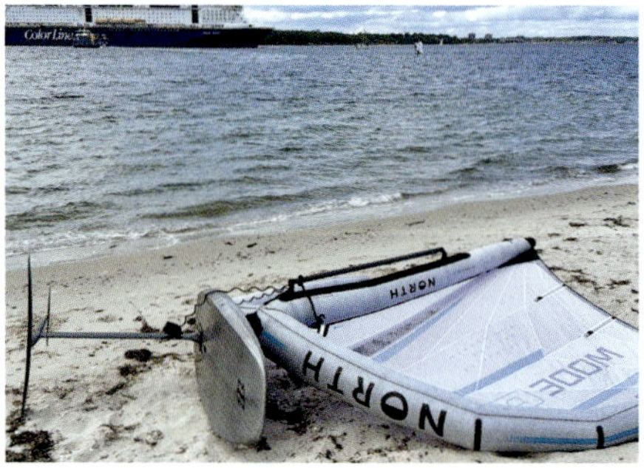

Sicherung am Strand: Der Wing ist über die Leash mit dem Board verbunden; Board und Foil sind in Windrichtung abgelegt.

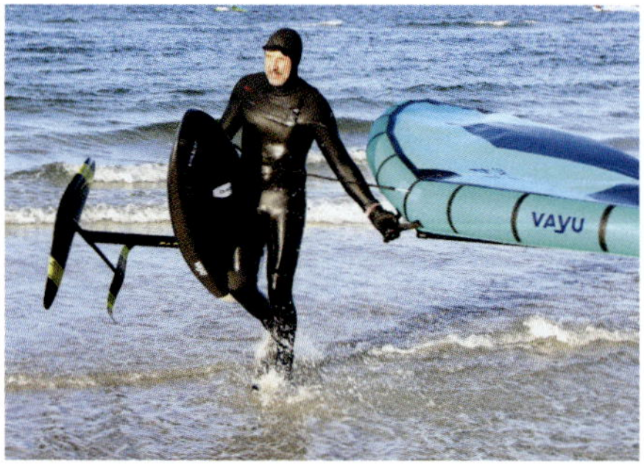

Sicherer Transport: Board und Foil auf der windzugewandten (Luv-)Seite, Wing auf der windabgewandten (Lee-)Seite tragen.

Achte auf und respektiere die Windbedingungen

Achte auf die Windrichtung, und gehe niemals bei ablandigem Wind aufs Wasser. Einzige Ausnahme sollte sein, wenn dich ein Motorboot begleitet. Generell solltest du den Wind kennen und die möglichen Fahrtrichtungen einschätzen können.

Meide stark böige Winde, brechende Wellen oder sehr kabbelige Bedingungen! Vor allem vor Spundwänden, wo die Wellen reflektieren und in allen Richtungen kreuz und quer schlagen, kann es schnell ziemlich kritisch werden.

Trage Sicherheitsausrüstung

Trage Helm und Prallschutzweste. Gerade als Einsteiger solltest du die Gefahr, die vom Foil und gegebenenfalls auch dem herumschleudernden Board ausgeht, nicht unterschätzen. Außerdem bringt die Prallschutzweste zusätzlichen Auftrieb und unterstützt so das durchaus anstrengende Schwimmen und Aufsteigen.

Wähle deinen Spot mit Bedacht

Wähle einen sicheren Spot mit genügend Raum und ausreichender Wassertiefe. Achte auf Untiefen und eventuell unter der Wasseroberfläche liegende Steine. Das Foil ist doch recht empfindlich, und die Hebelwirkung, die bei Grundberührung aus voller Fahrt entsteht, ist enorm. Herausgebrochene und verlorene Foils sind keine Seltenheit.

Meide Seegras. An der Ostsee kann Seegras ziemlich nervig sein, es bremst das Foil und kann dich in größeren Mengen auch zu Fall bringen. Vor allem nach Stürmen treibt es oft bündelweise im Wasser. Es kann damit zu einer echten Gefahr für Wingfoiler werden. Such dir dann lieber einen anderen Spot.

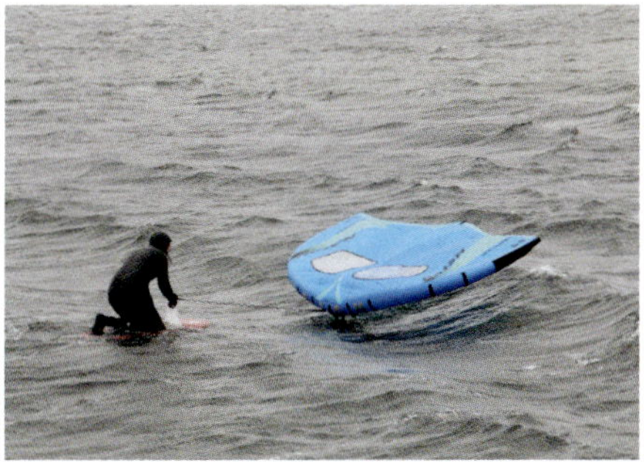

Böige Bedingungen: Die Leash sichert den Wing.

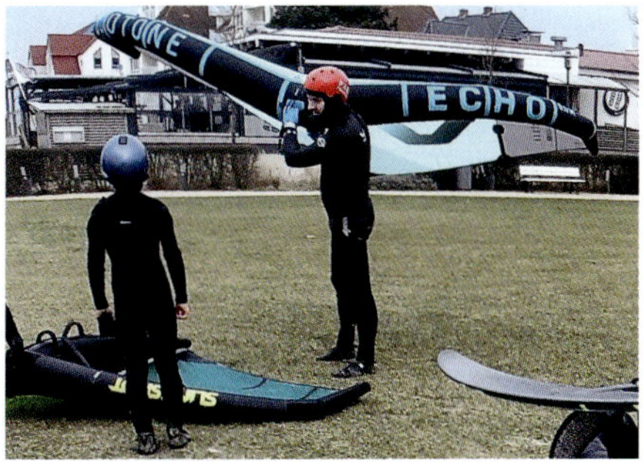

Sicherheitsausrüstung: Mindestens ein Helm ist am Anfang Pflicht.

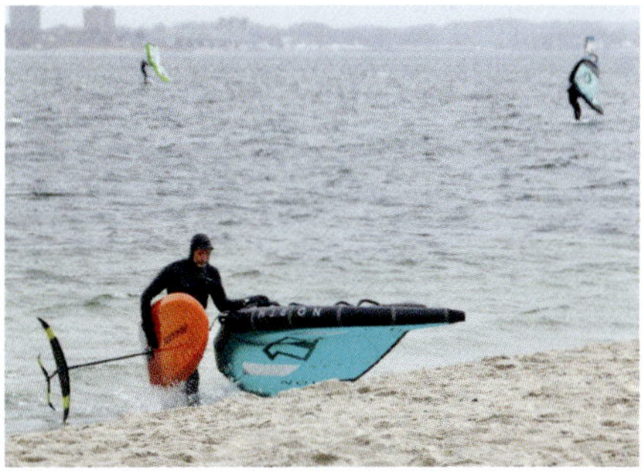

Guter Spot: ausreichend Platz sowie leichter und sicherer Ein- und Ausstieg.

Halte Abstand und respektiere andere

Achte auf und respektiere andere an Land wie auf dem Wasser. Halte dich von anderen Strandbesuchern sowie Wasser- und Freizeitsportlern fern. Versuche die mögliche Beeinträchtigung beim Auf- und Abbau, während der Sessions auf dem Wasser sowie bei Pausen so gering wie möglich zu halten. Auch an Land ragt das Foil beim Tragen und Liegen weit heraus, was entsprechende Verletzungsgefahren birgt.

Halte Abstand zu allem, was sich auf, im und unter Wasser bewegt. Für andere Surfer, Schwimmer und Taucher stellen eine zu dichte Vorbeifahrt und/oder ein stürzender Foilsurfer eine sehr große Gefahr dar.

Halte dich fern von Steinen, Riffs und Stegen. Nicht nur die höheren Geschwindigkeiten, sondern auch die sperrigeren Ausmaße des Wingfoil-Materials machen Untiefen und andere feste Hindernisse zu ernsten Gefahrenstellen, die du unbedingt meiden solltest. Nicht zuletzt dein Material wird es dir danken.

Halte dich fern vom Schiffsverkehr. Als Wingsurfer musst du allen anderen Wasserfahrzeugen (Segel-, Motorboote, Berufsschifffahrt etc.) ausweichen.

Halte auch Abstand zu deinem Foil. Behalte das Foil unter Wasser immer im Hinterkopf. Besonders der Heckflügel des Foils ist sehr scharfkantig und kein guter Freund für nasse, kalte Haut oder deinen Wetsuit.

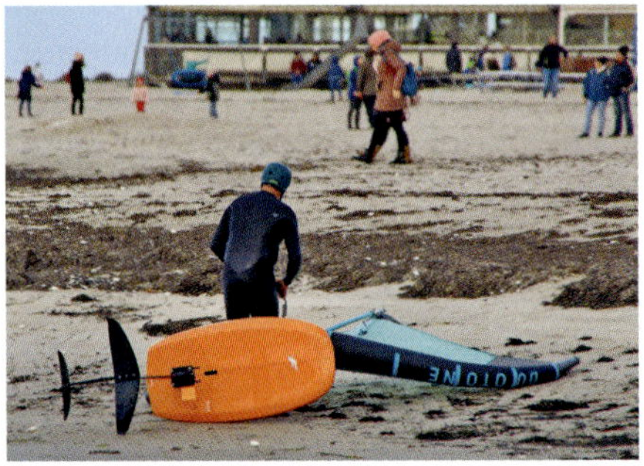

Gegenseitige Rücksichtnahme: Abstand und möglichst wenig Beeinträchtigung.

Achte auf die Vorfahrtsregeln

Der Wingsurfsport ist noch sehr jung, und es gibt unseres Wissens nach bisher noch keine offiziell festgelegten Vorfahrtsregeln. Es liegt aber natürlich nahe, sich an den vorhandenen Regeln für Wind- und Kitesurfer zu orientieren ▶ siehe Kapitel „Vorfahrtsregeln". Unter Wingsurfern gilt die Regel: Wer die rechte Hand vorn am Wing hat, hat Vorfahrt. Mit anderen Windsurfern oder Kitern gilt analog: Wind von rechts vor Wind von links.

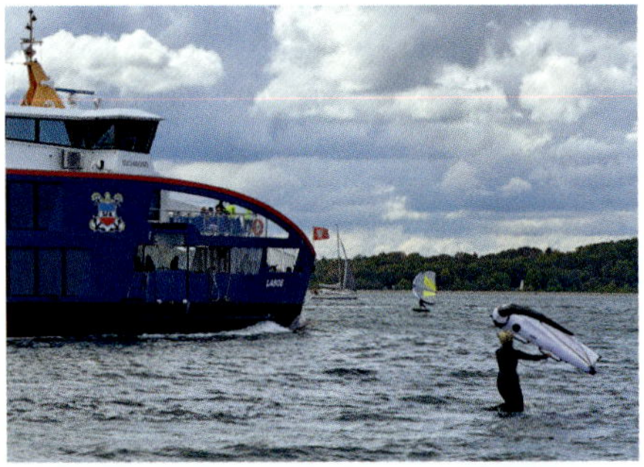

Ausweichen: Berufsschifffahrt hat immer Vorfahrt.

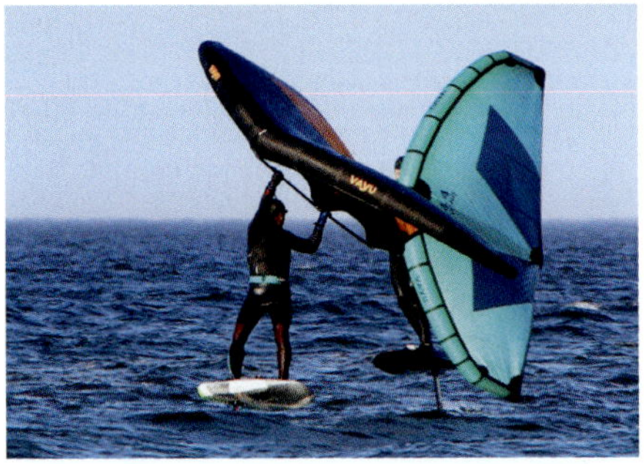

Vorfahrts- und Ausweichregeln: Es ist wichtig, die Regeln zu kennen. Im Zweifel immer rechtzeitig ausweichen!

Mache dich als Erstes mit Rettungsmanövern vertraut

Solltest du einmal nicht zurückwingen können (zum Beispiel weil der Wing defekt oder der Wind zu stark ist), ist es das Sicherste, wenn du zum Ufer paddelst. Dafür legst du dich bäuchlings auf das Board, drehst den Wing auf den Rücken und klemmst ihn unter den Füßen ein. So kannst du mit den Armen paddeln und den Wing hinter dir herziehen. Sollte das nicht funktionieren (zum Beispiel weil der Wind zu stark ist und den Wing zum Flattern bringt), kannst du die Luft ablassen, den Wing zusammenrollen und zwischen deinen Körper und das Board klemmen.

Fahre in Gruppen

Gehe möglichst immer gemeinsam mit anderen aufs Wasser. In der Gruppe könnt ihr aufeinander achten und euch in Notsituationen gegenseitig helfen. Außerdem macht es wesentlich mehr Spaß!

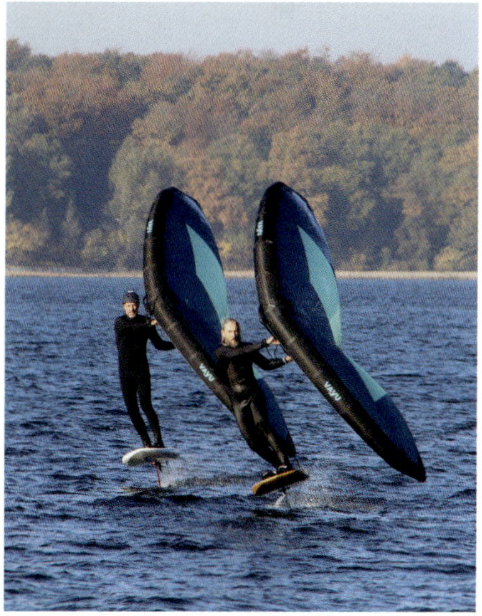

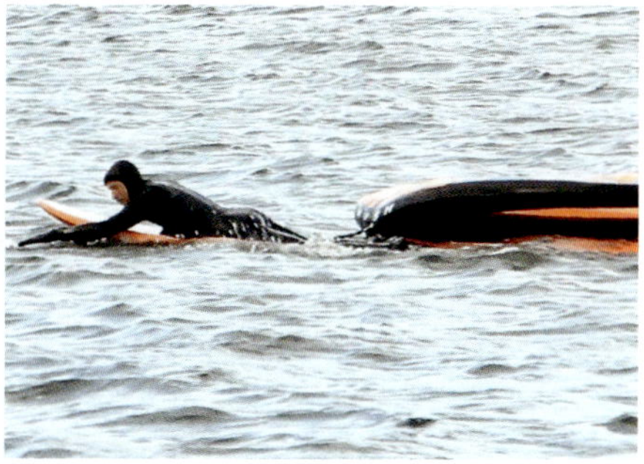

Selbstrettung: Zwei Schwimmkörper sind im Notfall dabei. Du musst nur wissen, wie du damit umgehst!

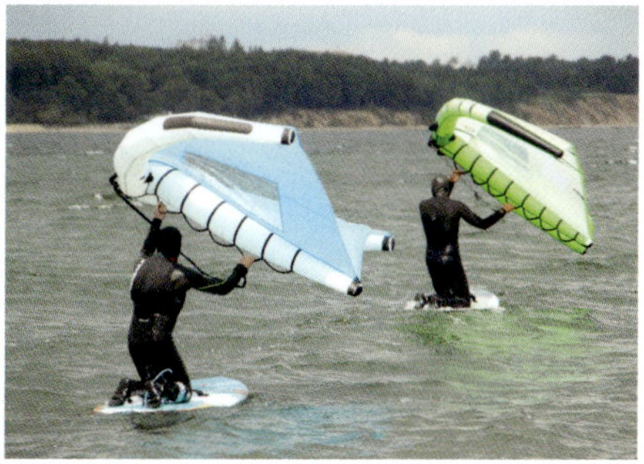

Gemeinsam sicherer: Gehe immer mindestens zu zweit aufs Wasser!

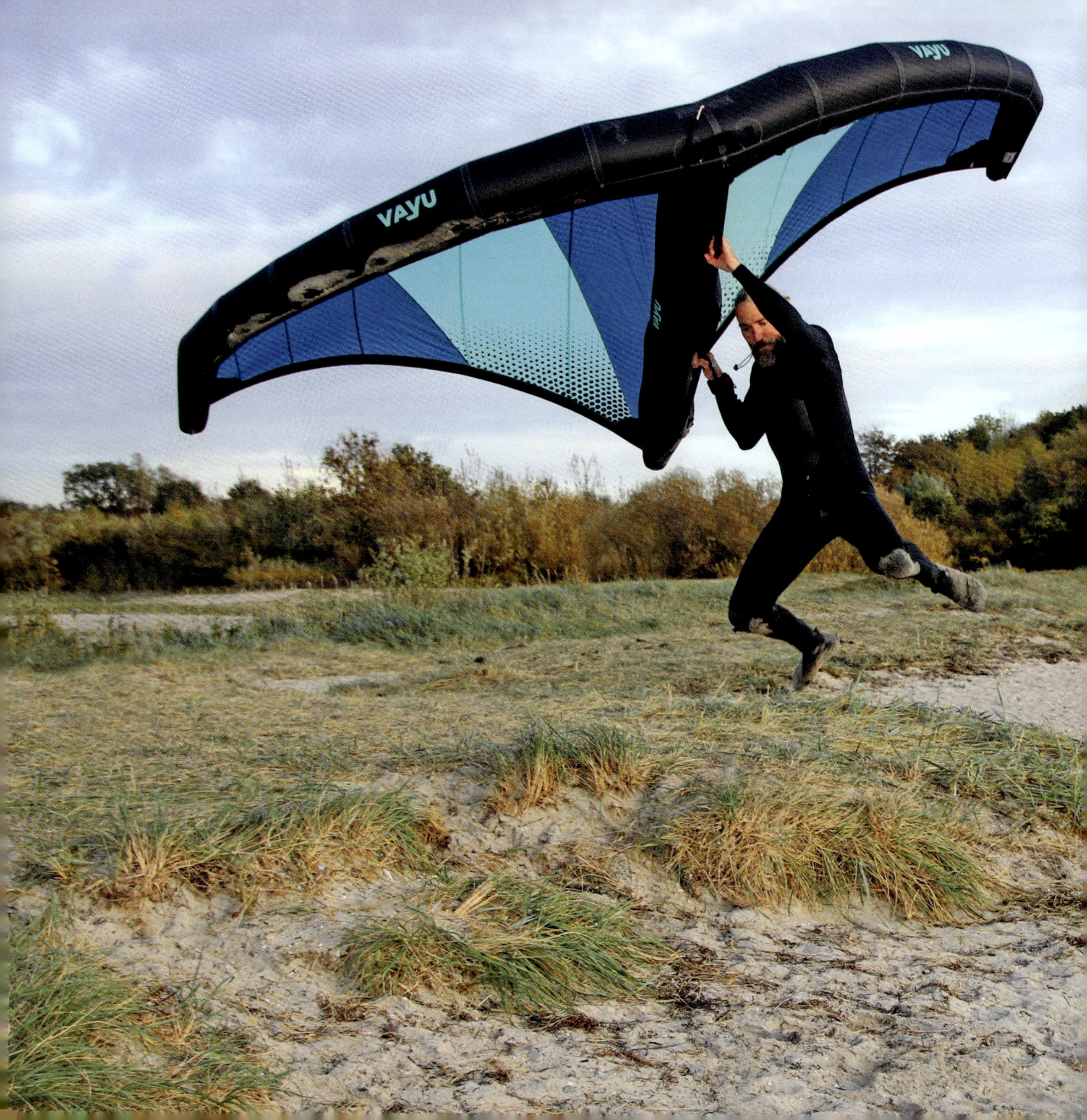
VAYU
VAYU

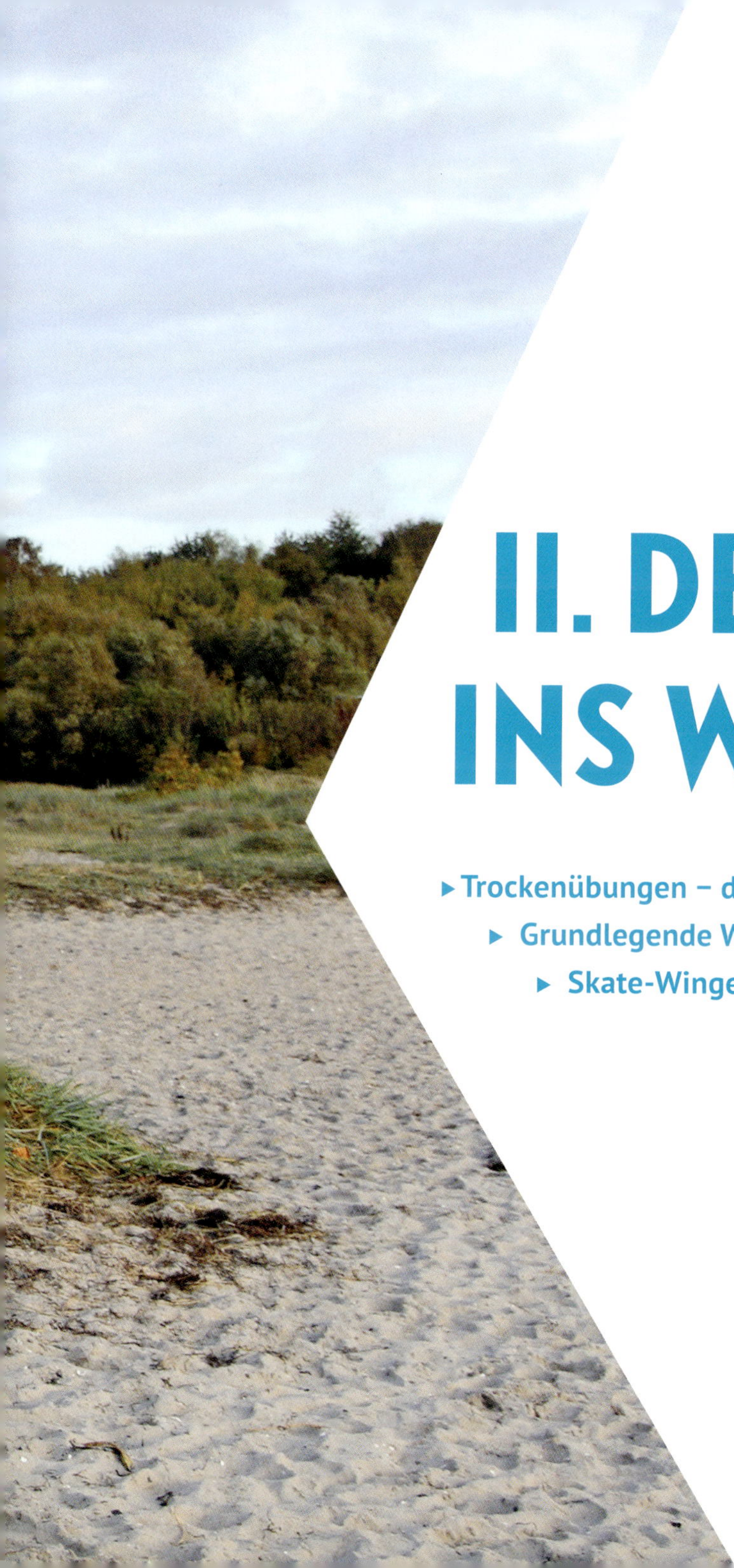

II. DER EINSTIEG INS WINGEN

II. Der Einstieg ins Wingen

Es geht los! Nachdem wir uns mit dem Material und den wichtigen Themen zur Vorbereitung beschäftigt haben, wollen wir endlich in den eigentlichen Sport einsteigen und das Wingen erlernen!

In diesem Kapitel starten wir mit den sehr empfehlenswerten Trockenübungen. Diese ermöglichen es dir, die grundlegenden Techniken zur Handhabung des Wings schnell und effizient zu erlernen. Wichtig ist auch hier, dass du auf geeignete Bedingungen achtest.

Für diejenigen, die sich auf dem Skateboard, Mountainboard, Inlineskates oder im Winter auf Schlittschuhen, Ski oder Snowboard wohl und sicher fühlen, gibt es schließlich noch ein paar Tips zum dynamischen Trockentraining an Land. Unter dem Thema Skate-Wingen führen wir diese Techniken in Form eines dynamischen Trockentrainings schon einmal zusammen.

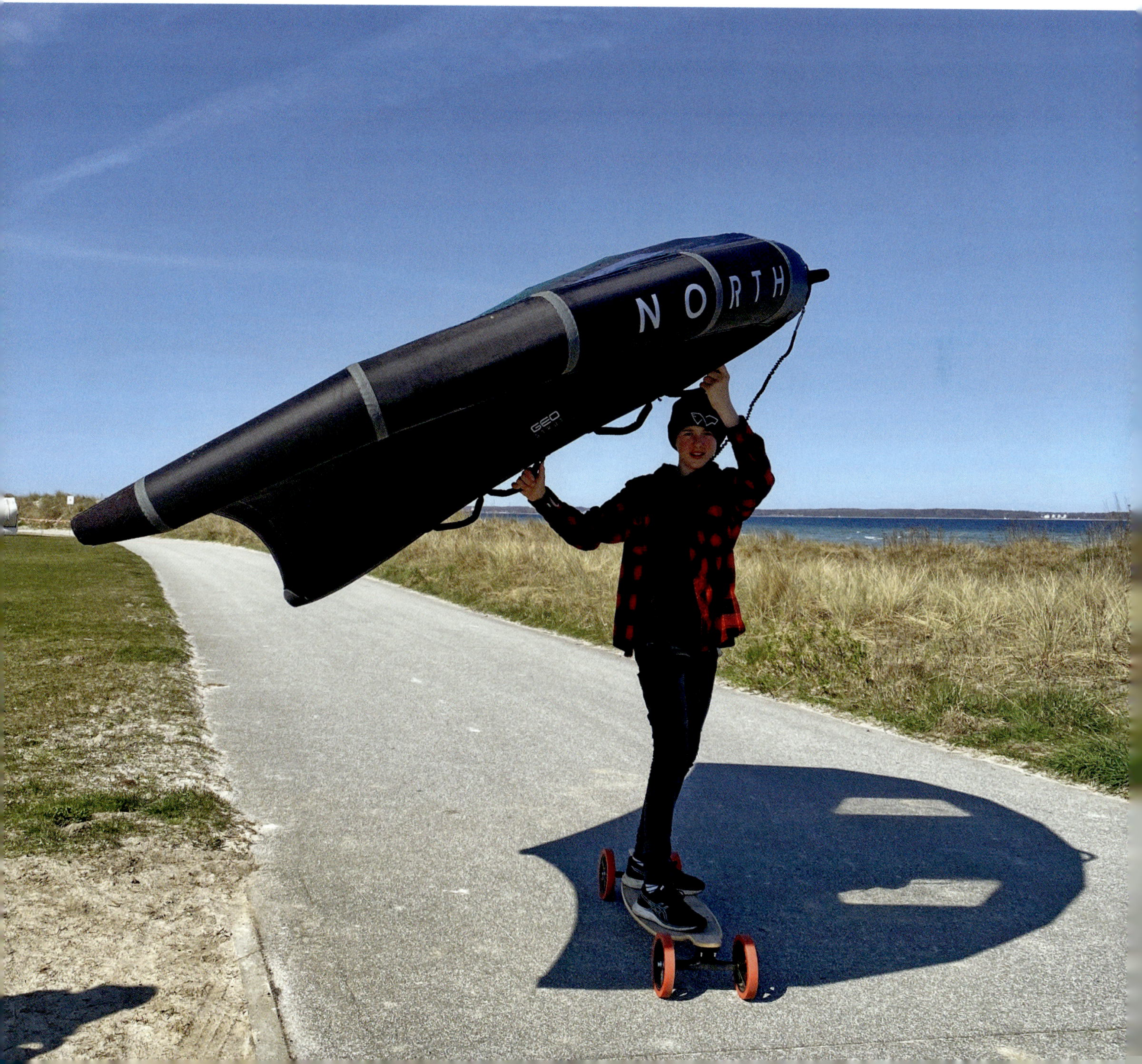
NORTH

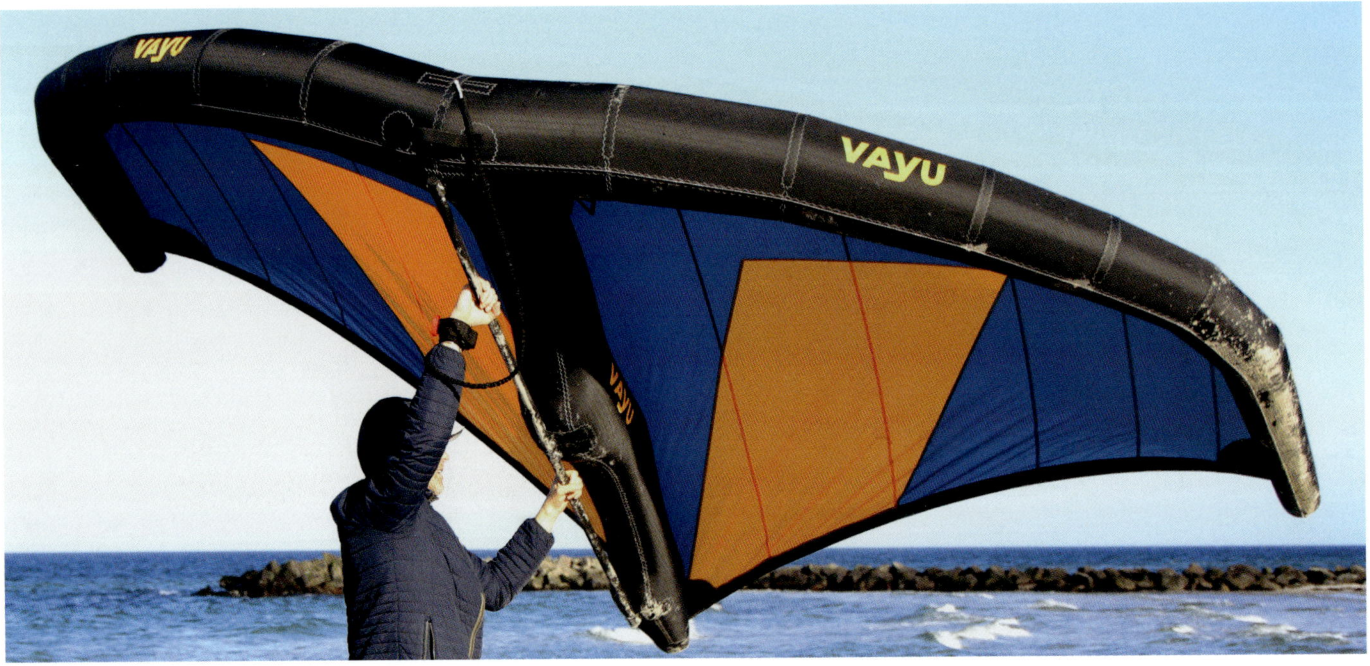

Trockenübungen – der ideale Einstieg

Bevor du im Wasser startest, empfiehlt es sich, den Wing zunächst an Land im Trockenen kennenzulernen. Du kannst dabei verschiedene Haltepositionen ausprobieren und ein Gefühl für dein neues Sportgerät entwickeln. Dies gilt vor allem für den Anfang.

Derartige Trockenübungen helfen aber auch später, wenn du bereits fortgeschritten bist und dir neue Manöver oder Tricks aneignen möchtest. Auch Profis testen und trainieren neue Bewegungsabläufe in aller Regel zunächst an Land! Wir werden daher auch weiter hinten im Buch, wenn es um das Erlernen von Manövern geht, jeweils mit der Beschreibung entsprechender Trockenübungen einsteigen.

Welche Voraussetzungen sollten gegeben sein?

Zuallererst solltest du dir dafür einen geeigneten Ort aussuchen. Außerdem solltest du auf passende Windverhältnisse achten und natürlich einen geeigneten Wing verwenden.

Geeigneter Ort

Für die Trockenübungen solltest du dir einen sicheren Ort suchen. Dieser sollte genügend Platz bieten. Ein großzügiges Rechteck mit circa 20 Quadratmetern sollte mindestens verfügbar sein.

Ideal ist eine Wiese oder ein freier Strand, an dem der Umgang mit Surfmaterial erlaubt ist. An Liegebereichen und auf Spielplätzen ist dies nicht der Fall. Achte darauf, dass keine scharfkantigen Gegenstände und auch keine dornigen Büsche in der Nähe sind. Die Wings sind sehr empfindlich.

Auch ein Schotter- oder Betonplatz ist nicht so gut geeignet, weil der Wing hier leicht Schaden nehmen kann. Aufgrund seiner Größe ist es gerade am Anfang

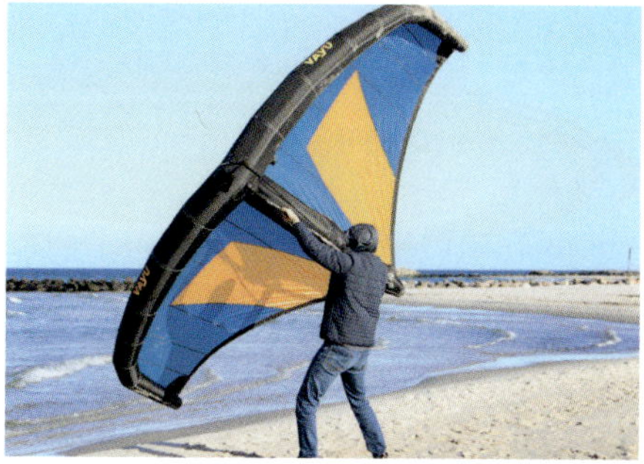

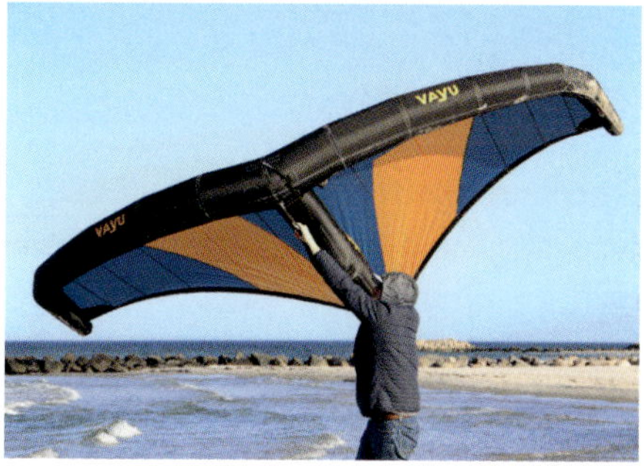

nicht so leicht, den Wing vom Boden fernzuhalten. Wenn er über den Boden schleift oder auf scharfkantige Steine fällt, bleiben schnell unschöne Spuren zurück.

Optimaler Wind

Damit du bei den Übungen an Land ein möglichst realitätsnahes Gefühl für das Handling des Wings entwickeln kannst, sollte der Wind nicht zu stark sein. Da du dich auf dem Wasser mehr oder weniger mit dem Wind bewegst, ist der Druck im Wing und die gefühlte Windstärke dort geringer. An Land fällt diese „automatische“ Bewegung mit dem Wind weg. Der Druck fällt also deutlich stärker aus. Auf der anderen Seite trägt der Wind den Wing, weshalb auch zu wenig Wind ungünstig für das Üben an Land ist. Du müsstest den Wing dann selbst nach oben drücken. Zum einen entspricht dies nicht der normalen Situation auf dem Wasser, zum anderen ist dies eine recht unnatürliche Haltung für Arme und Schultern – und daher sehr schnell sehr ermüdend.

Zu empfehlen ist eine Windstärke von 3 bis 4. Das entspricht einer Windgeschwindigkeit von etwa 8 bis maximal 15 Knoten. Schließlich wollen wir noch nicht fliegen!

Passender Wing

Solltest du über eine Auswahl an unterschiedlichen Winggrößen verfügen, so empfehlen wir dir, einen eher kleineren Wing mit circa drei bis vier Quadratmetern und geringerer Spannweite (low aspect) zu verwenden.

Die geeignete Größe des Wings hängt natürlich auch von den Windbedingungen sowie deiner Körpergröße ab. Je schwächer der Wind und je größer du bist, desto größer darf auch der Wing sein.

Spielerisches Üben mit dem Wing im Wind.

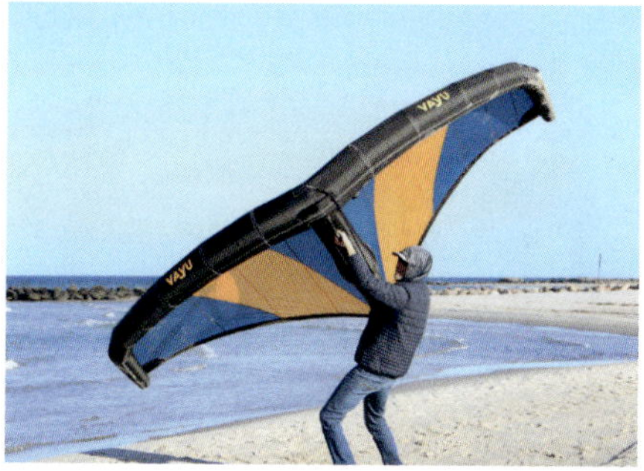

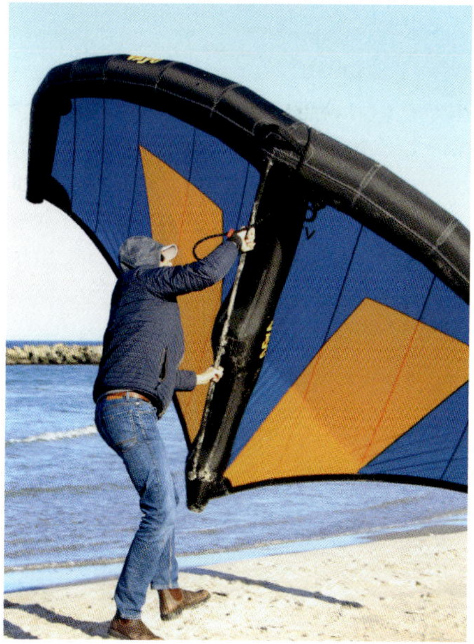

Grundlegende Wingtechniken üben

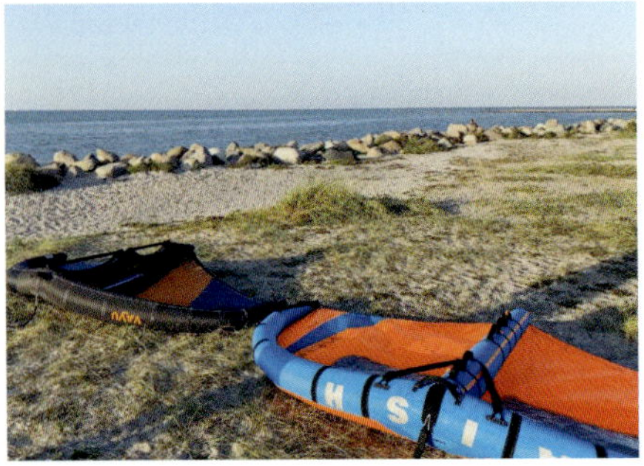

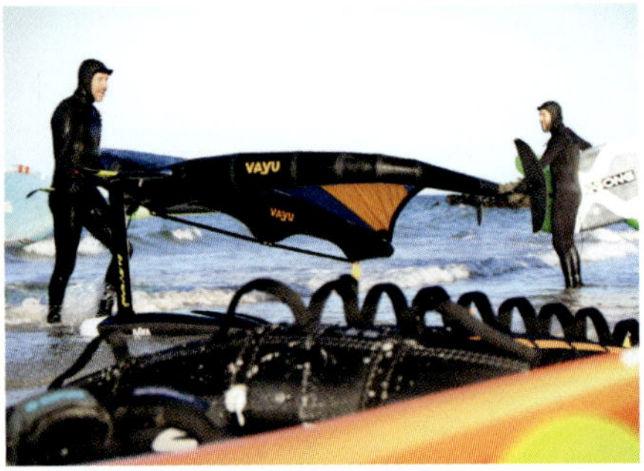

Boom versus Schlaufen.

Den Wing aufbauen

Packe den Wing nun aus, und baue ihn wie auf Seite 36/37 beschrieben auf. Achte auf die Sicherung des Wings gegen Wegfliegen schon beim Aufpumpen. Sichere ihn dann mittels der obligatorischen Leash an deinem Handgelenk oder Bauch.
Nun kannst du mit ein paar grundlegenden Trockenübungen beginnen.

Die Handhabung des Wings ist zu Beginn etwas gewöhnungsbedürftig. Auch erfahrene Windsurfer oder Kiter brauchen zumindest eine kleine Umstellung, um sich auf das neue Sportgerät und seine Handhabung einzustellen.
Es lohnt sich wirklich, das Handling zu üben und entsprechend Zeit zu investieren. Je sicherer du mit dem Wing umgehen kannst und je stärker du die Grundhaltungen verinnerlicht hast, desto schneller wirst du nachher Fortschritte auf dem Wasser machen!

Den Wing kennenlernen

Mache dich zunächst mit den Griffen und Haltepositionen vertraut. Wie beschrieben, haben die meisten am Markt erhältlichen Wings Halteschlaufen an der Fronttube und an der Strut (Mitteltube). Einzelne Ausnahmen sind derzeit die Wings von Duotone und Vayu, die über einen Boom verfügen.

Den Wing halten

Stelle dich zuächst mit dem Rücken zum Wind. Greife deinen Wing mit einer Hand an der Neutral Handle, die sich an der Fronttube befindet, und lasse ihn in dieser neutralen Position im Wind auswehen. Drehe dich nun mit der anderen Schulter leicht in den Wind (nach Luv). Die Hand, die den Wing hält, ist nun die Lee-Hand.
Bewege die Hand ein wenig hin und her. Nimm den Wing danach auch einmal in die andere Hand, und drehe dich entsprechend mit der anderen Schulter in den Wind. Spiele so ein wenig mit Wing und Wind. Automatisch bekommst du mit dieser Übung schon ein Gefühl für die Windrichtung. Übe das Ganze auch im Knien, denn so wirst du später auf dem Board starten.

Der Kreuzgriff

Nun ist es Zeit, den sogenannten Kreuzgriff zu üben. Dabei handelt es sich um eine Grifftechnik zur Aufnahme und Angabe des Wings: Wie zuvor beschrieben, greift die Hand in Lee zunächst den Wing an der Neutral Handle (1a und 2a). Danach führt die Lee-Hand den Wing nach oben über den Kopf. Nun greift die Luv-Seiten-Hand die vorderste Handschlaufe an der Strut (Mitteltube). Sollte dein Wing über einen Boom verfügen, greift die Luv-Seiten-Hand an den vorderen Teil des Booms. In jedem Fall sollte die Hand dafür unterhalb des Unterarms der Lee-Hand entlanggeführt werden, sodass sich die beiden Unterarme kreuzen (die bisherige Lee-Hand an der Neutral Handle liegt über der der bisherigen Luv-Seiten-Hand). Dies ist der Kreuzgriff.

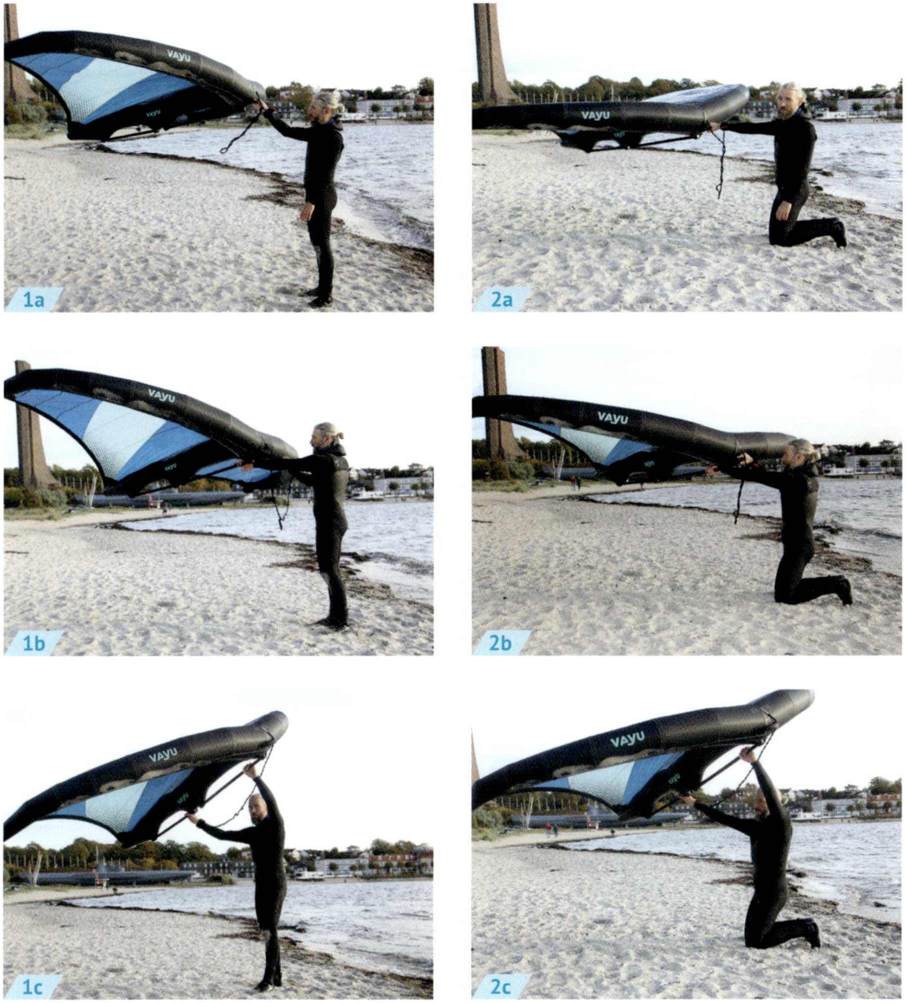

1a–1c: Kreuzgriff im Stehen.
2a–2c: Kreuzgriff in kniender Position.

Die Ausgangs- oder Normalstellung

Nun wollen wir den Wing in die Ausgangs- oder Normalstellung nehmen. Das ist die Position, in der du den Wing die meiste Zeit auf dem Wasser halten wirst.

Um in diese Stellung zu kommen, löst die ursprüngliche Lee-Hand den Kreuzgriff auf. Sie lässt die Neutral Handle los. Die andere Hand führt nun den Wing an der vorderen Schlaufe nach vorn oben, oberhalb des Kopfes. Nun kommt der hintere Bereich der Strut bzw. des Booms in Greifnähe. Die Lee-Hand greift an eine der hinteren Handschlaufen bzw. an den hinteren Bereich des Booms. Sobald beide Hände wieder am Wing sind, wird der vordere Arm noch etwas mehr nach oben und vorne gestreckt. Im Ergebnis hältst du den Wing nun schräg über dem Kopf. Der Wind sollte von schräg vorn kommen.

!

Trockenübungen mit dem Wing: Auswehen lassen, Kreuzgriff, Ausgangs- bzw. Normalstellung.

Webcode: 2031

Dies ist die typische Ausgangs- oder Normalstellung für die Haltung des Wings, wie du sie bei Wingsurfern auf dem Wasser die meiste Zeit beobachten kannst. Die vordere Hand (Luv-Hand) ist dabei die Stützhand. Ihre Aufgabe ist es, den Wing oberhalb des Kopfes zu halten. Die hintere Hand (Lee-Hand) reguliert den Anstellwinkel und damit den Winddruck. Auf dem Wasser steuert sie die Geschwindigkeit und übernimmt quasi die Funktion des Gaspedals. Sie kann daher als Steuerhand bezeichnet werden.

Übe den beschriebenen Bewegungsablauf vom Auswehenlassen über den Kreuzgriff bis in die Ausgangs- oder Normalstellung so oft wie möglich und auf beiden Seiten, indem du die anfängliche Lee-Hand wechselst. Drehe den Bewegungsablauf auch gerne um, sodass du am Ende wieder seitlich im Wind stehst, mit dem auswehenden Wing in der Lee-Hand. Trainiere das Ganze auch im Knien.

Tatsächlich wirst du auf dem Wasser beide Bewegungsabläufe ständig brauchen:

- Beim Starten bringst du den Wing aus der neutralen Position (kein Winddruck im Wing) in die Ausgangs- oder Normalstellung.
- Beim (eleganten) Landen nimmst du den Wing aus der Ausgangs- oder Normalstellung in die neutrale Position.
- Auch beim Fahren in der Welle (Waveriding) wirst du beide Bewegungen ausführen, weil hier ein ständiger Wechsel zwischen beiden Wingpositionen erforderlich ist.

Hier ist der Bewegungsablauf vom Auswehenlassen in die Ausgangs- oder Normalstellung noch einmal in einzelnen Schritten zusammengefasst:

1. Stelle dich mit dem Rücken zum Wind (Rücken in Richtung Luv).
2. Halte den Wing mit der Lee-Hand an der Neutral Handle und lasse ihn auswehen.
3. Drehe die gegenüberliegende Schulter leicht Richtung Luv in den Wind.
4. Führe den Wing mit der Lee-Hand nach oben über den Kopf.
5. Greife mit der Luv-Hand unterhalb des Unterarms der Lee-Hand an die vordere Schlaufe (bzw. an den vorderen Bereich des Booms) und wechsle so in den Kreuzgriff.
6. Lass die Neutral Handle los, und führe den Wing mit der anderen Hand an der vorderen Schlaufe nach vorn oben weiter über den Kopf.
7. Greife mit der freien Hand (Lee-Hand) an eine der hinteren Schlaufen (bzw. an den hinteren Bereich des Booms).

Den Wind spüren

Halte den Wing in der Ausgangs- oder Normalstellung, und fühle dich in den Wind und deinen Wing hinein:

- Ist der Wind stark oder schwach?
- Ist der Wind gleichmäßig oder böig?
- Wie verändern sich Richtung und Intensität des Drucks im Wing, wenn du die Stellung deiner Arme oder Füße leicht veränderst?
- Wie verändern sich Richtung und Intensität des Drucks im Wing, wenn du die Position deiner Hände (eine Schlaufe weiter nach vorn oder hinten), den Winkel deiner Armbeugung oder die Drehung deiner Hüfte leicht veränderst?

Gas geben und lenken: Anstellwinkel und Neigung verändern

Die Ausgangs- oder Normalstellung sollte sich ziemlich schnell normal für dich anfühlen. Ausgehend von dieser Position solltest du wie beschrieben verschiedene kleinere Bewegungen und veränderte Handpositionen ausprobieren. Spiele mit dem Wing im Wind!

Verändere nun gezielt den Anstellwinkel, indem du den hinteren Arm zu dir heranziehst und wieder öffnest. Du merkst dabei, wie der Winddruck zu- und abnimmt. Drehe dich ein wenig im Wind. Auch dies hat unmittelbaren Einfluss auf die Intensität und die Richtung des Winddrucks.

Verändere auch die Neigung des Wings bzw. der Strut, indem du den hinteren Arm weiter nach vorn und unten bzw. nach hinten und oben bewegst. Beobachte auch hierbei die Veränderung von Intensität und Richtung des Winddrucks.

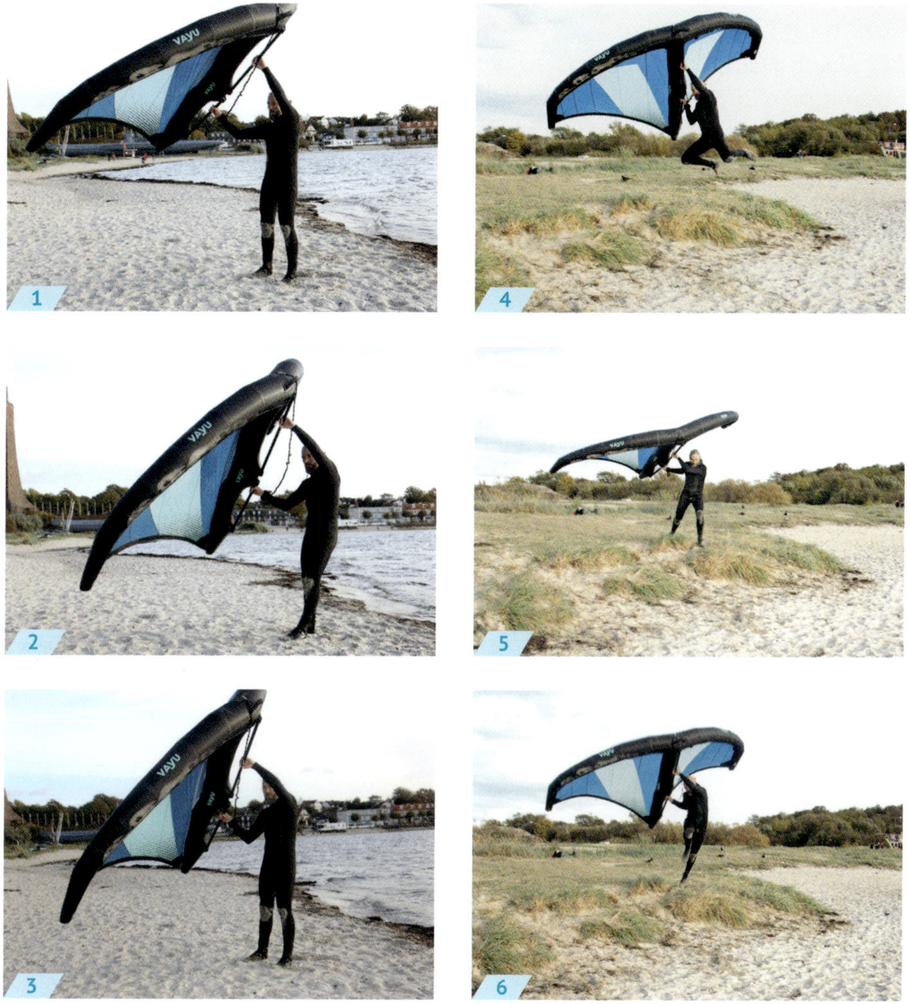

1–3: Anstellwinkel verändern – Gas geben.
4–6: Springen von der Düne.

Der Wing ist recht groß und verfügt über eine ziemlich üppige Spannweite. Es ist gut, ein Gefühl für die Breite und die Entfernung der Wingseiten zum Wasser zu entwickeln. Bewege den Wing daher ruhig einmal bewusst Richtung Boden – die Strut waagerecht vor dir haltend.

Dies sind wichtige Vorübungen für das spätere Steuern und Lenken über den Wing. Die einzelnen Wing-Stellungen und deren Einfluss auf Richtung und Geschwindigkeit sind weiter unten im ▶ Kapitel „Steuern und Lenken" ausführlicher beschrieben.

Laufen und Springen

Hast du die Möglichkeit, am Sandstrand zu üben, laufe gerne ein wenig mit dem Wing in der Hand und beobachte, wie es sich anfühlt. Bei etwas mehr Wind bringt das Springen von Sanddünen sehr viel Spaß. Du bekommst dabei ein gutes Gefühl für die Kraft des Windes und des Wings. Es ist auch eine gute Vorübung für eventuelle spätere Sprünge auf dem Wasser (4–6).

!

Trockenübungen mit dem Wing: Anstellwinkel, Laufen und Springen.

Webcode: 2032

Vorübungen für spätere Manöver

Schließlich bieten sich erste Übungen für spätere Manöver an. Allen voran der Wechsel der Handpositionen, der bei nahezu allen Manövern zum Fahrtrichtungswechsel erfolgen muss. Eine detaillierte Vertiefung dieser Trockenübungen findest du weiter hinten jeweils als Einstieg in die Beschreibung der Manöver.

An dieser Stelle kannst du aus unserer Sicht schon einmal zwei einfache Varianten der Vorübungen machen: eine für die Halse und eine für die Wende.

Vorübung für die Halse

Bei einem Halse-Manöver drehen wir uns mit dem Rücken durch den Wind.

1. Nimm die Ausgangs- oder Normalstellung ein.
2. Drehe dich mit der Lee-Schulter nach hinten in den Wind, sodass du mit dem Rücken im Wind stehst, und lass dabei die hintere Hand (Lee-Hand) los.
3. Greife mit dieser Hand in die vordere Schlaufe bzw. an den vorderen Bereich des Booms, und lass mit der anderen Hand los. Die Luv-Hand übergibt die vordere Schlaufe an die Lee-Hand.
4. Drehe dich weiter mit der Schulter in den Wind (die vorherige Lee-Seite der Schulter wird dabei zur Luv-Seite), und bewege die neue Luv-Hand in Richtung Luv und führe den Wing dabei weiter nach vorn oben über den Kopf.
5. Greife mit der freien Hand eine der hinteren Schlaufen; die vorherige Luv-Hand wird damit zur Lee-Hand.
6. Nun stehst du wieder in der Ausgangs- oder Normalstellung – nur in umgekehrter Richtung.

Bildserie 1–6:
Vorübung für die Halse.

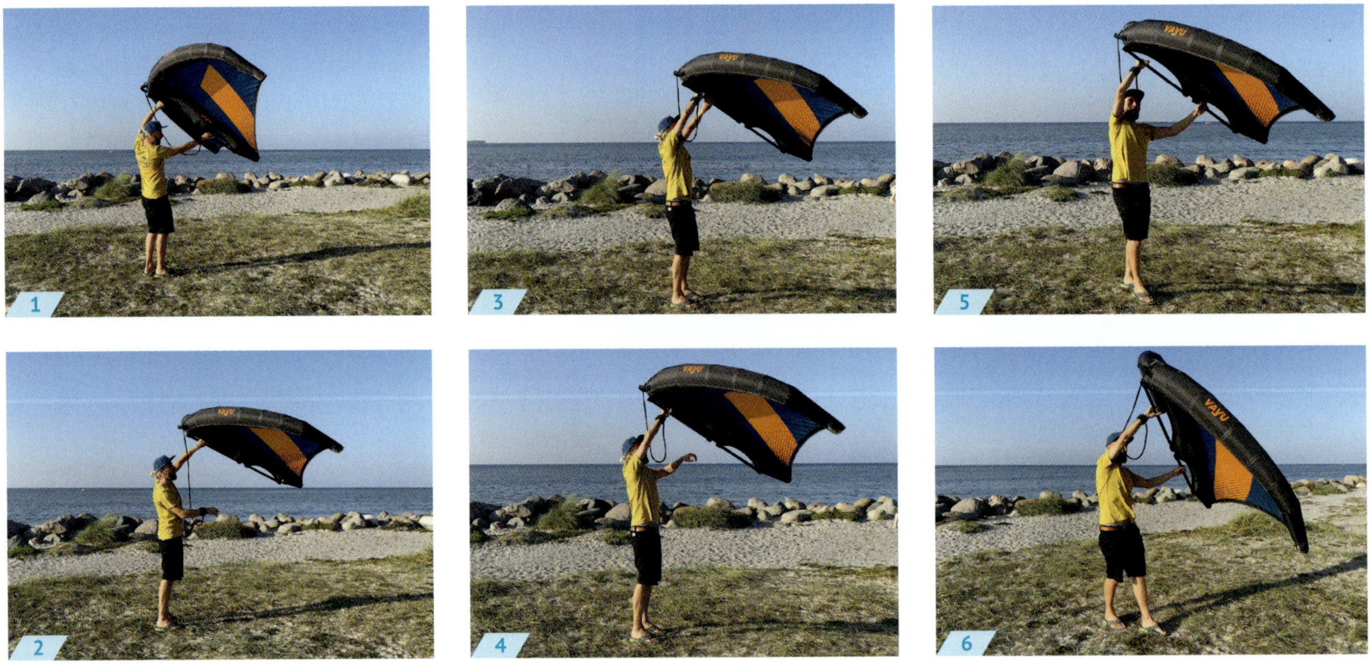

Vorübung für die Wende

Bei einem Wende-Manöver drehen wir uns mit der Brust durch den Wind.

1. Nimm die Ausgangs- oder Normalstellung ein.
2. Lass die hintere Hand los, und ziehe die vordere Hand, den Wing an der vorderen Schlaufe bzw. dem vorderen Bereich des Booms haltend, über den Kopf. Drehe dich gleichzeitig mit der Luv-Schulter weiter Richtung Luv, bis du mit der Brust direkt Richtung Luv stehst.
3. Greife nun mit der freien Lee-Hand in die vordere Schlaufe bzw. an den vorderen Bereich am Boom, und lass die andere Hand los. Drehe dich weiter, bis du wieder seitlich zum Wind stehst (die vorherige Lee-Schulter ist nun Luv-Schulter), strecke dabei gleichzeitig die Hand nach vorn oben.
4. Greife mit der freien Hand eine der hinteren Schlaufen (die vorherige Luv-Hand wird damit zur Lee-Hand). Nun stehst du wieder in der Ausgangs- oder Normalstellung – nur in umgekehrter Richtung.

Switch-Foot-Stellung

Bei vielen Manövern stehst du vorher oder nachher in Switch-Foot-Position. Das heißt, der Lee-Fuß steht vorne. Es ist gut, sich frühzeitig an diese Haltung zu gewöhnen. Und auch das lässt sich als Trockenübung an Land trainieren.

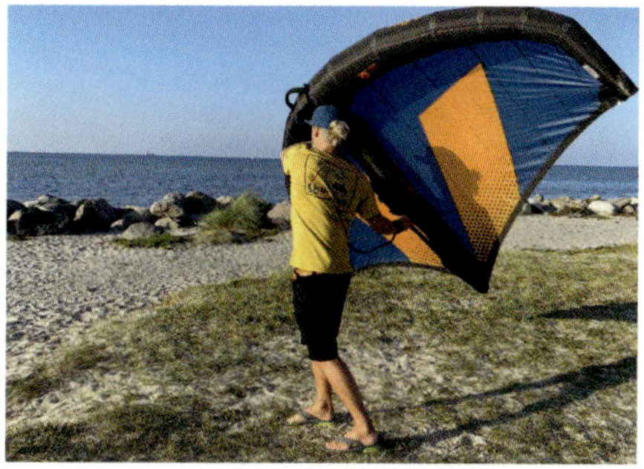

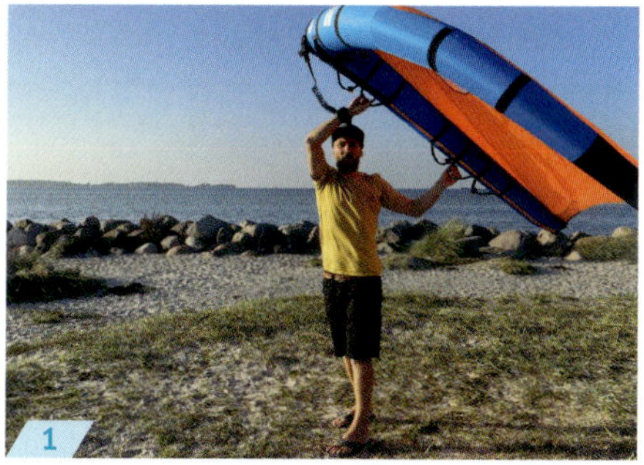

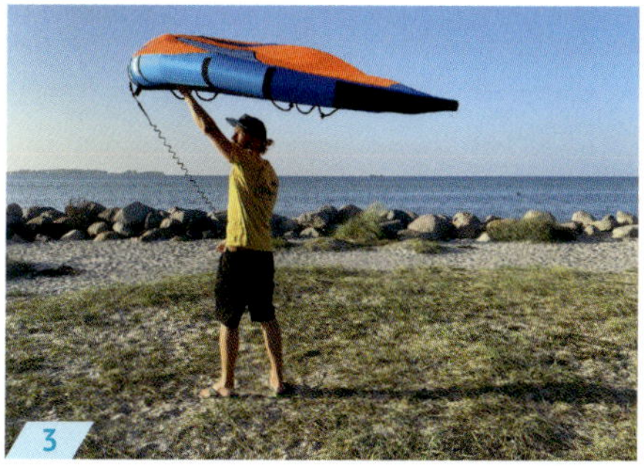

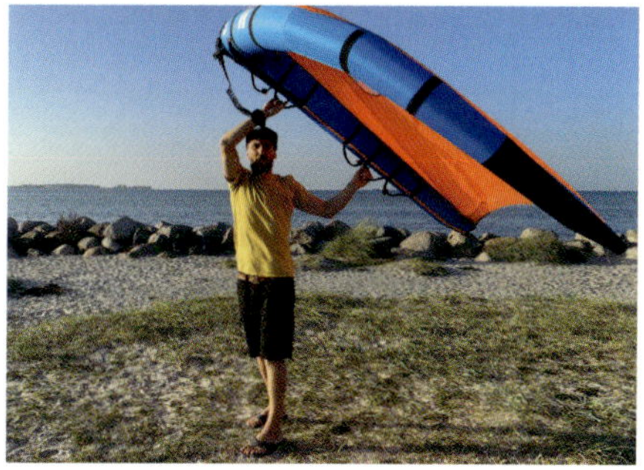

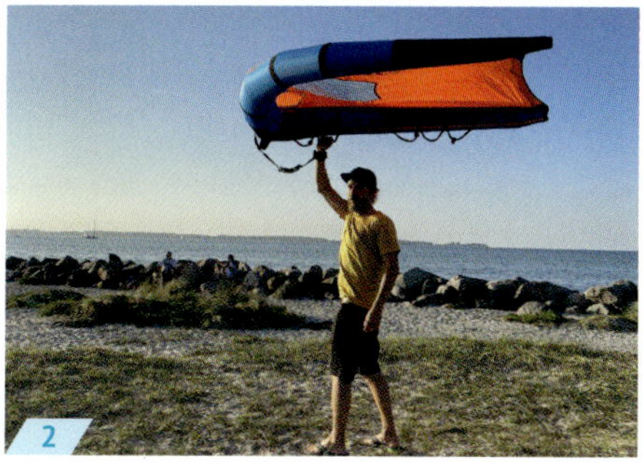

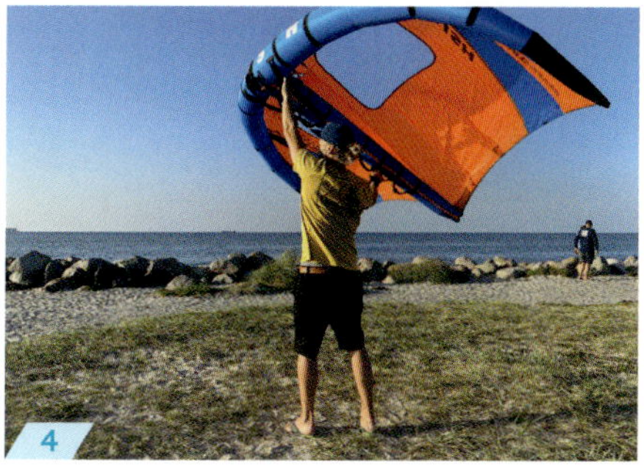

Bild 1 und oben:
Switch-Foot-Stellung.

Bildserie 1–4:
Vorübung für die Wende.

Tragen des Wings mit einer Hand

Übe schließlich noch das Tragen des Wings mit einer Hand. Dies ist wichtig, da du in vielen Situationen nur eine Hand frei haben wirst. Nicht zuletzt beim Transport von Board mit Foil und Wing zum Wasser oder aus dem Wasser heraus wirst du den Wing mit einer Hand tragen müssen.

Die zwei grundlegenden Prinzipien dabei lauten:

1. Den Wing immer in der Lee-Hand tragen; alles andere, vor allem das Board mit dem Foil, gehört in die Luv-Hand.
2. Den Wing immer an der Neutral Handle oder der vordersten Schlaufe anfassen und auswehen lassen.

Pumptechniken üben

Mitunter reicht der Grunddruck durch den Wind nicht aus, und du brauchst etwas mehr Vortrieb, um zum Beispiel beim Starten auf das Foil zu kommen oder im Flug auf dem Foil zu bleiben. Dafür helfen die sogenannten Pumptechniken mit dem Wing.

Auch diese kannst du gut an Land üben. Sie helfen dir ebenfalls, ein besseres Gefühl für Wing und Wind zu entwickeln. Wir unterscheiden dabei das Fächerpumpen und das Kurbelpumpen.

Das Fächerpumpen ist die einfachere Variante und funktioniert wie folgt:

1. Nimm die Ausgangs- oder Normalstellung ein.
2. Ziehe nun den hinteren Arm (Powerhand) rhythmisch heran, so als ob du einen großen Fächer bewegst und die Luft nach hinten wedelst.

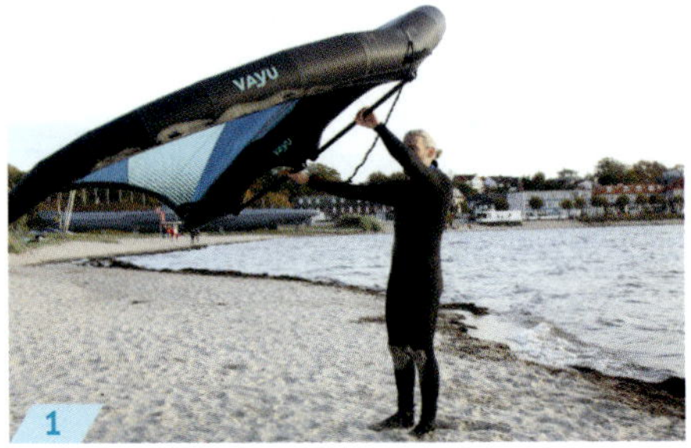

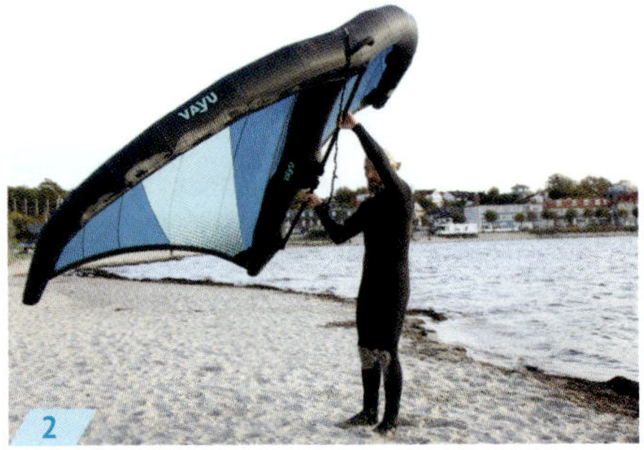

Bild 1–2: Fächerpumpen.

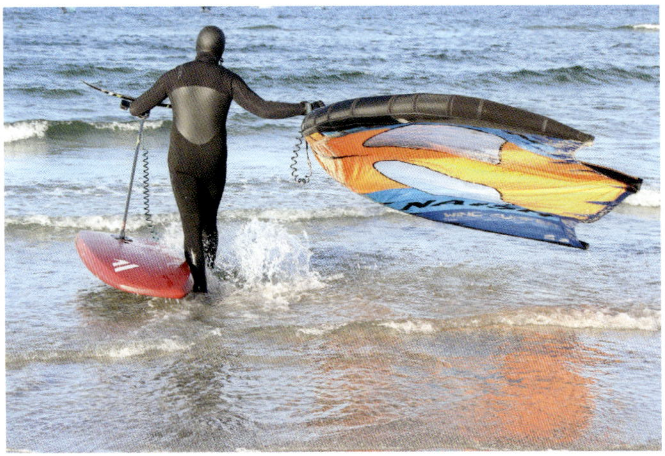

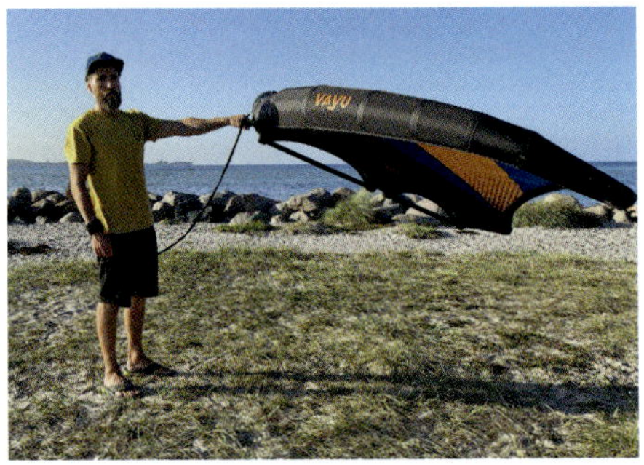

▲

◀ Halten und Tragen des Wings mit einer Hand – immer auf der Lee-Seite.

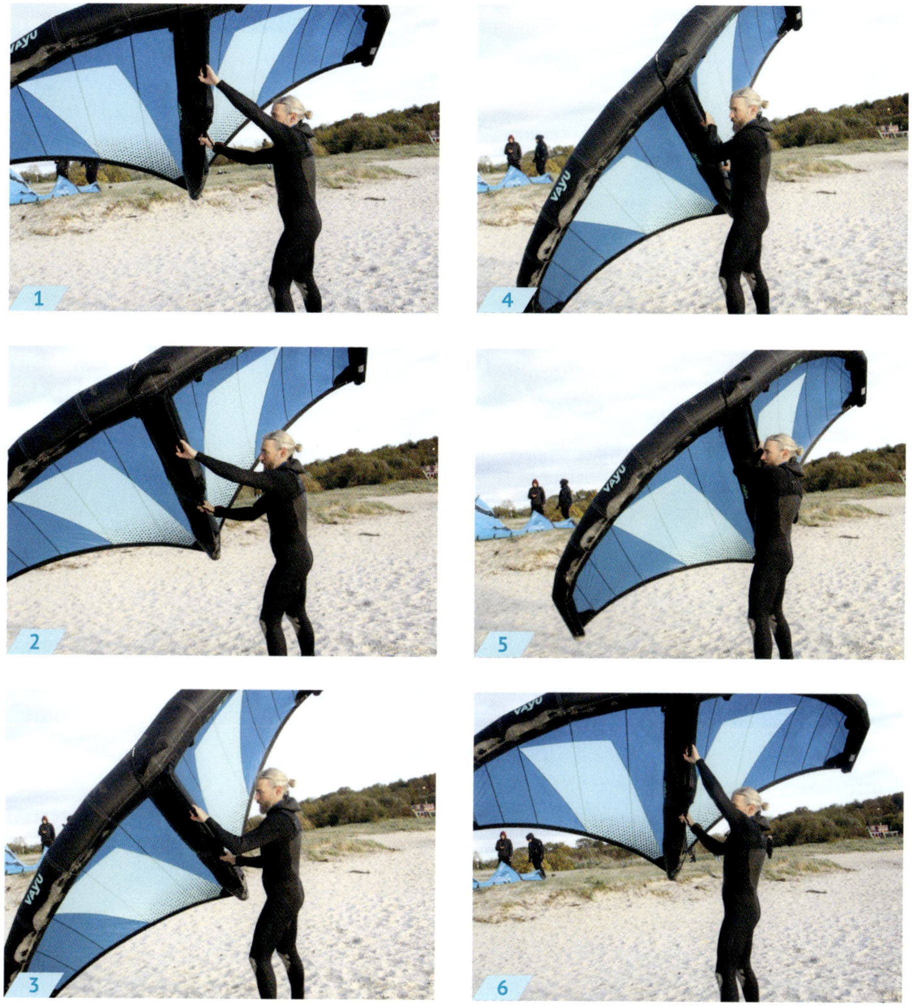

Bildserie 1–6:
Kurbelpumpen.

Beim Kurbelpumpen gehst du wie folgt vor:

1. Nimm die Ausgangs- oder Normalstellung ein.
2. Bewege nun beide Arme kreisförmig vom Körper weg und heran – so als ob du an einer großen Kurbel drehst, und zwar von oben nach unten vom Körper weg. Strecke also die Arme nach oben von dir weg, drücke sie dann nach unten, und ziehe sie dabei wieder zu dir heran. Führe sie angezogen wieder nach oben, und strecke sie von dir weg. Deine Hände sollten dabei vor deinem Kopf einen Kreis beschreiben.

!

Trockenübungen mit dem Wing: Pumpen, Loslassen, Umgreifen.

Webcode: 2034

Loslassen üben – aber richtig

Der Wing ist über die Leash fest und zugleich flexibel mit dir verbunden. Damit ist er gegen ungewolltes Wegfliegen gesichert. Und das sollte dir Sicherheit geben.

Dein wichtigster Gegner in diesem Fall ist der Klammerreflex. Es ist ein natürlicher Reflex, durch den wir uns bei empfundener Gefahr oder Unsicherheit zunächst erst einmal festhalten oder -klammern. Beim Wingfoilen ist es der Wing, an den wir uns möglicherweise klammern! Das Problem ist, dass wir mit einem solchen Klammern eine kritische Situation häufig schlimmer machen. Die beste und zumeist sicherste Reaktion bei Unsicherheit, Gefahr oder auch Stürzen besteht darin, den Wing einfach komplett loszulassen.

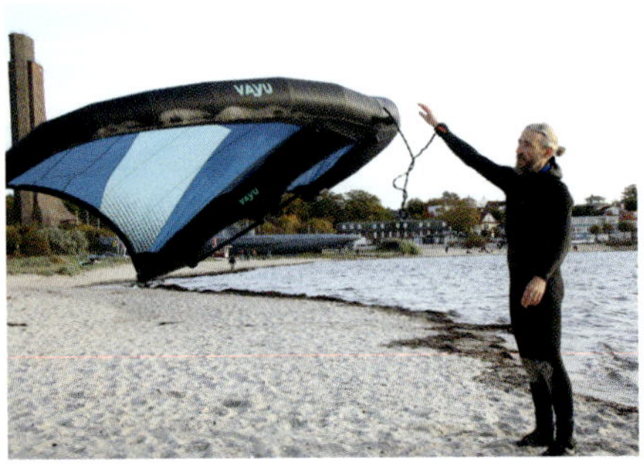

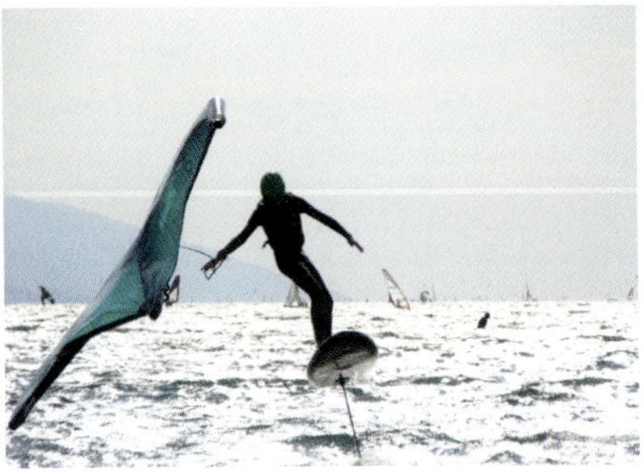

Bewusst loslassen üben – auf dem Wasser häufig wichtig und hilfreich.

Den Klammerreflex sollten wir uns daher beim Wingen möglichst früh abtrainieren, indem wir Vertrauen in die Handhabung des Wings und auch die Sicherung über die Leash aufbauen.

Dabei müssen wir nicht immer komplett loslassen. Häufig ist mit dem Loslassen der hinteren Hand das Ziel schon erreicht: Der Wing geht in (weitgehend) neutrale Stellung, und der Wind erzeugt keinen Druck mehr.

Problematisch wird es jedoch, wenn nur die vordere Hand losgelassen wird und die hintere weiter an einer der mittleren oder gar hinteren Schlaufen (bzw. am hinteren Teil des Booms) festhält. Der Wing kann dann umschlagen und unkontrolliert Druck erzeugen. Meist wird der Klammerreflex dann verstärkt, und man kann nicht loslassen.

Es ist daher wichtig, sich diesen Klammerreflex abzutrainieren und ein richtiges Loslassen zu üben. Als Trockenübung solltest du dafür verschiedene Wingstellungen einnehmen und darin jeweils beide Varianten üben:

1. Den Wing blitzartig mit beiden Händen gleichzeitig loslassen
2. Die hintere Hand am Wing blitzartig loslassen

Beobachte jeweils die Reaktion des Wings, und nimm ihn dann besonnen wieder auf, indem du ihn in die Ausgangs- oder Normalstellung zurückführst.

Umgreifen üben

Wenn du einen Wing mit Schlaufen hast, solltest du auch das Umgreifen mit beiden Händen üben. Bei einem Wing mit Boom ist es nicht ganz so relevant, weil du hier die Handposition allein durch Verschieben, ohne Loslassen, recht einfach verändern kannst.

Dennoch gibt es auch hier Situationen, bei denen du eine Hand loslassen musst. Zum Beispiel bei Manövern, in der Welle oder wenn sich die Leash um dein Handgelenk gewickelt hat.

Das Umgreifen der hinteren (Lee-)Hand:

1. Nimm die Ausgangs-/Normalstellung ein, und führe den Wing mit beiden Armen nach oben über deinen Kopf.
2. Öffne den Wing, und stelle ihn auf neutral, sodass der Druck durch den Wind minimal ist.
3. Konzentriere dich auf das freie Stehen mit den Füßen auf dem (imaginären) Board.
4. Lass die hintere (Lee-)Hand los und den Wing auswehen.
5. Warte einen Moment, und greife den Wing dann wieder an einer der hinteren Schlaufen.
6. Gehe zurück in die Ausgangs-/Normalposition.

Bei der hinteren Hand ist das Umgreifen relativ einfach. Schwieriger (und kriti-

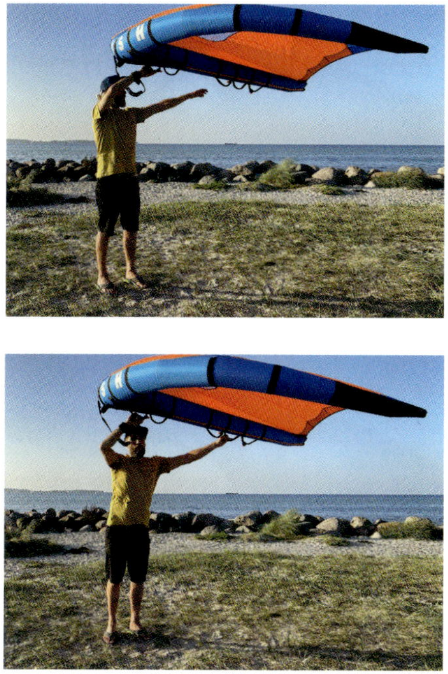

Umgreifen mit der hinteren Hand.

scher) ist das Umgreifen mit der vorderen (Luv-)Hand. Und zwar deshalb, weil der Wing sehr leicht nach hinten überschlagen kann. Diese Handbewegung muss daher unbedingt blitzartig erfolgen.

Das Umgreifen der vorderen (Luv-)Hand:

1. Nimm die Ausgangs- oder Normalstellung ein.
2. Führe den Wing mit beiden Armen nach oben über deinen Kopf.
3. Öffne den Wing, und stelle ihn auf neutral, sodass der Druck durch den Wind minimal ist.
4. Konzentriere dich auf das freie Stehen mit den Füßen auf dem (imaginären) Board.
5. Lass die vordere (Luv-)Hand los, und greife blitzartig an die andere Schlaufe.
6. Warte einen Moment, und greife den Wing dann wieder an einer der hinteren Schlaufen.
7. Gehe zurück in die Ausgangs- bzw. Normalposition.

Routine

Darüber hinaus solltest du dir beim Handling des Wings später auf dem Wasser Folgendes zur Angewohnheit machen:

1. Halte den Wing immer möglichst waagerecht, und sei jederzeit bereit, die hintere Hand loszulassen. Andernfalls kann eine Windbö schnell zu einem gefährlichen Abenteuer werden.
2. Halte immer eine Hand an einer der beiden vordersten Schlaufen – am besten an der Neutral Handle oder an der ersten/zweiten Schlaufe an der Strut. Versuchst du den Wing mit nur einer Hand an einer der mittleren oder gar hinteren Schlaufen (bzw. am hinteren Teil des Booms) zu halten, kann dieser umschlagen, und es kann gefährlich werden.

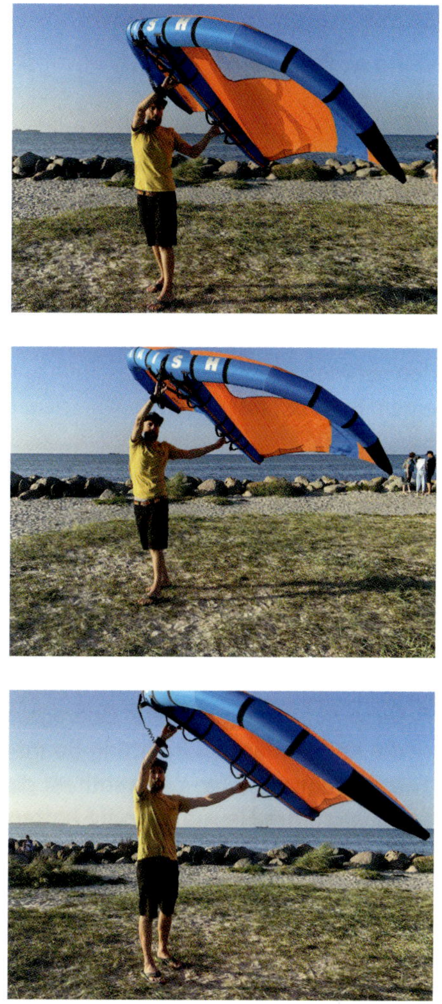

Umgreifen mit der vorderen Hand.

Skate-Wingen – Fahrdynamik und Manöver üben

Du kannst Skateboard, Mountainboard, Inlineskates oder im Winter auch Schlittschuh, Ski oder Snowboard fahren?

Das ist super! Denn dann kannst du neben den eher statischen Trockenübungen zu Fuß auch dynamische und realitätsnähere Trockenübungen an Land auf einem der genannten Gefährte durchführen.

Vor allem das Fahren auf einem Skateboard, aber auch auf Inlinern, kommt dem Verhalten und der Handhabung des Wings auf dem Wasser tatsächlich sehr nahe. Hierbei kannst du das Wingen sehr realitätsnah ausprobieren. Du erlebst unmittelbar, wie sich das Zusammenspiel aus Wind, Wingstellung, Fahrgeschwindigkeit und Fahrtrichtung anfühlt. Wingstellung und Geschwindigkeitssteuerung sowie Manöver lassen sich im wahrsten Sinne des Wortes intuitiv erfahren.

Wichtig ist natürlich, dass du ein geeignetes Gelände mit möglichst viel Platz findest. Außerdem solltest du unbedingt einen Helm sowie mindestens Knie- und Ellenbogenschoner tragen. Die Verletzungsgefahr bei Stürzen an Land (auf Beton!) ist schließlich deutlich höher als auf dem Wasser.

Auch solltest du gut auf den Wing aufpassen und zusehen, dass du mit den Wing-Tips nicht allzu häufig auf dem Boden aufkommst oder gar darauf entlangschleifst. Das Material ist dafür nur sehr bedingt ausgelegt!

Folgendes kannst du beim Skate-Wingen üben:

- Geradeausfahren in beide Richtungen
- Geschwindigkeit erhöhen und reduzieren
- Upwind und Downwind lenken – die vier Kursrichtungen
- Höhe laufen (Konzentration auf Amwindkurs)
- erste Halse- und Wende-Manöver

Die entsprechenden Techniken sind im nachfolgenden Kapitel zum Wingsurfen mit dem SUP-Board ausführlicher beschrieben. Sie können analog beim Skate-Wingen an Land angewendet werden.

Wingen mit dem Skateboard, Inlineskates und Schlittschuhen.

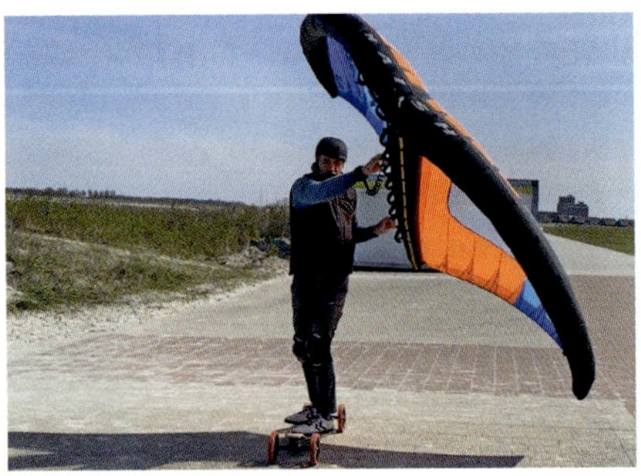

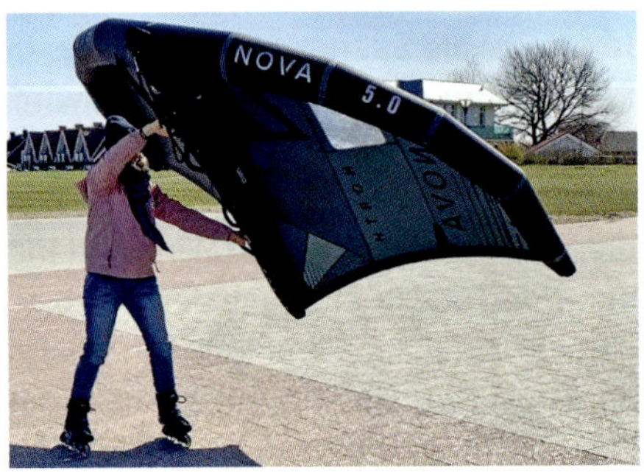

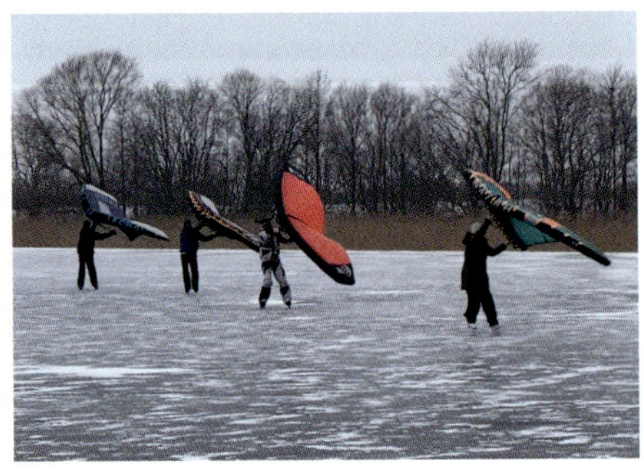

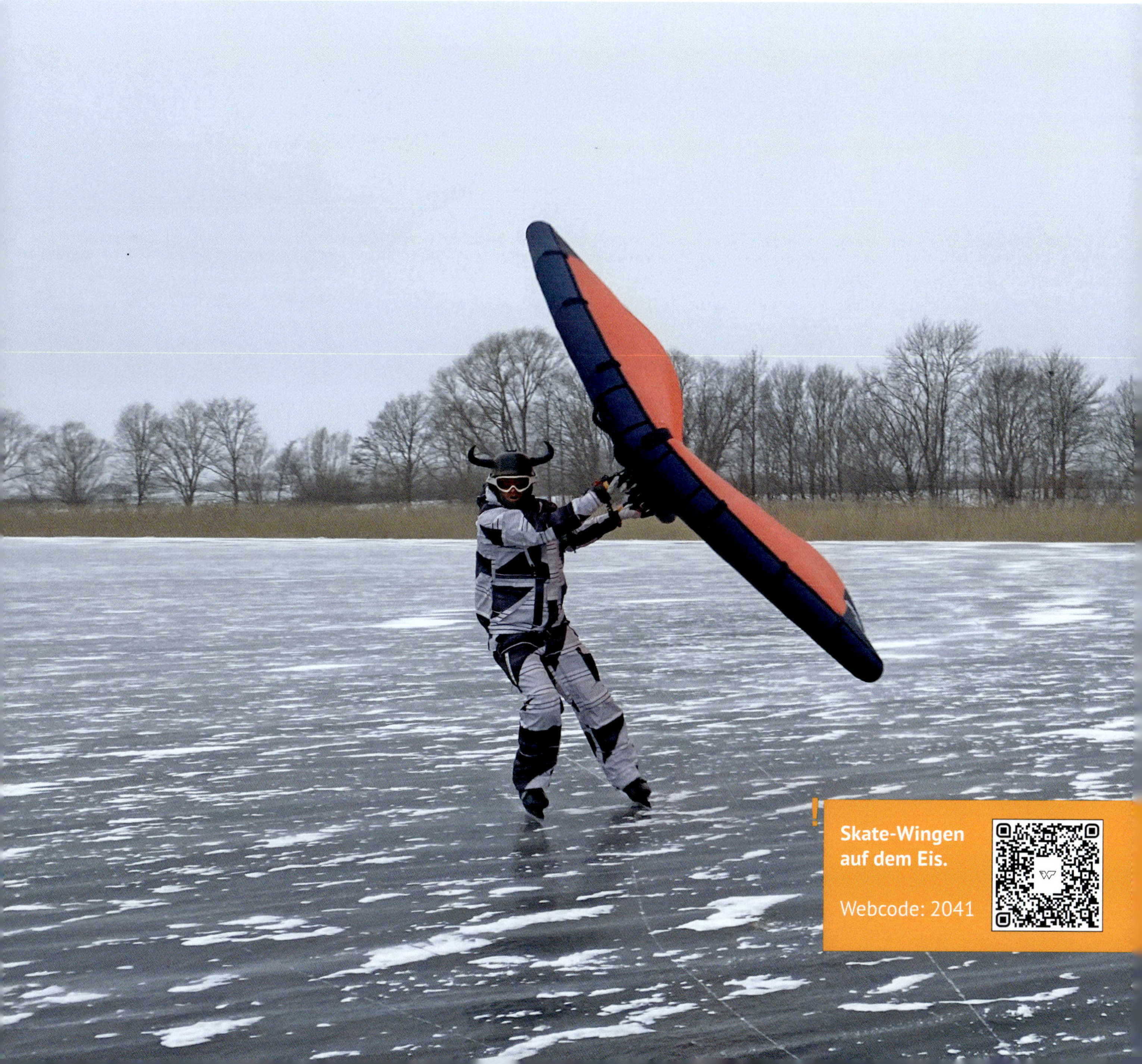

Skate-Wingen auf dem Eis.

Webcode: 2041

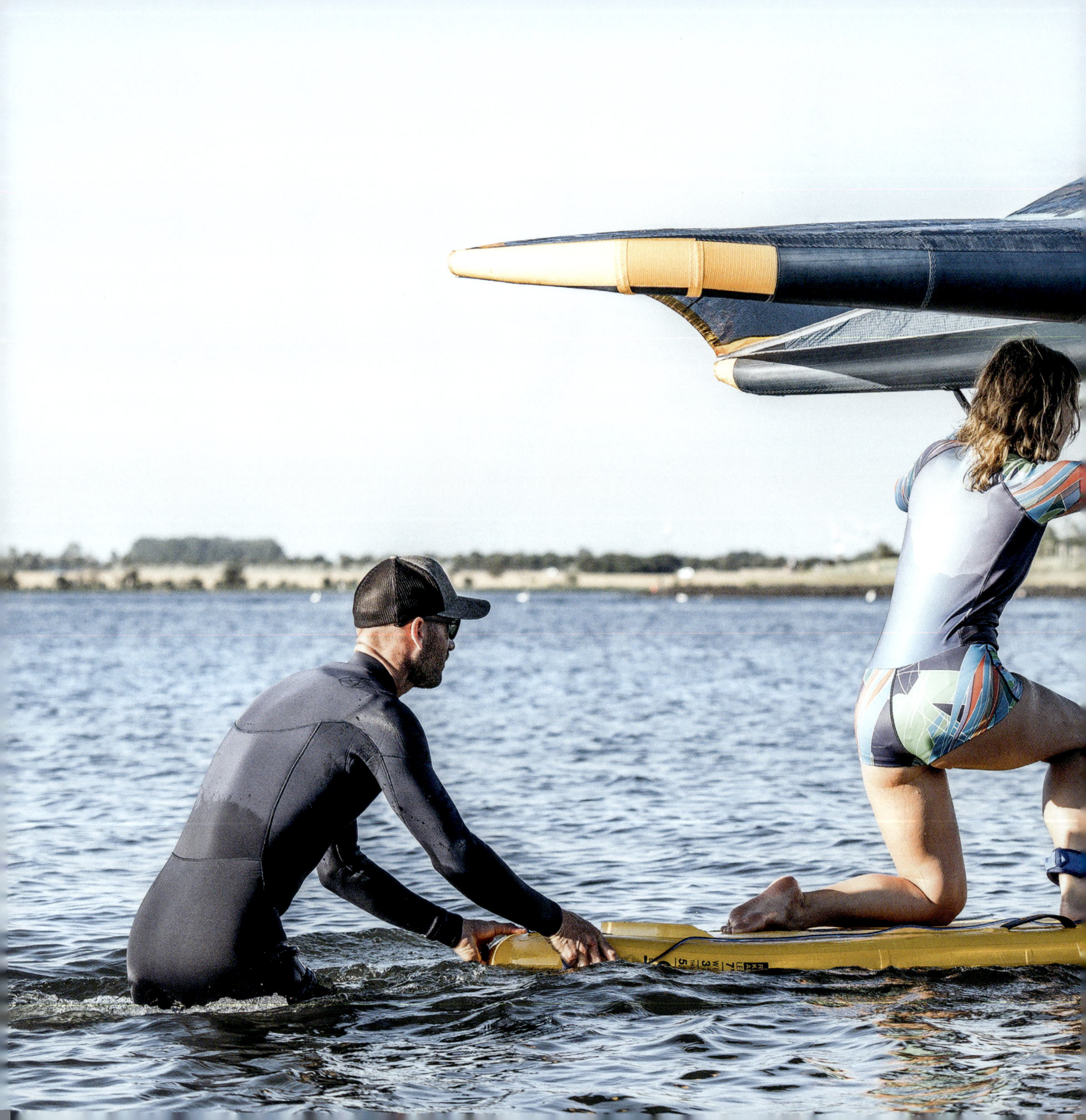

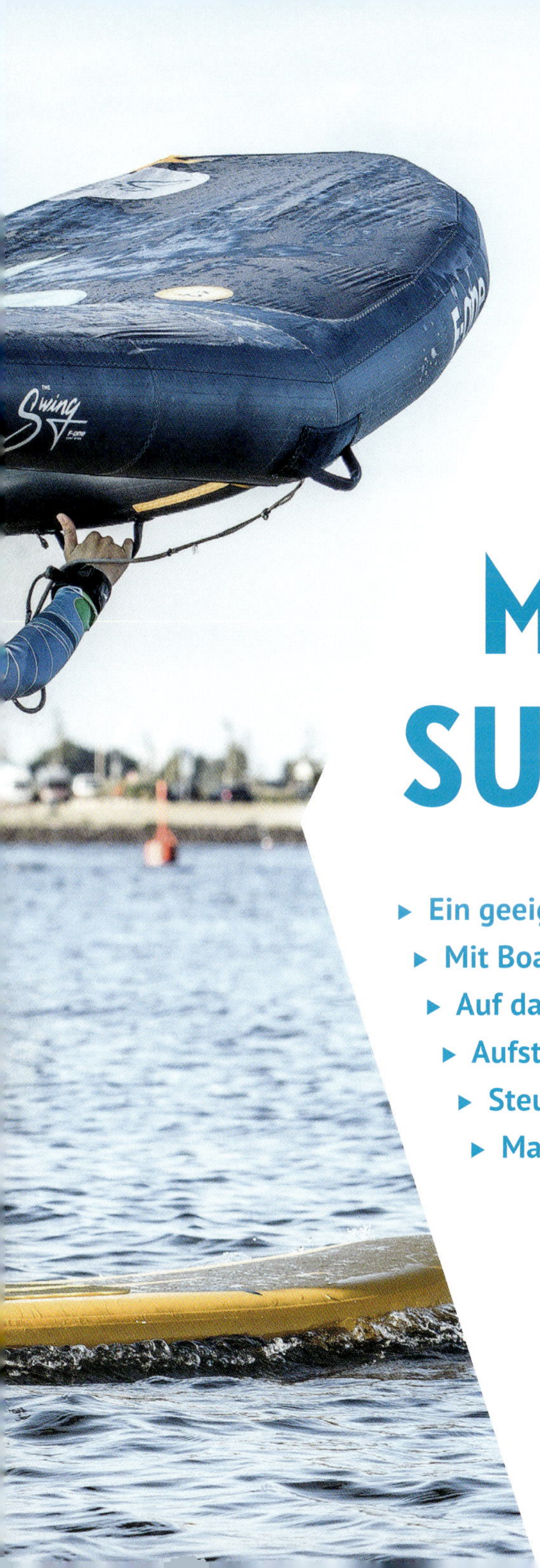

III. WINGSURFEN MIT DEM SUP-BOARD

Foto: Daniel Pankoke

III. Wingsurfen mit dem SUP-Board

Nun geht es endlich aufs Wasser!
Fühlst du dich mit den Trockenübungen und der Handhabung des Wings einigermaßen sicher, ist es Zeit, das Erlernte auf dem Wasser auszuprobieren.
In den folgenden Unterkapiteln erläutern wir:

- welches Board du zum Wingsurfen auswählen solltest
- wie du mit Board und Wing ins Wasser gehst
- wie du auf das Board aufsteigen und losfahren kannst
- wie du auf dem Board aufstehst
- wie du steuerst und Kurse fährst
- wie du Manöver fährst

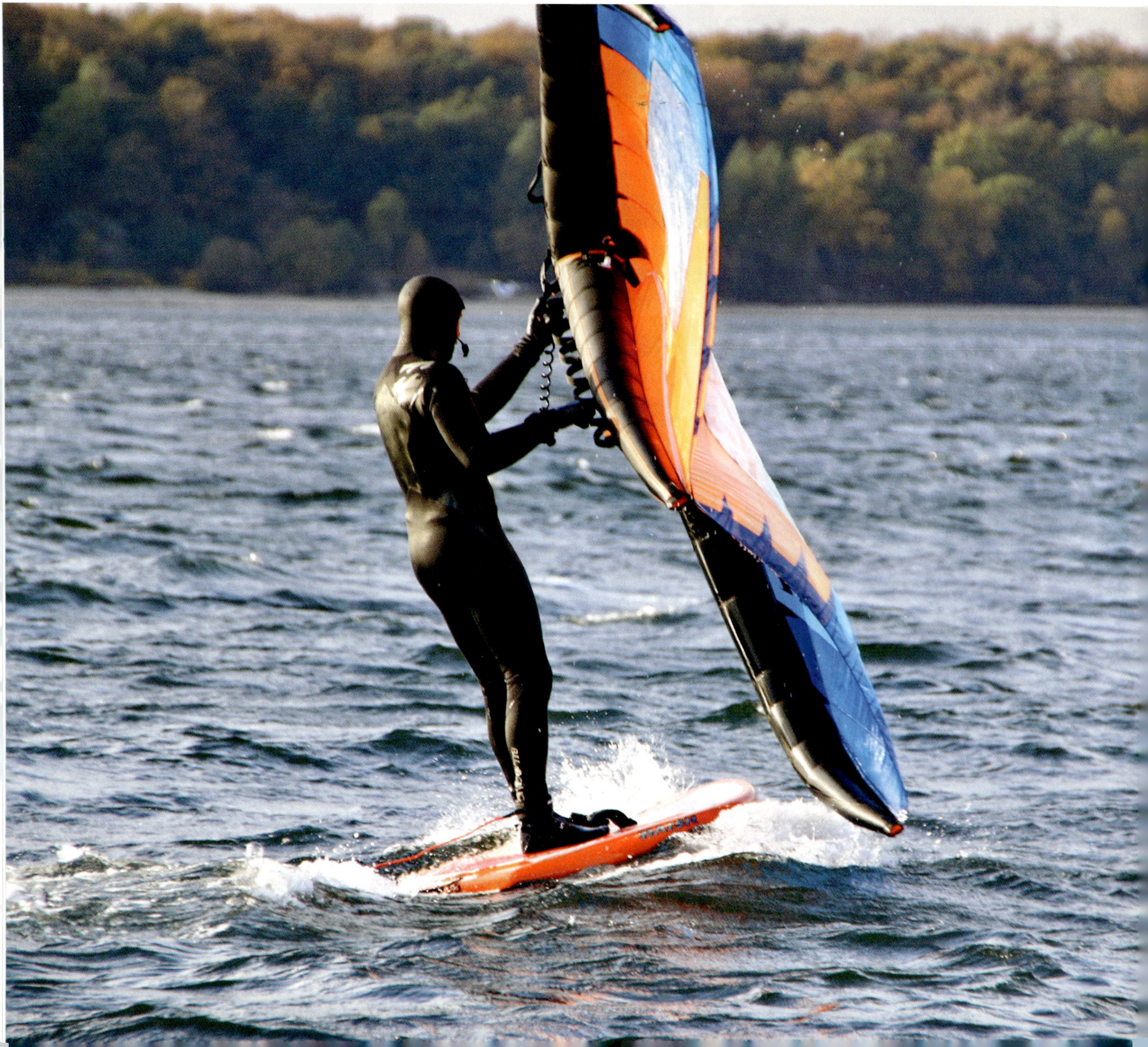

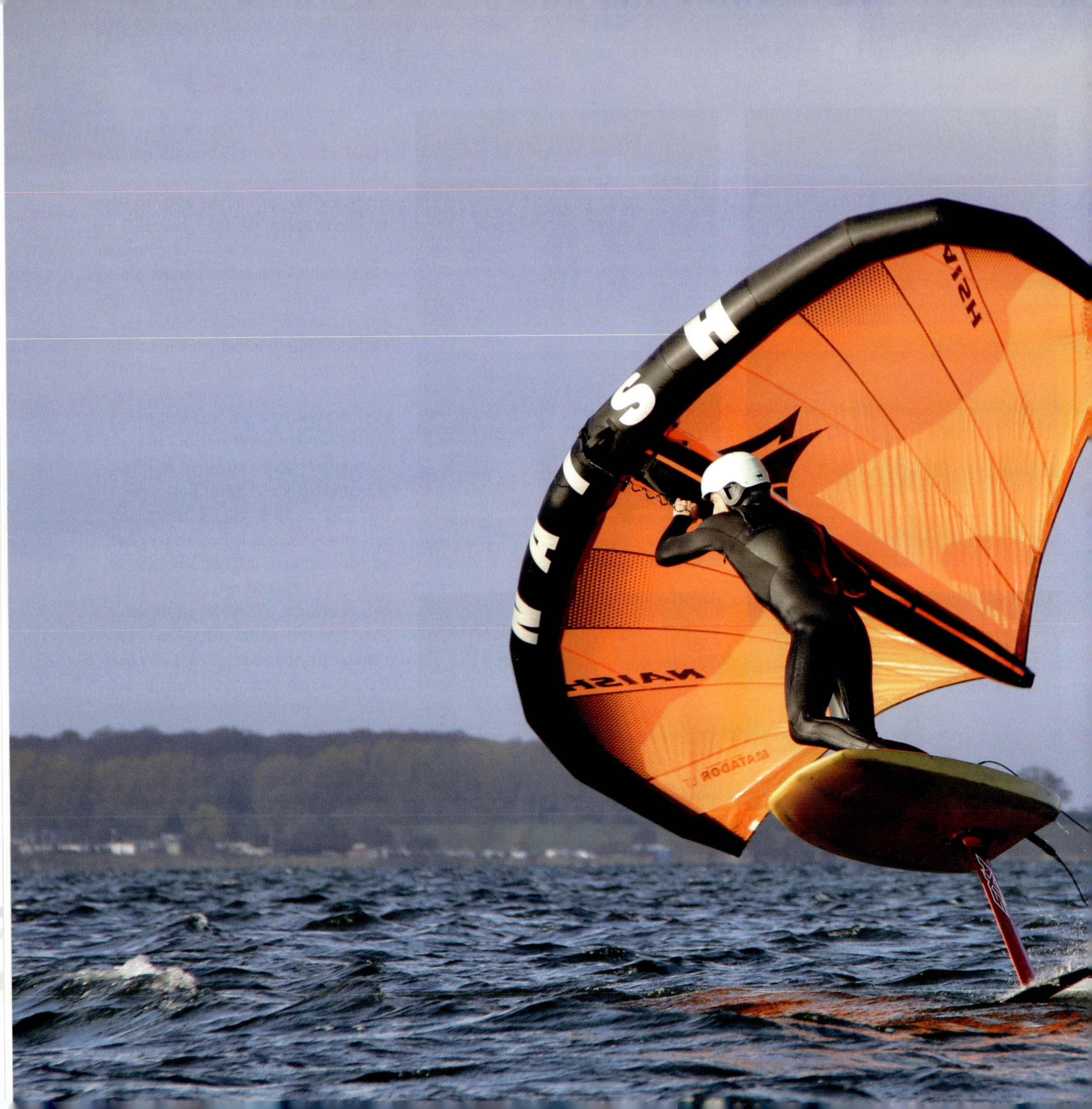
NAISH

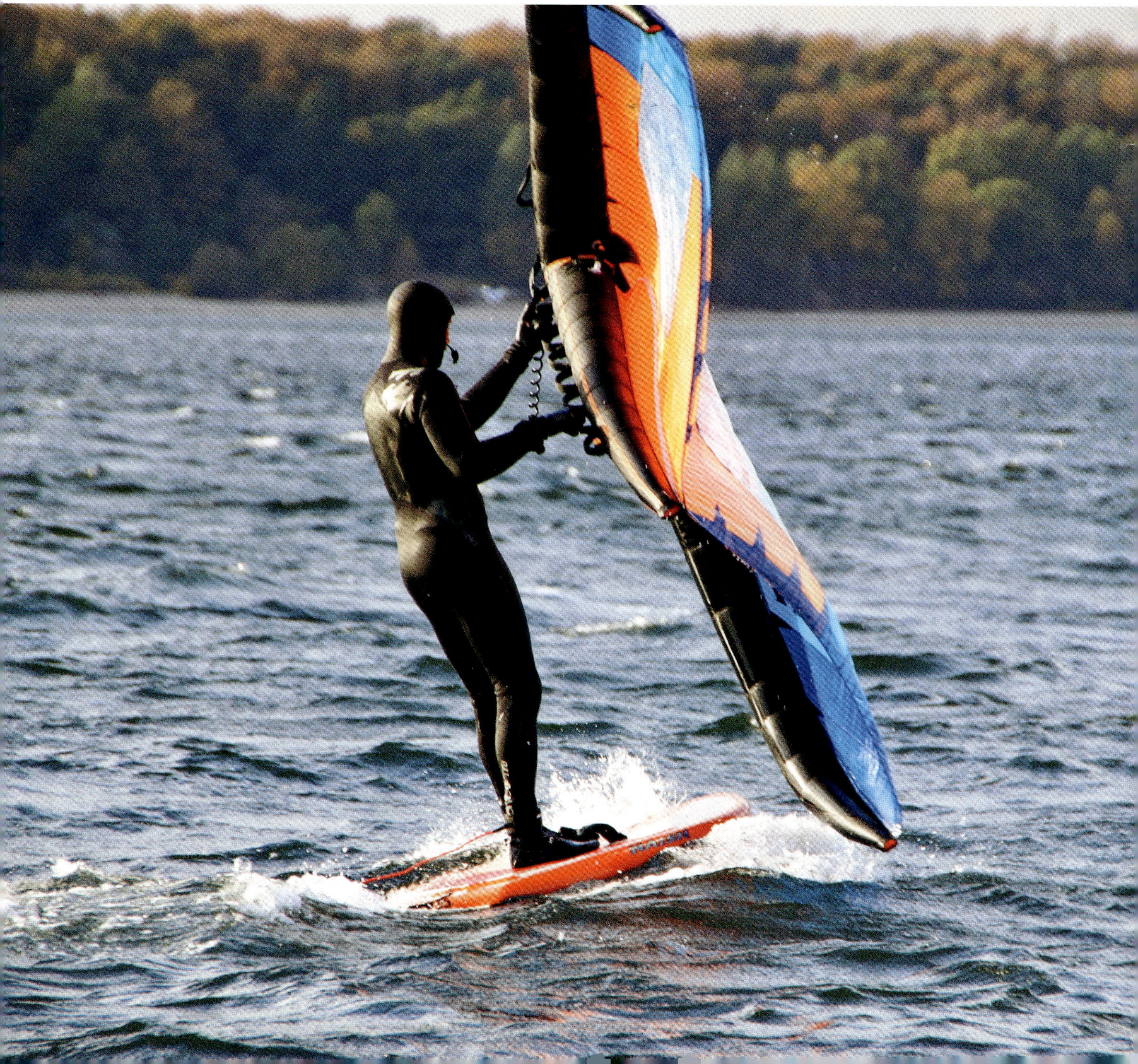

Ein geeignetes Board auswählen

Um mit dem Wingsurfen zu beginnen, brauchst du ein geeignetes Board, das es dir auf dem Wasser möglichst leicht macht. Volumen und Bauform sind hier die wichtigsten Einflussfaktoren.
Suche dir dafür ein SUP- oder großes Windsurfboard, dass nicht zu schmal ist. Es sollte gerne 70 bis 120 Liter mehr Volumen haben, als du mit deinem Körpergewicht auf die Waage bringst.

Bild 1: Windsurfboard mit angeklebter Mittelfinne.

Bild 2: Drift stopper als Ergänzung für SUP-Boards.

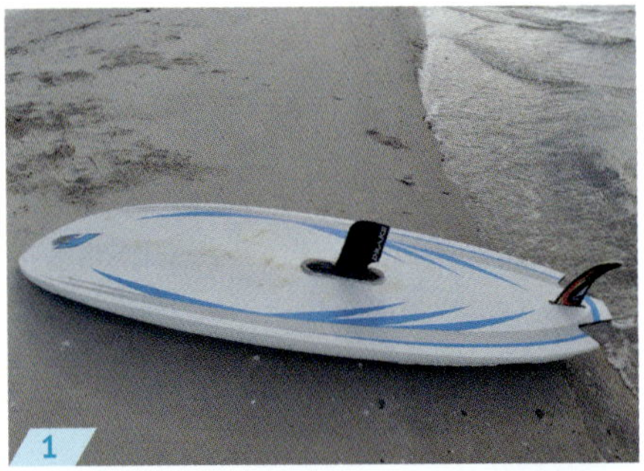

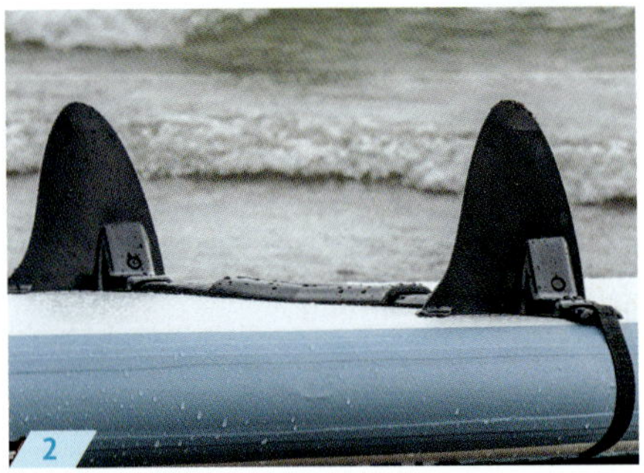

Idealerweise sollte es darüber hinaus über ein Schwert oder eine Mittelfinne verfügen.
Inzwischen gibt es auch spezielle, auf das Wingsurfen ausgerichtete Boards, die über mehrere über die Boardlänge und -breite verteilte Finnen verfügen. Diese vermindern die Abdrift, also dass das Board durch Wind und Welle seitlich abgetrieben wird und du an Höhe verlierst.
Solltest du nur über ein normales SUP-Board ohne Mittelfinne verfügen, kann ein sogenannter Drift Stopper hilfreich sein. Diesen kann man flexibel anbringen. Schließlich gibt es auch die Möglichkeit, einen oder gar mehrere Finnenkästen an das SUP-Board anzukleben. Diese ermöglichen das An- und Abbauen von Finnen, sodass das Board weiterhin auch ohne verwendet werden kann.

Bevor du aufs Wasser gehst, achte bitte darauf, dass die Bedingungen gut geeignet sind:

- Es sollte Sideshore-Wind vorherrschen, sodass ein möglichst senkrechter Kurs vom Ufer weg und auf das Ufer zu möglich ist.
- Es sollten nicht zu viel Wind (max. 18–20 Knoten) und Welle vorherrschen.
- Günstig ist ein Stehrevier, das ein einfaches Auf- und Absteigen sowie Zurücklaufen ermöglicht.

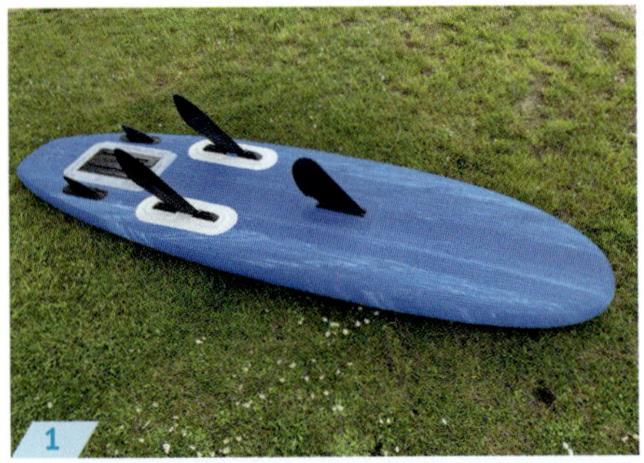

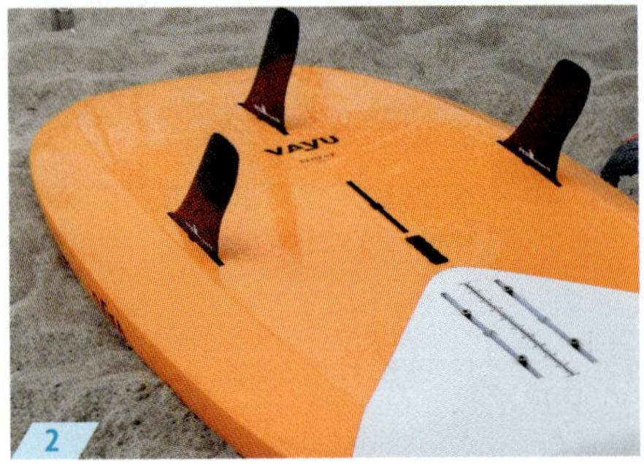

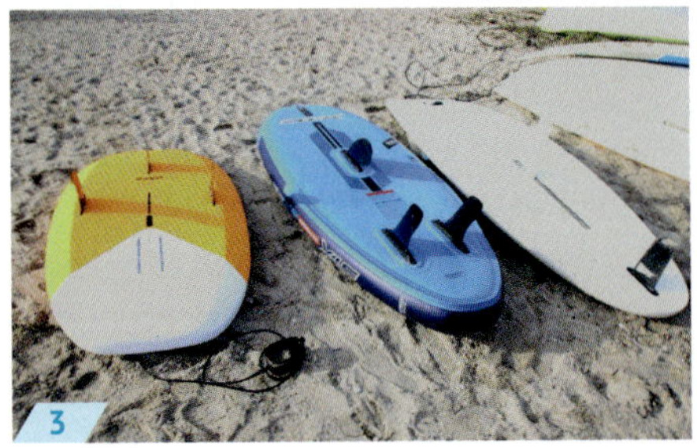

Bild 1: Board mit vielen Finnen.

Bild 2: Schulungsboard zum Wingsurfen und -foilen.

Bild 3: Übungsboards mit mehreren Finnen.

- Strand und Uferbereich sollten breit genug und leicht zugänglich sein, sodass du im Fall einer starken Abdrift leicht zurücklaufen kannst.

Mit Board und Wing ins Wasser gehen

Ein großes SUP- oder Windsurfboard ist allein schon eine sperrige und relativ schwere Angelegenheit. In Kombination mit einem zwar leichteren, aber nicht weniger sperrigen Wing stellt der Transport für Ungeübte schon eine echte Herausforderung dar. Beides zusammen über eine längere Distanz zu tragen ist nicht zu empfehlen. Gestalte den Transport zum und ins Wasser daher am besten wie folgt:

1. Stelle sicher, dass der gegebenenfalls bereits aufgepumpte Wing gegen Wegfliegen und mögliche Beschädigungen gesichert ist.
2. Trage nun zunächst das Board zum Wasser, und lege es dicht an der Wasserkante ab. Achte darauf, dass es andere Strandbesucher nicht behindert und auch nicht durch Wellen weggespült werden kann.
3. Hole nun den Wing. Denke daran, dass du die Leash als Erstes mit deinem Handgelenk oder dem Bauchgurt verbindest.
4. Trage den Wing an der Neutral Handle auf der Lee-Seite in deiner Lee-Hand zur Wasserkante.
5. Gehe leeseitig neben das Board. Befestige nun die Boardleash an deinem Körper – je nach Art der Leash an Bauch, Wade oder Knöchel. Sollte das nicht mit einer Hand funktionieren, kannst du den Wing auch ablegen. Achte dabei aber auf spitze Gegenstände (Steine, Glas, Äste).
6. Greife nun das Board mit der Luv-Hand, und trage beides mindestens knietief, besser hüfttief ins Wasser. Lege das Board auf dem Wasser ab, den Wing weiterhin in der Lee-Hand haltend.
7. Gehe nun hinten um das Board herum, und stelle dich auf die Luv-Seite des Boards. Der Wing weht nun über dem Board aus.

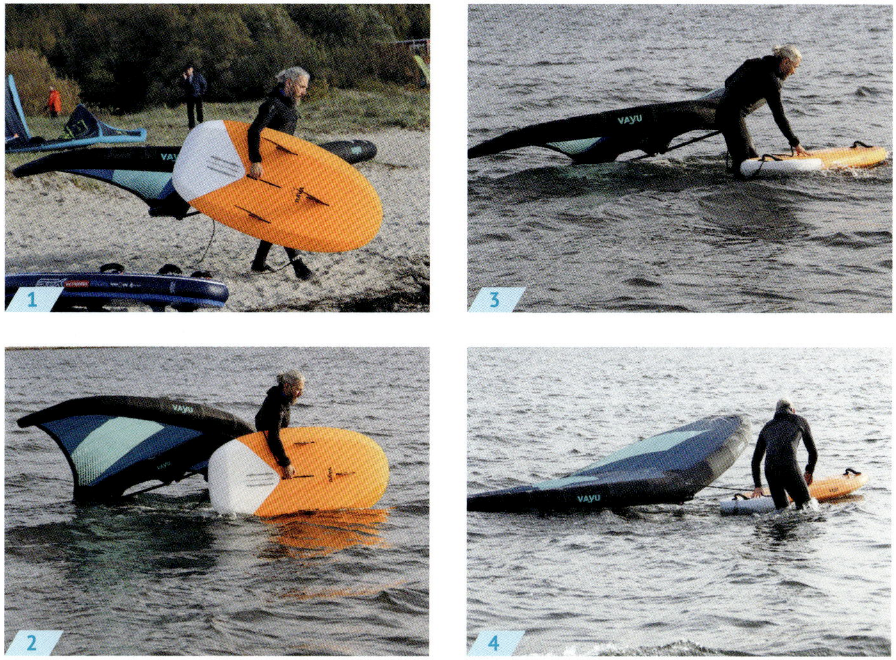

Bild 1–4: Mit dem Board und Wing ins Wasser gehen.

SUP-Wingen: Boardauswahl und Alternativen.

Webcode: 3021

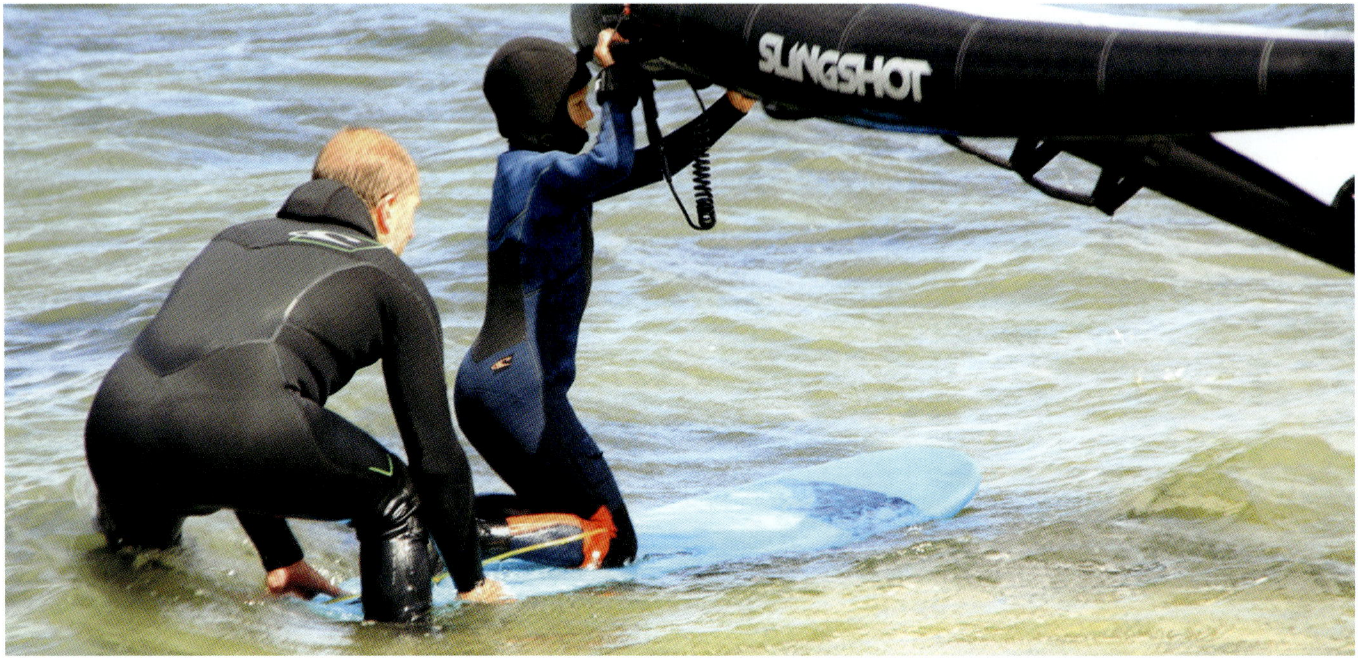

Auf das Board steigen und losfahren

Ein SUP- oder Windsurfboard ist meist so stabil, dass du dich im flachen Wasser gegebenenfalls einfach daraufstellen kannst. Vor allem wenn du bereits etwas Übung mit dem SUP-Board hast. Dies funktioniert jedoch nicht, wenn das Wasser tiefer ist. Auch beim späteren Wingfoilen wird diese Technik nicht mehr funktionieren – nicht nur weil das Wasser tiefer ist, sondern auch weil das Board deutlich weniger stabil sein wird. Wir empfehlen dir deshalb, von Anfang an die folgende Technik zu üben:

1. Du stehst luvseitig neben dem Board. Der Wing befindet sich an der Neutral Handle in der Lee-Hand und weht über dem Board aus. Vergewissere dich noch einmal hinsichtlich der Windrichtung. Der Wind sollte sideshore wehen. Richte nun das Board im 90-Grad-Winkel zum Wind hin aus.
2. Steige jetzt mit den Knien mittig auf das Board. Den Wing solltest du dabei an der Neutral Handle halten oder kurz loslassen. Er weht dann an der Leash gesichert aus.
3. Richte dich in Fahrtrichtung auf dem Board aus, und nimm die Lee-Hand mit dem Wing an der Neutral Handle nach oben, schräg über den Kopf.
4. Greife mit der Luv-Hand unterhalb des Unterarms der Lee-Hand an die vordere Schlaufe (bzw. an den vorderen Bereich des Booms) und wechlse in den Kreuzgriff.
5. Lass die Neutral Handle los, und führe den Wing mit der anderen Hand an der vorderen Schlaufe nach vorn oben, weiter über den Kopf.
6. Greife mit der freien Hand (Lee-Hand) an eine der hinteren Schlaufen (bzw. an den hinteren Bereich des Booms).

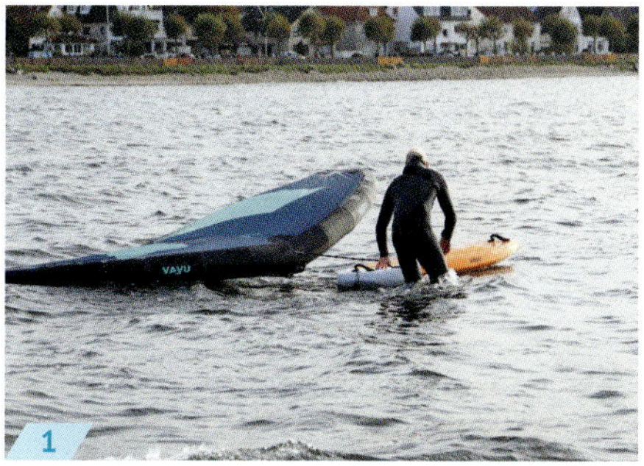

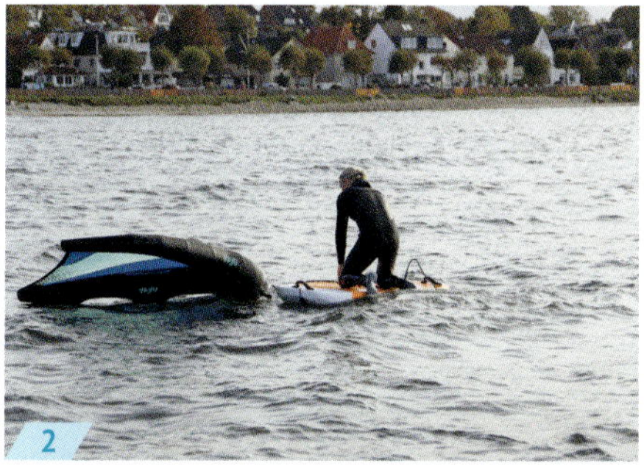

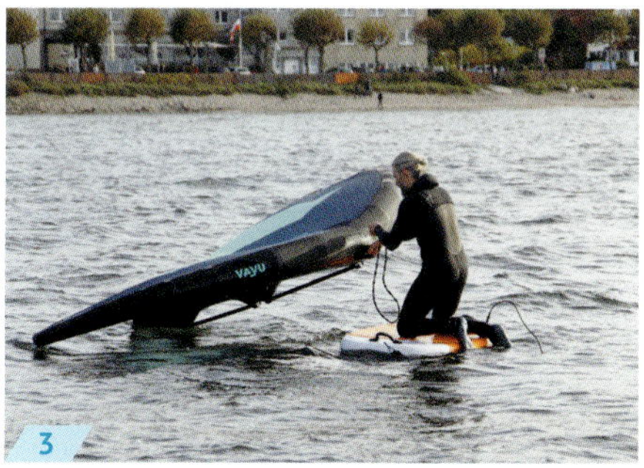

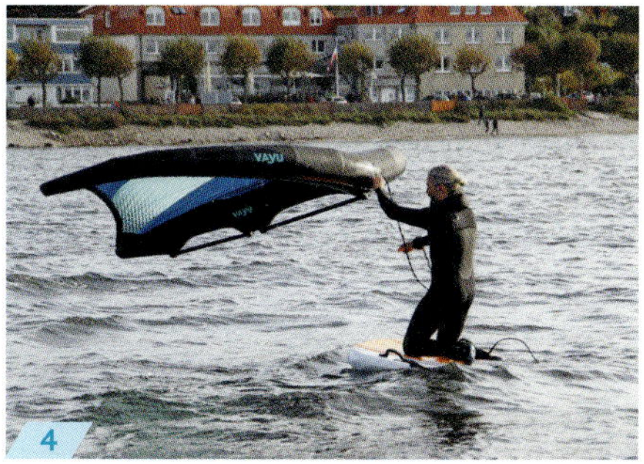

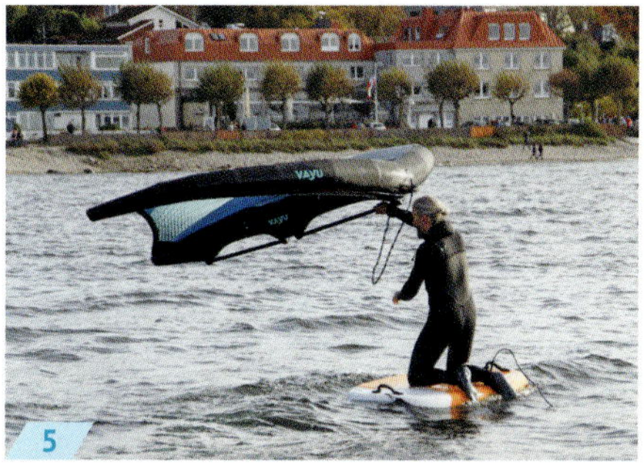

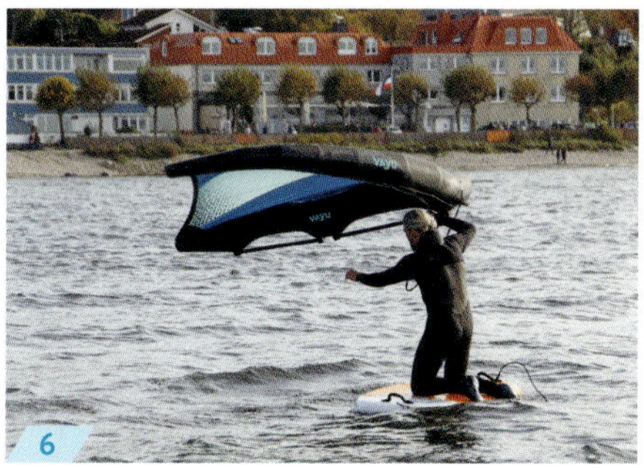

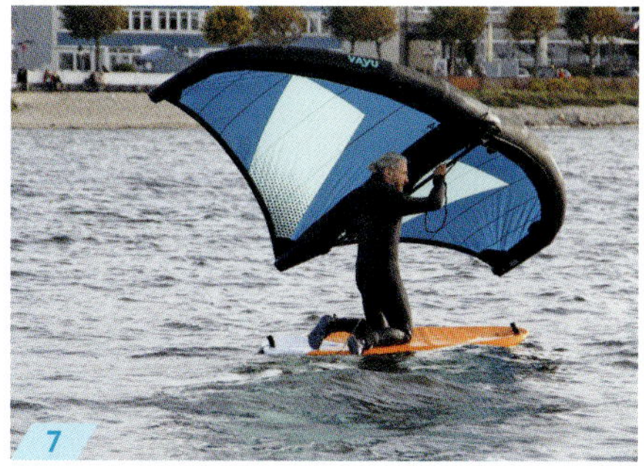

Bildserie 1–7: Basistraining, das sichere Knien auf dem Board.

7. Richte den Wing und damit auch das Board im 90-Grad-Winkel zum Wind hin aus (Halbwindkurs). Baue Druck im Wing auf, indem du die hintere Lee-Hand leicht heranziehst. Das Board nimmt nun Fahrt auf. Zugleich wird es stabiler und weniger kippelig.

Aufstehen

Du befindest dich noch immer auf beiden Knien in Fahrtrichtung auf dem Board. Der Wing befindet sich schräg oberhalb deines Kopfes. Dein vorderer Arm zeigt nach vorn oben und ist nahezu gestreckt. Die hintere Hand befindet sich seitlich hinten und hält den Wing dicht. Diese Position gibt dir Stabilität und unterstützt das nun folgende Aufstehen.

1. Stelle als Erstes das luvseitige Bein auf. Der Fuß sollte neben der längsseitigen Mittellinie des Boards in etwa im 45-Grad-Winkel positioniert sein (1, 2).
2. Drücke dich mit dem hinteren Bein nach oben, sodass du auf dem Board leicht schräg etwa hüftbreit auf beiden Beinen stehst (3).
3. Suche die Balance. Halte die Knie leicht gebeugt, sodass du die Wellenbewegungen des Boards ausgleichen kannst (4).
4. Strecke nun das vordere Bein durch, und verlagere dein Gewicht auf das hintere Bein (5).
5. Nimm Fahrt auf, und versuche einen Halbwindkurs zu fahren (6).

Übe den bisherigen Bewegungsablauf und das anschließende Geradeausfahren auf Halbwindkurs in beide Richtungen. Achte darauf, dass du in etwa auf der gleichen Höhe bleibst, also möglichst immer wieder von der gleichen Stelle in Ufernähe startest. Aufgrund der normalen Abdrift wirst du dafür gegebenenfalls immer mal wieder ein paar Meter am Strand entlang oder im flachen Wasser zurücklaufen müssen.
Übe auch, die Geschwindigkeit zu erhöhen und zu reduzieren. Spiele ein wenig mit der Ausrichtung des Wings.
Ähnlich wie beim Trockentraining entwickelst du damit noch mehr Gefühl für den Wing, sein Verhalten im Wind sowie die entsprechenden Auswirkungen auf Fahrtrichtung und Geschwindigkeit.
Achte darüber hinaus auf deine Körperhaltung, die Gewichtsverteilung auf den Beinen sowie die Stellung deiner Hüfte. Versuche auch damit zu spielen, indem du bewusste Veränderungen vornimmst. Dies sind wichtige Vorübungen für das Steuern und Lenken.

Bildserie 1–6: Aufstehen.

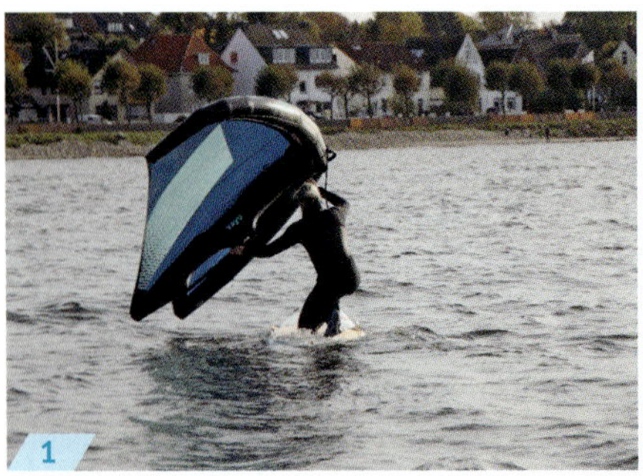
1

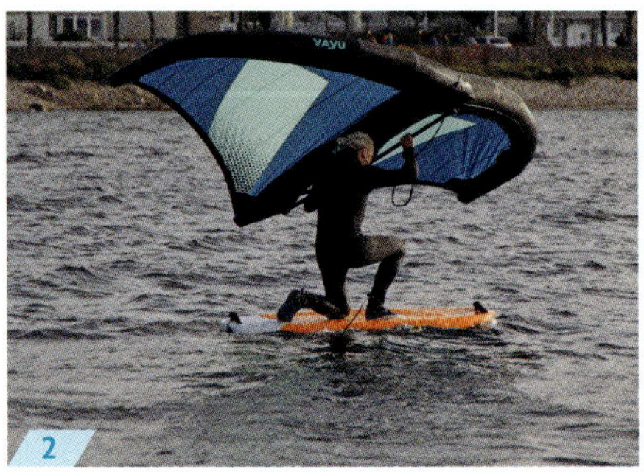
2

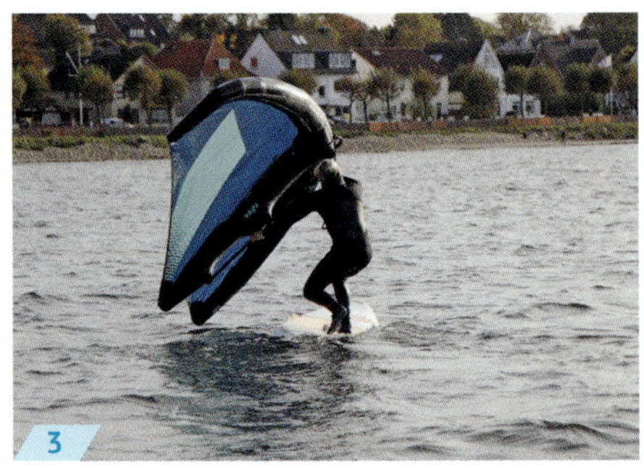
3

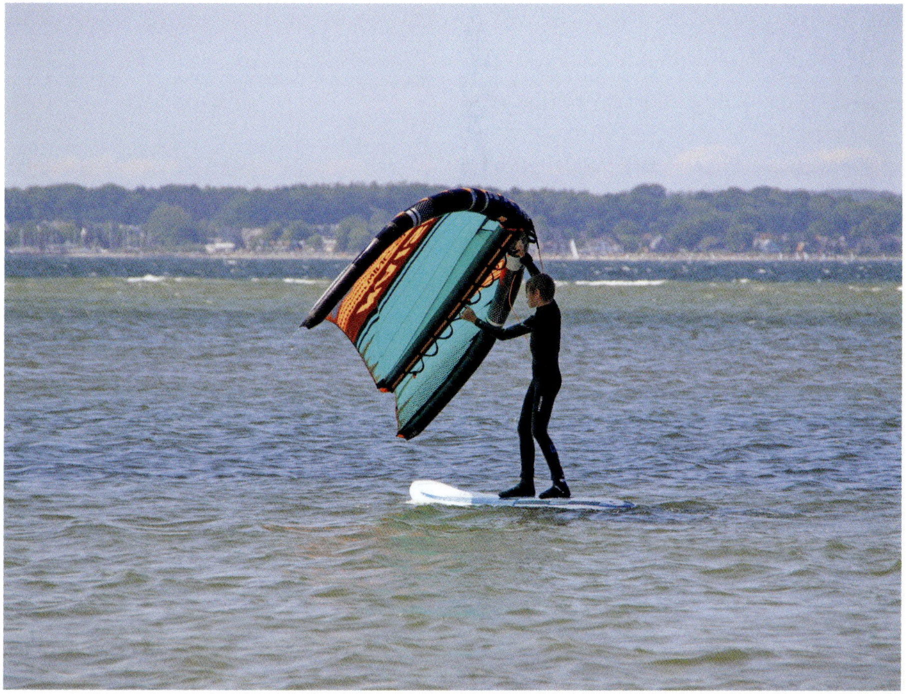

SUP-Wingen: Nach dem Aufstehen geht es häufig erst mal downwind.

!

SUP-Wingen: der Weg ins Wasser, Aufsteigen und Aufstehen.

Webcode: 3031

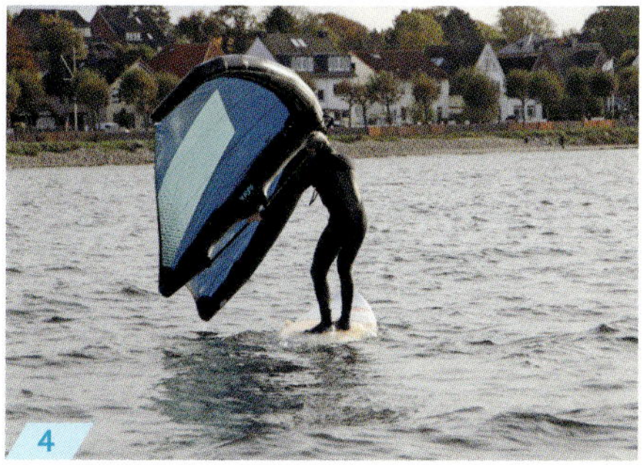

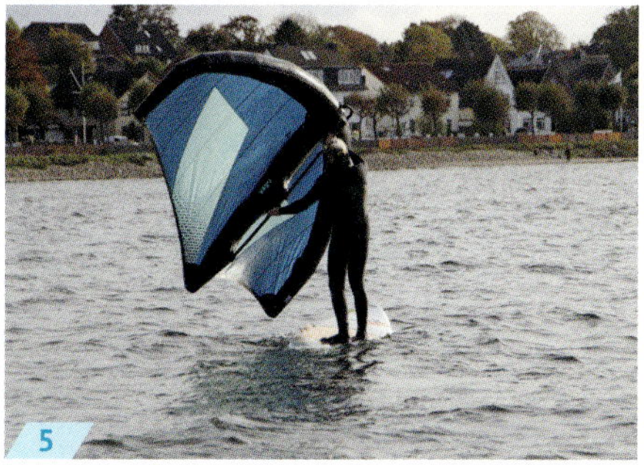

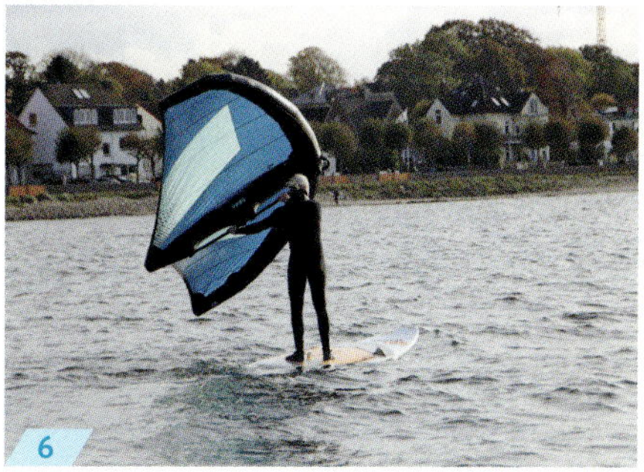

Steuern und Kurse fahren

Gelingt dir das Geradeausfahren auf Halbwindkurs einigermaßen sicher, versuche bewusst verschiedene Kurse zu fahren. Das tust du quasi automatisch, indem du ausgehend vom Halbwindkurs anluvst oder abfällst.

Besonders leicht fällt naturgemäß das Abfallen. Du kommst dann schnell in den am wenigsten anstrengenden Raumwindkurs. Folgende Bewegungen mit dem Wing unterstützen diese Kursänderung und das Abfallen:

- Halte den Wing seitlich, die Strut leicht nach oben zeigend. Bewege ihn nun weiter nach vorn. Der vordere Arm ist gestreckt, der hintere Arm gebeugt, die hintere Hand hält dicht.
- Alternativ: Öffne den Wing, und stelle ihn senkrechter. Die vordere Hand geht angewinkelt nach oben, die hintere Hand gestreckt nach unten.
- Die Standposition auf dem Board kann dabei zusätzlich leicht nach hinten verlagert werden.

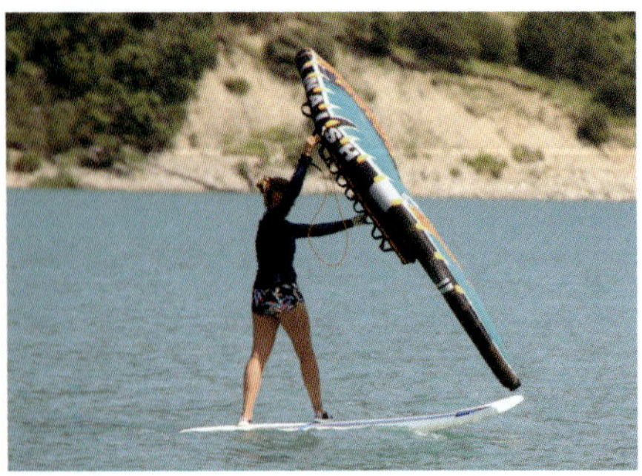

Abfallen in den Raumwindkurs.

- Außerdem sollte die Lee-Kante des Boards etwas mehr belastet werden. Weiteres Abfallen bringt dich in den Vorwindkurs. Der Wing bzw. die Strut kann dann senkrecht gestellt werden. Langsamer geht es, wenn du die hintere Hand loslässt und den Wing an der Neutral Handle nimmst, ihn auswehen lässt. Dies kann vorteilhaft sein, wenn du eine Pause einlegen oder dich bewusst downwind treiben lassen willst. Es ist auch eine gute Vorübung für das spätere Halse-Manöver. Durch die permanente Abdrift ist es wichtig, immer wieder Höhenverlust auszugleichen. Das Anluven und Steuern in den Amwindkurs ist daher eines der wichtigsten Manöver. Es sollte dementsprechend am intensivsten geübt werden.

Folgende Bewegungen sind für das Anluven durchzuführen:

- Halte den Wing waagerecht, und bewege ihn weiter nach hinten. Der vordere Arm ist dann leicht angewinkelt. Der hintere Arm wird nach hinten gestreckt und hält dicht.
- Die Standposition ist mittig auf dem Board, sodass du das Gewicht gut nach vorn oder hinten verlagern kannst.
- Zu Beginn des Anluvens sollte das Gewicht stärker auf das hintere Bein und damit den hinteren Teil des Boards verlagert werden.
- Später wird das Gewicht wieder stärker auf das vordere Bein verlagert. Gleichzeitig solltest du die Luv-Kante des Boards belasten.
- Schaue mit dem Kopf upwind in die Richtung, in die du fahren möchtest. Das unterstützt die übrige Körperhaltung.

Die zugehörigen Positionsänderungen des Wings sind weiter unten im ▶ Kapitel „Steuern und Lenken“ noch detaillierter beschrieben.

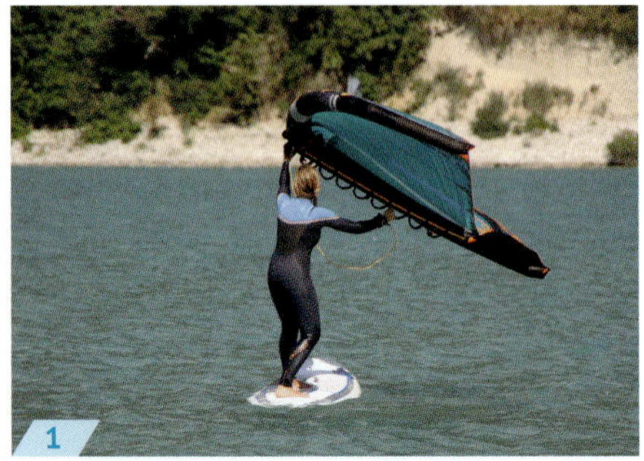

1

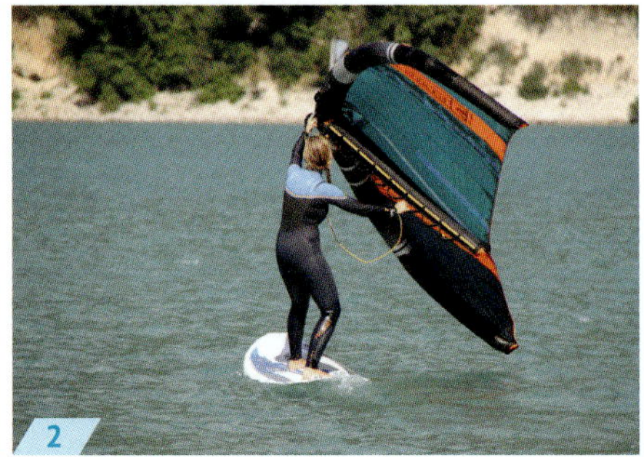

2

Bild 1 – 2: Anluven.

Manöver üben

Schließlich gilt es, auf dem SUP-Board die beiden Basismanöver zum Fahrtrichtungswechsel zu üben: Halse und Wende. Bei der Halse drehen wir uns mit dem Rücken bzw. dem Heck des Boards durch den Wind; bei der Wende mit der Brust bzw. Spitze des Boards.

Der Bewegungsablauf für die Halse beinhaltet die folgenden Schritte:

1. Lasse dich zunächst wie zuvor beschrieben aus dem Amwind- oder Halbwindkurs in den Raumwindkurs abfallen.
2. Öffne den Wing, und stelle die Strut schräg nach oben vor dir senkrecht. Die vordere Hand geht dafür angewinkelt nach oben, die hintere Hand gestreckt nach unten. Drehe gleichzeitig das Board, indem du es mit den Füßen herumdrückst. Die Füße kannst du alternativ in ihrer Position belassen oder parallel nebeneinander stellen – so wie man normalerweise auf einem SUP-Board steht.
3. Lass nun die hintere Hand los, und greife an die vordere Handschlaufe. Die andere Hand übergibt die Handschlaufe und lässt los.
4. Drücke das Board gleichzeitig mit den Füßen weiter herum.
5. Greife mit der freien Hand die hintere Schlaufe bzw. an den hinteren Bereich das Booms.

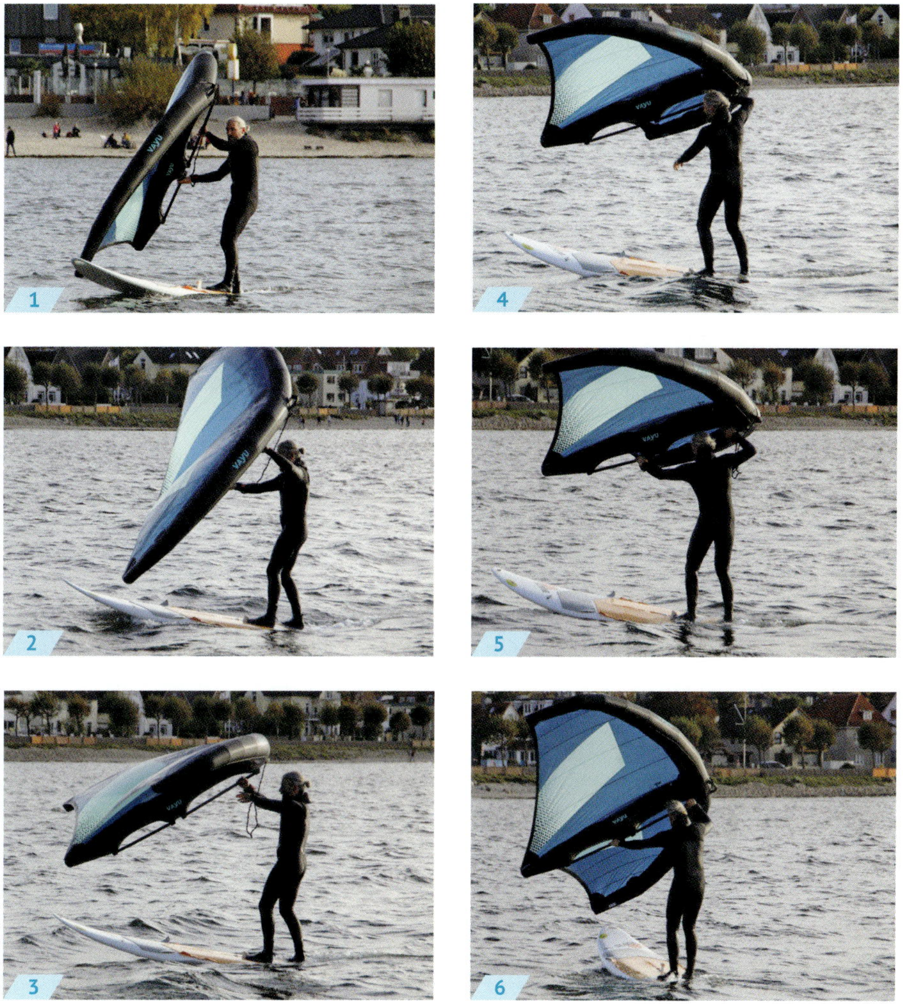

6. Passe schließlich die Fußposition an, sodass der nun luvseitige Fuß wieder vorne steht. Nimm Fahrt auf, und luve an, bis du wieder auf Halbwind- oder besser Amwindkurs fährst – nun in die entgegengesetzte Richtung.

Bildserie 1–6:
Manöver üben, Halse.

Nachteilig an der Halse ist, dass du dich bei diesem Manöver recht lange downwind bewegst und dabei viel Höhe verlierst. Das ist bei der Wende nicht der Fall. Dafür ist sie etwas schwerer umzusetzen.

Für die Wende sollte der folgende Bewegungsablauf geübt werden:

1. Versuche zunächst im Amwind- oder Halbwindkurs fahrend durch leichtes Abfallen etwas mehr Geschwindigkeit aufzunehmen.
2. Luv nun stark an, bis die Nase des Boards in den Wind zeigt. Für das Anluven bewegst du den Wing nach hinten und holst dicht. Gleichzeitig verlagerst du das Gewicht nach hinten und belastest die Luv-Kante des Boards. Mit den Füßen unterstützt du die Drehung des Boards.
3. Sobald die Nase des Boards in den Wind zeigt, lasse die hintere Hand am Wing los und bewege die vordere Hand nach oben über den Kopf. Der Wing steht nun über dir und dem Board nach hinten auswehend im Wind.
4. Greife mit der freien Hand an die vordere Schlaufe, und übergib diese aus der bisherigen Luv-Hand.
5. Drücke mit den Füßen das Board weiter herum, und greife mit der freien Hand an die hintere Schlaufe bzw. den hinteren Bereich am Boom.
6. Nimm den Wing herunter, und bringe ihn auf der neuen Lee-Seite in die Ausgangsposition.
7. Wechsle parallel dazu die Fußstellung, sodass der luvseitige Fuß wieder vorn steht.
8. Hole den Wing dicht, und nimm Fahrt auf. Richte dich auf den neuen Amwindkurs aus (8, 9).

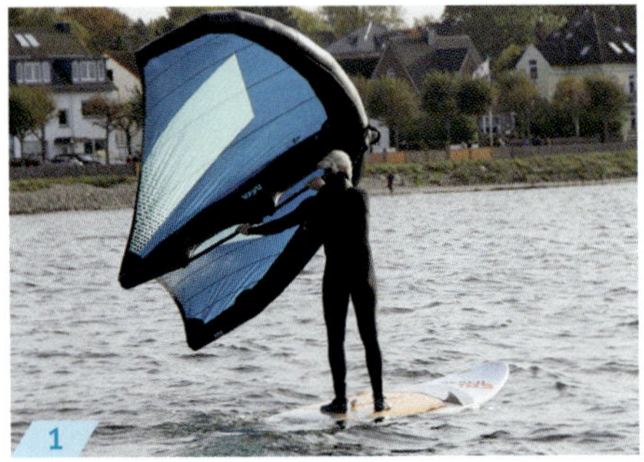
1

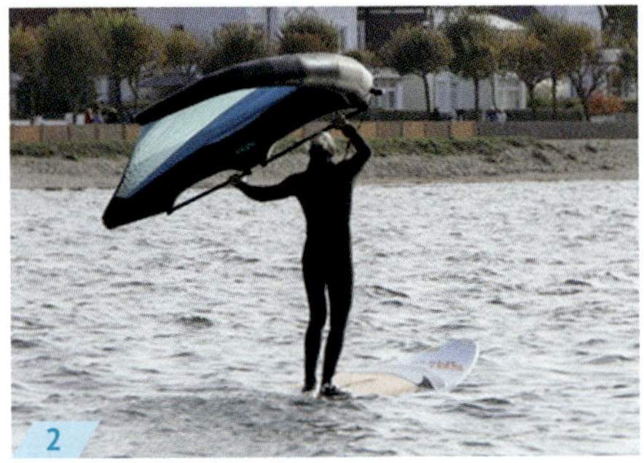
2

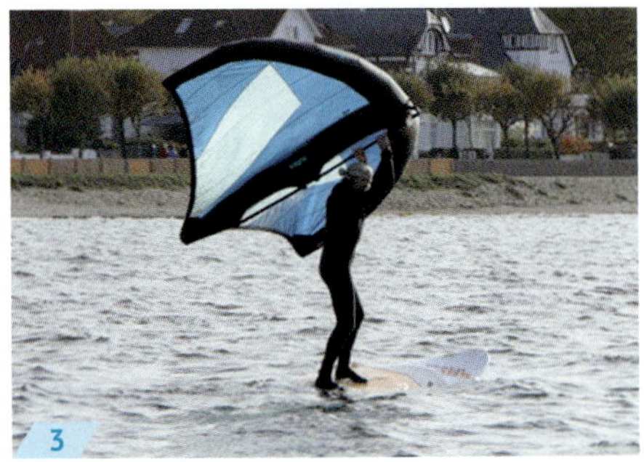
3

Bildserie 1–9:
Manöver üben, Wende.

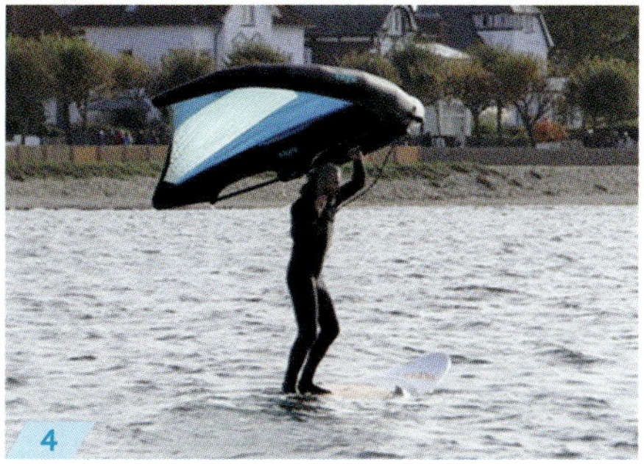
4

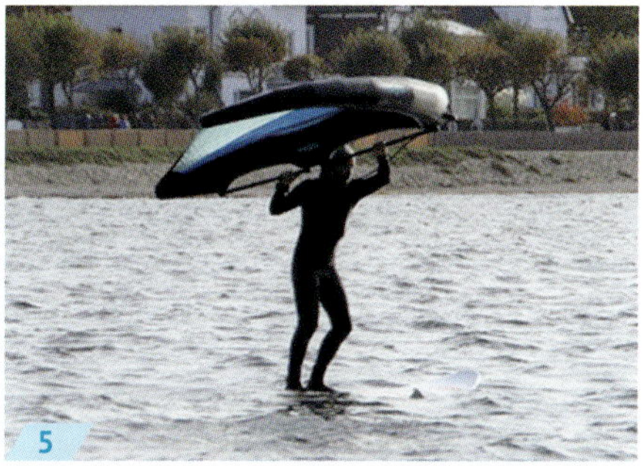
5

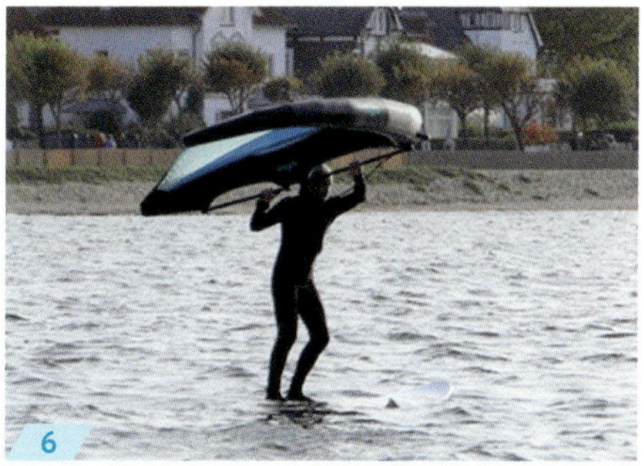
6

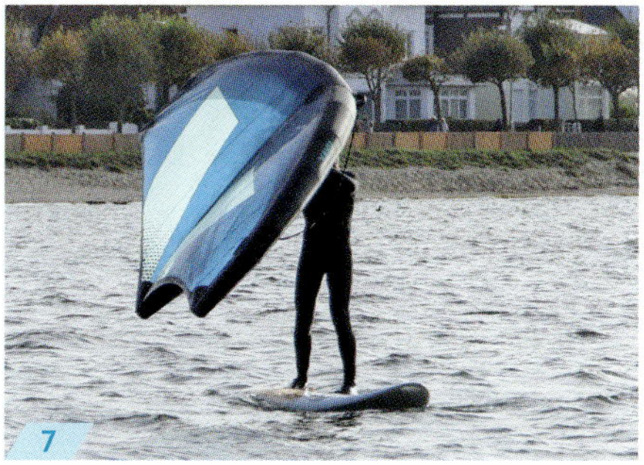
7

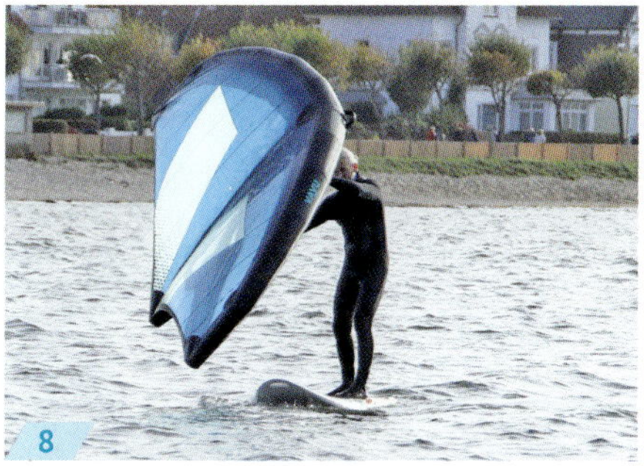
8

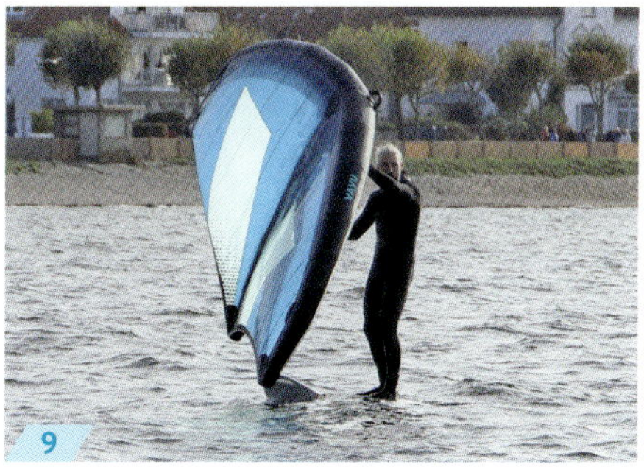
9

!

**SUP-Wingen:
Kurse und Manöver.**

Webcode: 3051

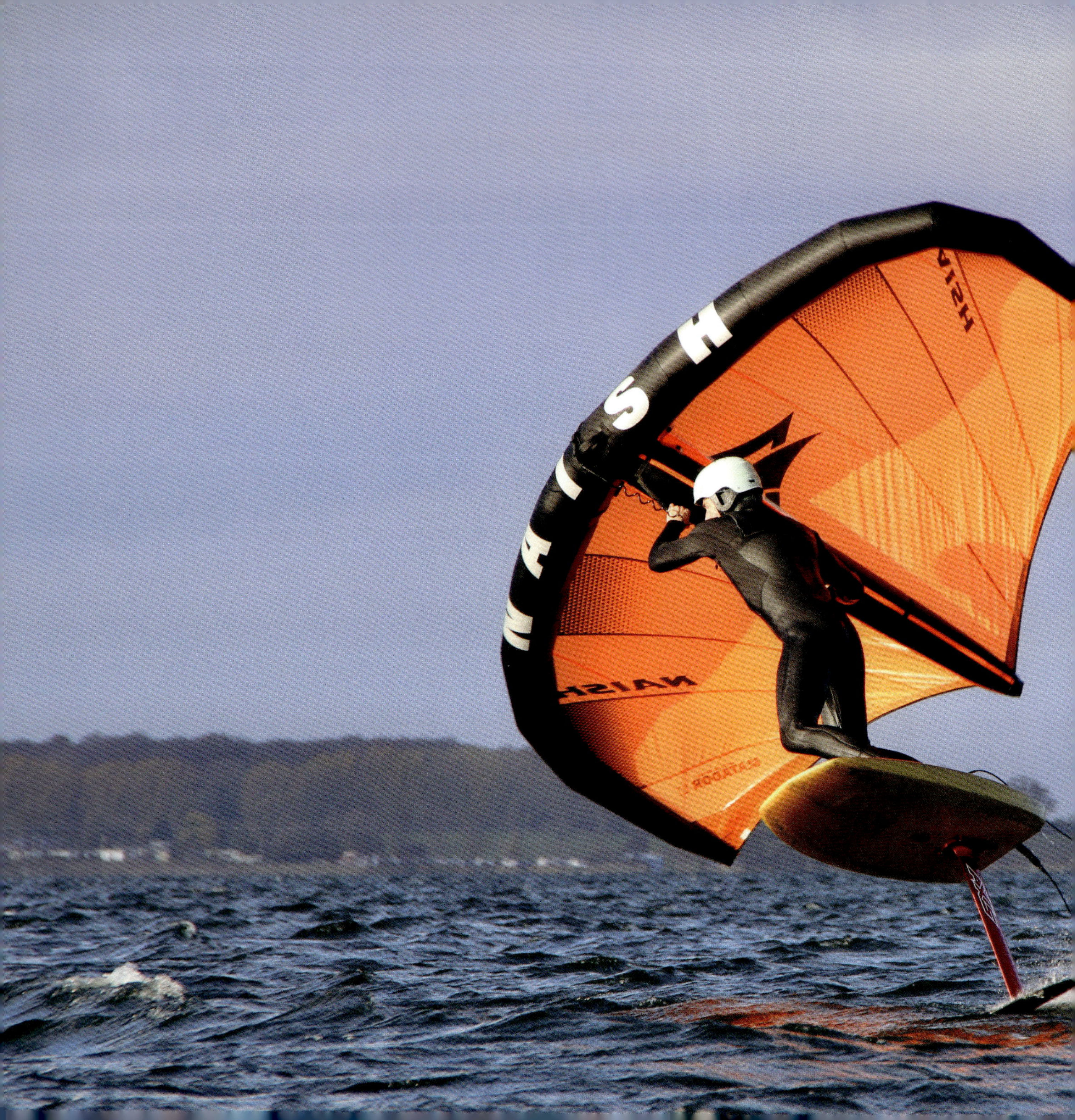
NAISH

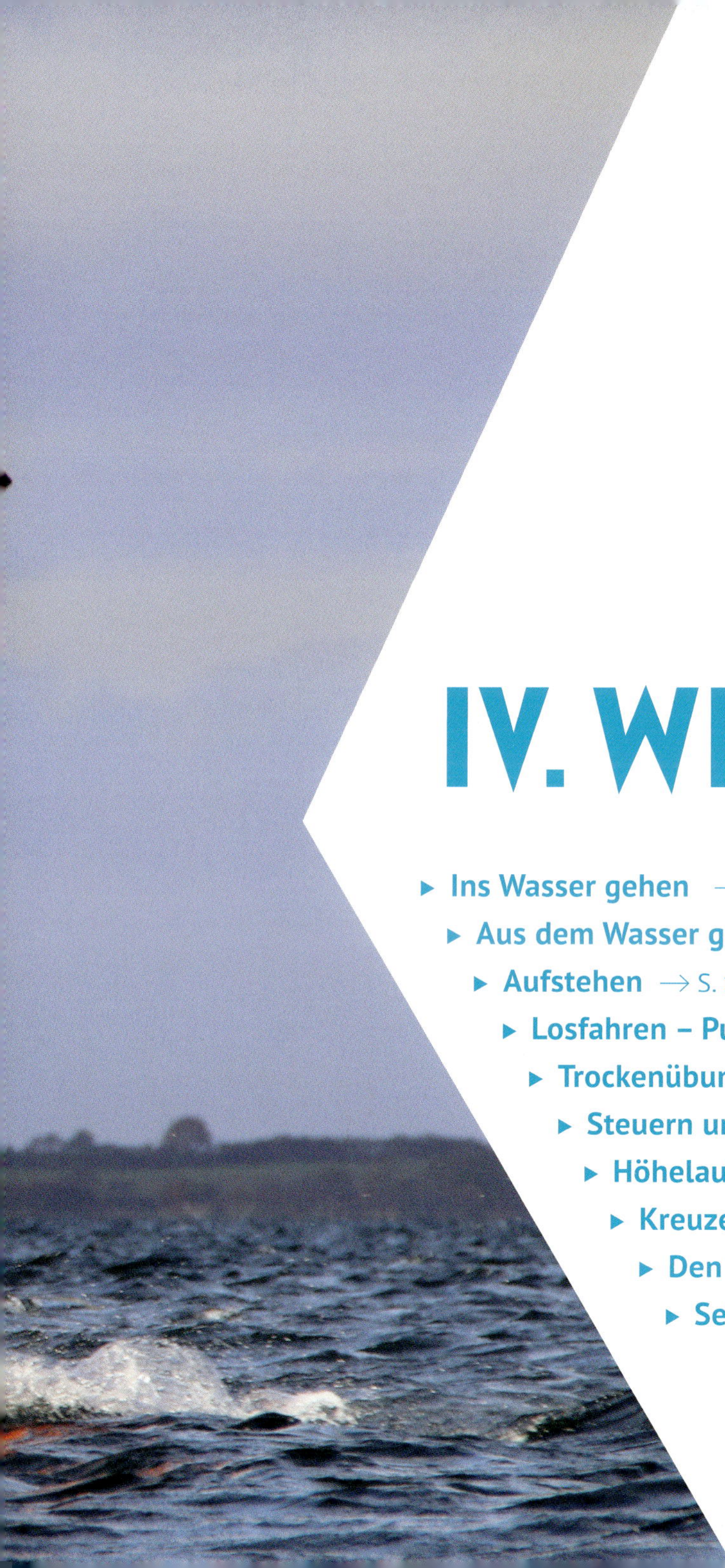

IV. WINGFOILEN

IV. Wingfoilen

Du beherrschst den Wing und fühlst dich sicher mit der Kombination aus SUP-Board und Wing? Dann kannst du den nächsten Schritt machen und mit dem Wingfoilen beginnen.

Sorge für die richtigen Bedingungen

Bevor du dich nun auf den Weg zum Strand und ins Wasser begibst, stelle sicher, dass du möglichst gute Bedingungen für deine ersten Sessions hast. Diese haben wir in dem ▶ Kapitel „Tipps und Regeln zur Sicherheit“ ausführlich beschrieben.

Hier sind die wichtigsten Punkte noch einmal zusammengefasst:

- Windstärke und Windgeschwindigkeit: nicht zu viel und nicht zu wenig! Optimal sind 4 bis 5 Windstärken bzw. 15 bis 18 Knoten.
- Windrichtung: unbedingt sideshore!
- Wasser: möglichst glatt, wenig Wellen. Ausreichend tief.
- Uferbereich und Strand: leicht zugänglich, viel Platz, möglichst wenig Steine und Gewächse. Möglichst flach, mit Sand- oder Kiesboden.
- Wing: je nach deiner Körpergröße und -gewicht vier bis sechs Quadratmeter.
- Board: Foilboard mit 100 bis 150 Liter Volumen.
- Foil: Frontflügel mit 1.800 bis 2.200 Quadratzentimeter Fläche, Mast 60 bis 75 Zentimeter Länge.
- Sicherheitsausrüstung: Helm, Prallschutzweste, Neoprenanzug, gegebenenfalls Schuhe und Handschuhe.

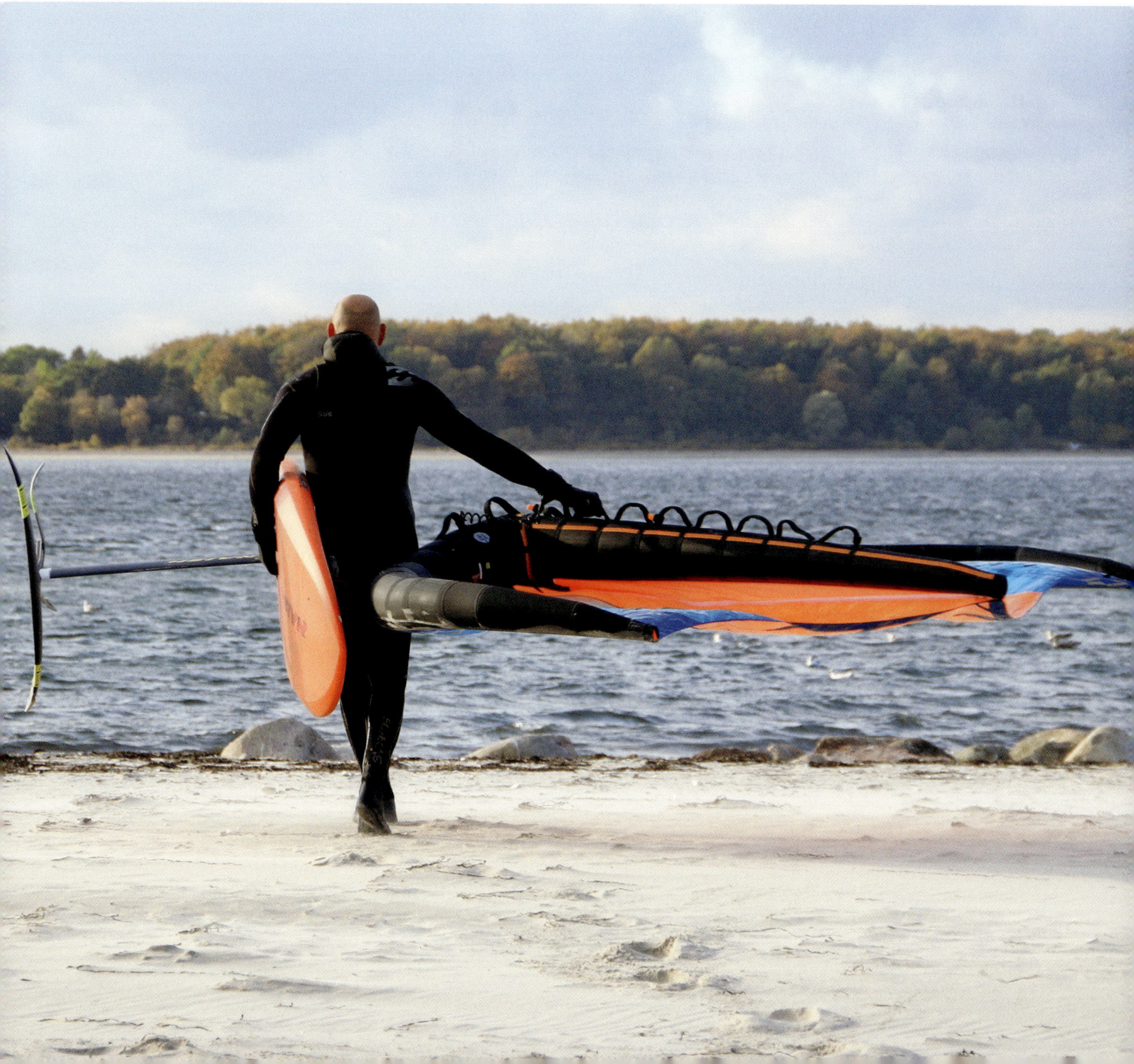

Ins Wasser gehen

Der Wing ist aufgepumpt, das Foil ist ans Board geschraubt. Die Trockenübungen hast du gemacht, und die ersten Erfahrungen beim Wingsurfen auf dem SUP-Board liegen hinter dir.
Dann ist es jetzt Zeit für die ersten Schritte mit dem Wingfoil-Material im Wasser.
Doch plötzlich erscheint alles ganz schön unhandlich. Wie soll man das Material sicher ins Wasser transportieren – vor allem wenn einem der Wind heftig um die Ohren bläst und der Wing sich schon ganz allein auf den Weg machen will? Als Einsteiger kann das schon herausfordernd sein.
Hier ein paar hilfreiche Tipps und Tricks für den Weg ins Wasser!

Transport zum und ins Wasser

Den Transport zum und ins Wasser gestaltest du am besten analog zu den Transporttechniken, die wir mit dem SUP-Board geübt haben:

1. Stelle sicher, dass der gegebenenfalls bereits aufgepumpte Wing gegen Wegfliegen und mögliche Beschädigungen gesichert ist.
2. Trage nun zunächst das Board mit dem angeschraubten Foil zum Wasser, und lege es möglichst dicht an der Wasserkante ab. Das Board sollte immer seitlich auf der Kante liegen. Boardspitze und Foil sollten dabei eher Richtung Luv zeigen. Aber so, dass das Board dem Wind möglichst wenig Angriffsfläche bietet. Achte darauf, dass andere Strandbesucher dadurch nicht behindert werden und das Board nicht durch Wellen weggespült werden kann (1).

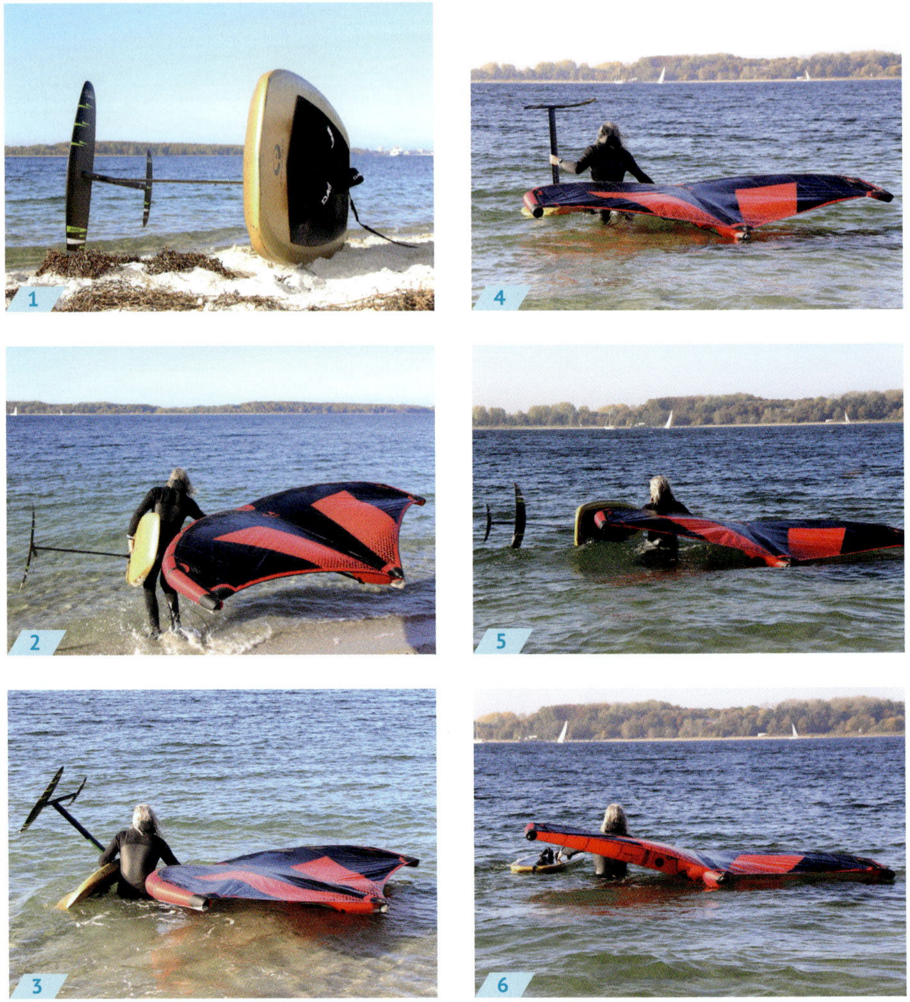

Bildserie 1–6: Transport ins Wasser.

3. Hole nun den Wing. Denke daran, dass du die Leash als Erstes mit deinem Handgelenk oder dem Bauchgurt verbindest.
4. Trage den Wing an der Neutral Handle auf der Lee-Seite in deiner Lee-Hand, zur Wasserkante.

5. Gehe leeseitig neben das Board. Befestige nun die Boardleash an deinem Körper – je nach Art der Leash an Bauch, Wade oder Knöchel. Sollte das nicht mit einer Hand funktionieren, kannst du den Wing auch ablegen. Achte dabei aber auf mögliche spitze Gegenstände (Steine, Glas, Äste).
6. Greife nun das Board mit der Luv-Hand, und trage es mindestens knietief ins Wasser (2).
7. Lege das Board kopfüber auf dem Wasser ab, sodass das Foil nach oben steht. Den Wing hältst du weiterhin in der Lee-Hand. Die Luv-Hand greift das Foil an der Fuselage und hält es mit dem Board zusammen auf der Luv-Seite (3–4).
8. Schiebe nun das Board so weit ins tiefere Wasser, dass das Foil frei schwimmen und nicht durch Kontakt mit dem Grund beschädigt werden kann. Drehe das Board herum, indem du das Foil in Richtung Luv herunterdrückst (5–6).

Für das Tragen des Boards mit nur einer Hand, zum Beispiel weil du in der anderen Hand den Wing hältst, gibt es drei Möglichkeiten:

1. Kopfüber, indem du es am Foil trägst. Dafür kann man den freien Arm unter dem Foil (Fuselage und Frontwing) einhaken. Das Board hängt dann kopfüber am Foil. Das ist nicht sehr komfortabel, aber sicher und für ein paar Meter gut machbar. Diese Tragetechnik bietet sich vor allem auch dann an, wenn das Board nicht über eine Griffmulde an der Unterseite verfügt.
2. Sofern das Board an der Unterseite über eine Griffmulde verfügt, kannst du es alternativ seitlich am Körper tragen. Das Foil steht dann von dir weg in Windrichtung, und der Wing schwebt auf der anderen Seite.
3. Für längere Distanzen ist es sinnvoll, das Board mit dem Foil über die Schulter zu legen. Dabei ist das Gewicht gut verteilt, und man hat etwas mehr Flexibilität mit den Armen und Händen.

Transport und Fortbewegung im Wasser

Im Wasser angekommen, musst du in der Regel noch ein mehr oder weniger großes Stück gehen, um ausreichend Tiefe für das Board mit Foil zu haben. Die beste Technik hierfür ist es, wenn du das Board auf den Kopf stellst und es seitlich auf der Luv-Seite schwimmend vor bzw. neben dir her schiebst. Den Wing trägst du – gegebenenfalls ebenfalls kopfüber – auf der anderen, windabgewandten Seite, die Hand an der Neutral Handle. Sei dabei sehr vorsichtig! Dein Kopf und der Wing sind durch das Foil gefährdet – vor allem bei stärkerem Wellengang.

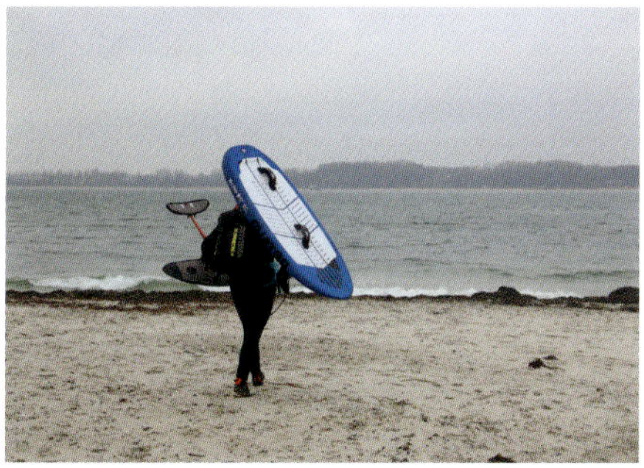

◄

Für längere Distanzen:
Board mit Foil über der Schulter tragen.

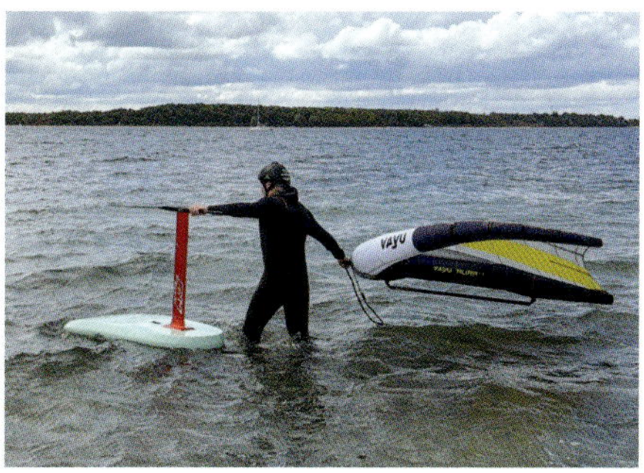

Fortbewegung im Wasser.

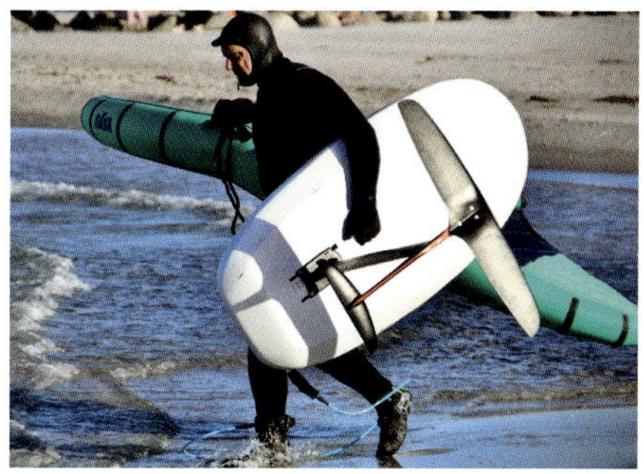

Das Board mit Foil in Luv – den Wing in Lee. ▼

Aus dem Wasser gehen

Die zuvor beschriebenen Techniken funktionieren in umgekehrter Reihenfolge auch auf dem Weg aus dem Wasser heraus:

1. Fahre auf dem Board stehend Richtung Ufer.
2. Reduziere rechtzeitig die Geschwindigkeit durch Öffnen bzw. Depowern des Wings. Greife schließlich den Wing mit der Lee-Hand an der Neutral Handle und lasse ihn auswehen.
3. Sobald es flacher wird, gehe auf die Knie und steige rechtzeitig vom Board ab, bevor das Foil auf Grund läuft. Tue dies gegebenenfalls lieber früher und schwimme noch ein Stück. Solltest du den Wing im Schritt 2 nicht zur Seite genommen haben, kannst du dich auch seitlich ins Wasser fallen lassen.
4. Sobald du dich etwa in Brusttiefe befindest und sicher stehen kannst, stelle sicher, dass sich das Board auf der Luv-Seite befindet. Den Wing hältst du leeseitig und lässt ihn an der Neutral Handle auswehen. Drehe das Foil nach oben, indem du die gegenüberliegende Boardkante nach oben und zu dir ziehst. Das Board schwimmt nun wieder kopfüber, und das Foil steht nach oben.
5. Greife mit der Luv-Hand an den Mast oder an die Fuselage, und schiebe das Board Richtung Ufer. Den Wing trägst du weiterhin auf der Lee-Seite.
6. Im knietiefen Wasser angekommen, musst du umgreifen und das Board tragen. Verfügt das Board über eine Griffmulde an der Unterseite, greifst du in diese hinein und hebst das Board an. Alternativ kannst du auch die andere Tragetechnik verwenden, indem du den freien Arm unter Fuselage und Frontflügel des Foils klemmst.
7. Gehe nun an Land, das Board mit Foil auf der Luv-Seite, den Wing auf der Lee-Seite tragend. An Land angekommen, lege das Board ab. Wie schon beschrieben, sollte das Board immer seitlich auf der Kante liegen. Und zwar so, dass das Board dem Wind möglichst wenig Angriffsfläche bietet. Löse die Boardleash von deinem Bein oder dem Bauchgurt.

Den Wing kannst du gegebenenfalls weiter tragen, um ihn an einer geeigneten Stelle zum Trocknen und Zusammenpacken abzulegen. Vergiss nicht, ihn dort gegen Wegfliegen zu sichern! Löse die Leash erst, wenn du am Zielpunkt angekommen bist, und befestige sie an einem feststehenden Objekt (Zaunpfahl, Pfosten, Bank etc.).

Natürlich kannst du den Wing auch direkt bei dem Board ablegen. Die Wingleash sollte dann am Board (Foilmast, Fußschlaufen) befestigt werden. Stelle sicher, dass das Board auf der Luv-Seite und der Wing auf der Lee-Seite liegt.

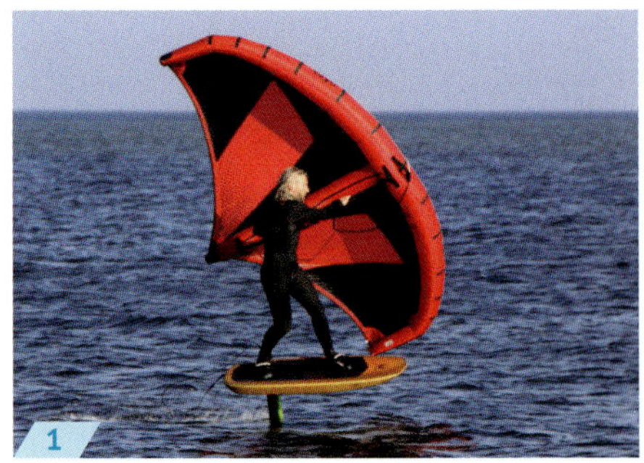

Bildserie 1–10:
Aus dem Wasser gehen.

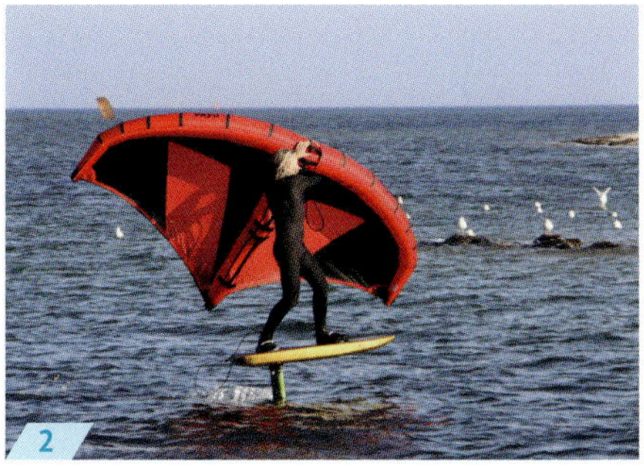
2

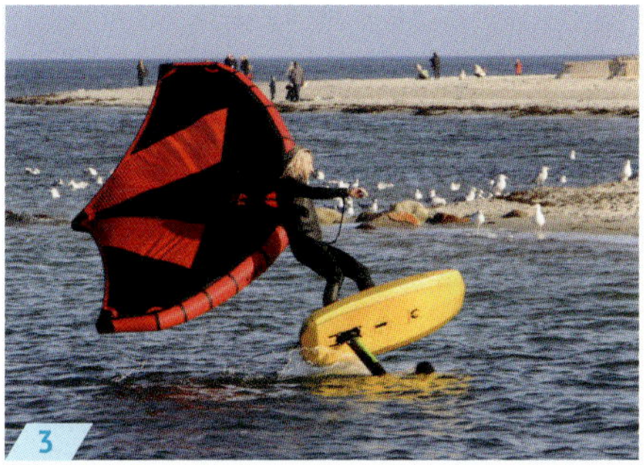
3

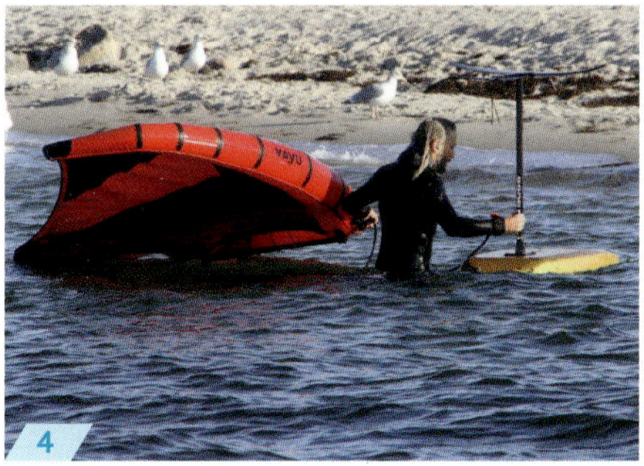
4

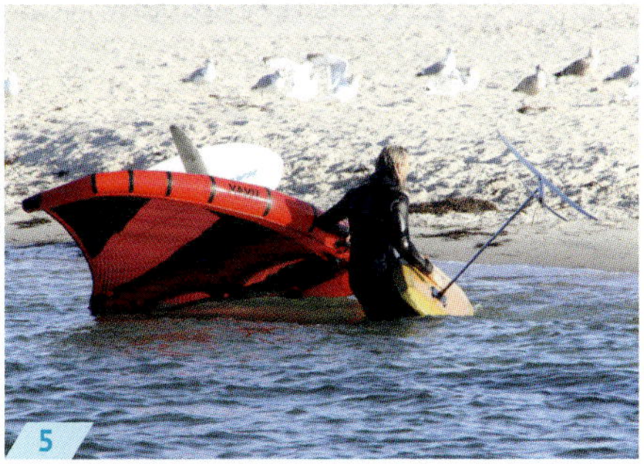
5

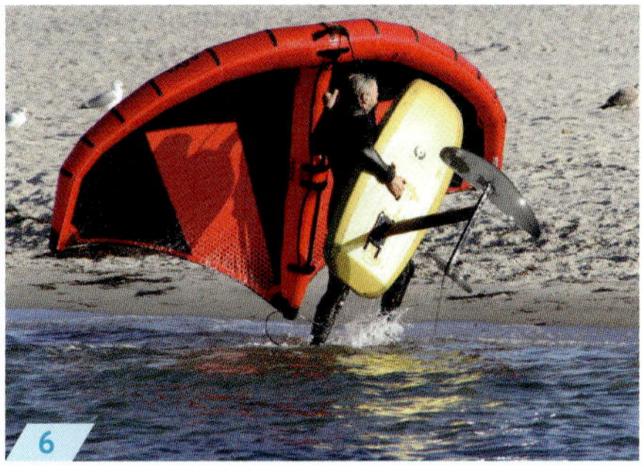
6

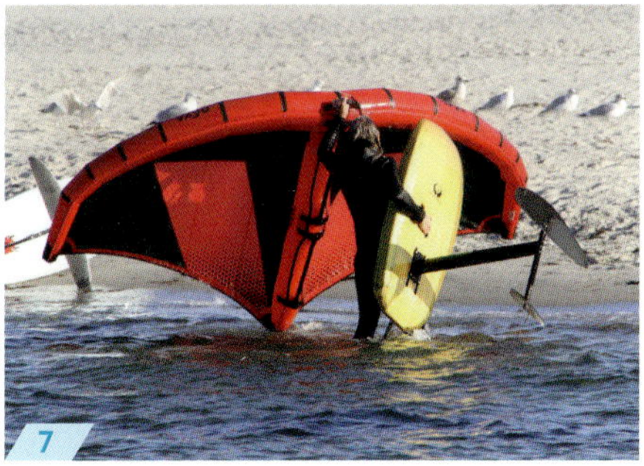
7

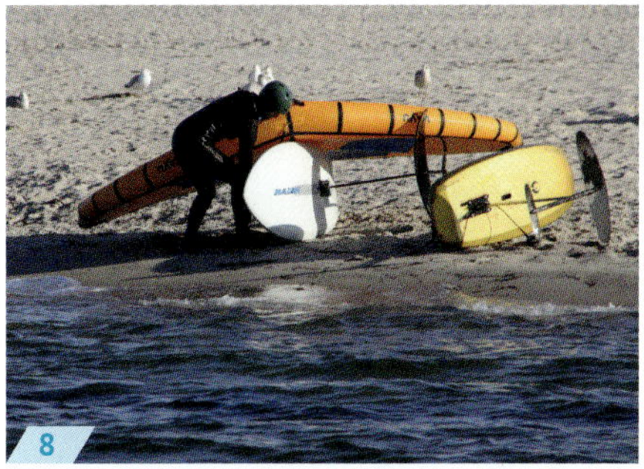
8

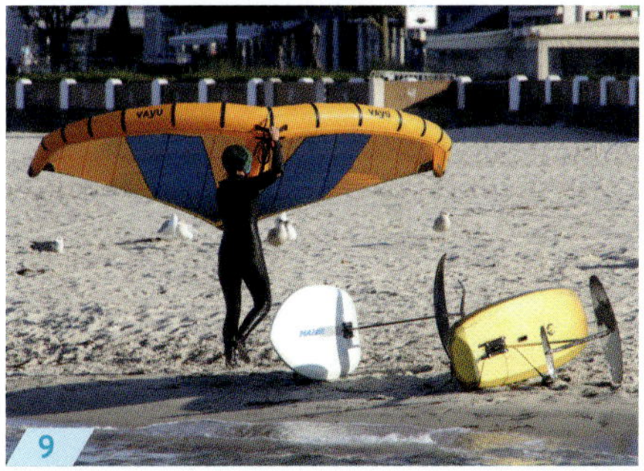
9

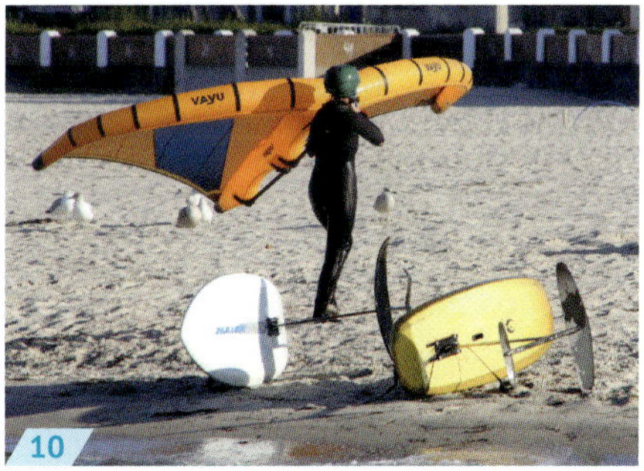
10

!

Wingfoilen: sicherer Transport des Materials ins und im Wasser.

Webcode: 4021

Aufstehen

Der erste Schritt für ein erfolgreiches Wingsurfen ist das Aufstehen auf dem Board. Zumeist ist es zu windig und zu wellig, um sich einfach auf das im Wasser liegende Board zu stellen und dann loszufahren. Vor allem wenn das Board nicht allzu viel Volumen hat, sollte zunächst in kniender Position gestartet und Fahrt aufgenommen werden, damit sich das Board stabilisiert. Für das eigentliche Aufstehen gibt es leicht voneinander abweichende Techniken, von denen sich die hier beschriebene zumeist durchgesetzt zu haben scheint. Sie entspricht der Technik, die wir bereits beim Trockentraining sowie beim Wingsurfen mit dem SUP beschrieben haben. Grundprinzip: Du stehst nachher seitlich auf dem Board, den Körper leicht gedreht, und schaust in Fahrtrichtung. Die vordere Schulter zeigt in die Richtung, aus der der Wind kommt. Der Wing befindet sich in der Normal- oder Ausgangsposition – dein vorderer Arm ist schräg nach oben gestreckt und hält die vordere Kante des Wings in Windrichtung.

Wie kommst du dahin?
Hier die meistverbreitete Technik für das Aufstehen:

1. Auf das Board krabbeln

Auf das Board zu kommen ist besonders bei stärkerem Wind und höheren bzw. kabbeligen Wellen für viele schon eine erste größere Herausforderung. Leichter wird's, wenn du das Board auf die Lee-Seite drehst und mit dem Rücken zur Windrichtung seitlich auf das Board steigst. Ansonsten wird man leicht von Wind und Welle wieder abgeworfen. Es hilft, sich beim Aufsteigen auf der Fronttube des Wings abzustützen.

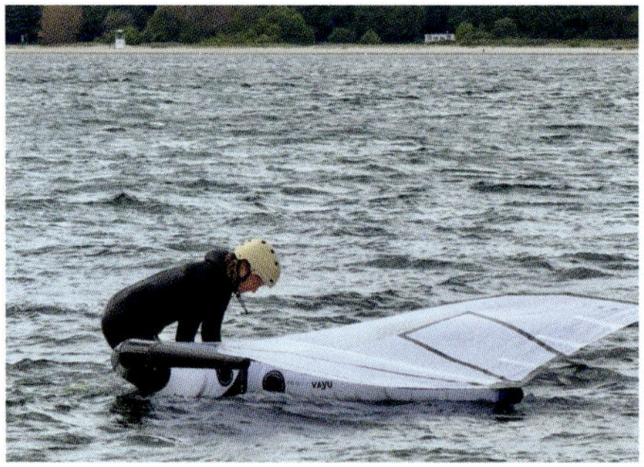

2. Hinknien und Ausbalancieren

Auf dem Board angekommen, kniest du dich mittig in Fahrtrichtung hin und balancierst dich aus. Auch hier kann die Fronttube des Wings helfen, in eine stabile Position zu kommen. Ist dies nicht erforderlich, lass den Wing los. Er kann an der Leash gesichert auswehen.

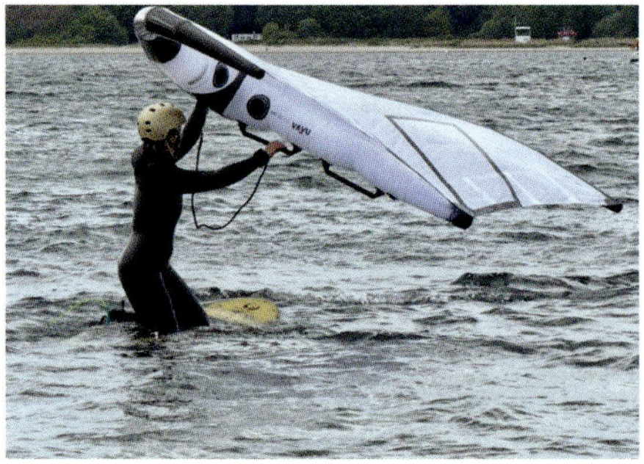

▶ **Voraussetzung für das Aufstehen:** sicheres Knien auf dem Board.

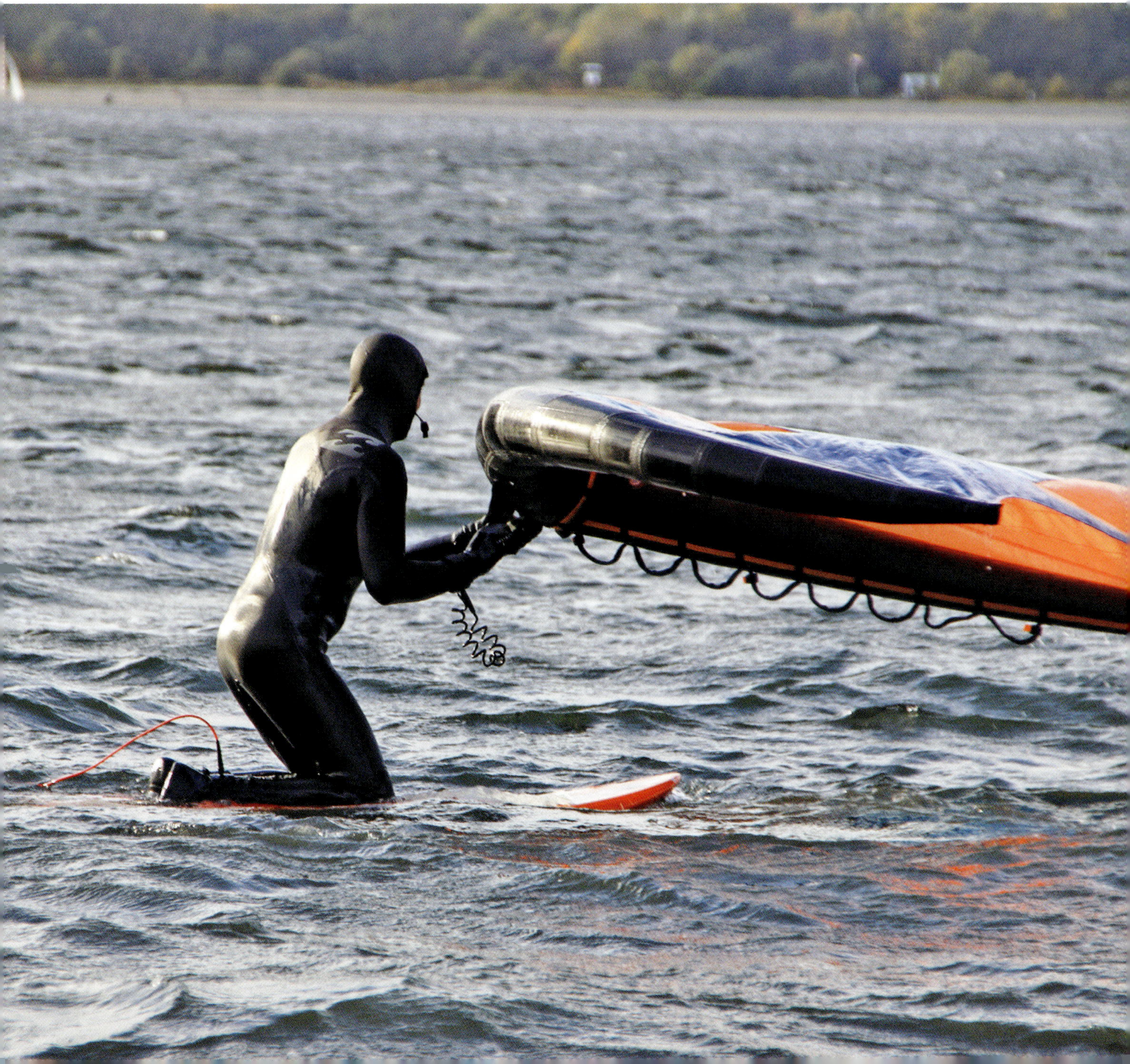

3. Wing heranziehen, drehen und ausrichten

Nun ziehst du den Wing gegebenenfalls an der Leash zu dir heran. Das Board dreht sich dabei automatisch mit dem Heck in den Wind, sodass du mit dem Rücken im Wind in Richtung Lee schaust (1). Greife den Wing mit der Lee-Hand an der Neutral Handle, und lasse ihn auswehen.

Sollte der Wing auf dem Rücken liegen, musst du ihn zunächst drehen. Tipps dafür findest du weiter hinten im ▶ Kapitel „Den Wing beherrschen".

Um zu wissen, welche Hand die Lee-Hand ist, solltest du dich zuvor entschieden haben, in welche Richtung du fahren möchtest.

Ziehe nun den Wing an der Neutral Handle heran, und hebe ihn mit der Lee-Hand nach oben über den Kopf. Führe nun den Kreuzgriff durch. Greife dafür mit der Luv-Hand die vorderste Handschlaufe an der Strut (Mitteltube) bzw. den vorderen Teil des Booms.

Lasse die Neutral Handle los, und führe den Wing mit der anderen Hand an der vorderen Schlaufe nach vorn oben, oberhalb des Kopfes. Greife nun mit der neuen Lee-Hand an eine der hinteren Handschlaufen bzw. an den hinteren Bereich des Booms. Sobald du beide Hände am Wing hast, strecke den vorderen Arm noch etwas mehr nach oben und vorn. Im Ergebnis hältst du den Wing nun schräg über dem Kopf in der Ausgangs- oder Normalstellung (2).

Zusammen mit dem Board drehst du dich im Verlauf der Bewegungen quasi automatisch auf Halbwindkurs (Wind kommt von der Seite) (3). Es baut sich Druck im Wing auf, und du nimmst Fahrt auf. Richte dich weiter aus, und versuche etwas anzuluven, um auf einen Amwindkurs zu kommen. Der Wind sollte nun von schräg vorn kommen (4).

4. Vorderen Fuß aufstellen

Fahre ein Stück auf dem Board kniend im Amwindkurs. Finde deine Balance. Hebe den Wing leicht an, um etwas mehr Auftrieb und Unterstützung beim Aufstehen zu bekommen. Stelle dann den luvseitigen Fuß auf. Der Fuß sollte neben der längsseitigen Mittellinie des Boards in etwa im 40-Grad-Winkel positioniert sein (5). Wenn dein Board über Schlaufen verfügt, sind diese entsprechend positioniert, und der Fuß sollte darin platziert werden.

5. Aufstehen

Positioniere den hinteren Fuß möglichst mittig zur Längsachse und kurz vor dem hinteren Ende des Boards vor dem Foilmast bzw. oberhalb davon. Dann stehst du auf, indem du dich mit dem hinteren Bein nach oben drückst, aber beide Beine möglichst gleich belastest. Du solltest jetzt leicht schräg etwa hüftbreit auf beiden Beinen stehen (6). Nun balancierst du Board und Wing aus und nimmst weiter Fahrt auf. Halte die Knie zunächst leicht gebeugt, sodass du die Wellenbewegungen des Boards ausgleichen kannst.

Strecke das vordere Bein etwas mehr durch, und verlagere dein Gewicht auf das hintere Bein (7).

Gehe auf Amwindkurs, und nimm weiter Fahrt auf.

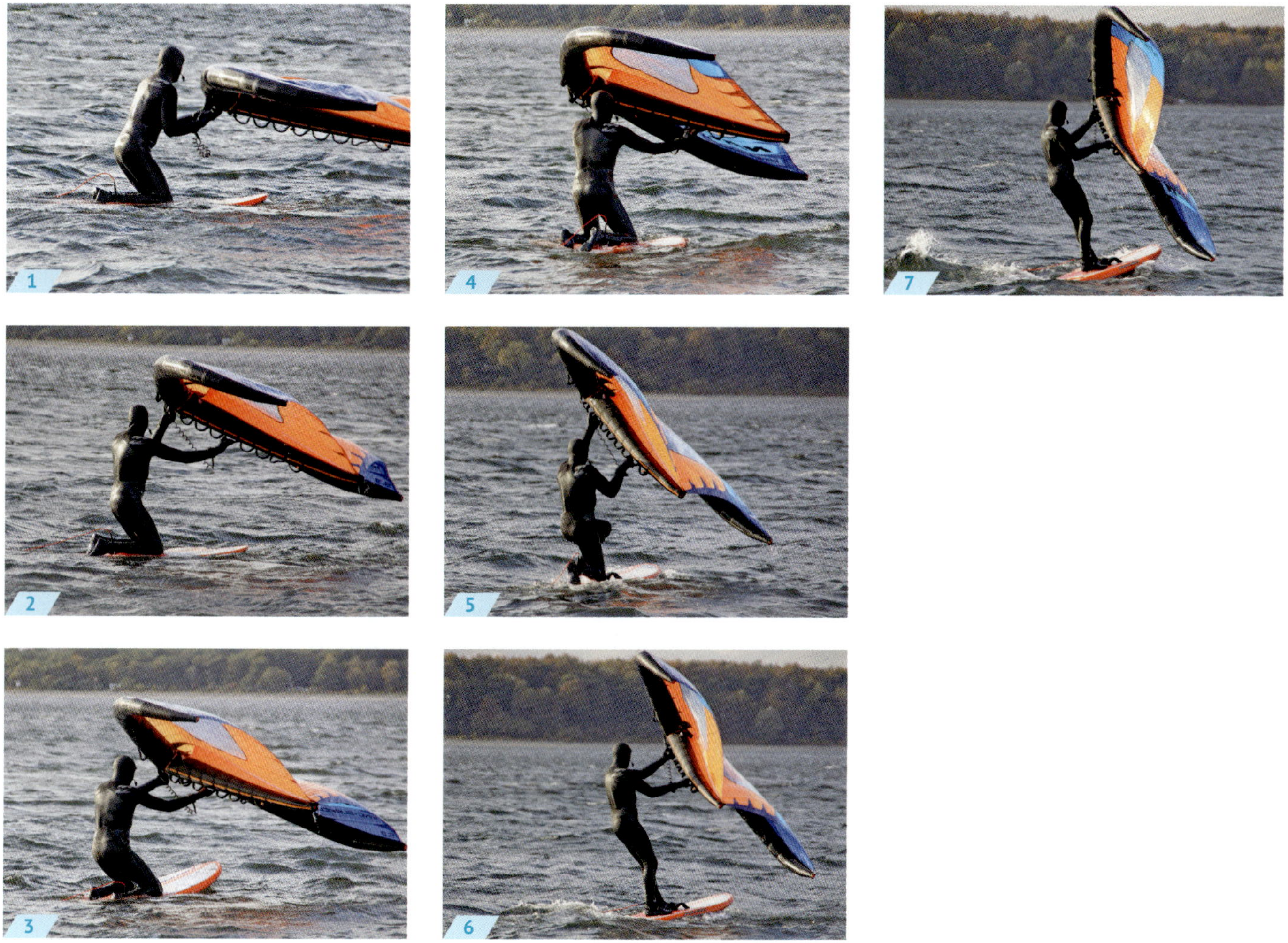

Bildserie 1–7: Aufstehen.

Losfahren – Pumpen und Starten

Ist das Aufstehen gelungen, fährst du ähnlich wie auf dem SUP-Board zunächst in Verdrängerfahrt. Nun gilt es, aufs Foil und ins Fliegen zu kommen.

Hier gibt es zwei Möglichkeiten:
1. Hast du genügend Wind und bist eventuell sogar leicht überpowert, sollte der einfache Start gelingen.
2. Ist der Wind etwas zu schwach bzw. bist du eher unterpowert, gelingt der einfache Start nicht ohne Weiteres. Du solltest dich dann einer Pumptechnik bedienen, die dir hilft, aufs Foil zu kommen.

Einfacher Start bei ausreichend Wind

Nach dem Aufstehen und sobald du eine sichere Position eingenommen hast, nimmst du weiter Fahrt auf.
Strecke das vordere Bein etwas mehr durch, und verlagere dein Gewicht auf das hintere Bein. Hole den Wing dicht, gehe auf Amwindkurs, und nimm weiter Fahrt auf.
Ist der Wind relativ stark, reicht es häufig, einfach in dieser Position zu warten und gegebenenfalls durch leichtes Abfallen die Geschwindigkeit zu erhöhen. Ins Fliegen kommst du dann fast von allein. Wichtig ist, dass du dein Gewicht nach hinten verlagerst und den hinteren Fuß belastest. Wie beim Starten eines Flugzeuges, sollen so die Flügel des Foils unter deinem Board aktiviert werden. Klappt es nicht gleich, solltest du wieder etwas anluven und dich auf dem Board stabilisieren. Beobachte das Wasser, und warte auf eine Windbö. Halte die Arme gestreckt. Sobald dich dunkle Kräuselungen auf dem Wasser erreichen, lässt du dich wieder leicht abfallen, belastest den hinteren Fuss und ziehst den Wing zu dir heran.

Starthilfe: Pumptechniken

Reicht der Grundwind nicht aus und kommst du mit der zuvor beschriebenen Technik nicht aus dem Wasser, kannst du zusätzlich Pumptechniken anwenden. Diese sind etwas anspruchsvoller und erfordern Übung. Das Ziel ist es, punktuell mehr Vortrieb zu erzeugen und damit das Foil schneller zu aktivieren. Es lassen sich verschiedene Pumptechniken unterscheiden. Zum einen gibt es die bereits beim Trockentraining beschriebenen Pumptechniken mit dem Wing: das Fächerpumpen und das Kurbelpumpen. Darüber hinaus hast du die Möglichkeit, unterstützend das Pumpen mit dem Board einzusetzen.

Pumpen mit dem Wing

Am effektivsten ist es natürlich, Wing- und Board-Pumptechniken kombiniert einzusetzen. Den meisten gelingt das allerdings erst mit sehr viel Übung, weshalb du dich zunächst auf das Pumpen mit dem Wing konzentrieren solltest:
1. Fahre auf Amwind- oder Halbwindkurs.
2. Warte auf eine stärkere Bö. Halte dabei den Wing oben, die Arme gestreckt.
3. Sobald die Bö dich erreicht, spürst du den stärkeren Druck im Wing. Falle auf Raumwindkurs ab und belaste den hinteren Fuß.
4. Starte nun das Fächerpumpen mit dem Wing: Ziehe dafür den Wing mit der Powerhand in rhythmischen Bewegungen wie einen Fächer kontinuierlich zu dir heran. Du wedelst quasi Luft nach hinten.
5. Ist das nicht ausreichend, solltest du zum Kurbelpumpen übergehen: Drücke dafür den Wing nach oben von dir weg, und ziehe ihn nach unten gehend heran – so als ob du mit beiden Händen an einer großen Kurbel drehst.

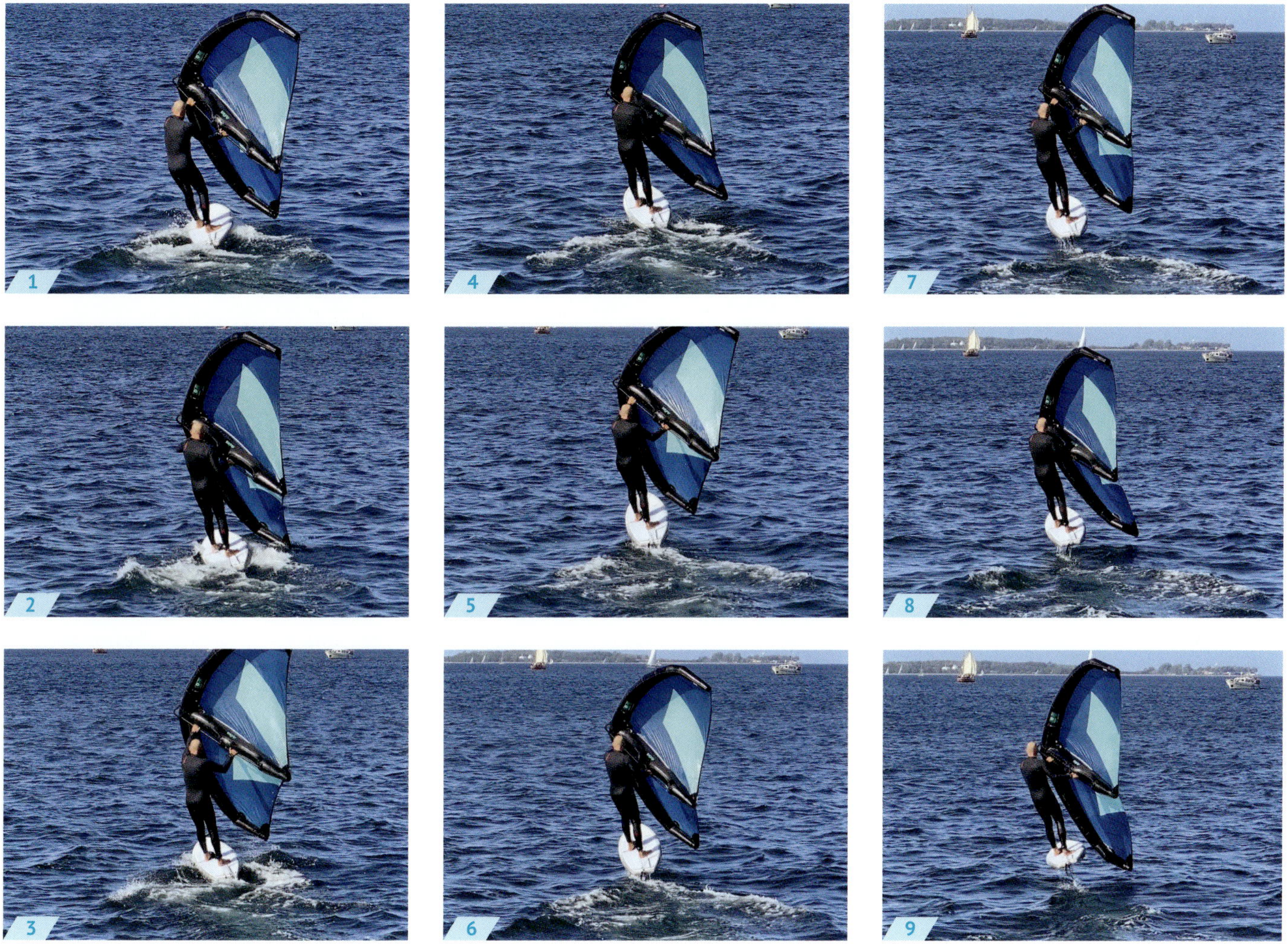

Bildserie 1–9:
Starten bei ausreichendem Wind.

Pumpen mit dem Board

Sofern dir das Kurbelpumpen gelingt, du aber dennoch nicht genügend Geschwindigkeit zum Abheben erzeugst, kannst du ergänzend die Pumptechnik mit dem Board einsetzen:

1. Pumpe weiter mit dem Wing.
2. Ziehe beim Herab- bzw. Heranziehen des Wings gleichzeitig die Knie an. Damit nimmst du Gewicht vom Board und unterstützt die Beschleunigung bzw. die leichtere Aktivierung des Foils.
3. Perfekt ist es, wenn du zudem beim Heranziehen des Wings und der Knie gleichzeitig den hinteren Fuß etwas mehr belastest. Umgekehrt sollte der vordere Fuß stärker belastet werden, wenn du den Wing nach oben von dir weg bewegst. Das Board sollte in eine wellenförmige Bewegung gebracht werden – ähnlich wie bei einem Delphin, der sich wellenförmig an der Wasseroberfläche fortbewegt.

Optimal ist es, wenn das Ganze in eine fortlaufende, in sich abgestimmte, harmonische Bewegung übergeht. Leider ist das sehr anspruchsvoll!
Konzentriere dich deshalb zunächst auf das Pumpen mit dem Wing. Klappt die Bewegung, kannst du zudem – zeitgleich zu dem Heranziehen der Arme – die Knie anheben und die ergänzenden Bewegungen versuchen.

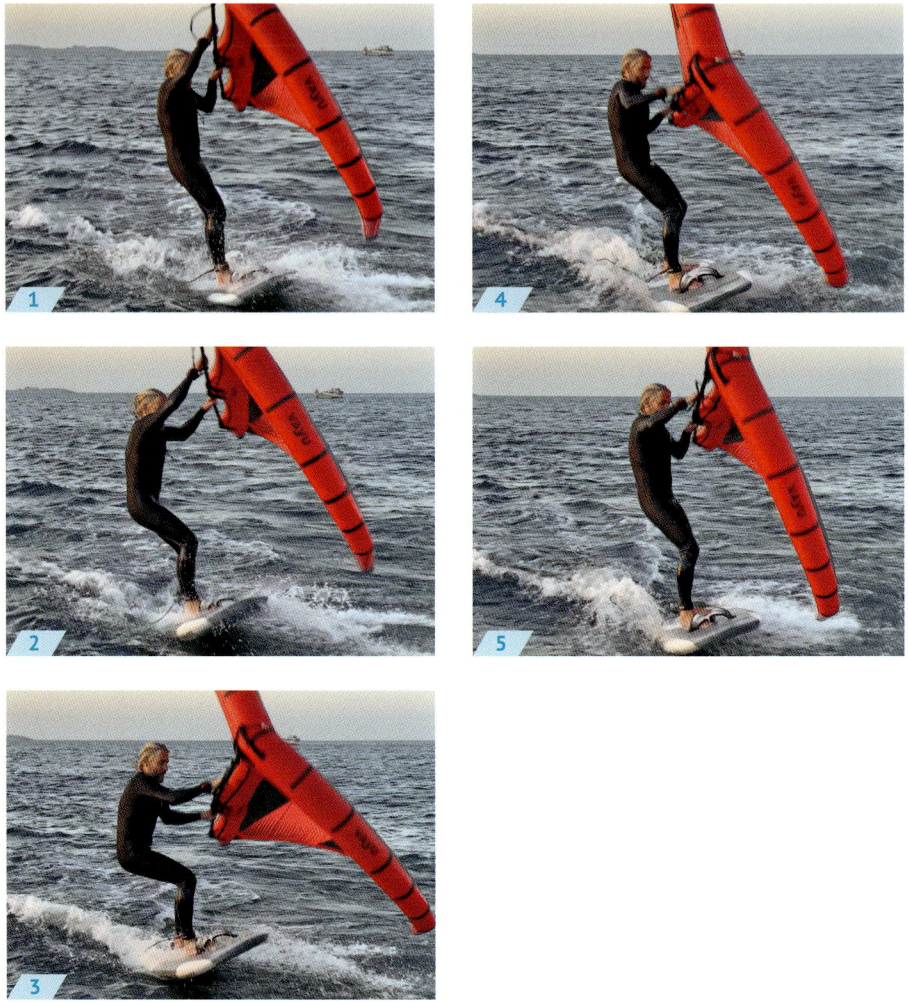

Bildserie 1–5:
Starthilfe, Pumpen bei weniger Wind.

Nach dem Start: vorderen Fuß belasten, ausbalancieren, anluven

Sobald du mit dem Board aus dem Wasser kommst, verlagerst du dein Gewicht stärker nach vorn und belastest den vorderen Fuß. In dem Moment, in dem das Board in die Waagerechte kommt, balancierst du dein Gewicht so aus, dass das Board in der Waagerechten bleibt. Versuche über dem Foil zu stehen. Es hilft dabei, sich das Foil als Unterwasserflugzeug vorzustellen. Steigt das Flugzeug zu sehr, musst du deinen Bug nach unten in den Sinkflug bzw. Horizontalflug drücken, indem du den vorderen Fuß belastest. Das Gleiche gilt, wenn das Flugzeug zu stark nach links oder rechts fliegt. Hier musst du deine Fußballen bzw. die Ferse belasten.

Im Anschluss oder parallel zur Stabilisierung des Boards ziehst du den Wing stärker zu dir heran und luvst etwas an. Das heißt, du drehst mit der Hüfte leicht in den Wind, sodass du auf einen Amwindkurs kommst.

Nimm weiter Geschwindigkeit auf. Spiele ein wenig mit der neuen Situation und der Leichtigkeit, die das Foilen mit sich bringt. Versuche ein Gefühl für das Board und das Lenken in drei Dimensionen zu entwickeln.

Verlagere dein Gewicht vorsichtig nach vorn und hinten sowie zu den Seiten. Beobachte die Reaktion des Boards. Drehe die Hüfte ein wenig und schau, wie du das Board damit lenkst bzw. deinen Kurs beeinflusst.

Am Anfang fühlt es sich für die meisten sehr hoch an, auch wenn sie nur wenige Zentimeter aus dem Wasser kommen. Es bringt ein Gefühl der Unsicherheit mit sich. Keine Angst, das vergeht recht schnell!

Dennoch solltest du zunächst nur 20 bis 30 Zentimeter aus dem Wasser gehen und versuchen, das Board in dieser Höhe zu stabilisieren.

Dein Ziel sollte es sein, das Board sicher parallel zur Wasseroberfläche zu halten sowie kontrolliert starten und landen zu können. Führe daher bewusst Start- und Landemanöver aus.

Spiele parallel dazu mit der Stellung des Wings, indem du die Armpositionen leicht veränderst und auch hier die Reaktion beobachtest.

Vor allem aber: Genieße die neue Erfahrung!

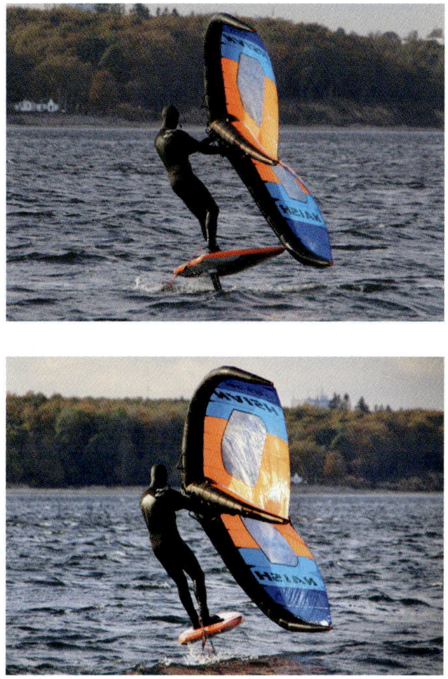

Anluven nach dem Start.

!

Losfahren – Pumpen und Starten.

Webcode: 4051

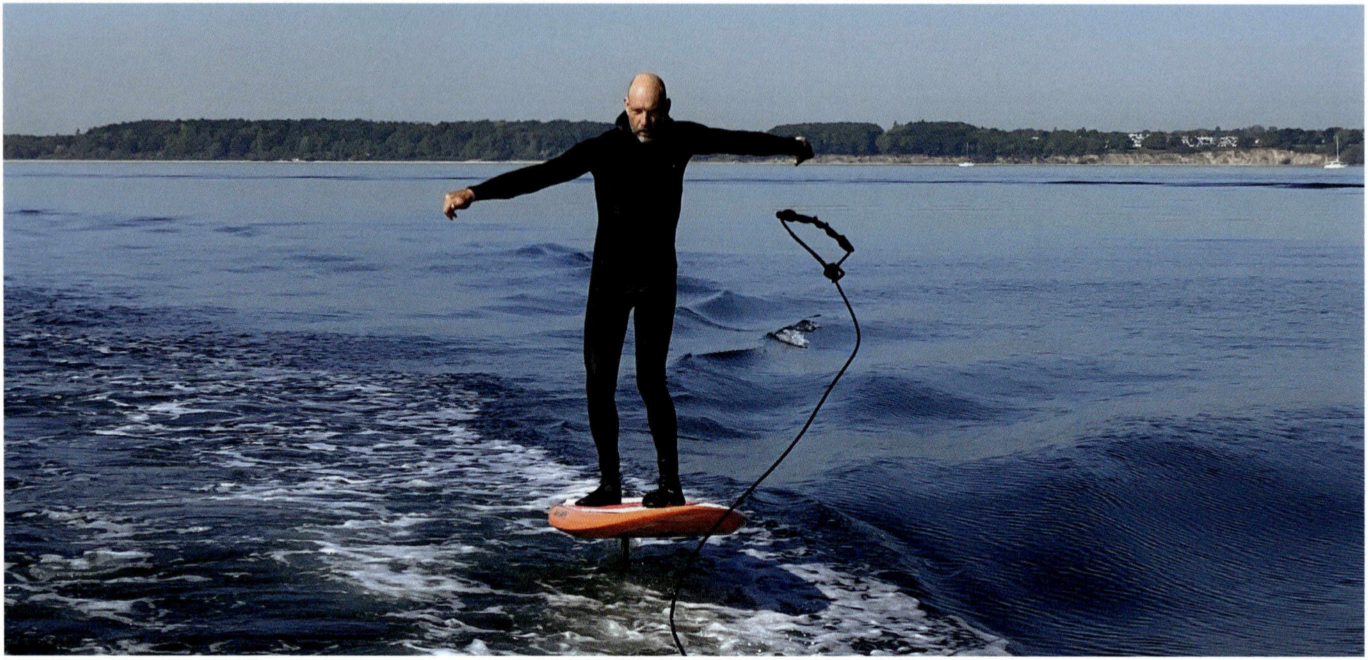

Trockenübungen für das Foilen

Natürlich kannst du das Foilen nicht wirklich auf dem Trockenen, also an Land, üben. Das Trockentraining beim Foilen – oder besser das auf das Foilen und die Foiltechnik fokussierte Training – muss natürlich im Wasser erfolgen. Nur eben ohne Wing. Dafür gibt es verschiedene Möglichkeiten:

Tow-in-Foiling

Das Tow-in-Foiling ist die englische Bezeichnung für das Foilen hinter einem Boot, einem Jetski oder in einer Wakeboard-Kabelanlage. Je nach Foil sind dafür nur geringe Geschwindigkeiten erforderlich.

Es kann daher auch funktionieren, wenn der Foiler vom Land aus, zum Beispiel von einem Fahrradfahrer oder gar Läufer in Jogging-Geschwindigkeit, (an)gezogen wird.

Das Tow-in-Foiling funktioniert sehr gut. Es bietet die beste und mit Abstand einfachste Möglichkeit, das Foilen zu erlernen. Wenn das Zuggerät (Boot, Jetski, Wakeboard-Anlage) gefühlvoll gesteuert wird, kannst du das Foilen sehr schnell erlernen. Du bekommst dann ein gutes Gefühl für das Foil – das Starten, Landen und auch Steuern.

Die beiden anderen Alternativen sind dagegen nur für sehr sportliche und im Wassersport bereits erfahrene Foil-Einsteiger geeignet.

SUP- oder Prone-Foiling

Bist du erfahren im klassischen Wellenreiten oder auch mit dem SUP in der Welle, so ist auch die Kombination eines geeigneten SUP-Boards oder eines Wellenreitboards mit einem Foil eine gute Möglichkeit, sich dem Foilen zu nähern. Allerdings ist diese Variante nur für sehr fortgeschrittene und erfahrene Wellenreiter zu empfehlen. Stehen keine natürlichen Wellen zur Verfügung, dann tut es auch die Heckwelle eines Motorbootes.

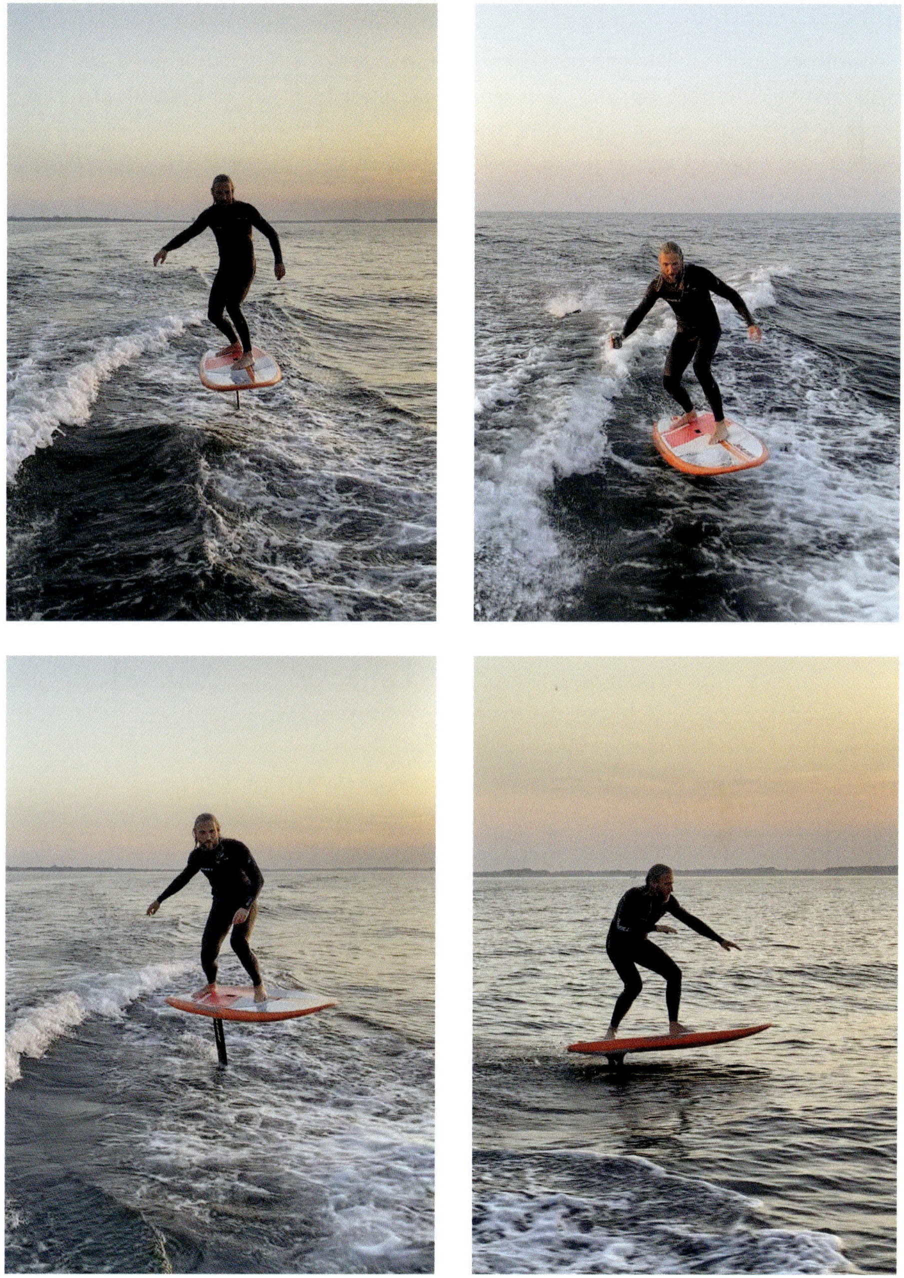

SUP- oder Prone-Foiling in der Welle eines Motorbootes oder in natürlichen Wellen am Strand.

Pump-Foiling

Schließlich gibt es für sehr sportliche und im Wassersport bereits sehr erfahrene Einsteiger die Möglichkeit, das Foilen vom Steg aus zu trainieren. Auch für Fortgeschrittene im Wingfoilen ist das eine sehr gute Option, die Foil-Fähigkeiten weiter auszubauen. Dabei geht es vor allem um das Pumpen – also die Fortbewegung auf dem Foil ausschließlich durch Eigenbewegung. Der Fahrer bewegt sich dabei in Form kleiner Kniebeugen in rhythmischen Wellenbewegungen auf und ab. Auf diese Weise werden Board und Foil in Wellen auf und ab bewegt, was einen entsprechenden Vortrieb erzeugt. Die Arme und der gesamte Körper müssen die Bewegung unterstützen. Vorteilhaft ist ein großes High Aspect Foil.

Das Pump-Foiling hilft später, um zum Beispiel bei Windlöchern länger in der Luft zu bleiben, um Teile von Manövern zu verlängern oder auch um beim Waveriding in die nächste Welle zu foilen.

Pumpen üben

Ein gutes Gefühl für Board und Foil ist super hilfreich bei Manövern. Noch besser ist es, wenn man das Board und das Foil auch bei geringen Geschwindigkeiten so beeinflussen kann, dass man trotzdem fliegt oder wieder richtig in Fahrt kommt. Das sogenannte Pumpen ist eine Technik, die eine Mindestbeschleunigung erzielt und hilft, das Foil neu oder stärker zu aktivieren – zum Beispiel wenn der Wind beim Starten oder zwischendurch nicht ganz ausreicht bzw. ihr während eines Manövers Geschwindigkeit verliert.

Die Pump Jibe – die durchgepumpte Halse – ist beispielsweise ein sehr schönes Wingfoil-Manöver für Fortgeschrittene. Dabei ist das Pumpen elementar. Die Halse wird nämlich ohne die Power des Wings gefahren – die Kraft kommt aus den Beinen.

Im folgenden Video zeigt Luca, wie man das Pumpen auch ganz ohne Wind (zum Beispiel beim Dockstart im Hafen) üben kann. Wie du siehst, kommt der Schwung aus den Beinen und den Armen.

Was man nicht so deutlich sieht: Es ist ganz schön anstrengend!

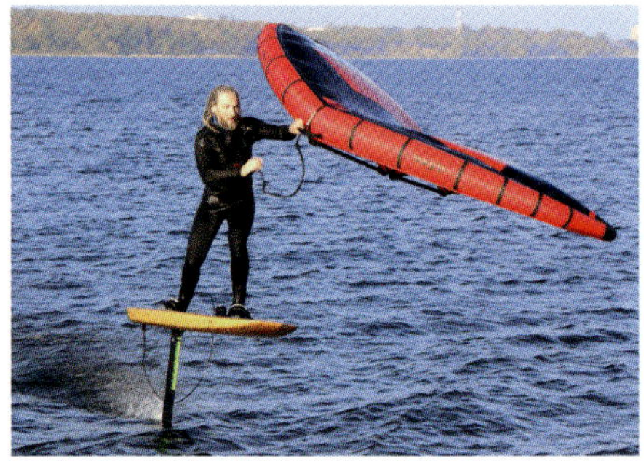

Pump-Halse – erstes Manöver für Fortgeschrittene.

Pump-Foiling vom Steg aus im geschützten Hafen.

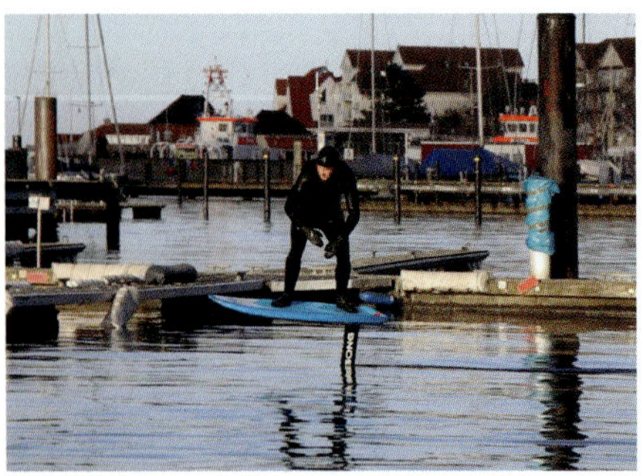

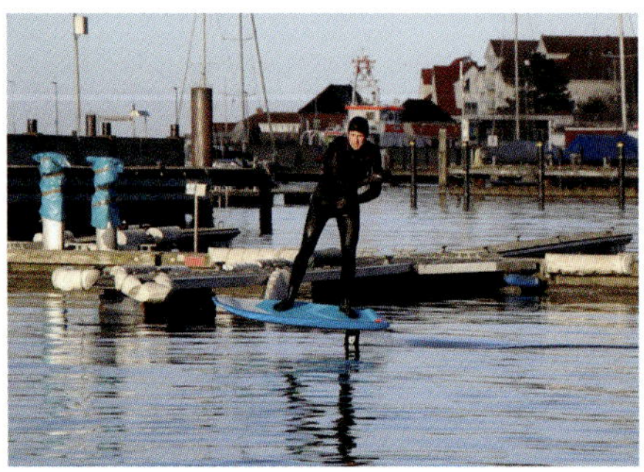

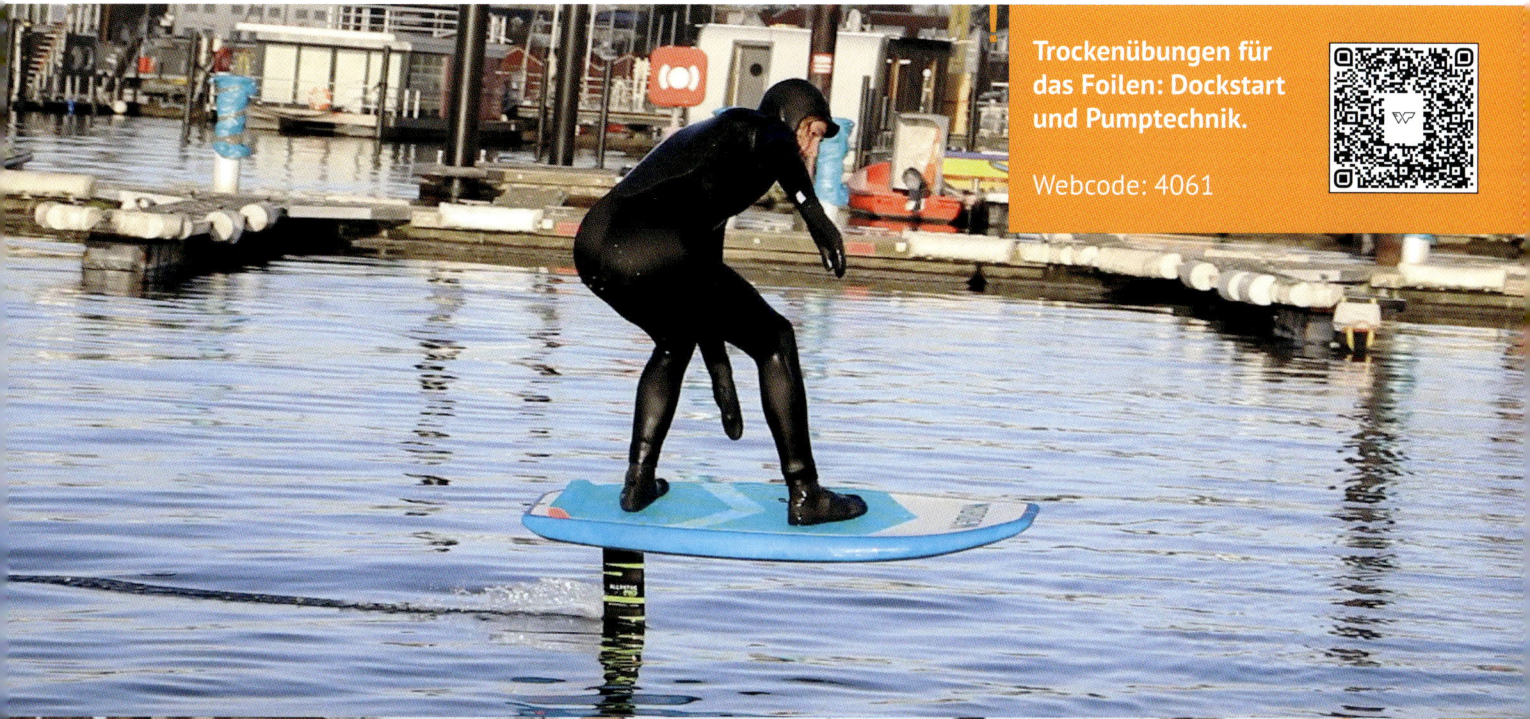

Trockenübungen für das Foilen: Dockstart und Pumptechnik.

Webcode: 4061

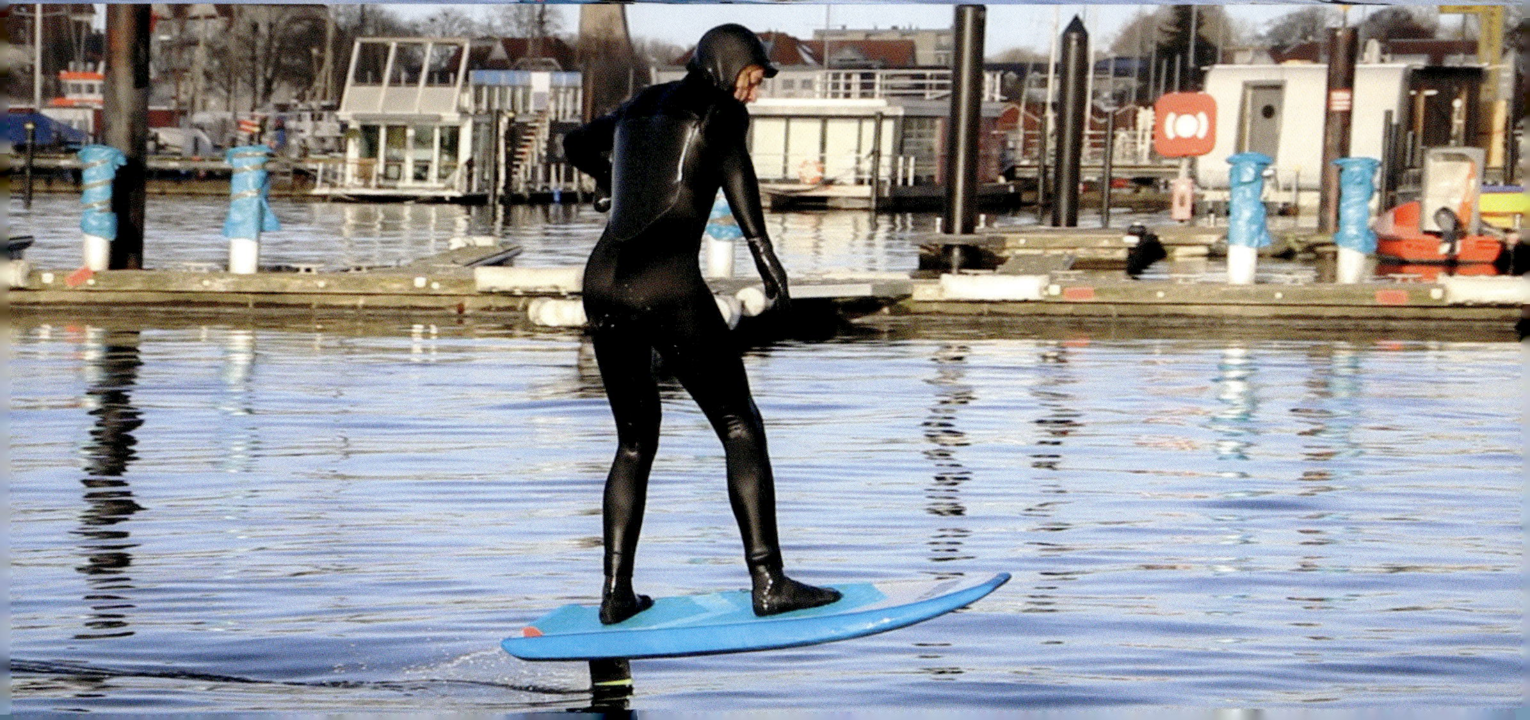

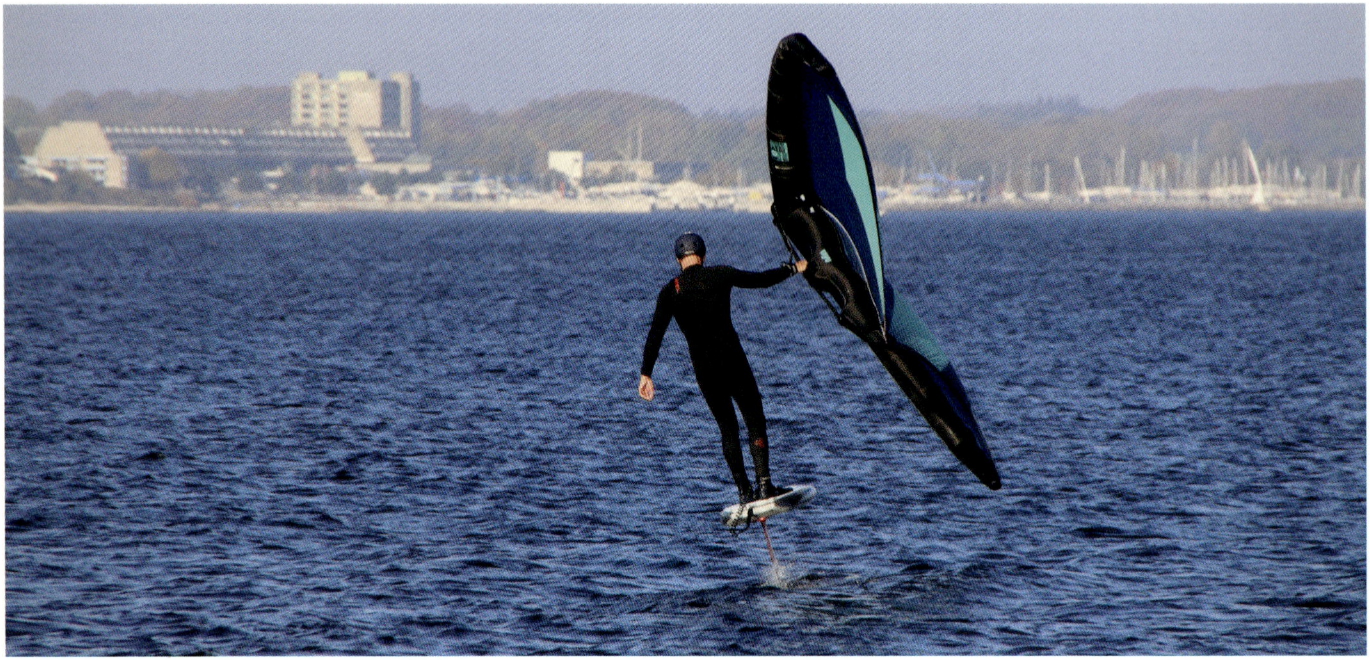

Steuern und Lenken

Wenn wir erst einmal auf dem Board angekommen sind und Fahrt aufgenommen haben, stellt sich die Frage: Wie lenken wir das Board?

Grundlegend sind für das Steuern und Lenken zwei Situationen zu unterscheiden:

1. Das Foil ist nicht aktiviert, wir befinden uns kniend oder stehend auf dem schwimmenden Wing- bzw. SUP-Board. Der Widerstand des Wassers ist in dieser Situation noch recht hoch, das Board entsprechend anfällig für Strömung und Wellen.
2. Das Foil ist aktiviert, und wir fliegen! In dieser Situation ist (plötzlich) alles ganz leicht. Der Widerstand durch das Wasser ist minimal, und es ist wesentlich einfacher, gegen Wind und Wellen anzufahren.

Das Prinzip der Lenkung ist in beiden Situationen grundsätzlich gleich. Der wesentliche Unterschied resultiert aus der höheren Trägheit und damit der Anfälligkeit für Strömung und Wellen, solange wir noch nicht fliegen. Sämtliche Steuerungsbewegungen erzeugen bei aktiviertem Foil deutlich schnellere und stärkere Reaktionen.

Lenken mit Wing und Board

Um zu steuern, haben wir den Wing und das Board. Durch die Veränderung der Stellung von Wing und/oder Board zum Wind können wir die Richtung bestimmen und lenken. Die Stellung des Wings beeinflussen wir natürlich mit den Armen und Händen. Die Stellung des Boards verändern wir im Wesentlichen durch die Positionierung von Hüfte, Beinen und Füßen sowie die Verlagerung unseres Gewichtes. In der Regel gehen beide Bewegungen – von Wing und Board – miteinander einher und sollten natürlich aufeinander abgestimmt erfolgen.

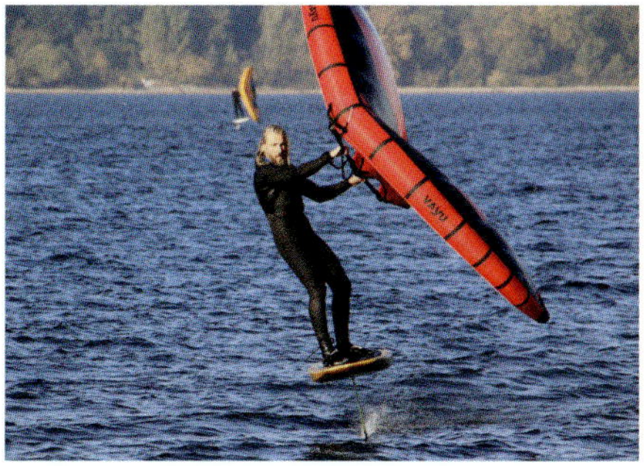

Ausgangs- oder Normalstellung.

Schwierig und spannend macht es die Tatsache, dass wir beides, den Wing und das Board, in quasi jede beliebige Richtung bewegen können. Und viele der möglichen Richtungen werden tatsächlich auch für die unterschiedlichen Manöver und Techniken benötigt.
Hier ein paar grundlegende Regeln für das Steuern und Lenken beim Wingsurfen und Wingfoilen. Dabei wurden die Einzelbewegungen künstlich auseinandergenommen. Auf dem Wasser geht alles Hand in Hand oder besser Hand in Hüfte und Fuß.

Steuern über den Wing

Das Steuern über den Wing erfolgt über die Stellung der Arme. In der Ausgangs- oder Normalstellung des Wings ist der vordere Arm nach vorn oben gestreckt, der hintere Arm befindet seitlich vom Körper und zeigt leicht angewinkelt ebenfalls eher nach oben.
Über die folgenden Veränderungen der Stellung des Wings können sowohl die Richtung als auch die Geschwindigkeit beeinflusst werden.

- Wing auf: Die hintere Hand wird seitlich vom Körper weggestreckt. Dies sorgt für weniger Geschwindigkeit und Abfallen. Wir fahren mit dem Wind auf Raumwind- oder Vorwindkurs (1).

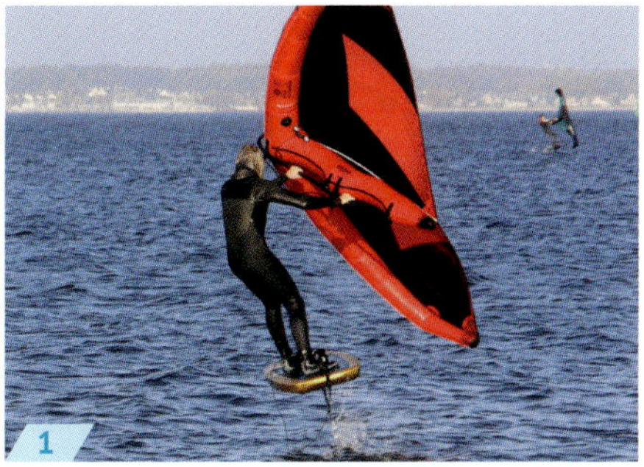

1

- Wing zu: Die hintere Hand wird zum Körper gezogen. Dies sorgt für mehr Geschwindigkeit und Anluven. Wir fahren eher gegen die Windrichtung, also auf Amwindkurs (2).

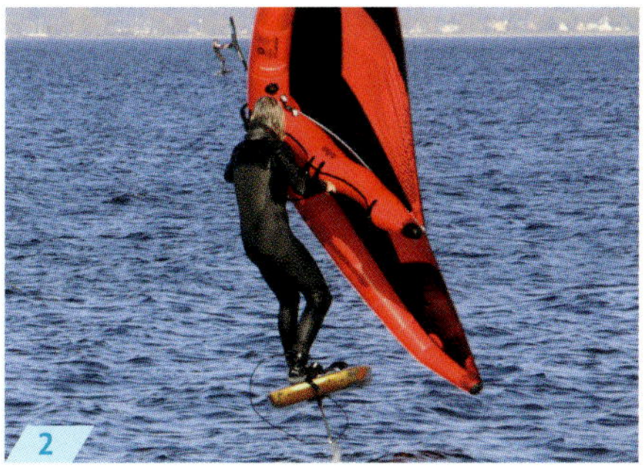

2

- Wing eher waagrecht: Die vordere und die hintere Hand befinden sich annähernd auf gleicher Höhe, wobei die vordere Hand immer höher sein sollte. Die Mitteltube oder der Baum sind also nahezu horizontal. Den Wing waagerecht zu halten unterstützt das Geradeausfahren und das Anluven bzw. Höhelaufen (3).

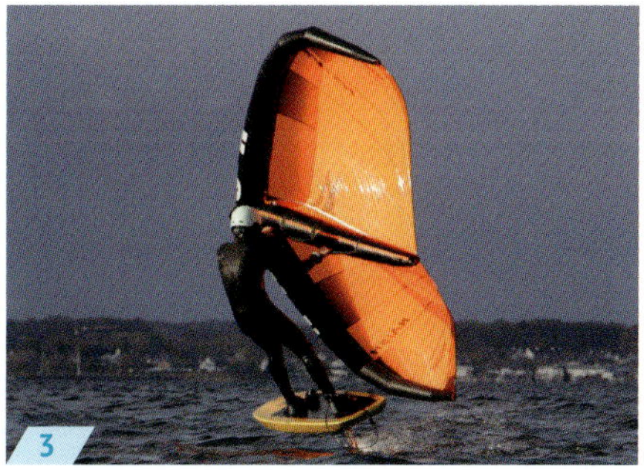

3

- Wing nach oben geneigt: Die vordere Hand befindet sich deutlich über der hinteren Hand. Den Wing nach oben zu neigen unterstützt das Abfallen und das (gegebenenfalls beschleunigte) Fahren mit (vor) dem Wind (4).

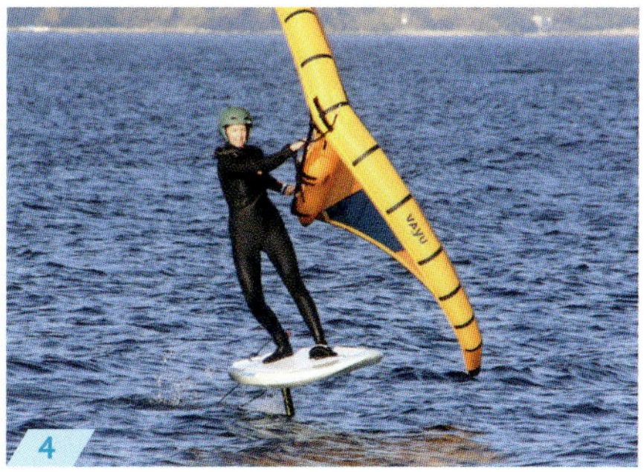

4

- Wing nach unten geneigt: Die vordere Hand befindet sich deutlich unter der linken Hand. Den Wing nach unten zu neigen unterstützt ebenfalls das Abfallen, gleichzeitig wird dadurch auch beschleunigt. Auf dem Foil kann gegebenenfalls das schnelle Absinken unterstützt werden. Diese Stellung ist recht schwierig, weil der Wing dazu neigt, sich Richtung Wasser zu bewegen, und Gefahr läuft einzutauchen. Sie ist daher für Anfänger nicht zu empfehlen (1).

- Wing oben, über dem Kopf, sorgt für Uplift und verringerte Geschwindigkeit. Der Druck wird aus dem Wing genommen und zugleich Auftrieb erzeugt. Häufig wird diese Position zum Einleiten von Manövern wie Halse oder Wende eingenommen (2, 3).

- Wing tief, seitlich vom Körper, leicht nach hinten orientiert, sorgt für eine ruhige, gegebenenfalls schnellere Geradeausfahrt und unterstützt das Anluven bzw. Höhelaufen (4).

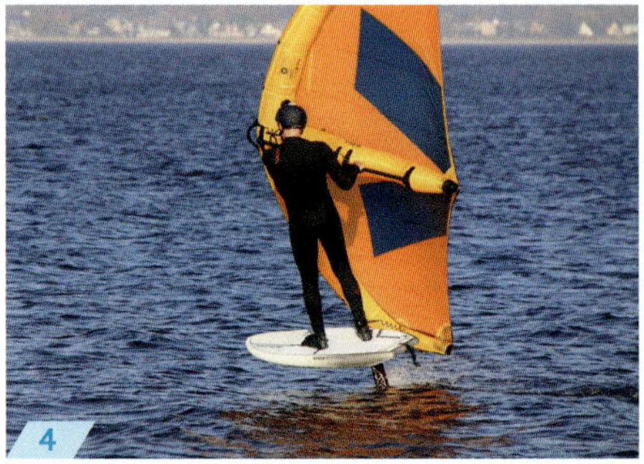
4

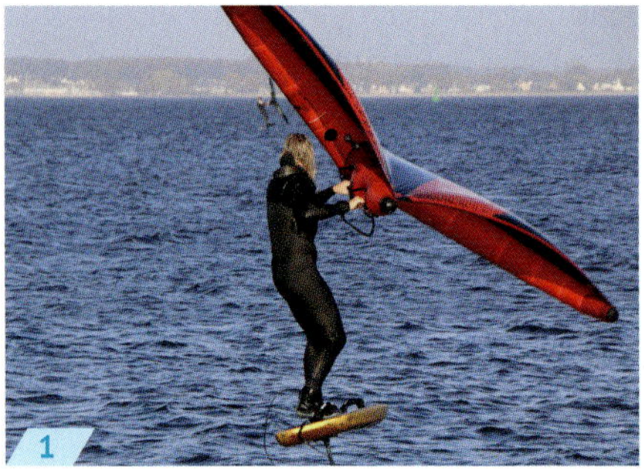
1

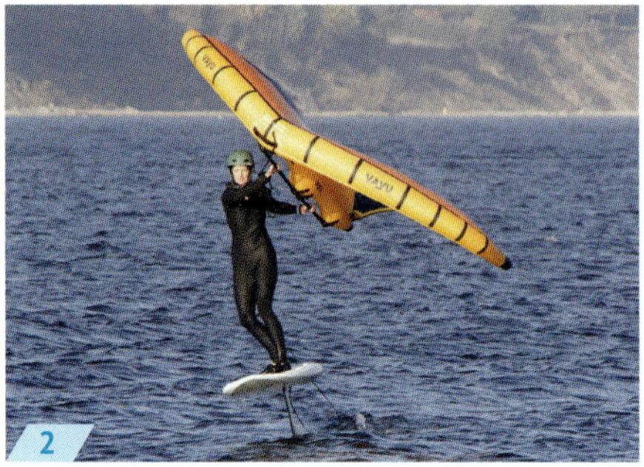
2

- Wing tief, seitlich vom Körper, leicht nach vorn orientiert, unterstützt das Abfallen. Der Wing entwickelt mehr Power (5).

Die Tabelle fasst die möglichen Wingpositionen sowie deren Einfluss auf Richtung und Geschwindigkeit zusammen.

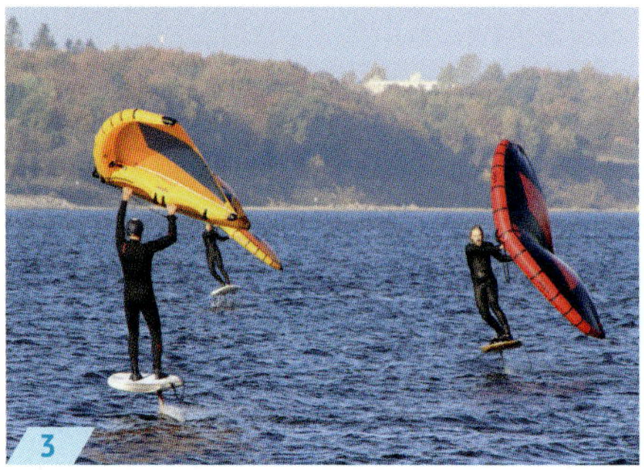
3

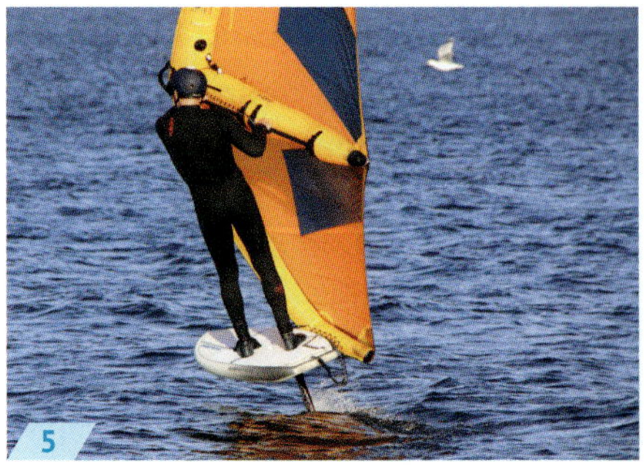
5

Tipp:
Übe beim Geradeausfahren das Steuern, indem du die Stellung des Wings variierst und die Reaktion bewusst beobachtest.

Wingfoilen: Steuern und Lenken.

Webcode: 4071

Positionen des Wings zur Beeinflussung von Richtung und Geschwindigkeit (generelle Tendenz)

Wingposition	anluven	abfallen	schneller	langsamer	uplift	downlift
auf		x		x		
zu	x		x			
waagerecht			x			
Neigung nach oben		x	x		x	
Neigung nach unten		x	x			x
über den Kopf				x		
seitlich vom Körper nach hinten	x					
seitlich vom Körper nach vorn		x				

Steuern über das Board

Das Steuern über das Board erfolgt vor allem über die Drehung der Hüfte und die Stellung der Beine. In der Ausgangsstellung stehen wir seitlich und leicht nach vorn orientiert auf dem Board. Der vordere Fuß steht seitlich versetzt auf der Luv-Seite des Boards, etwa im 45-Grad-Winkel zur Längsachse des Boards. Der hintere Fuß steht im hinteren Bereich des Boards im 90-Grad-Winkel zur Längsachse des Boards. Die Knie sind leicht nach vorn gebeugt.

Die folgenden Bewegungen und Richtungsänderungen sind relevant:

- „Boardnase in den Wind" erfolgt durch Drehen der Hüfte in Luv-Richtung, also gegen den Wind (Amwindkurs), sowie die Belastung der Fersen (in der Normalstellung). Die Geschwindigkeit wird dadurch gegebenenfalls reduziert (1, linker Surfer).
- „Boardnase aus dem Wind" erfolgt durch Drehen der Hüfte in Lee-Richtung, also mit dem Wind (downwind), sowie die Belastung der Fußballen (in der Normalstellung). Die Geschwindigkeit wird dadurch in der Regel erhöht (1, rechter Surfer).

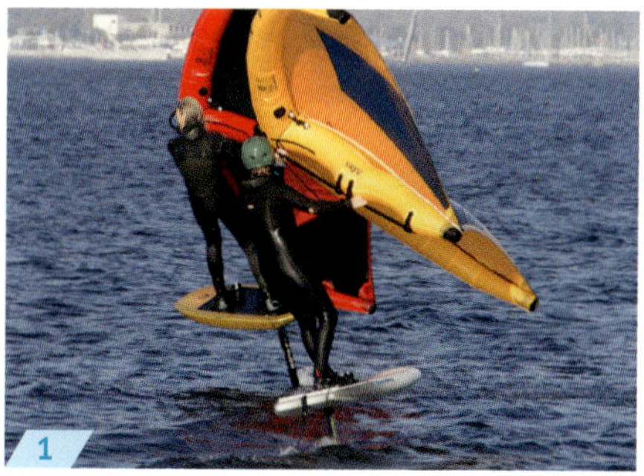
1

- „Boardnase anheben" erfolgt durch Belasten des hinteren Beins; gegebenenfalls unterstützt durch ein Verschieben des hinteren Beins in Richtung Heck. Diese Bewegung wird regelmäßig zum Start und zur Aktivierung des Foils genutzt. Beim Fliegen kann sie zum Ausgleichen und Verbleiben in der waagerechten Flugposition dienen (2).

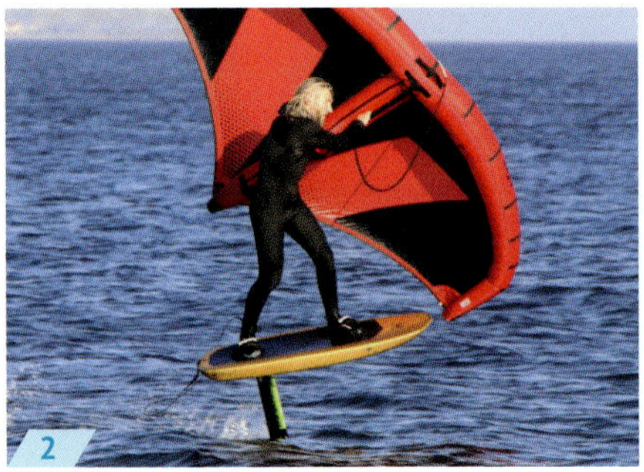

2

- „Boardnase senken" erfolgt durch Belasten des vorderen Beins; gegebenenfalls unterstützt durch ein Verschieben des vorderen Beins in Richtung Boardspitze. Diese Bewegung ergibt eigentlich nur Sinn, wenn du fliegst, das Board sich also in der Luft befindet. Dann kann sie zum Ausgleichen und Verbleiben in der waagerechten Flugposition oder zum Landen genutzt werden (3).

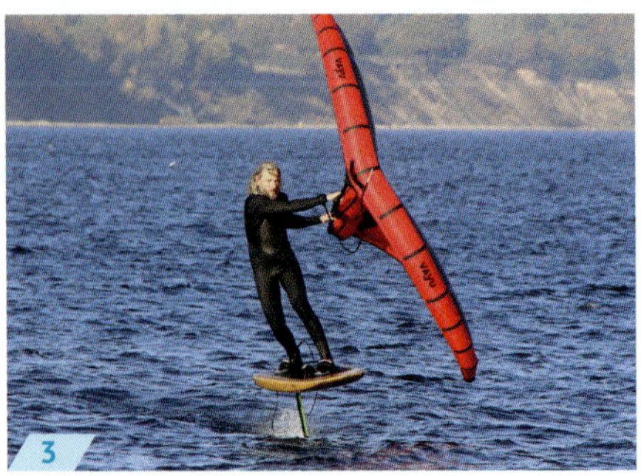

3

Wie bereits betont, erfolgen die Bewegungen von Wing und Board nie unabhängig voneinander. Sie gehen naturgemäß und mit fortschreitender Erfahrung zunehmend intuitiv miteinander einher. Natürlich gibt es häufiger ungewollte Situationen, die vor allem Anfängern zu schaffen machen können:

- Der Wing dreht sich auf den Rücken.
- Die Tips bzw. Enden des Wings tauchen während der Fahrt ins Wasser ein und ziehen ihn nach unten.

Wie du damit umgehen kannst, erklären wir im ▶ Kapitel „Den Wing beherrschen".

Tipp: Übe beim Geradeausfahren das Steuern, indem du Wellen- und Schlangenlinien fährst. Beides erreichst du durch Verlagerung deines Gewichts sowie durch Drehen der Hüfte. Hierdurch entwickelst du ein Gefühl für das Board. Der Wing in beiden Händen gibt die entsprechende Sicherheit.

Höhelaufen

Die ideale Windrichtung beim Surfen ist ein Sideshore-Wind, d. h., der Wind weht exakt parallel zum Ufer. Dies ist die optimale und sicherste Windrichtung für das Wingsurfen, weil man auf Amwind- oder Halbwindkurs, ja sogar mit einem Raumwindkurs immer wieder zum Ufer zurückgelangt – wenn auch nicht unbedingt an derselben Stelle, an der man ursprünglich eingestiegen ist. Ziel sollte es natürlich sein, dass man genau an der Stelle, an der man ins Wasser eingestiegen ist, auch wieder aussteigen kann. Theoretisch sollte man dies erreichen, indem man in beide Richtungen – vom Ufer weg und wieder zurück – einen ordentlichen Halbwindkurs fährt. Bei Sideshore-Wind-Bedingungen würde der Fahrer dann eigentlich in einem 90-Grad-Winkel zum Ufer bzw. zum Wind raus und wieder rein fahren. Tatsächlich ist es jedoch so, dass Wind und Welle eine sogenannte Abdrift erzeugen. Das heißt, der durch Wind und Welle erzeugte seitliche Druck verursacht eine seitliche Bewegung, die gleichzeitig mit der Vortriebsbewegung auftritt. Deshalb wird bei einem Halbwindkurs der Ausgangspunkt am Ufer nicht wieder erreicht. Man verliert im Vergleich zum Ausgangspunkt am Ufer Höhe. Um also wieder am ursprünglichen Ausgangspunkt anzugelangen, muss diese Abdrift durch einen geeigneten Kurs und sogenanntes Höhelaufen ausgeglichen werden.

Man spricht in diesem Zusammenhang auch von einem gesteuerten Kurs und einem tatsächlichen Kurs. Ist der gesteuerte Kurs ein Halbwindkurs, so resultiert aufgrund der Abdrift ein tatsächlicher Kurs, der eher einem Raumwindkurs entspricht. Um also einen tatsächlichen Halbwindkurs (90 Grad zum Ufer bzw. Wind) zu erreichen, muss ein Amwindkurs gesteuert werden.

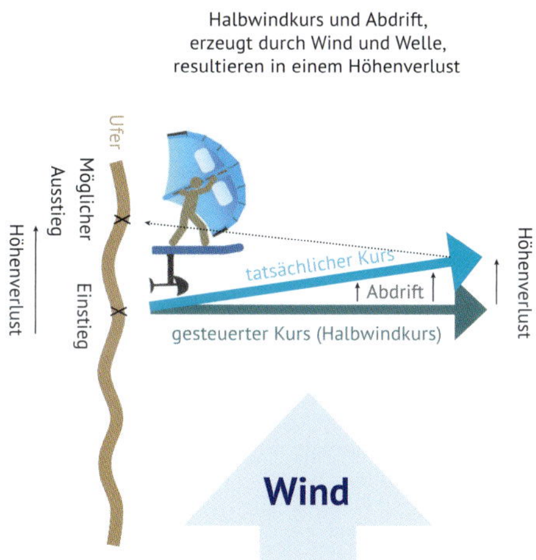

Dieses Vorgehen wird als Höhelaufen bezeichnet: Mithilfe eines gesteuerten Amwindkurses wird die durch Wind und Welle erzeugte Abdrift ausgeglichen, und es resultiert ein tatsächlicher Halbwindkurs.

Die Abdrift ist übrigens nicht die einzige Ursache dafür, dass man beim Wingfoilen oder anderen Windwassersportarten Höhe verliert. Auch beim Losfahren oder bei leegerichteten Manövern (zum Beispiel Halse) wird Höhe verloren, die anschließend wieder zurückgewonnen werden muss. Das Gleiche gilt bei Stürzen oder Pausen auf dem Wasser. Wind und Welle sorgen hier fortlaufend für Abdrift, man treibt downwind in Richtung Lee.

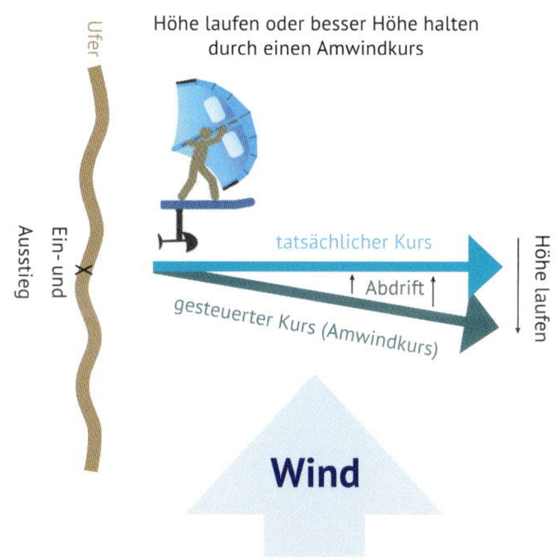

!

Wingfoilen: Höhelaufen und Kreuzen.

Webcode: 4081

Das Umgekehrte gilt für luvgerichtete Manöver wie die Wende. Diese können helfen, zusätzlich Höhe zu gewinnen oder sie zumindest leichter zu halten. Die Abdrift bei Pausen kann übrigens reduziert werden, indem du beim Sitzen auf dem Board die Beine seitlich ins Wasser hältst und sie so als Bremse nutzt.

Um also diese permanente Abdrift auszugleichen und auch Raum für Manöver zu haben, werden wir die meiste Zeit auf dem Wasser einen möglichst steilen Amwindkurs fahren. Das Höhelaufen wird damit zur fortlaufenden Übung. Nach und nach wird es dir in Fleisch und Blut übergehen, du wirst dies instinktiv und automatisch tun.

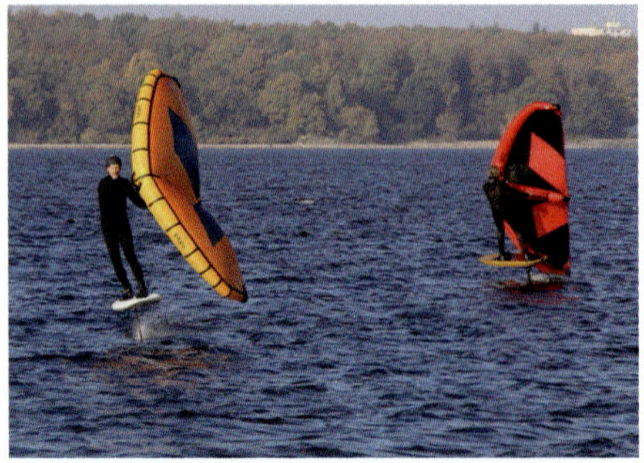

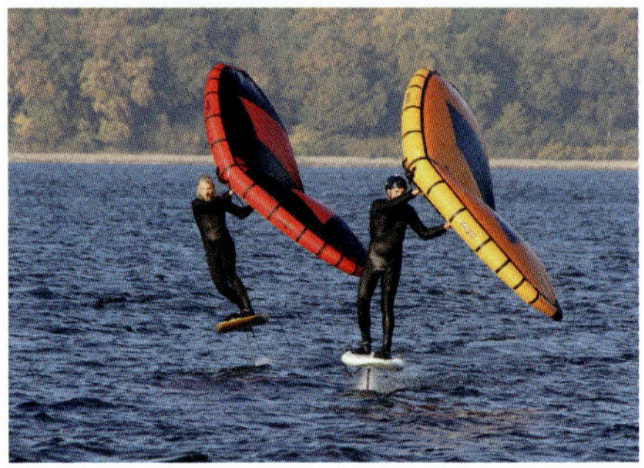

Bild 1: Höhelaufen – Amwindkurs versus Halbwindkurs.

Bild 2: Abfallen versus Höhelaufen.

Kreuzen

Beim Kreuzen versuchst du möglichst effizient Höhe zu laufen. Du fährst dabei einen Zickzackkurs gegen den Wind. Dafür sollten die Manöver so durchgeführt werden, dass du jeweils möglichst wenig oder keine Höhe verlierst. Am besten gelingt das mit der Wende. Zwischen den Manövern fährst du dann so gut es geht Amwindkurse – also hoch am Wind.

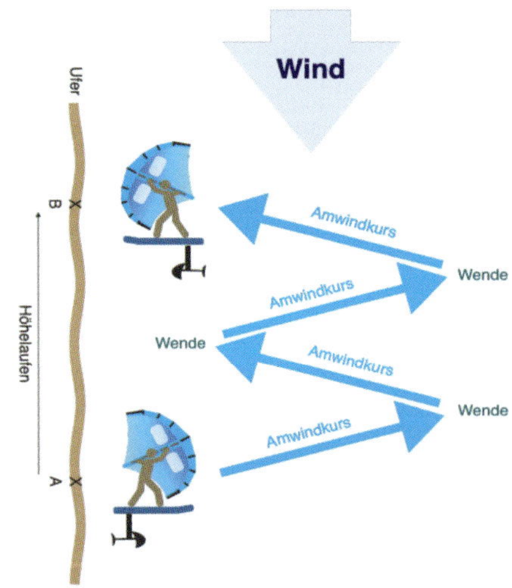

Den Wing beherrschen

Während des Fahrens, im Verlauf der Manöver oder auch nach Stürzen gilt es, den Wing zu beherrschen. Häufig gibt es ungewollte Situationen, die vor allem Anfänger vor zusätzliche Herausforderungen stellen.

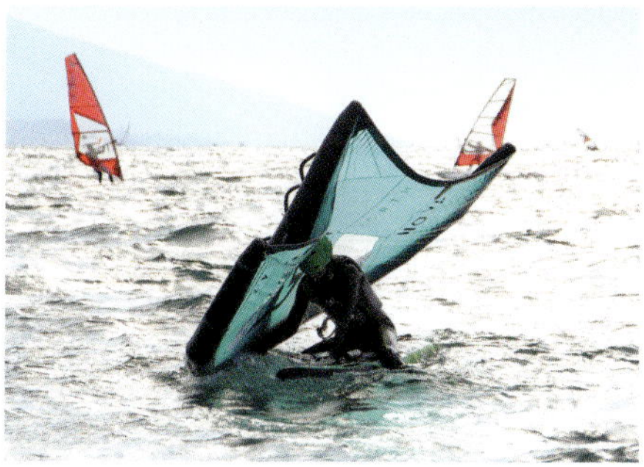

Manchmal wird es unhandlich.

Typische Situationen sind die folgenden drei:

1. Der Wing soll auf dem Board stehend oder während des Transports (ins Wasser oder aus dem Wasser heraus) gedreht werden.
2. Du treibst im Wasser, und der Wing hat sich auf den Rücken gedreht (zum Beispiel nach Stürzen oder stärkeren Böen), befindet sich also in Rückenlage.
3. Die Tips bzw. Enden des Wings tauchen während der Fahrt ins Wasser ein und ziehen ihn nach unten.

Wie wir mit diesen Situationen umgehen, beschreiben wir im Folgenden.

Den fliegenden Wing drehen

An Land sowie auf dem Weg ins Wasser oder wieder heraus ist es oft einfacher, den Wing umgekehrt zu tragen. Meist fliegt er dann ruhiger und stabiler. Bevor er also eingesetzt werden kann, muss er zunächst um die Strut (Mitteltube) herum 180 Grad in die richtige Position gedreht werden. Am einfachsten geht das natürlich im Stehen. Versuche dabei nicht, gegen den Wind zu agieren, sondern lass dir von ihm helfen.

Um den Wing zu drehen, gehst du am besten wie folgt vor:

1. Stelle dich mit dem Rücken zum Wind.
2. Halte den Wing mit einer Hand an der Neutral Handle (neutrale Schlaufe an der Fronttube).
3. Lass den Wing auswehen, also frei im Wind fliegen.
4. Drehe dich nun mit der Schulter der freien Hand leicht in den Wind. Die freie Hand wird nun zur Luv-Hand; die Hand am Wing ist die Lee-Hand.
5. Greife jetzt mit der freien Hand (Luv-Hand) seitlich an der Fronttube unter den Wing. Drücke die Hand nach oben, während die andere Hand an der Neutral Handle nach unten geht.
6. Beide Hände vollziehen einen Halbkreis und überkreuzen sich.
7. Die freie Hand greift nun in die Neutral Handle an der Fronttube. Die andere Hand lässt los.
8. Der Wing weht nun mit der Strut nach unten zeigend aus.

Manche Hersteller (zum Beispiel Naish, Gong) haben bei früheren Wingmodellen seitliche Handschlaufen verbaut, die dieses Dreh-Manöver unterstützen. Tatsächlich sind diese seitlichen Handschlaufen nur für diese Aktivität vorgesehen; sonst braucht man sie eigentlich nicht. Das ist ein Grund, weshalb die Hersteller bei neueren Modellen zugunsten des Gewichts in der Regel auf diese Schlaufen verzichten.

Den im Wasser liegenden Wing drehen

Hat sich der Wing zum Beispiel nach Stürzen oder stärkeren Böen auf den Rücken gedreht und liegt verkehrt herum auf dem Wasser, ist es oft nicht so leicht, ihn wieder in die richtige Position zu bekommen. ▶ Im Kapitel „Grundlegende Wingtechniken üben“ haben wir bereits die grundlegenden Techniken zum Drehen des Wings beschrieben und eingeübt. Diese funktionieren jedoch nur, wenn sich kein Wasser auf den Flügelflächen gesammelt hat.

Hat sich Wasser auf den Flügelflächen gesammelt, lässt sich der Wing aufgrund des Gewichts nur sehr schwer oder gar nicht mehr hochdrücken und drehen.

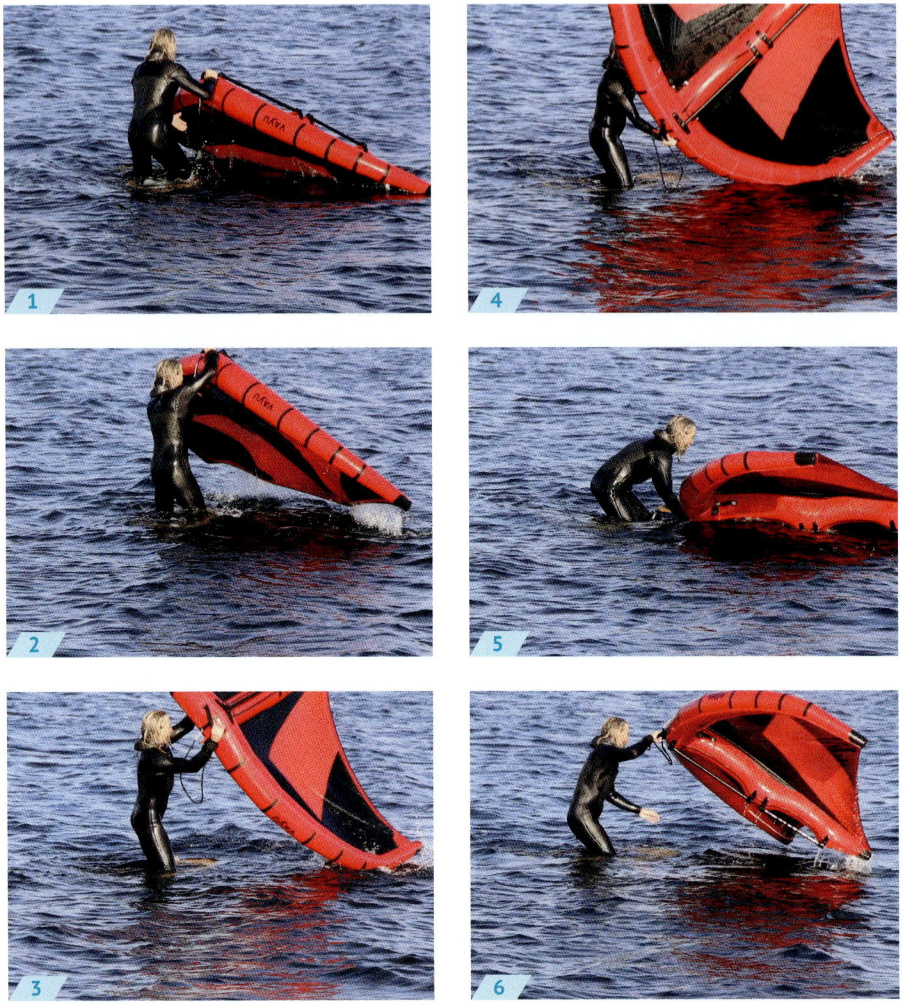

Bildserie 1–6:
Wing drehen über Neutral Handle.

Folgende Techniken helfen in diesem Fall:

1. Zunächst sollte der Wing vom Board und eventuell überspannender Leash frei gehalten werden.
2. Lass den Wing dann in Windrichtung nach Lee treiben. Du selbst hast den Rücken im Wind, dein Rücken zeigt nach Luv.

Nun gibt es zwei Varianten, in Abhängigkeit davon, ob sich Wasser auf den Flügelflächen gesammelt hat oder nicht:

1. Hat sich Wasser auf den Flügelflächen gesammelt, schwimme nah an den Wing heran oder ziehe ihn zu dir. Drücke jetzt die Fronttube mit einem Ruck nach oben. Der Wind greift nun unter den Wing und schlägt diesen über die Heckseite (Abriss- oder Abströmkante) Richtung Lee herum. Wichtig ist dabei, dass die Leash frei ist und du den Arm, an dem die Leash befestigt ist, nach vorn streckst. Nach dem Umschlagen liegt der Wing wieder mit der Strut nach unten, allerdings noch mit der Abriss- oder Abströmkante zu dir zeigend. Schiebe den Wing nun entlang der Fronttube in der Waagerechten herum, indem du ihn wie einen Teller drehst, bis die Neutral Handle in Luv steht.
2. Befindet sich kein oder nur wenig Wasser auf den Flügelflächen, ist es einfacher, den Wing an der seitlichen Fronttube anzupacken. Drehe die Fronttube dann leicht Richtung Luv, und halte den Wing an der seitlichen Fronttube. Drücke ihn dann seitlich nach oben. Der Wind kann nun unter den Wing greifen und hilft dir, ihn über die Seite in Richtung Luv herumzudrehen.

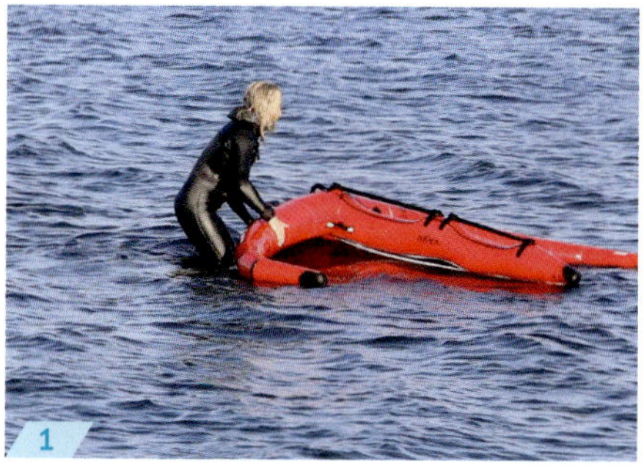

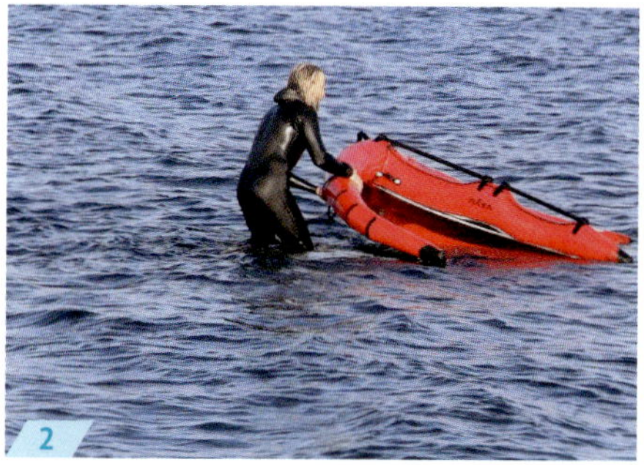

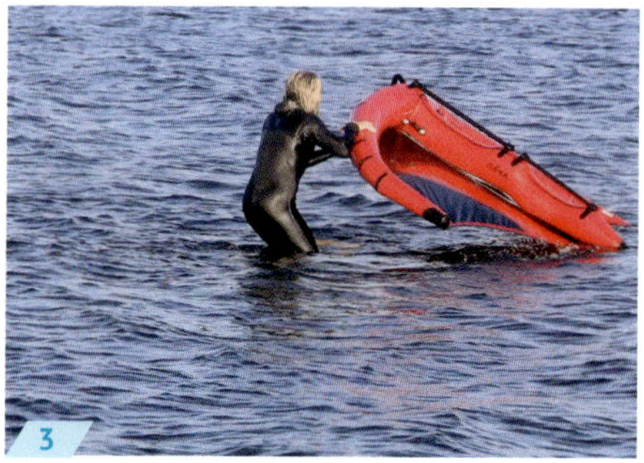

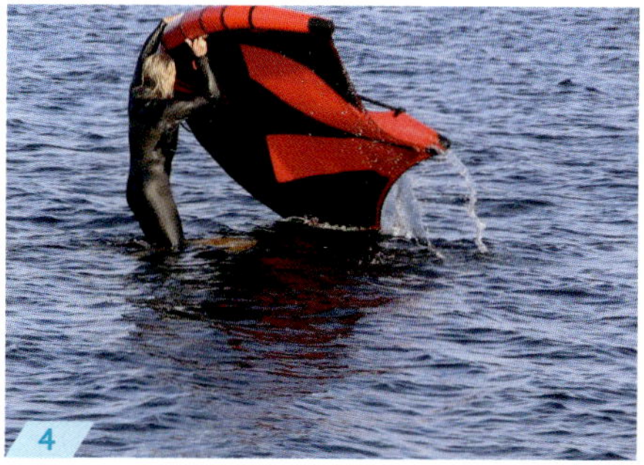

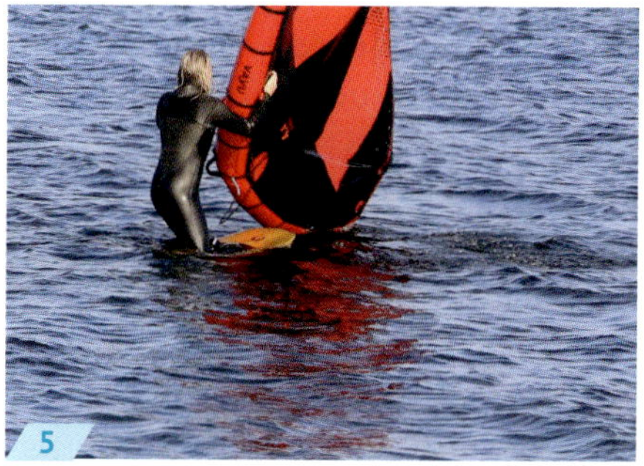

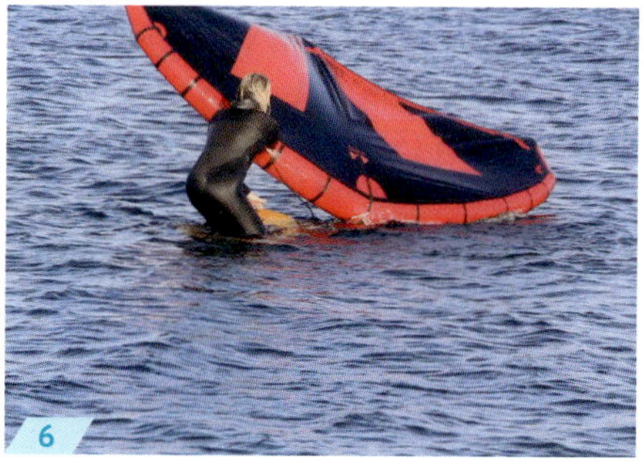

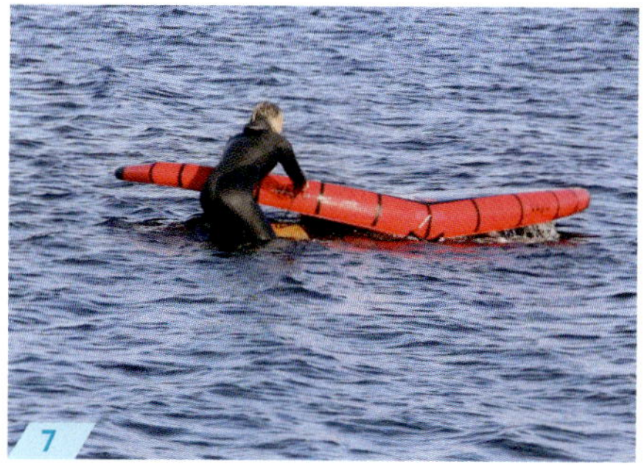

Bildserie 1–7:
Wing drehen über seitliche Fronttube.

Den Wing während der Fahrt frei halten

Taucht das Wingende (Wing-Tips) während der Fahrt versehentlich ins Wasser ein, so wird er mitunter stark nach unten gezogen. Der Wing dreht sich dann schnell Richtung Wasser und auf den Rücken. Reflexartig neigen die meisten Fahrer anfangs dazu, die Bewegung mitzugehen, in der Hoffnung, den Wing wieder hochdrücken zu können. Tatsächlich ist das aber eine äußerst ungünstige Reaktion, weil der Wing sich unweigerlich weiter ins Wasser zieht. Ist ein bestimmter Punkt überschritten, heißt es: den Wing einfach loslassen, um einen schlimmeren Sturz oder Materialschaden zu vermeiden.

Mit der Zeit sollte es ein automatisierter Reflex werden, die vordere Hand nach oben zu drücken, sobald ein Ende des Wings das Wasser berührt. Damit kommt der Wing schnell wieder frei, und du kannst die Fahrt fortsetzen.

Besser ist daher Folgendes: Sobald du merkst, dass der Wing-Tip eintaucht, solltest du die Vorderhand sofort nach oben drücken!

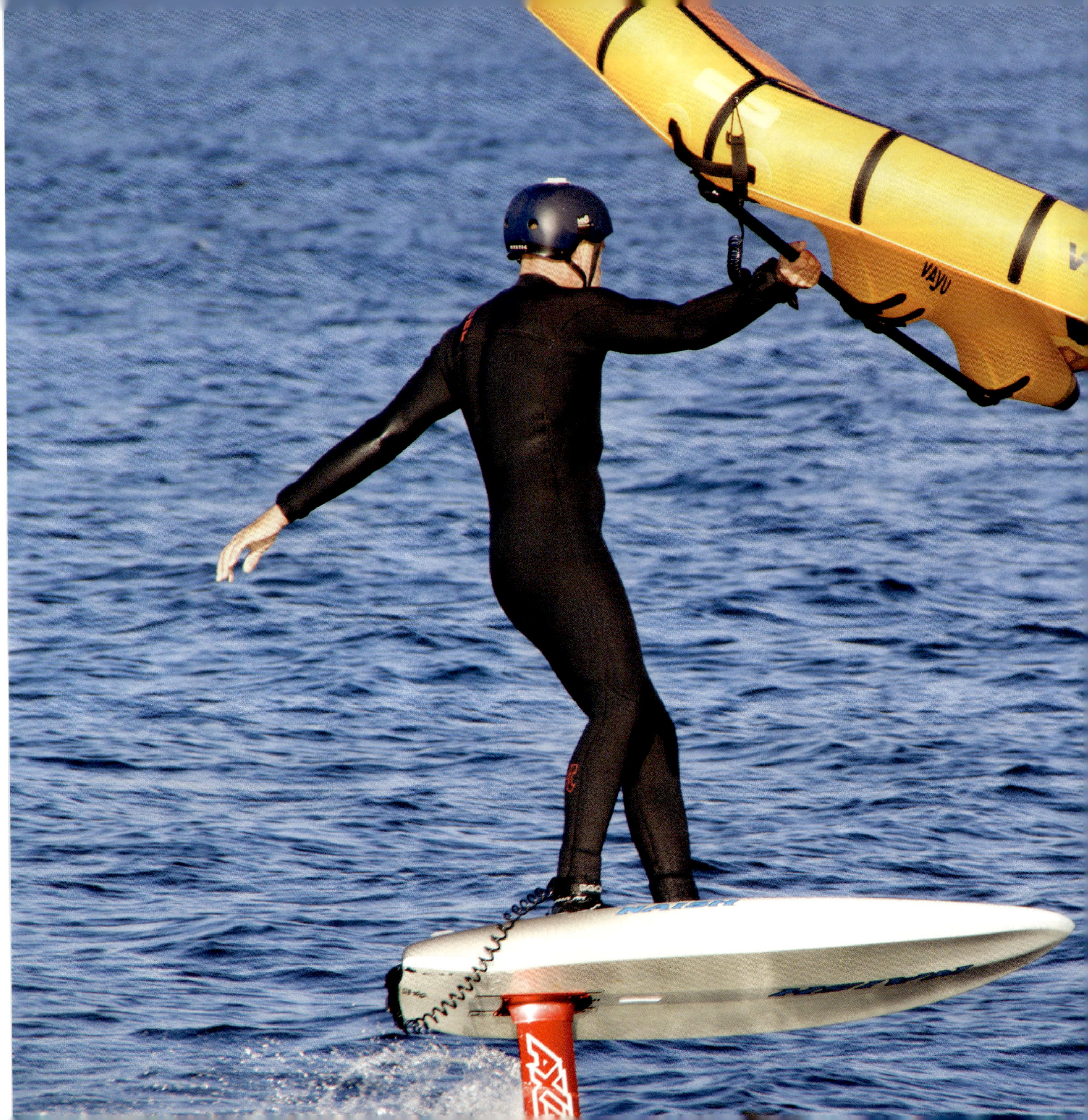
VAYU
NAISH

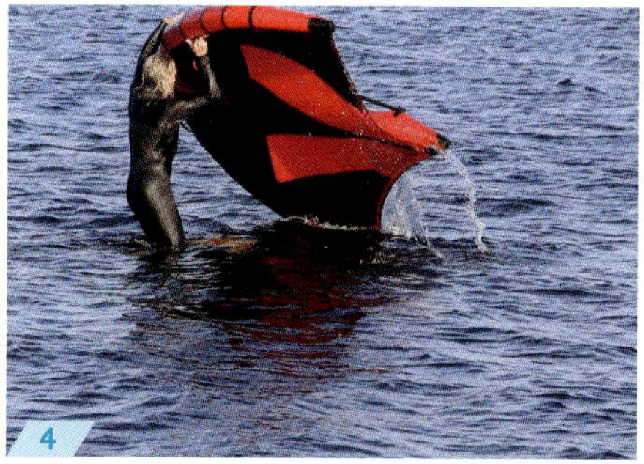

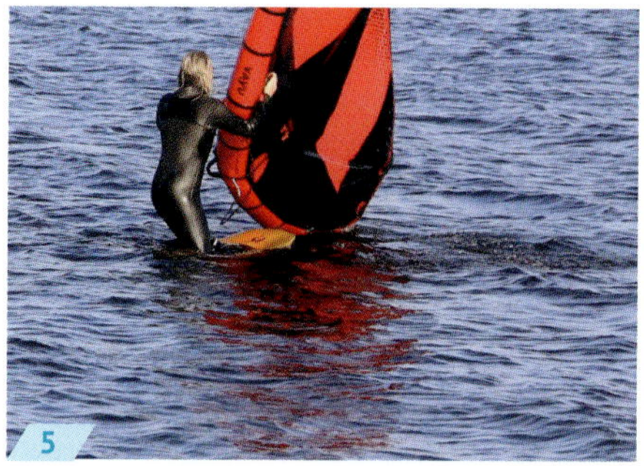

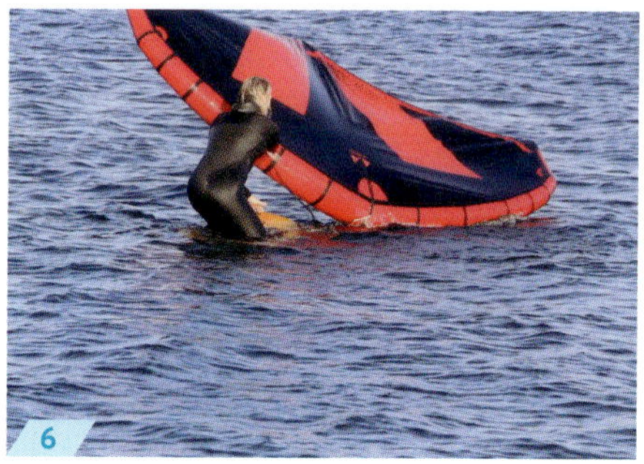

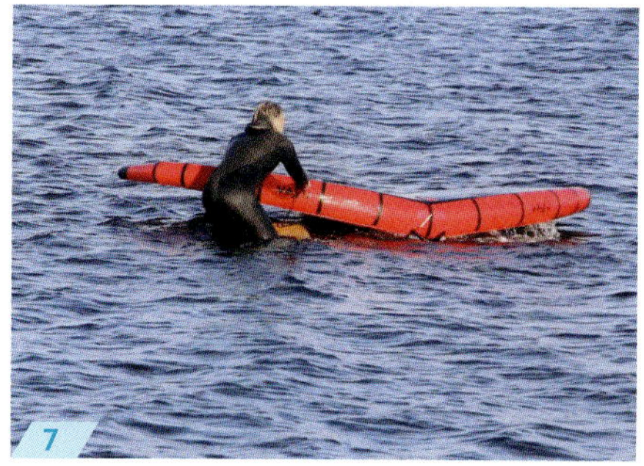

Selbstrettung auf dem Wasser

Auch auf unglückliche Situationen auf dem Wasser solltest du dich schon vor der ersten Session vorbereiten. Es kann sehr schnell vorkommen, dass du nicht mehr normal zurückwingen kannst und einen Plan B benötigst. Beispiele dafür sind:

- Der Wing ist geplatzt oder stark zerrissen und nicht mehr einsetzbar.
- Der Wind hat auf ablandig gedreht, sodass du mit Windunterstützung nicht mehr zum Ufer zurückkommst.
- Der Wind hat stark zugenommen und/oder es sind starke Sturmböen aufgekommen, bei denen das Wingen nicht mehr möglich ist.
- Der Wind ist völlig eingeschlafen und Wingen funktioniert einfach nicht mehr.

Entsprechend der jeweiligen Situation können verschiedene Rettungsmanöver eingesetzt werden.

Rettungsmanöver 1

Zu starker Wind: Versuche gegebenenfalls auf den Knien oder auch im Sitzen zurückzuwingen. Gelingt das nicht, versuche es mit Rettungsmanöver 2 oder 3.

Rettungsmanöver 2

Der Wind hat auf ablandig gedreht oder ist eingeschlafen: Lege dich bäuchlings auf das Board, und klemme den Wing mit deinen Füßen ein. Hier gibt es zwei Varianten.

Variante 1: Drehe den Wing auf den Rücken, und klemme ihn zwischen deinen Füßen und dem Board ein, indem die Füße von oben über die Fronttube greifen. Die Strut befindet sich dabei zwischen den Füßen (2).

Variante 2: Lege den Wing mit den Schlaufen nach unten über deine Unterbeine und winkele diese nach oben an, sodass die Füße unter das Tuch greifen. Die Fronttube liegt dann quasi auf deinen Waden. Bei dieser Version ist die Gefahr recht groß, dass der Wind unter den Wing greift und er wegfliegt. Daher solltest du entweder die Mitteltube zwischen den Füßen festklemmen oder einen Fuß auf den Wing legen und so die Fronttube zwischen den Füßen einklemmen (3).

Hast du eine der Positionen eingenommen, kannst du mit den Armen Richtung Ufer bzw. aus der Gefahrenzone herauspaddeln.

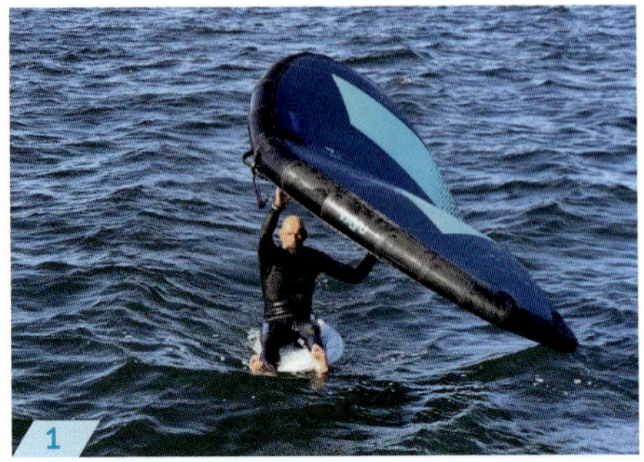
1

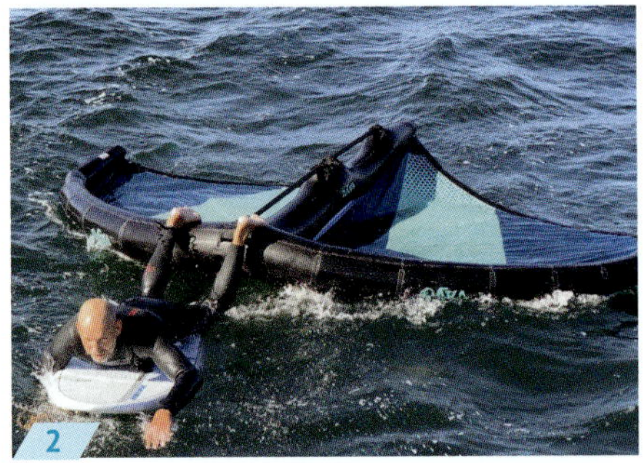
2

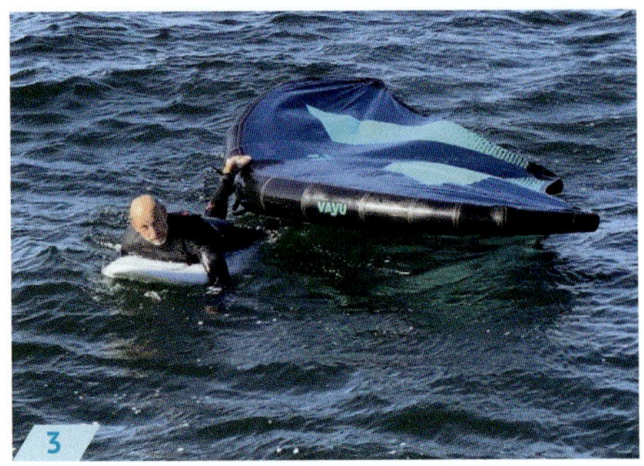
3

Bild 1: Rettungsmanöver 1 – im Sitzen sicher zurückziehen lassen.

Bild 2, 3: Rettungsmanöver 2 – auf dem Board liegend zurückpaddeln.

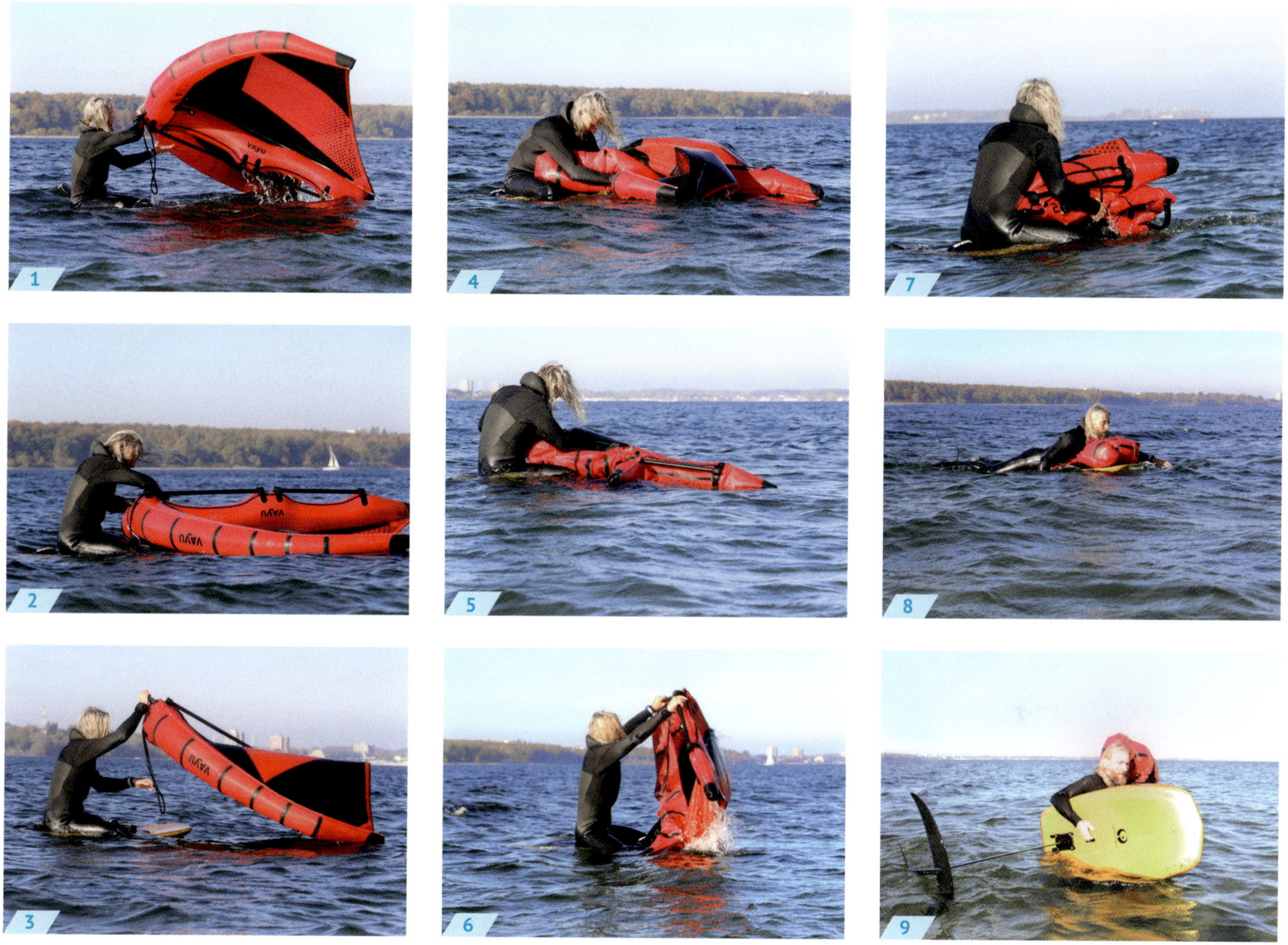

Bildserie 1–9: Rettungsmanöver 3 – Self-Rescue bei zu starkem Wind oder kaputtem Wing.

Rettungsmanöver 3

Der Wing ist kaputt, der Wind viel zu stark oder ein problemloses Zurückpaddeln mit dem Wing zwischen den Füßen, wie unter Punkt 2 beschrieben, funktioniert nicht: Drehe den Wing auf den Rücken. Lass die Luft heraus. Schließe das Ventil nach Möglichkeit wieder. Falte/rolle den Wing so gut wie möglich zusammen. Binde die Leash um das Bündel, sodass sie sich möglichst nicht mehr löst. Lege dich danach bäuchlings auf das Board mit dem Wingbündel unter der Brust und paddel dann mit den Armen zum nächstgelegenen Ufer.

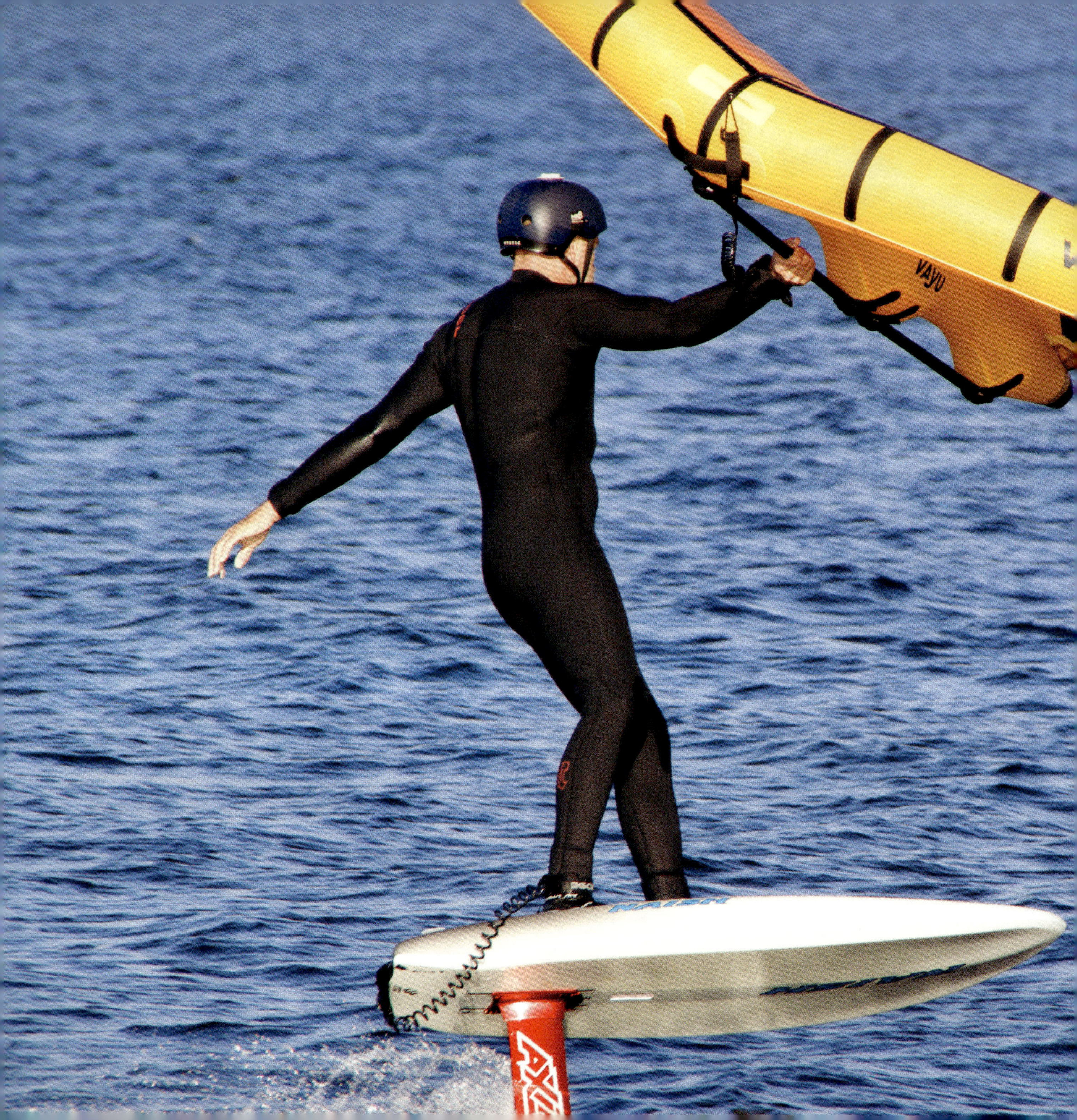
VAYU
NAISH

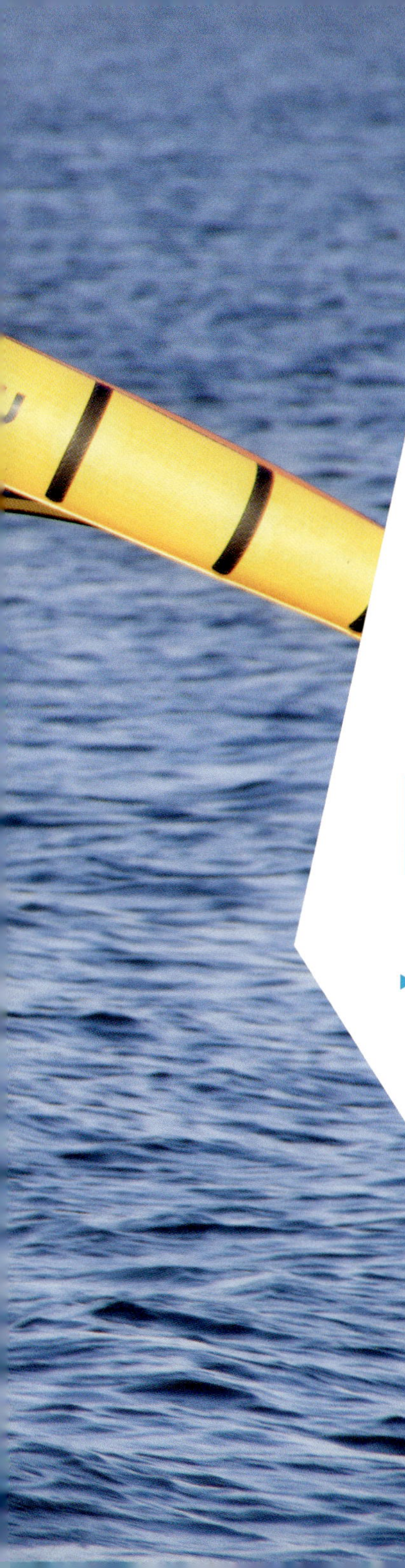

V. DIE BASISMANÖVER BEIM WINGFOILEN

V. Die Basismanöver beim Wingfoilen

Du hast die ersten Schritte getan und kannst mit dem SUP-Board einigermaßen sicher fahren bzw. mit dem Wingfoilboard sicher starten und landen? Dann wird es Zeit, die ersten Basismanöver zum Fahrtrichtungswechsel einzuüben.

Die beiden grundlegenden Manöver beim Wingfoilen sind – wie bei anderen Wassersportarten auch – die Halse und die Wende.

Sie werden als Basismanöver bezeichnet, weil sie die beiden entscheidenden Möglichkeiten beinhalten, wie du dich durch den Wind drehen und damit die Fahrtrichtung grundlegend ändern kannst. Außerdem bauen eine Reihe weiterer Manöver auf sie auf.

Für die jeweilige Ausführung gibt es zum Teil unterschiedliche (Teil-)Techniken. Diejenigen, die sich bisher in dieser noch jungen Sportart am meisten durchgesetzt haben, werden wir hier vorstellen.

Bevor wir in die Beschreibung der einzelnen Manöver und ihrer Techniken einsteigen, möchten wir dir folgende Empfehlungen ans Herz legen:

- Verinnerliche die Wind- und Fahrtrichtungen sowie die grundlegenden Arten von Richtungswechseln! Spätestens bei den Manövern wird ein umfassendes Verständnis der Windrichtung sowie der daraus resultierenden Fahrtrichtungen und Fahrtrichtungsänderungen unabdingbar. Lies dazu gern noch einmal weiter vorn ▶ im Kapitel „Wingsurfen mit dem SUP-Board“ nach.
- Führe Trockentrainings durch! Bevor du eine neue Technik auf dem Wasser probierst, solltest du, wie schon bei den ersten ersten Schritten zum Wingfoilen, immer erst einige Trockenübungen am Strand oder im Garten durchführen. Da die Bewegung vor allem bei Wind im Stehen meist nicht so gut funktioniert, hilft es, wenn du in Richtung Lee (downwind) gehst oder läufst – meist in einem Halbkreis, analog zur Fahrtrichtungsänderung auf dem Wasser. Bist du gut und sicher auf dem Skateboard oder auf Inlinern unterwegs, kannst du es auch damit üben. Helm, Knie- und Ellenbogenschützer nicht vergessen! Das kommt der Situation auf dem Wingboard sicher am Nächsten. In jedem Fall empfiehlt sich zum Üben ein möglichst kleiner Wing. Die Wing-Tips kommen dann nicht so leicht auf dem Boden auf. Bei den nachfolgenden Erklärungen zu den Manövern werden wir zunächst das Trockentraining in detaillierten Schritten beschreiben.
- Schalte dein Kopfkino ein! Schaue dir die neuen Bewegungen und deren Abfolge zunächst auf Bildern, im Video und/oder bei anderen Fahrern an. Stelle dir dann möglichst häufig – zum Beispiel vor dem Einschlafen – vor deinem geistigen Auge vor, wie du diese selbst durchführst. Auch wenn du die Manöver schon aktiv ausprobiert hast, hilft diese Technik dir dabei, sie weiter zu verbessern und zu optimieren.
- Gut Ding will Weile haben! Gehe langsam und bedacht an neue Schritte heran. Wähle dein eigenes Tempo, und lass dich nicht durch einen eventuell schnelleren Fortschritt anderer unter Druck setzen. Geduld und Zeit sind wichtig – auch um der Sicherheit willen.
- Better be safe than sorry! Trage unbedingt Sicherheitsausrüstung, also mindestens Helm und Prallschutzweste. Besonders bei neuen Bewegungsabläufen geht häufiger mal etwas schief, und man stürzt oft unglücklicher. Helm und Weste können das Schlimmste verhindern.

Foto: Frithjof Blaasch

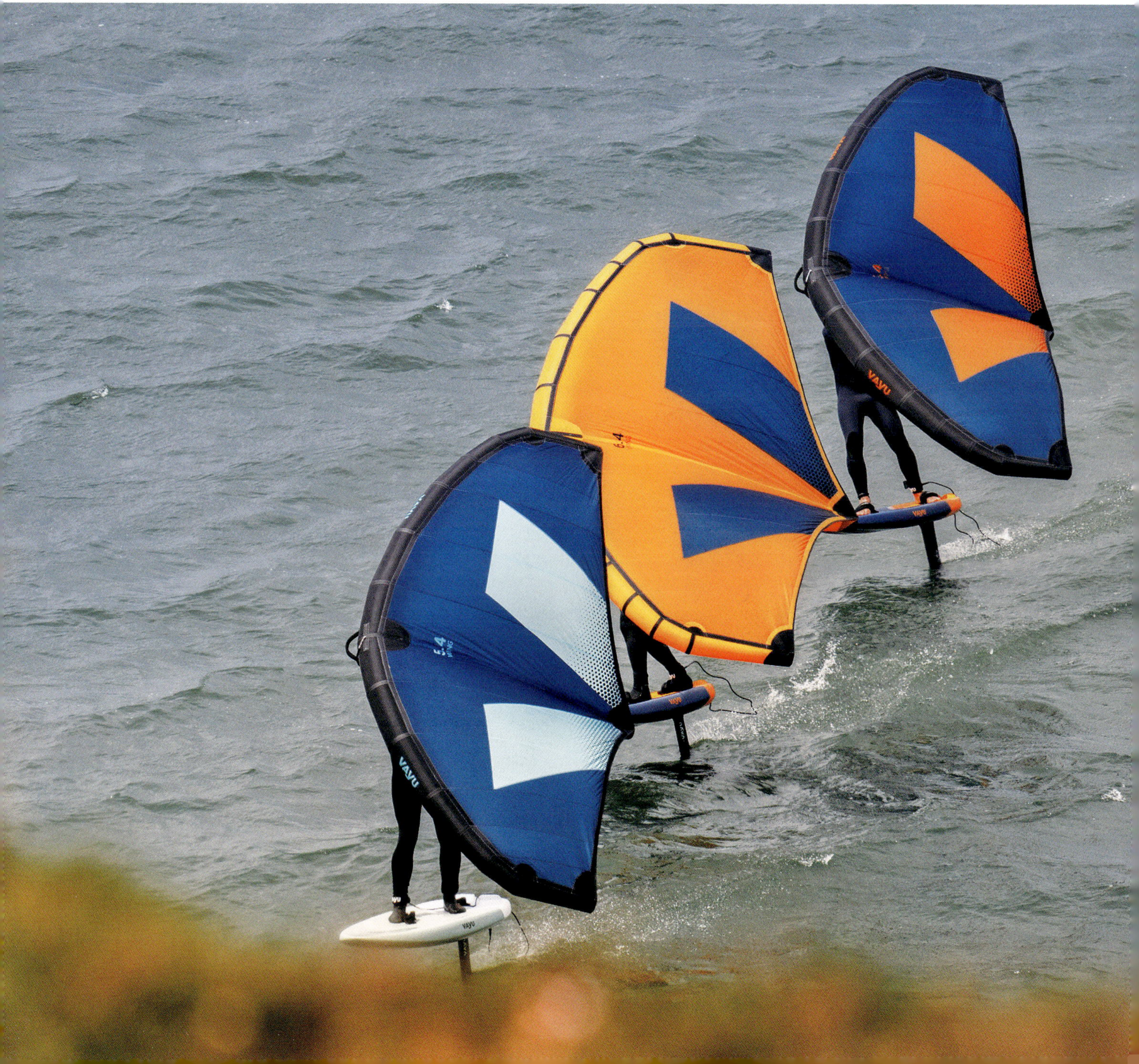
VAYU

Wingfoil-Halse

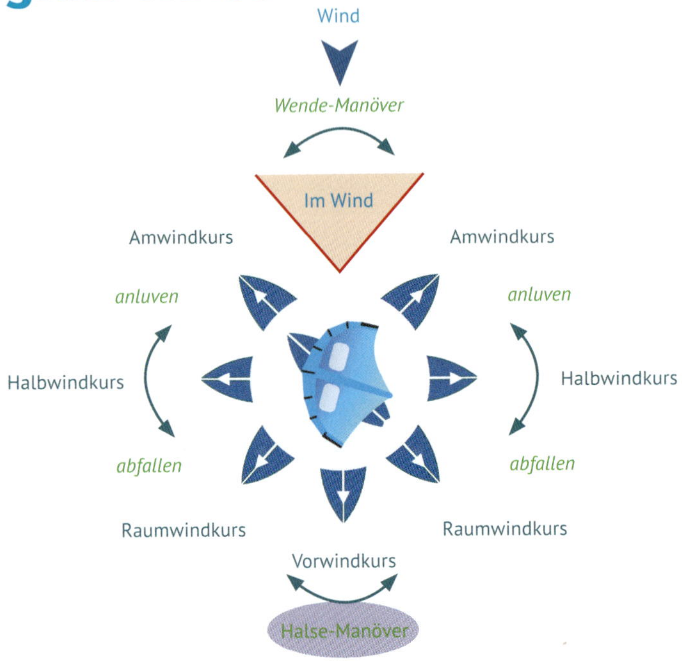

Die Wingfoil-Halse (engl. Jibe) ist das erste Manöver, das du üben und lernen solltest. Die Halse ist ein klassisches Downwind-Manöver. Das heißt, zur Einleitung des Manövers fährst du zunächst in Windrichtung und drehst dich mit dem Rücken bzw. dem Heck deines Boards durch den Wind.

Wie immer lohnt sich auch hier im ersten Schritt ein Trockentraining am Strand oder im Garten, bevor du das Manöver auf dem Wasser und auf dem Foil probierst. Wir fokussieren dabei zunächst die Handhabung des Wings, die Handarbeit. Die Veränderung der Fußstellung bzw. die Körperdrehung während des Manövers lassen wir zunächst außen vor.

Trockentraining – die Handarbeit

Die einzelnen Schritte für das Trockentraining der Halse sehen wie folgt aus:

- Gehe zunächst in die Ausgangsstellung, und richte dich so aus, wie du bei einem Amwindkurs normalerweise auf dem Board stehst. Dein bevorzugter vorderer Fuß steht vorn auf der Luv-Seite und zeigt im circa 45-Grad-Winkel in Fahrtrichtung. Der hintere Fuß steht etwas mehr als schulterbreit, leicht nach außen abgewinkelt. Die Hüfte ist in Fahrtrichtung leicht eingedreht. Der Wind kommt von schräg vorn.
- Nimm den Wing an der Neutral Handle in die Lee-Hand (windabgewandte Seite) und lass ihn auswehen, sodass er seitlich, halb schräg nach hinten im Wind steht.
- Bringe nun den Wing in die Ausgangsposition schräg über den Kopf. Dies erfolgt über den Kreuzgriff: Die Lee-Hand geht nach oben, die Luv-Hand greift die vordere Handschlaufe an der Strut bzw. an den vorderen Teil des Booms. Die Lee-Hand lässt die Neutral Handle los und greift die hintere Handschlaufe bzw. an den hinteren Teil des Booms.
- Während der nachfolgenden Schritte gehe bitte langsam in einem Halbkreis (circa 180–200 Grad) downwind (Richtung Lee). Der einfallende Wind wandert dabei entlang deiner Schulter von der einen auf die andere Seite.
- Mit dem Wing in der Ausgangsposition gehst du nun langsam in den Halbkreis. Während du gehst drehst du den Wing in die Senkrechte – die Luv-Hand wandert nach oben, die Lee-Hand nach unten. Der Wing sollte etwa senkrecht stehen, wenn du auf der Hälfte des Halbkreises (circa 90 Grad) angekommen bist. Der Wind kommt dann direkt von hinten.
- Während du gehst, und kurz bevor du auf der Hälfte des Halbkreises angekommen bist, lässt du die hintere Hand (Lee-Hand) los.

- Die hintere Hand (Lee-Hand) greift dann an die vordere Handschlaufe.
- Die bisherige Luv-Hand übergibt und greift – während du weitergehst – an die hintere Handschlaufe. Sie wird nun zur aktiven Lee-Hand.
- Kurz bevor der Halbkreis abgeschlossen ist, holt die hintere (aktive) Hand dicht, und du drehst dich weiter, bis du dich wieder im Amwindkurs befindest. Der Wind kommt wieder schräg von vorn, nun allerdings von der anderen Seite.

Trockentraining – die Fußarbeit

Auf die Fußstellung haben wir bisher kaum geachtet. Sie ist aber sehr wichtig und wird durch folgende wesentliche Faktoren beeinflusst:

- Beim Halse-Manöver dreht sich das Board um mindestens 180 Grad (vom Amwind- bzw. Halbwindkurs in den Amwind- bzw. Halbwindkurs).
- Der Fahrer bleibt mit seinen Füßen dabei fest auf dem Board stehen.
- Der Wing wandert bei dem Manöver auf die andere Seite; die Position der Hände wird vertauscht.

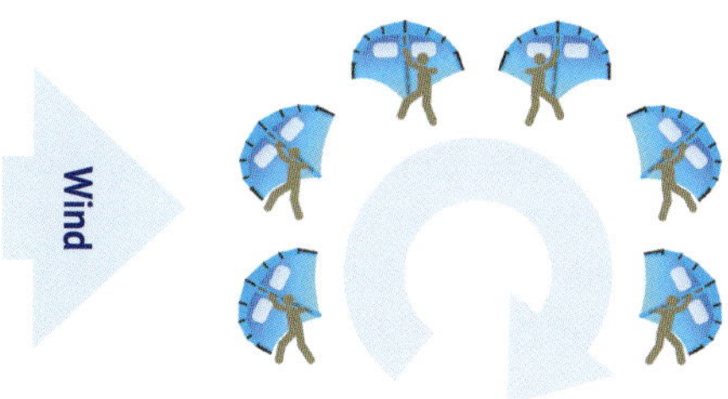

Trockentraining für die Halse.

Da das Board sich dreht, der Wing auf die andere Seite wandert, die Füße aber fest stehen bleiben, muss der Rest des Körpers diese Veränderung ausgleichen. In der Folge ist der Körper des Fahrers also stark eingedreht. Schulter und Füße stehen nicht in derselben Richtung. Diese Position wird beim Wingfoilen als Switch-Foot-Stellung (Switch Stance) bezeichnet: Die Füße stehen umgekehrt zur Richtung der Schulter und Arme. Der vordere Fuß steht in Lee.

Du kannst beim Trockentraining alternativ üben, entweder in der finalen Position wieder in sauberer Ausgangsstellung zu stehen oder die Switch-Foot-Stellung einzunehmen:

- In der neuen Ausgangsstellung steht der zuvor hintere leeseitige Fuß nun auf der Luv-Seite vorn und zeigt im circa 45-Grad-Winkel in Fahrtrichtung. Der zuvor vorn stehende luvseitige Fuß steht auf der Lee-Seite etwas mehr als schulterbreit, hinten leicht nach außen abgewinkelt. Die Hüfte ist in Fahrtrichtung leicht eingedreht.
- In der Switch-Foot-Stellung stehst du umgekehrt. Der luvseitige Fuß ist hinten, der leeseitige Fuß vorn. Die Hüfte ist dabei sehr stark eingedreht, sodass die Luv-Seite der Hüfte nach hinten zeigt.

Hilfreich ist auch ein Springen von der Ausgangsstellung in die Switch-Foot-Stellung – und umgekehrt. Der Wing bleibt dabei auf einer Seite stehen; es erfolgt also keinerlei Handarbeit. Das Springen ist eine gute Vorbereitung für mögliche Fußwechsel, die du später auf dem Board durchführst.

Solltest du das Trockentraining auf dem Skateboard durchführen, kannst du die Fußarbeit auf dem Board besonders gut üben. Wenn du in der Ausgangsstellung startest, wirst du nach der Halse automatisch in Switch-Foot-Position stehen. Danach kannst du die Halse gleich andersherum üben. Dabei wirst du merken, dass die Halse aus der Switch-Foot-Stellung heraus viel einfacher funktioniert: Du kommst nämlich wieder in die Ausgangsstellung zurück, was sich natürlicher anfühlt.

Die Halse-Drehung aus der Ausgangsstellung in die Switch-Foot-Stellung wird auch als Durchführung des Manövers in Toe-Side bezeichnet. Das heißt, die Drehung erfolgt so, dass deine Zehen (engl. toe) sich auf den Innenseite der Kurve befinden. Das Gegenteil wird als Heel-Side-Drehung bezeichnet. Diese kommt zustande, wenn du aus der Switch-Foot-Stellung die Halse in Richtung der Fersen (engl. heels) durchführst. Diese befinden sich dann auf der Innenseite der Kurve. Danach stehst bzw. fährst du wieder in der Ausgangs- oder Normalstellung.

!

Trockentraining: Halse.

Webcode: 5010

Hast du die Handhabung des Wings sowie gegebenenfalls die Fußarbeit im Trockentraining geübt und sitzen die Bewegungsabläufe einigermaßen, kannst du aufs Wasser gehen.

Training auf dem Wasser

Vergegenwärtige dir zunächst noch einmal: Die Halse ist ein klassisches Downwind-Manöver. Das heißt, zur Einleitung des Manövers fährst du zunächst in Windrichtung und drehst dich mit dem Rücken bzw. dem Heck deines Boards durch den Wind.

Auf dem Wasser angekommen, probiere es zunächst in Verdrängerfahrt (Foil bleibt unter Wasser), oder übe auf einem SUP-Board ohne Foil.

Auch wenn du bereits sicher foilen kannst, hilft es zu Beginn, wenn du zur Einleitung der Halse eine kurze Landung einfügst, dann das Manöver durchführst und schließlich wieder startest. Am Anfang wird das noch recht langsam erfolgen. Mit der Zeit wird es aber immer flüssiger, mit sehr kurzen Landephasen, gelingen. Schließlich wirst du überhaupt nicht mehr landen und stattdessen durchfoilen.

Um sicher auf dem Foil zu bleiben und die Halse durchzufoilen, solltest du auf folgende Punkte besonders achten:

1. Gehe mit ausreichend Geschwindigkeit in die Halse.
2. Verlagere dein Gewicht während des Manövers eher nach vorn, belaste den vorderen Fuß.

Der Bewegungsablauf für die Hände und den Wing entspricht weitestgehend der Abfolge, wie wir sie für das Trockentraining und das Wingen mit dem SUP beschrieben haben.

Hinzu kommt nun die Arbeit mit den Füßen auf dem Board. Grundsätzlich lassen sich, bezogen auf die Fußarbeit, zwei Varianten der Halse unterscheiden:

1. Ohne Fußwechsel – der Fahrer bleibt vor oder nach der Halse in Switch-Foot-Stellung stehen.
2. Mit Fußwechsel – der Fahrer wechselt vor oder nach der Halse aus der Ausgangsstellung in die Switch-Foot-Stellung oder umgekehrt.

Halse ohne Fußwechsel

Bei der Halse ohne Fußwechsel bleibst du durchgängig in einer Fußposition stehen. Du bleibst also in der Position stehen, in der du gerade fährst – entweder den Luv-Fuß oder den Lee-Fuß vorn. Das bedeutet, dass du entweder vor der Halse bereits in Switch-Foot-Stellung fährst oder diese Stellung nach der Halse automatisch eingenommen hast. Der Vorteil, das Manöver ohne einen Fußwechsel durchzuführen, liegt darin, dass du dich nur auf den Wechsel der Fahrtrichtung und auf das Umgreifen am Wing konzentrieren musst. Du sparst dir also eine weitere Bewegung und reduzierst etwas Unruhe beim Manöver. Hier die einzelnen Schritte für die Halse ohne Fußwechsel:

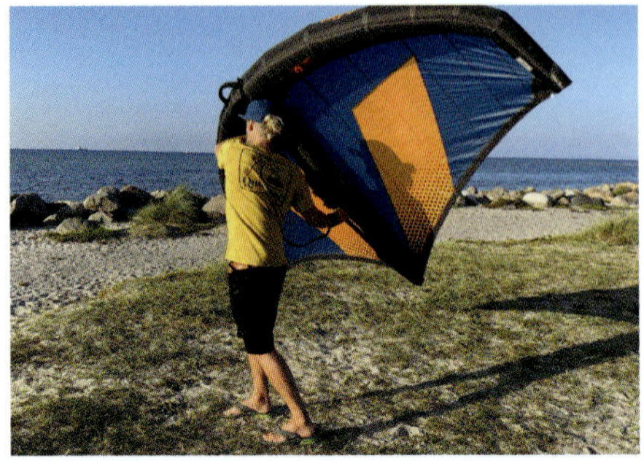

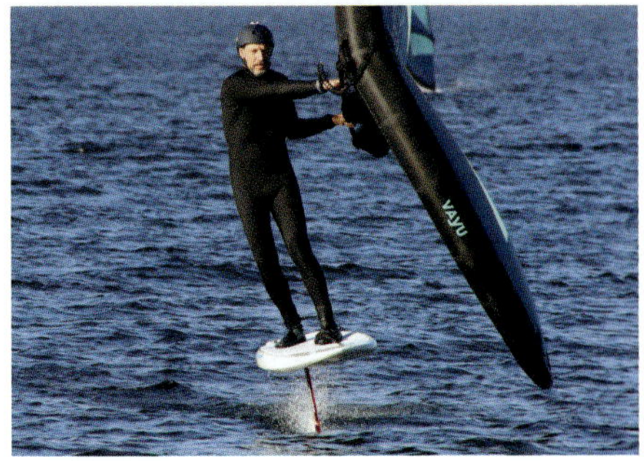

Voraussetzung für erfolgreiche Manöver: sichere Switch-Foot-Stellung.

1. Du fährst im Amwind- oder Halbwindkurs.
2. Durch leichtes Abfallen nimmst du noch etwas mehr Fahrt auf.
3. Dann lässt du dich weiter abfallen und gehst in Richtung Lee in die Kurve. Die vordere Hand bewegt sich dabei mit dem Wing nach oben, sodass die Strut senkrechter steht.
4. Etwa in der Hälfte der Kurve lässt die hintere Hand den Wing los und greift an die vordere Schlaufe.
5. Die vordere Hand übergibt die vordere Schlaufe.

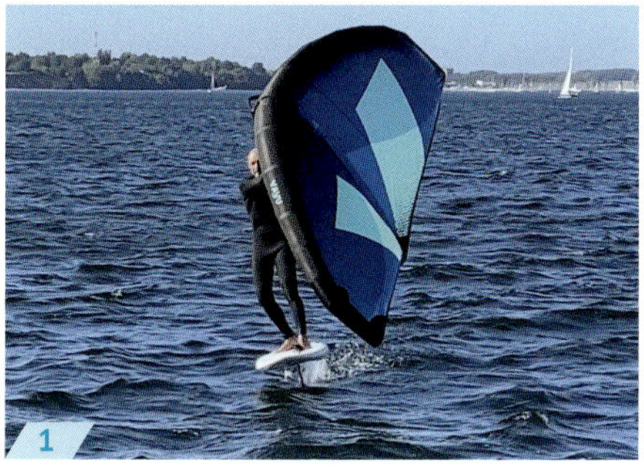

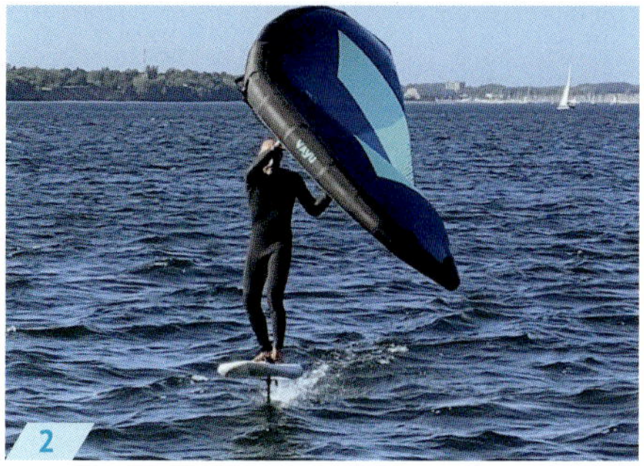

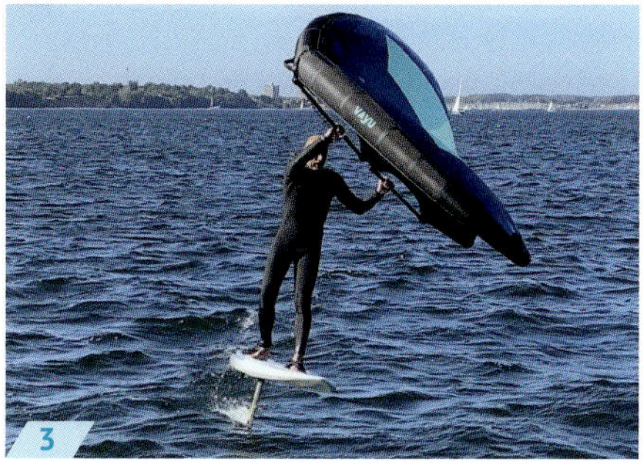

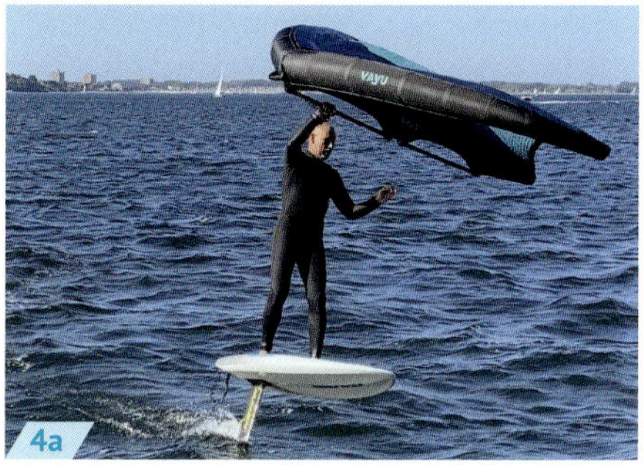

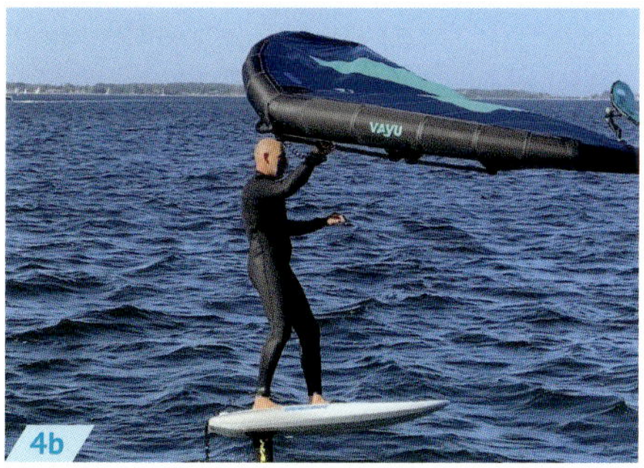

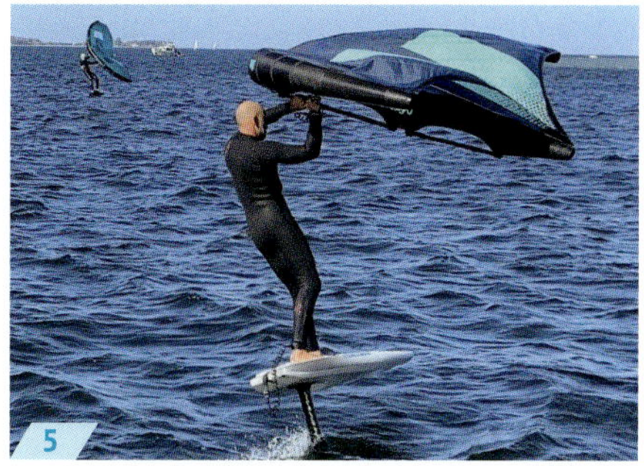

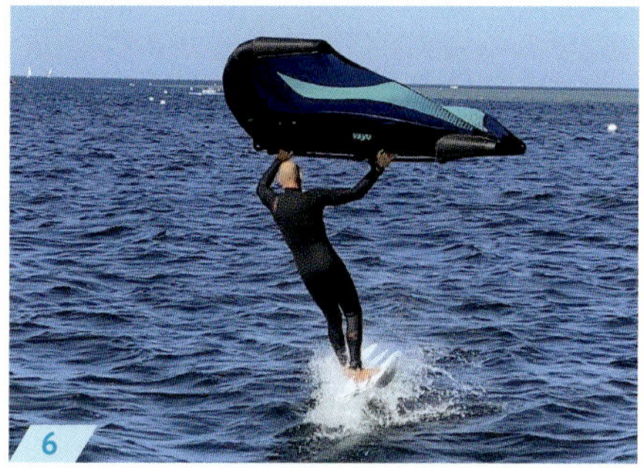

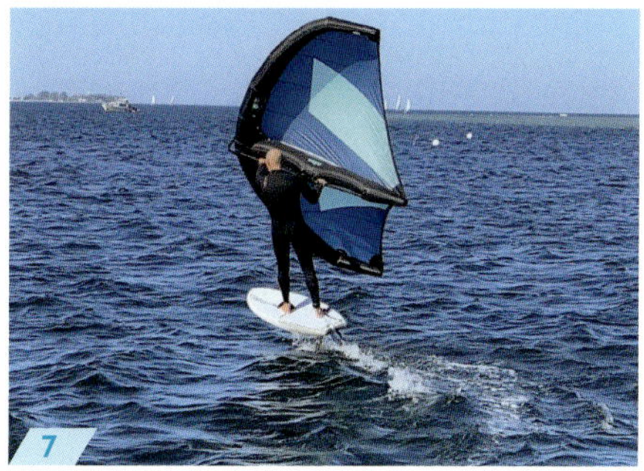

Bildserie 1–7: Halse ohne Fußwechsel.

6. Die nun freie Hand greift die hintere Schlaufe (bzw. an den hinteren Bereich des Booms).
7. Durch Heranziehen der hinteren Hand wird nun das Anluven unterstützt, und du nimmst wieder Fahrt auf. Hast du vorher in Normal- bzw. Ausgangsstellung gestanden, so fährst du nun in Switch-Foot-Stellung weiter. Im umgekehrten Fall kommst du aus der Switch-Foot- in die Ausgangsstellung. So wie es hier in der Bildserie zu sehen ist.

Halse mit Fußwechsel

Gerade am Anfang fühlt es sich für die meisten Fahrer sehr komisch an, Switch-Foot zu fahren. Die Steuerung von Board und Wing ist plötzlich ganz anders und – zumindest am Anfang – deutlich schwieriger. Ein Fußwechsel sorgt dann dafür, dass du wieder richtig stehst und Kontrolle zurückerlangst.

!

Die Halse ohne Fußwechsel.

Webcode: 5011

Der Fußwechsel vor oder nach der Halse ermöglicht dem Fahrer, die meiste Zeit in der richtigen bzw. für den Körper angenehmeren Stellung zu fahren. D. h., der vordere Fuß befindet sich fast immer auf der Luv-Seite. Die Schulter und die Arme zeigen dabei in dieselbe Richtung. Der Vorteil liegt darin, dass es in der Normalstellung auf dem Board in der Regel leichter ist, einen ausgeprägten Amwindkurs zu fahren. Das Höhelaufen gelingt damit besser. Besonders bei Wettkämpfen kann dies sehr hilfreich sein. Anders als in der Switch-Foot-Stellung, bei der der Körper recht stark verdreht ist, erreicht der Fahrer meist eine höhere Stabilität und mehr Sicherheit auf dem Board. Er hat es damit besser unter Kontrolle.

Die Halse mit Fußwechsel funktioniert im Prinzip analog zu den oben beschriebenen Schritten. Sie sind im Grunde lediglich ergänzt um die Veränderung der Fußpositionen. Entweder unmittelbar vor oder direkt nach dem Manöver wäre also der Fußwechsel als Schritt null bzw. neun anzufügen. Der Unterschied zur Version ohne Fußwechsel liegt darin, dass du am Ende nicht Switch-Foot weiterfährst, sondern aufgrund des Fußwechsels wieder normal zu Wing und Wind ausgerichtet auf dem Board stehst.

Fußwechsel nach dem Halsen (Switch-Foot aus der Halse)

Hast du die Halse, wie oben beschrieben, vollzogen und stehst Switch-Foot, nimmst du zunächst wieder Fahrt auf und stabilisierst so das Board. Danach kann ein schneller Fußwechsel erfolgen. Zu Beginn empfiehlt es sich, das Board ganz kurz zu landen und auf dem Wasser weiterzufahren. Dann kann der Fußwechsel blitzschnell durchgeführt und das Board wieder nach oben gezogen werden. Für den Wechsel nimm den hinteren Fuß nach vorn in seine neue Position. Du stehst nun kurz mit beiden Füßen parallel auf dem Board, bevor du den zuvor vorderen Fuß auf die hintere Position stellst. Ärgere dich nicht, wenn dies nicht sofort klappt. Je länger du foilst, auch wenn es nur geradeaus ist, desto mehr entwickelst du ein Gefühl für das Verhalten des Foils.

Beherrschst du dies, kannst du den Fußwechsel auch im Fliegen durchführen. Dafür sollte vor dem Fußwechsel das Board kurz vorn belastet bzw. leicht nach unten gestupst werden. Dies verhindert, dass das Board durch den reduzierten Druck während des Fußwechsels nach oben zieht und das Foil aus dem Wasser schießt.

Je besser du wirst, desto häufiger kann der Fußwechsel durch Umspringen erfolgen. Stelle den Wing dafür kurz auf neutral, um den Druck rauszunehmen, und springe dann um.

Fußwechsel vor dem Halsen (Switch-Foot in die Halse)

Der Fußwechsel erfolgt noch bevor das eigentliche Halse-Manöver eingeleitet wird. Du startest also Switch-Foot. Dies ist aber die deutlich schwierigere Variante!

Hilfreich ist es, für den Fußwechsel leicht abzufallen, weil dann die für die Switch-Foot-Stellung erforderliche (Ver-) Drehung des Körpers nicht ganz so stark ausfallen muss.

Viele Fahrer bereiten den Fußwechsel auch vor, indem sie den vorderen und den hinteren Fuß kurz vor dem springenden Wechsel langsam dichter zusammenschieben. Dann ist der erforderliche Sprung nicht ganz so groß.

Ein wesentlicher Vorteil des Fußwechsels vor dem Halsen besteht darin, dass du die Halse dann Heel-Side, also über die Ferse durchführst. Den meisten Fahrern fällt es leichter, das Board in dieser Richtung zu steuern, weil die Zielposition die natürlichere Stellung auf dem Board ist. Du stehst also bei diesem Manöver unmittelbar nach dem Richtungswechsel sofort wieder richtig. Das macht es leichter, das Board und den Wing zu kontrollieren. Du kannst schneller wieder Fahrt aufnehmen. Vor allem bei wenig Wind ist das vorteilhaft, weil es einfacher ist, mehr Druck aufzubauen. Auch das gegebenenfalls erforderliche Pumpen, um wieder mehr Fahrt aufzunehmen, geht in normaler Stellung deutlich einfacher als in der Switch-Foot-Position.

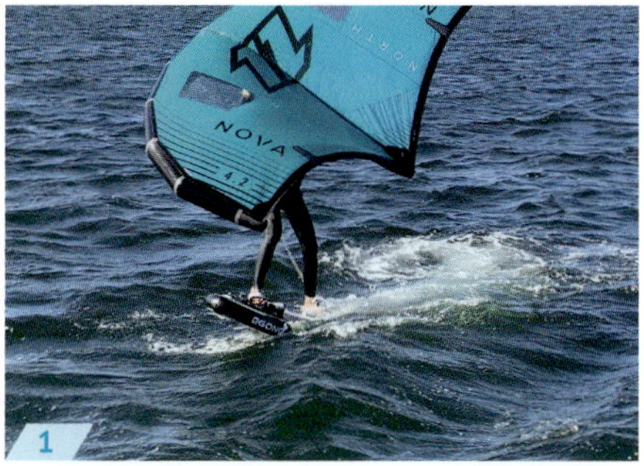

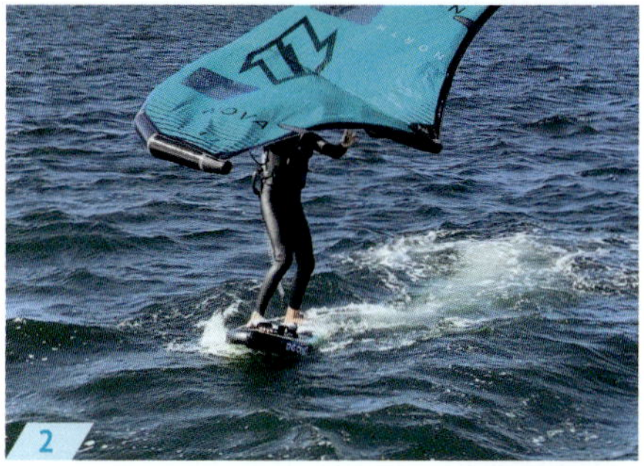

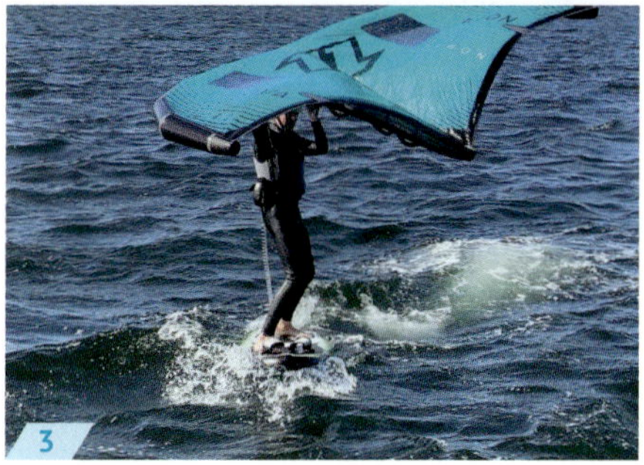

Tipp: „Ich falle während der Halse oft nach hinten über."

Konzentriere dich darauf, dein Gewicht auf den vorderen Fuß zu verlagern.

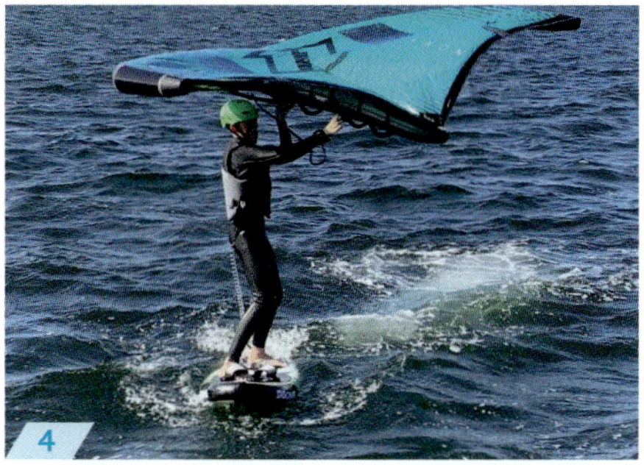

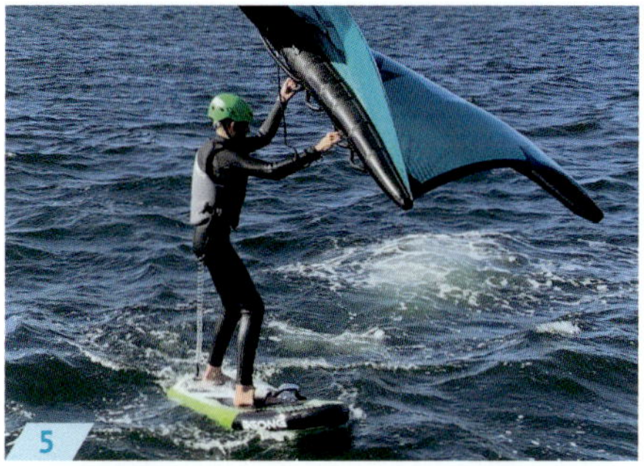

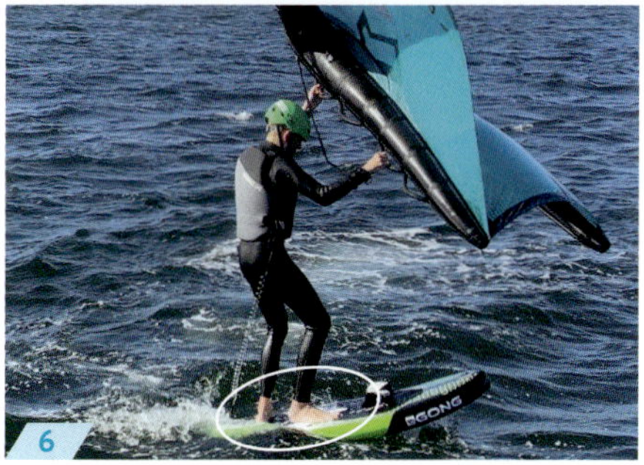

„Ich komme nicht um die Kurve herum oder falle während des Manövers ins Wasser."

Konzentriere dich auf das Board und die Kurvenfahrt. Lasse den Wing los, und beachte ihn erst wieder, wenn du ihn nach der Kurvenfahrt greifen willst.

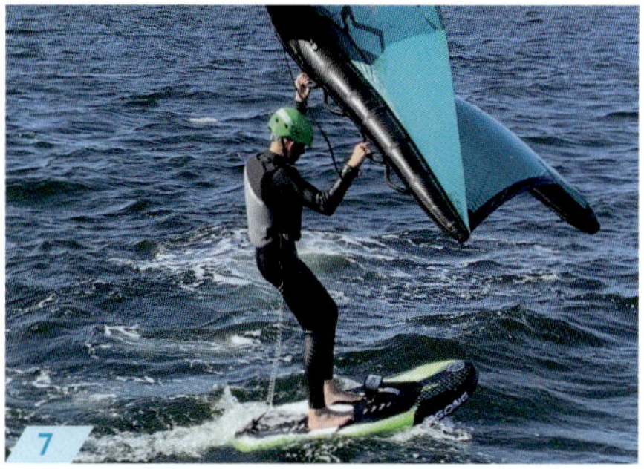

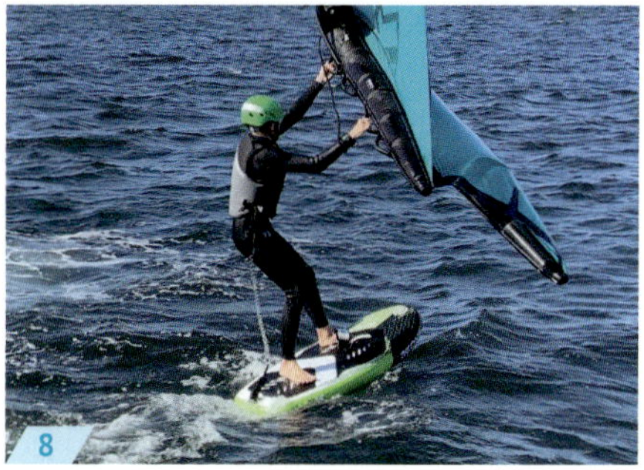

Wie auf den Bildern zu sehen ist, landet Jonathan zunächst, um dann in der Ausgangs- bzw. Normalstellung in die Halse zu fahren (1, 2). Dann vollzieht er die Halse (3, 4, 5), führt einen Fußwechsel durch (6, 7) und fährt schließlich wieder in Ausgangs- bzw. Normalstellung weiter (8).

Switch-Foot-Fahren.

Webcode: 5012

Wie funktioniert der Fußwechsel?

Webcode: 5013

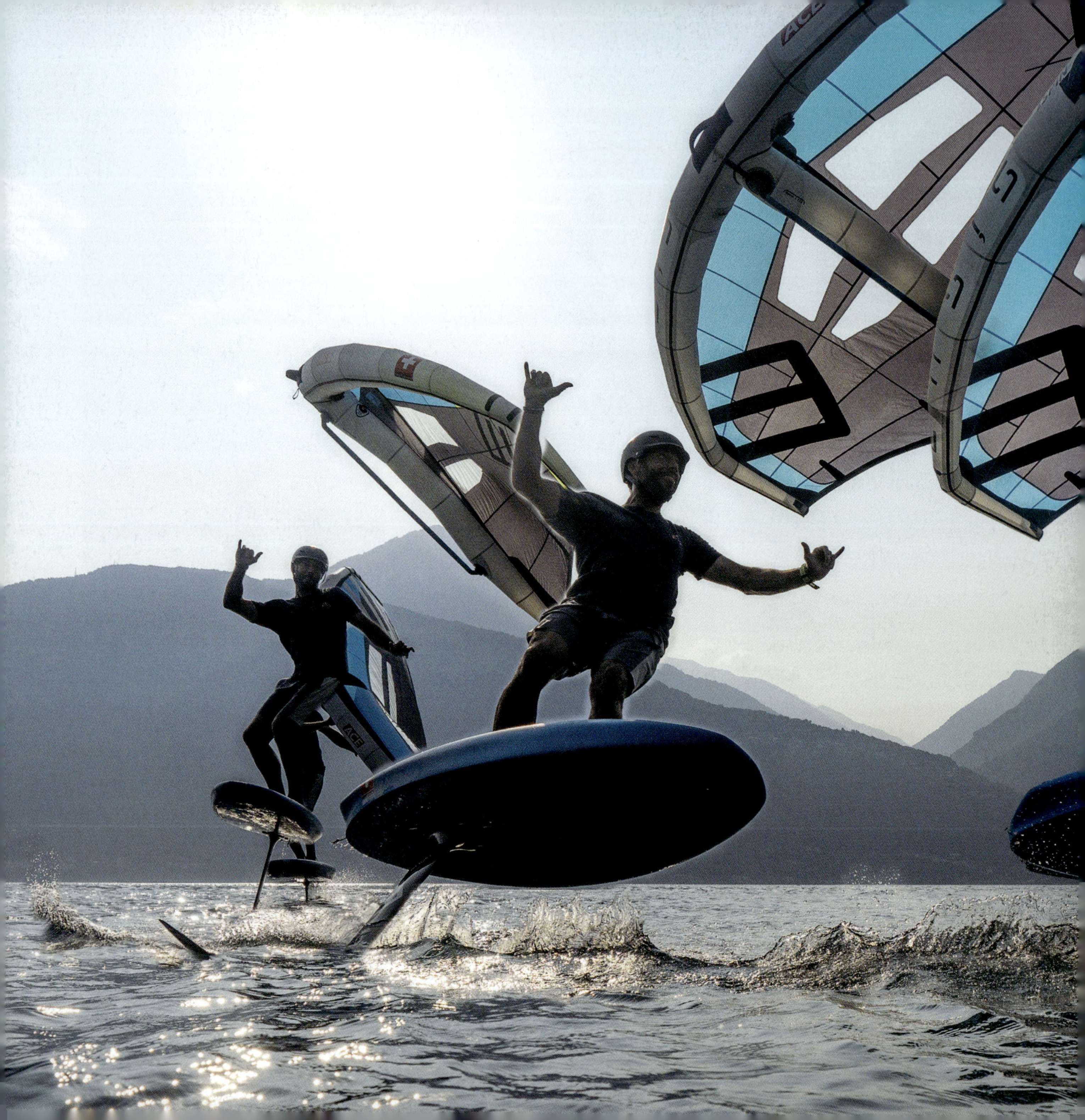
ACE
ACE

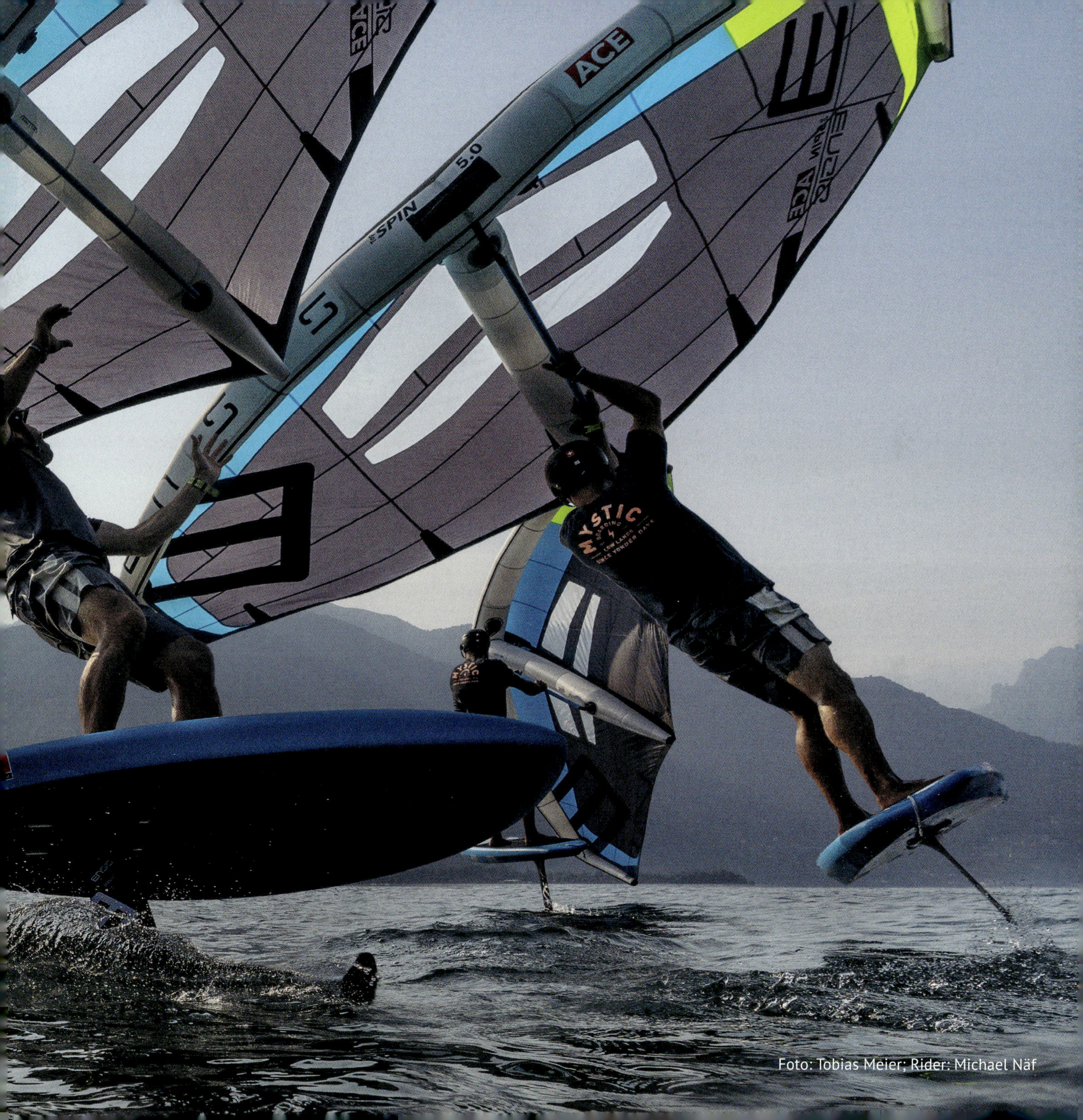

Foto: Tobias Meier; Rider: Michael Näf

Wingfoil-Wende

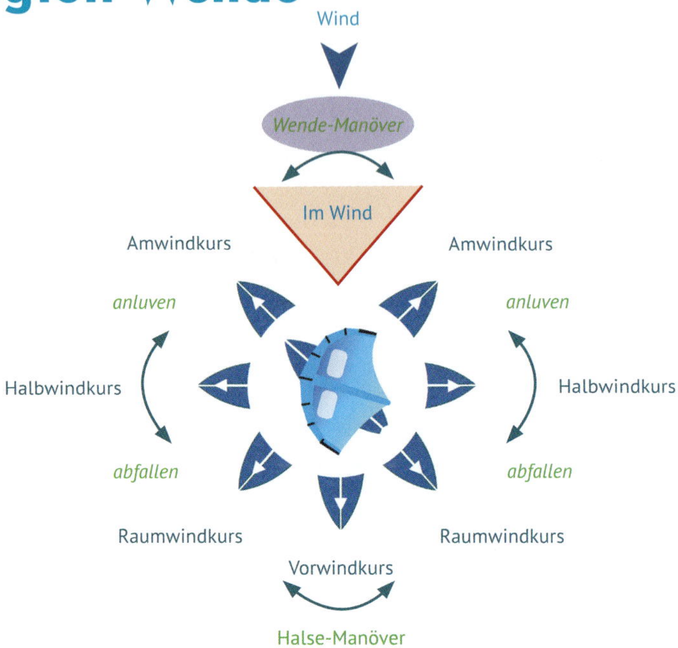

Die Wende ist das zweite grundlegende Manöver, das du dir aneignen solltest. Im Gegensatz zur Halse erfolgt der Fahrtrichtungswechsel nicht mit dem Wind, sondern gegen den Wind. Das heißt, die Spitze deines Boards dreht sich durch den Wind.

Genau wie bei der Halse kann die Wende sowohl in der Switch-Foot-Stellung als auch im normalen Stand angefahren werden, wobei die Switch-Foot-Variante einfacher ist.

Wie bei der Halse ergibt auch hier ein Trockentraining Sinn, bevor es aufs Wasser geht.

Trockentraining – die Handarbeit

Die einzelnen Schritte für das Trockentraining der Wende sehen wie folgt aus:

1. Gehe zunächst in die Ausgangsstellung, und richte dich so aus, wie du bei einem Amwindkurs normalerweise auf dem Board stehst. Dein bevorzugter vorderer Fuß steht vorn auf der Luv-Seite und zeigt im circa 45-Grad-Winkel in Fahrtrichtung. Der hintere Fuß steht etwas mehr als schulterbreit, leicht nach außen abgewinkelt. Die Hüfte ist in Fahrtrichtung leicht eingedreht. Der Wind kommt von schräg vorn.
2. Nimm den Wing an der Neutral Handle in die Lee-Hand (windabgewandte Seite) und lass ihn auswehen, sodass er seitlich, halb schräg nach hinten im Wind steht.
3. Bringe nun den Wing in die Ausgangsposition schräg über den Kopf. Dies erfolgt über den Kreuzgriff: Die Lee-Hand geht nach oben, die Luv-Hand greift die vordere Handschlaufe an der Strut bzw. an den vorderen Teil des Booms; die Lee-Hand lässt die Neutral Handle los und greift die hintere Handschlaufe bzw. an den hinteren Teil des Booms.
4. Während der nachfolgenden Schritte gehe bitte langsam in einem Halbkreis (circa 180–200 Grad) upwind (Richtung Luv). Der einfallende Wind wandert dabei über deine Brust.
5. Den Wing in der Ausgangsposition, gehst du nun langsam gegen den Wind in den Halbkreis. Während du gegen den Wind gehst, bringe den Wing über deinen Kopf.
6. Der Arm der Luv-Hand ist nahezu gestreckt und nur leicht gebogen. Der Arm sollte sich etwas vor deinem Kopf, befinden, sodass du die Fronttube immer sehen kannst.
7. Während du gehst, lässt du nach dem ersten Viertel des Halbkreises (auf circa 45 Grad) die hintere Hand (Lee-Hand) los. Halte den Wing weiter einhändig auf der Lee-Seite, oberhalb deines Kopfes, und lass ihn auswehen.

8. Gehe weiter bis zum Scheitelpunkt des Halbkreises. Der Wind kommt jetzt von vorn. Bringe den Wing mittig über deinen Kopf. Greife mit der freien Hand an die vordere Schlaufe und lass mit der anderen Hand los. Die bisher freie Hand wird zur Luv-Hand.
9. Gehe weiter. Der Wind kommt jetzt von der anderen Seite. Bringe den Wing nun mit der neuen Luv-Hand leeseitig schräg über dir nach vorn. Nicht vergessen: Du musst die Fronttube immer sehen können.
10. Im weiteren Verlauf des Halbkreises, etwa im letzten Viertel, greifst du mit der freien Hand (die neue Lee-Hand) an die hintere Position.
11. Hole dicht, und bringe den Wing wieder in die Ausgangsposition.

Trockentraining – die Fußarbeit

Bei der vorstehenden Laufübung haben wir die Fußstellung weitgehend außer Acht gelassen. Sie ist aber sehr wichtig und wird – wie schon bei der Halse erläutert – durch folgende wesentliche Faktoren beeinflusst:

- Beim Wende-Manöver dreht sich das Board um mindestens 180 Grad, vom Amwind- bzw. Halbwindkurs in den Amwind- bzw. Halbwindkurs.
- Der Fahrer bleibt mit seinen Füßen dabei fest auf dem Board stehen.
- Der Wing wandert bei dem Manöver auf die andere Seite; die Position der Hände wird vertauscht.

Da das Board sich dreht, die Füße aber fest stehen bleiben und der Wing zugleich auf die andere Seite geht, muss der Rest des Körpers diese Veränderung ausgleichen. In der Folge ist der Körper des Fahrers also stark eingedreht. Schulter und Füße stehen nicht in derselben Richtung. Diese Position wird beim Wingfoilen als Switch-Foot-Stellung bezeichnet: Die Füße stehen umgekehrt zur Richtung der Schulter und Arme. Der vordere Fuß steht in Lee. Du kannst beim Trockentraining alternativ üben, entweder in der finalen Position wieder in sauberer Ausgangsstellung zu stehen oder die Switch-Foot-Stellung einzunehmen:

- In der neuen Ausgangsstellung steht der zuvor hintere leeseitige Fuß nun auf der Luv-Seite vorn und zeigt im circa 45-Grad-Winkel in Fahrtrichtung. Der zuvor vorn stehende luvseitige Fuß steht auf der Lee-Seite etwas mehr als schulterbreit, hinten leicht nach außen abgewinkelt. Die Hüfte ist in Fahrtrichtung leicht eingedreht.
- In der Switch-Foot-Stellung stehst du umgekehrt. Der luvseitige Fuß ist hinten, der leeseitige Fuß vorn. Die Hüfte ist dabei sehr stark eingedreht, sodass die Luv-Seite der Hüfte nach hinten zeigt.

Hilfreich ist auch ein Springen von der Ausgangsstellung in die Switch-Foot-Stellung – und umgekehrt. Der Wing bleibt dabei auf einer Seite stehen; es erfolgt also keinerlei Handarbeit. Das Springen ist eine gute Vorbereitung für mögliche Fußwechsel, die du später auf dem Board vornimmst.

Solltest du das Trockentraining auf dem Skateboard durchführen, kannst du die Fußarbeit auf dem Board besonders gut üben. Wenn du in der Ausgangsstellung startest, wirst du nach der Wende automatisch in Switch-Foot-Position stehen. Danach kannst du die Wende auch gleich andersherum üben. Dabei wirst du auch merken, dass die Wende (wie schon die Halse) aus der Switch-Foot-Stellung heraus viel einfacher funktioniert: Du kommst nämlich wieder in die Ausgangsstellung zurück, was sich natürlicher anfühlt.

Die Wende-Drehung aus der Ausgangsstellung in die Switch-Foot-Stellung wird auch als Durchführung des Manövers in Toe-Side bezeichnet. Das heißt, die Drehung erfolgt so, dass deine Zehen (engl. toe) sich auf der Innenseite der Kurve befinden. Das Gegenteil wird als Heel-Side-Drehung bezeichnet. Diese kommt zustande, wenn du aus der Switch-Foot-Stellung die Wende in Richtung der Fersen (engl. heels) durchführst. Diese befinden sich dann

! **Trockentraining: Wende.**

Webcode: 5020

auf der Innenseite der Kurve. Danach stehst bzw. fährst du wieder in der Ausgangs- oder Normalstellung.

Hast du die Handhabung des Wings sowie gegebenenfalls die Fußarbeit im Trockentraining geübt und sitzen die Bewegungsabläufe einigermaßen, kannst du aufs Wasser gehen.

Training auf dem Wasser

Vergegenwärtige dir zunächst noch einmal: Die Wende ist ein klassisches Upwind-Manöver. Das heißt, zur Einleitung des Manövers fährst du zunächst gegen den Wind und drehst dich mit der Brust bzw. dem Bug deines Boards durch den Wind.

Genau wie bei der Halse ist es auch bei der Wende sinnvoll, das Manöver zuerst in Verdrängerfahrt zu üben. Dies geht aber nur, wenn dein Board auch groß genug ist. Körpergewicht plus zehn Liter sollten es mindestens sein.

Um sicher auf dem Foil zu bleiben und die Wende durchzufoilen, solltest du auf folgende Punkte besonders achten:

1. Gehe mit ausreichend Geschwindigkeit in die Wende.
2. Verlagere dein Gewicht während des Manövers stark nach vorn, belaste den vorderen Fuß.
3. Achte darauf, dass du die Fronttube immer im Blickfeld hast.

Die Bewegungsabläufe für die Hände und den Wing entsprechen weitestgehend der für das Trockentraining beschriebenen Abfolge.

Hinzu kommt nun die Arbeit mit den Füßen auf dem Board. Grundsätzlich lassen sich – wie schon bei der Halse erläutert – bezogen auf die Fußarbeit zwei Varianten der Wende unterscheiden:

1. Ohne Fußwechsel – der Fahrer bleibt vor oder nach der Wende in Switch-Foot-Stellung stehen.
2. Mit Fußwechsel – der Fahrer wechselt vor oder nach der Wende aus der Ausgangsstellung in die Switch-Foot-Position oder umgekehrt.

Wende ohne Fußwechsel

Bei der Wende ohne Fußwechsel bleibst du durchgängig in einer Fußposition stehen. Du bleibst also in der Position stehen, in der du gerade fährst – entweder den Luv-Fuß oder den Lee-Fuß vorn. Das bedeutet, dass du entweder vor der Wende bereits in Switch-Foot-Stellung fährst oder diese Stellung nach der Wende automatisch eingenommen hast. Der Vorteil, das Manöver ohne einen Fußwechsel durchzuführen, liegt darin, dass du dich nur auf den Wechsel der Fahrtrichtung und auf das Umgreifen am Wing konzentrieren musst. Du sparst dir also eine weitere Bewegung und reduzierst etwas Unruhe beim Manöver.

Switch-Foot in die Wende

Gerade die Wende gelingt den meisten am Anfang deutlich leichter, wenn sie aus der Switch-Foot-Stellung (leeseitiger Fuß vorn) heraus in die Wende gehen.

Da ein Fußwechsel vor dem Manöver zusätzliche Unruhe und Unsicherheit bringt, empfehlen wir dir, zunächst aus dem Normalstand heraus eine Halse zu fahren. Danach stehst du in der Switch-Foot-Stellung und kannst in die Wende gehen.

Dies sind die Schritte für die Wende aus der Switch-Foot-Stellung heraus:

1. Du fährst in Switch-Foot-Position im Amwind- oder Halbwindkurs. Durch leichtes Abfallen und Dichtholen des Wings nimmst du noch etwas mehr Fahrt auf.
2. Dann luvst du an und lässt die hintere Hand los. Nimm den Wing mit der Stützhand und halte ihn auf der Luv-Seite schräg über deinem Kopf – die Fronttube immer im Blickfeld.
3. Fahre nun gegen den Wind in die Kurve. Zur Einleitung der Kurve belastest du deine Fußballen und vor allem den vorderen Fuß. Die Gewichtsverteilung liegt ungefähr bei 65 Prozent auf dem vorderen und 35 Prozent auf dem hinteren Fuß. Wie immer gehst du auch bei diesem Manöver leicht in die Knie. Der Oberkörper ist etwas zum Kurveninneren gelehnt. Die Brust zeigt in Richtung Kurvenmitte. Achte darauf, die Kurve nicht zu steil einzuleiten. Es soll eine schöne runde Kurve werden. Drehe den Kopf herum, und blicke über deine Schulter in die nach dem Manöver angestrebte Fahrtrichtung.

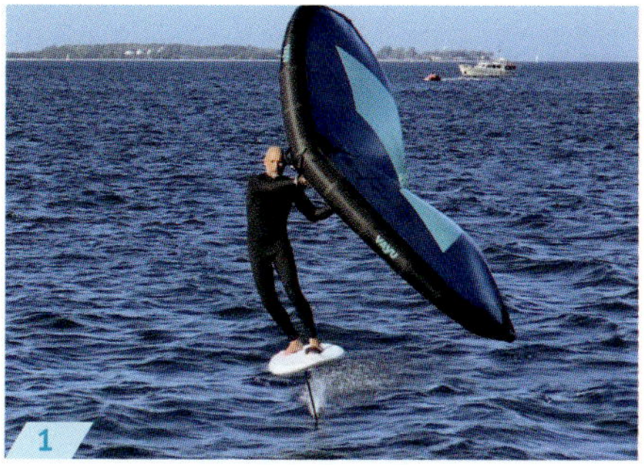

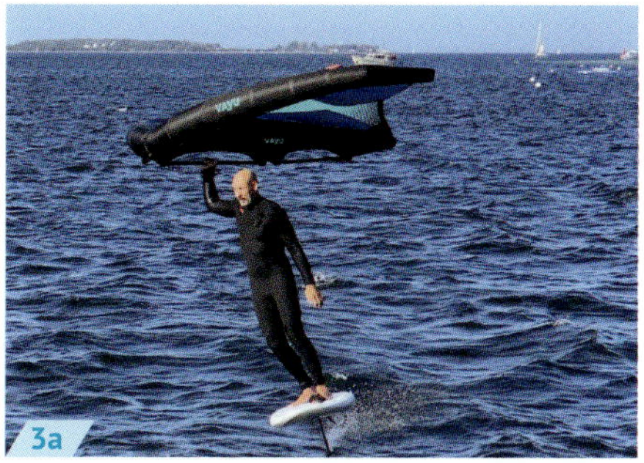

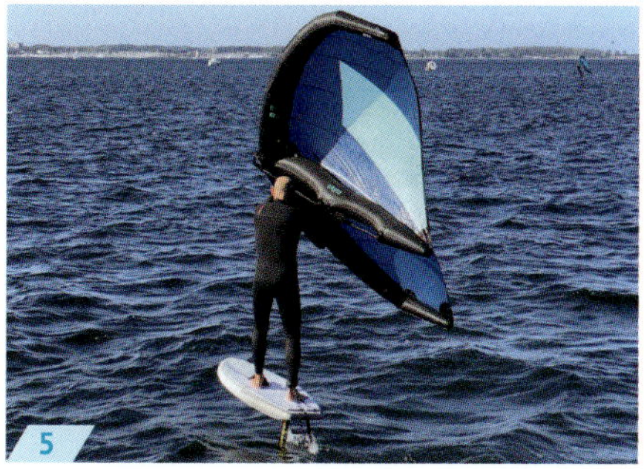

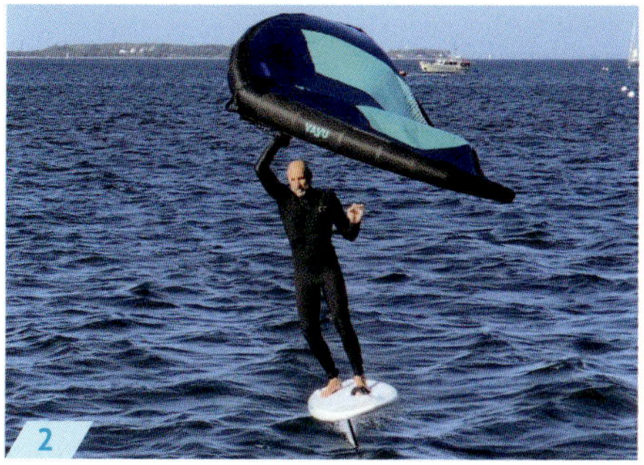

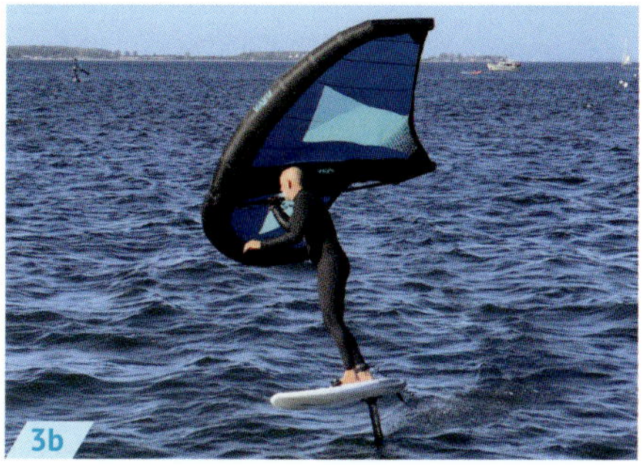

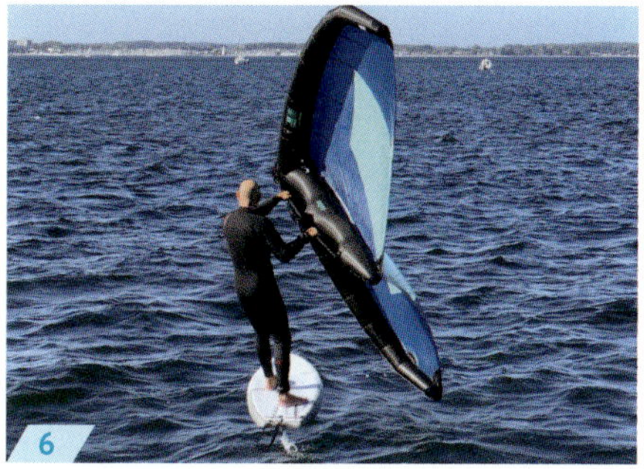

4. In der Mitte der Wende (90 Grad), wenn der Wind von vorn kommt, greifst du mit der freien Hand an die Fronttube. Die bisherige Luv-Hand lässt los. Fahre die Kurve weiter. Halte die neue Luv-Hand auf der Lee-Seite über deinem Kopf nach vorn gestreckt.
5. Im letzten Viertel der Kurve greifst du mit der neuen Lee-Hand den Wing und holst langsam wieder dicht. Achte darauf, den Radius der Kurve zu Ende zu fahren und die Kurve nicht abrupt zu beenden. Wichtig ist auch, dass du etwas mehr als 180 Grad herumfährst – und zwar so weit, bis du im Raumwindkurs fährst.

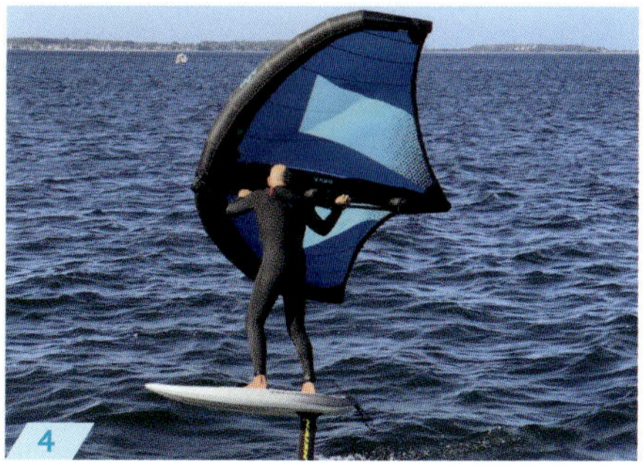

6. Richte dich neu aus, und versuche eine stabile Position einzunehmen.
7. Hast du dich stabilisiert, luvst du an und fährst im Amwindkurs wieder in der normalen Stellung (luvseitiger Fuß vorn) in die neue Fahrtrichtung.

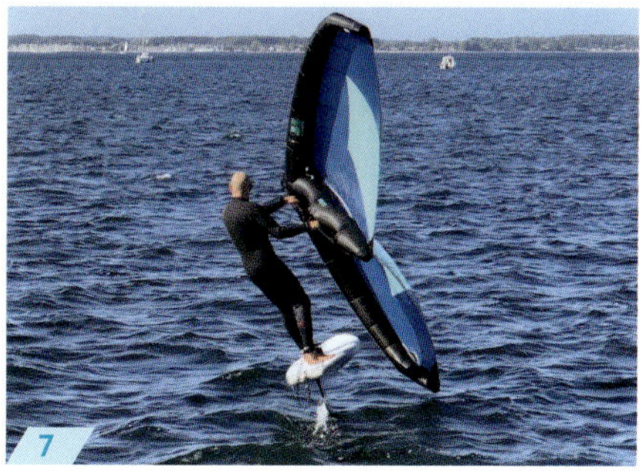

Bildserie 1–7:
Switch-Foot in die Wende.

Tipp:

- Du solltest die Fronttube während der gesamten Wende sehen können. Sie sollte sich im oberen Drittel deines Sichtfeldes befinden.
- Beuge deinen Oberkörper konsequent nach vorn.
- Belaste den vorderen Fuß, und drücke mit ihm das Board um die Kurve herum.
- Fahre die Kurve weit aus – mehr als 180 Grad.

Wende aus der Normalstellung

Natürlich funktioniert die Wende auch aus der Normal- bzw. Ausgangsstellung heraus. Der luvseitige Fuß steht zu Beginn also vorn; nach dem Manöver fährst du in Switch-Foot-Stellung weiter. Wie beschrieben, braucht diese Variante etwas mehr Übung.

Der zweite wesentliche Unterschied im Vergleich zur Wende aus der Switch-Foot-Position heraus liegt darin, dass du die Lee-Hand erst später loslässt, nämlich wenn du bereits circa 45 Grad der Kurve gefahren bist.

Dies sind die Schritte für die Wende aus der Normalstellung heraus:

1. Du fährst in Normalstellung im Amwindkurs. Durch leichtes Abfallen und Dichtholen des Wings nimmst du noch etwas mehr Fahrt auf.
2. Dann luvst du an, lässt aber die hintere Hand noch nicht los. Fahre nun gegen den Wind in die Kurve. Zur Einleitung der Kurve belastest du deine Fußballen und vor allem den vorderen Fuß. Die Gewichtsverteilung liegt ungefähr bei 65 Prozent auf dem vorderen und 35 Prozent auf dem hinteren Fuß. Wie immer gehst du auch bei diesem Manöver leicht in die Knie. Der Oberkörper ist etwas zum Kurveninneren gelehnt. Die Brust zeigt in Richtung Kurvenmitte. Achte darauf, die Kurve nicht zu steil einzuleiten. Es soll eine schöne runde Kurve werden. Drehe den Kopf herum, und blicke in die nach dem Manöver angestrebte Fahrtrichtung.
3. Etwa nach dem ersten Viertel der Kurve (circa 45 Grad) lässt du die hintere Hand los. Danach hältst du den Wing weiter mit der Stützhand auf der Luvseite schräg über deinem Kopf – die Fronttube immer im Blickfeld.
4. In der Mitte der Wende (90 Grad), wenn der Wind von vorn kommt, greifst du mit der freien Hand an die Fronttube. Die bisherige Luv-Hand lässt los.
5. Fahre die Kurve weiter. Halte die neue Luv-Hand auf der Lee-Seite über deinem Kopf nach vorn gestreckt.
6. Im letzten Viertel der Kurve greifst du mit der neuen Lee-Hand den Wing und holst langsam wieder dicht. Achte darauf, den Radius der Kurve vollständig bis zum Ende zu fahren und die Kurve nicht abrupt zu beenden. Nun fährst du in der Switch-Foot-Stellung (leeseitiger Fuß vorn) in die neue Fahrtrichtung.

Auch bei dieser Variante der Wende ist es wichtig, dass du die Fronttube während des gesamten Manövers sehen kannst. Sie sollte sich im oberen Drittel deines Sichtfeldes befinden.

Tipp: „Ich falle bei der Wende immer nach hinten über."

Dann befindet sich deine Luv-Hand wahrscheinlich zu weit hinter deinem Kopf und du hast dadurch zu viel Rückenlage. Du musst die Fronttube immer sehen können, dadurch befindet sich dein Arm automatisch an der richtigen Stelle und auch deine Gewichtsverteilung stimmt.

„Ich foile die Wende nicht durch."

Vermutlich änderst du beim Greifen/Dichtholen des Wings abrupt den Kurvenradius, indem du die Hüfte eindrehst. Durch den schnelleren Richtungswechsel kommt dein Foil aus dem Flug. Versuche daher, die ganze Wende in einem schönen runden Halbkreis zu fahren.

„Ich komme nur bis zur Mitte der Kurve."

Möglicherweise sind dein Kopf und deine Schulter nicht weit genug eingedreht. Blicke konsequent über die Schulter in die neue Fahrtrichtung.

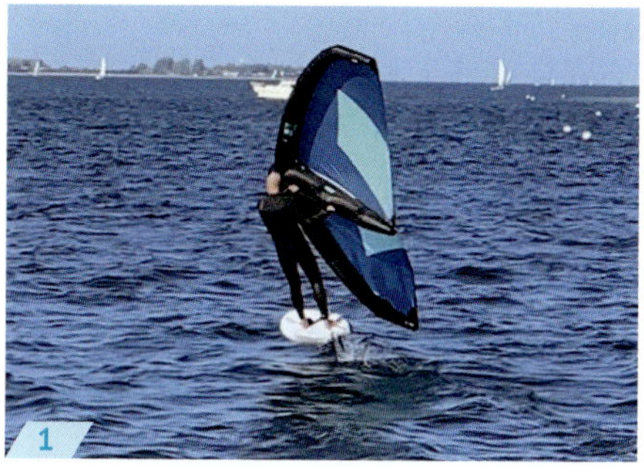

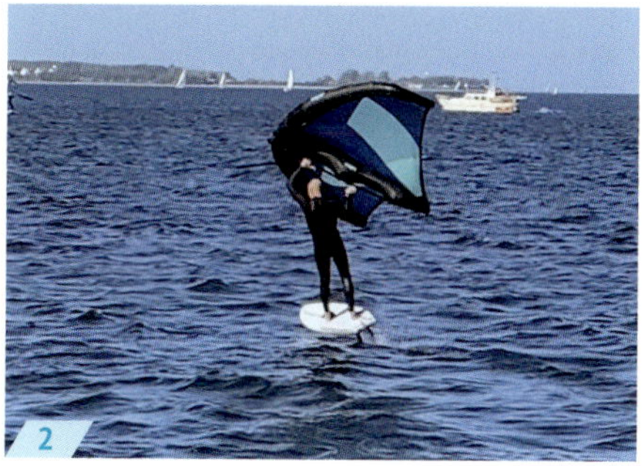

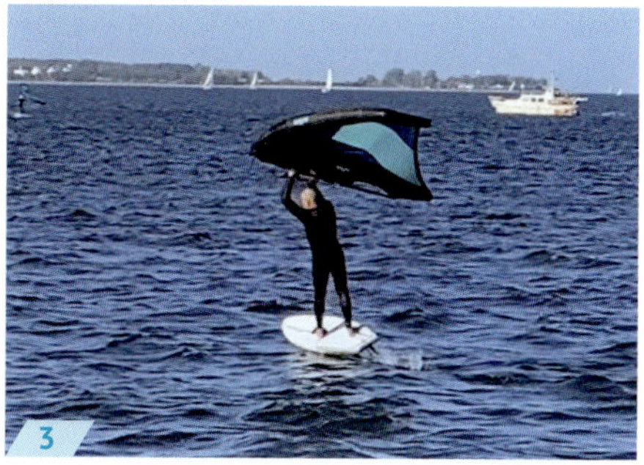

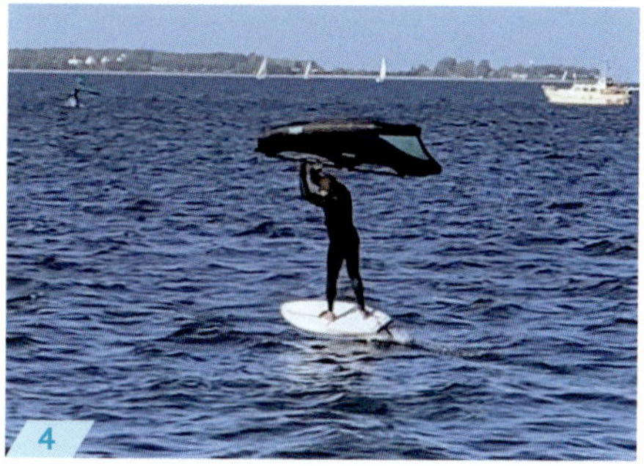

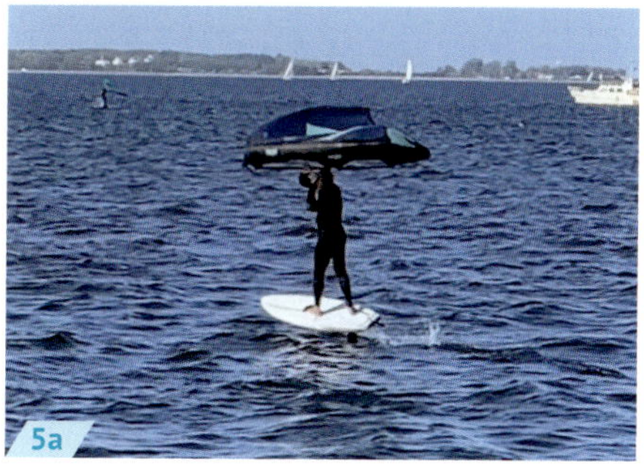

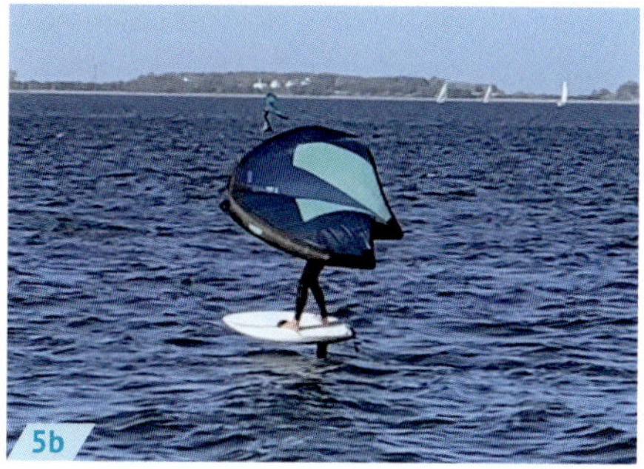

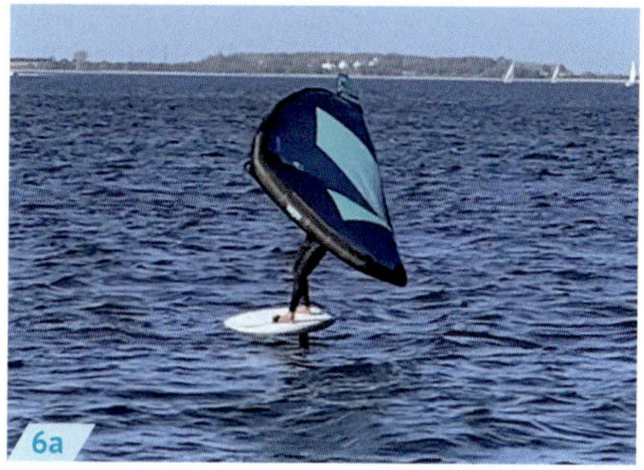

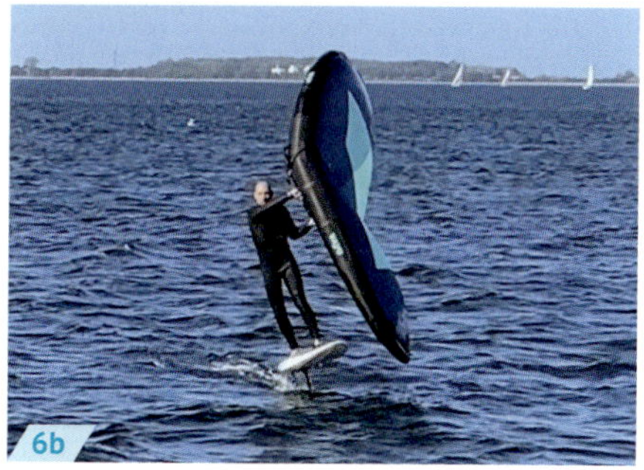

Bildserie 1 – 6b: Aus der Normalstellung in die Wende.

Wende mit Fußwechsel

Analog zur Halse kannst du deine Fahr-Performance mit gezieltem Fußwechsel positiv beeinflussen oder auch mehr Abwechslung in deine Manöver bringen.

Da zum Beispiel die Wende aus der Switch-Foot-Stellung heraus (Toe-Side gefahren) leichter ist, machen viele Fahrer vor der Wende einen Fußwechsel, stehen dann kurz in Switch-Foot-Position und kommen in Normalstellung aus dem Manöver heraus.

!

Basismanöver: die Wende.

Webcode: 5021

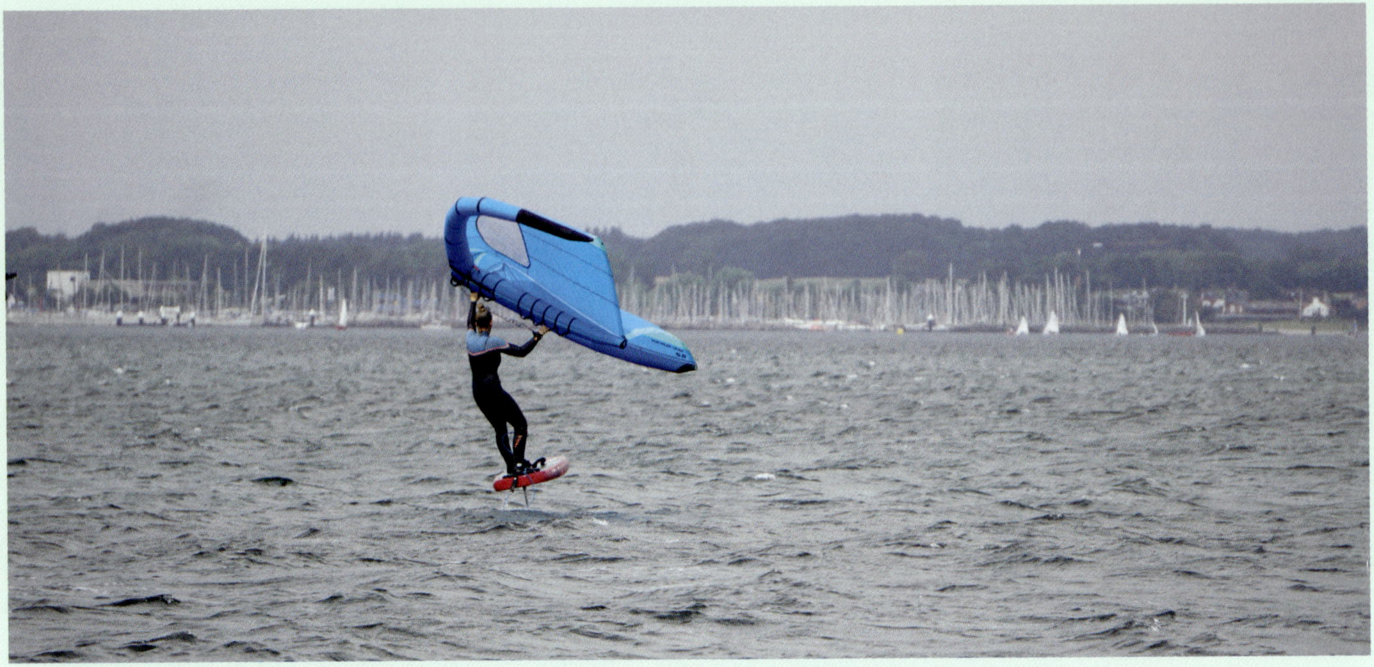

„What if I fall?“ – mein Weg zum Wingfoilen

„What if I fall?“ „Oh, but my darling, what if you fly?“ (Erin Hanson)

Zugegeben, es war nicht meine eigene Idee, das Wingfoilen auszuprobieren. Ich wurde sanft, aber begeistert in die Richtung gepusht.

Meine Skepsis war groß!

Dieses Riesenvieh unter dem Brett, an dem ich mir ständig die Beine angeschlagen habe. Keine Ahnung, wie ich den Wind mit dem Wing einfangen sollte, geschweige denn, wie ich überhaupt irgendwohin lenke und wieder ans sichere Land komme. Das dunkle, tiefe Wasser unter mir ...

Als absolute Wingsurf-Anfängerin war mein Respekt vor Wind und Welle groß. Und auch wenn ich nach und nach immer mehr verstand, war jeder Fortschritt erkämpft.

Mal war der Wind zu stark, dann wieder zu schwach, die Wellen zu hoch oder der Wing zu klein, das Brett zu kippelig, zu viele Zuschauer... Irgendwas ist ja immer, oder?

„Wer will, findet Wege. Wer nicht will, findet Gründe.“

Lange habe ich immer wieder gesagt, dass das Erlernen des Wingsurfens für mich eher ein Kampf mit den Elementen ist, doch – wer hätte es gedacht – es ist vor allem einer mit mir selbst!

Meine Angst vor dem Fall hat mich lange zurückgehalten. Es hat ewig nicht so richtig geklappt, weil mein Kopf sich immer ausmalte, was wohl passieren könnte, wenn ...

Die Angst hat mich kontrolliert. Ich habe mich kontrollieren lassen.

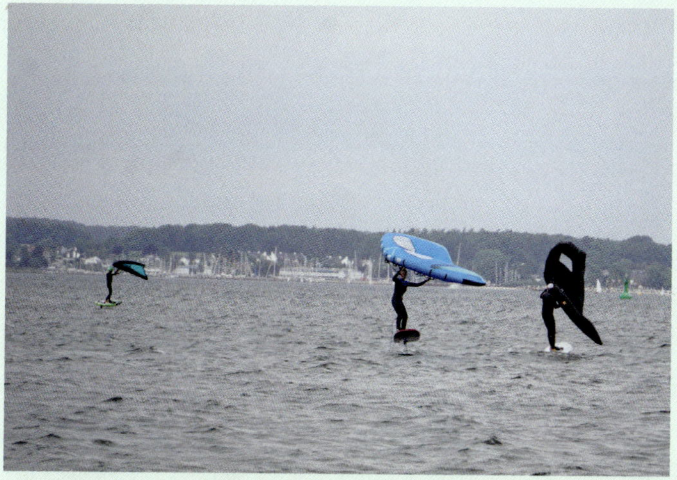

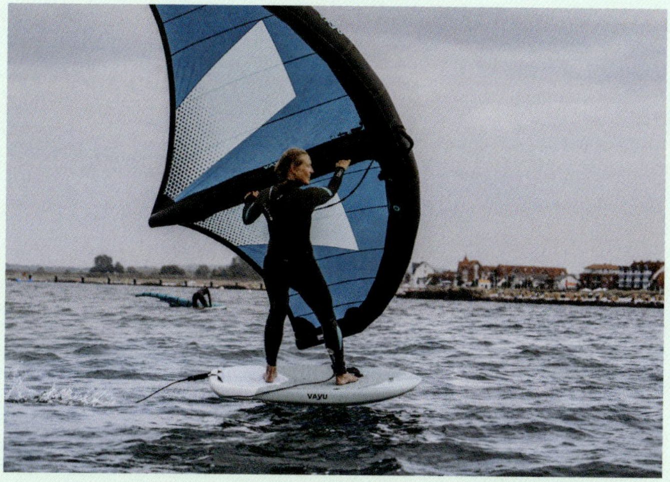

Das erfuhr ich ungefähr zeitgleich auch in einem Skateboard-/Longboardkurs, in dem ich vor jeder neuen total verrückten Herausforderung am liebsten den Kopf in den Sand gesteckt hätte, aus Angst, mich zu verletzen! Aber nun war ich ja schon mal da, hatte bezahlt, also probierte ich mich aus – und siehe da, ich schaffte es! Stolz und pure Freude waren der wundervolle Lohn!

Da verstand ich: Ich selbst war das Problem.

Und prompt platzte mein Knoten auch beim Wingfoilen: Ich fing an, auf dem Board im Flug zu summen oder zu singen. Ich konnte endlich loslassen und meinem Gefühl, meinem Körper, dem Board und dem Foil vertrauen, den Kopf ausschalten und einfach nur machen! Genießen. Fliegen!

Wir können im Leben immer wählen, ob wir aus Liebe oder Angst handeln. Zwei Motoren. Zwei Wege.

Also wähle ich ab jetzt auch auf dem Wasser die Liebe zur Freude. Die Liebe zum Fliegen!

Das Wingsurfen ist für mich endlich zu einem Spiel statt zu einem Kampf geworden! Das Gefühl, ganz still über das Wasser zu gleiten und mich dabei immer wieder neu zu erfahren und herauszufordern, ist so viel schöner, reizvoller und lebenswerter als eine olle Angst. Denn genau hier, außerhalb der Komfortzone, passieren Wachstum und Wunder! „Go fly, my darling! Fly!“

Alex

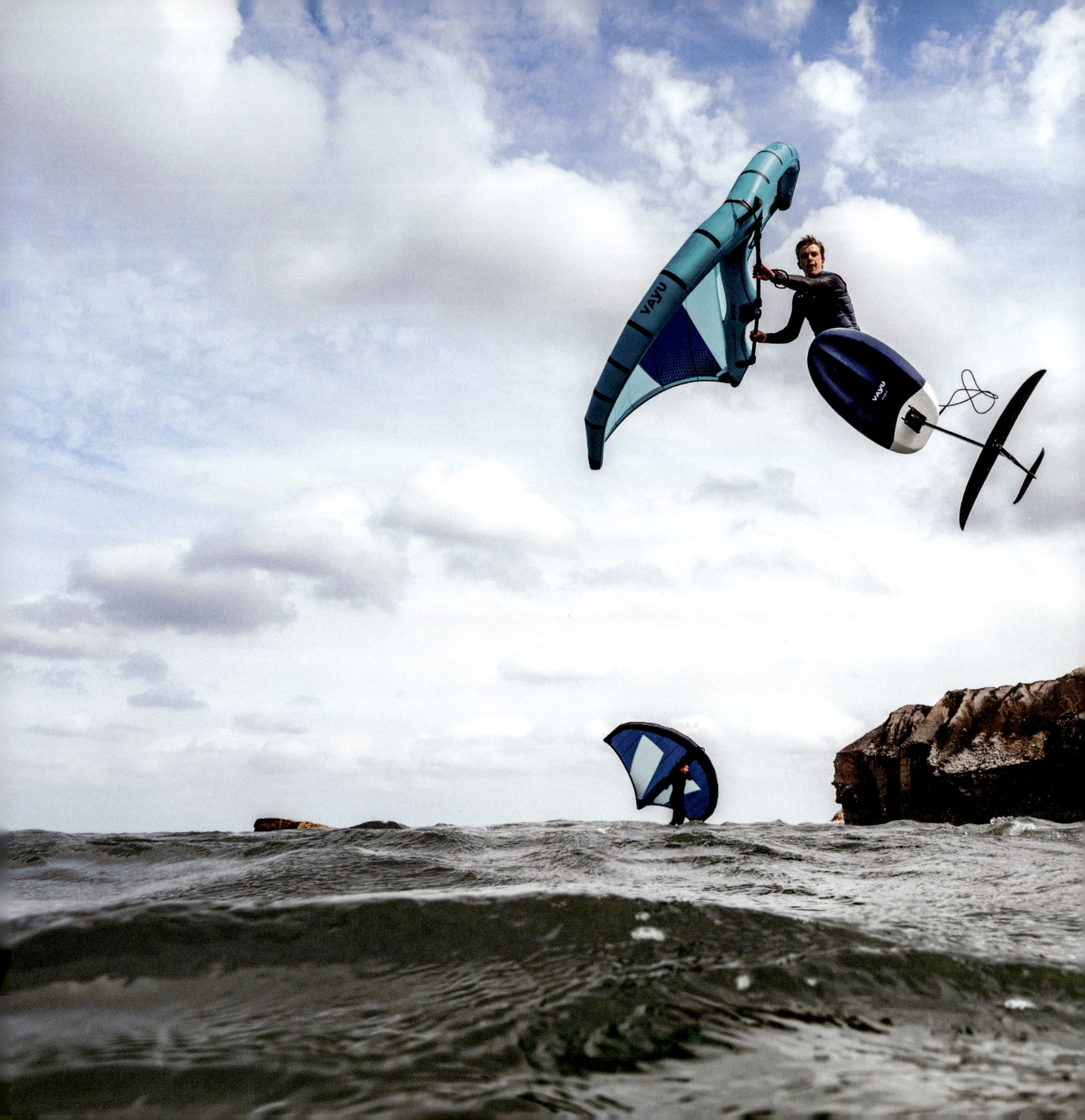
VAYU
VAYU

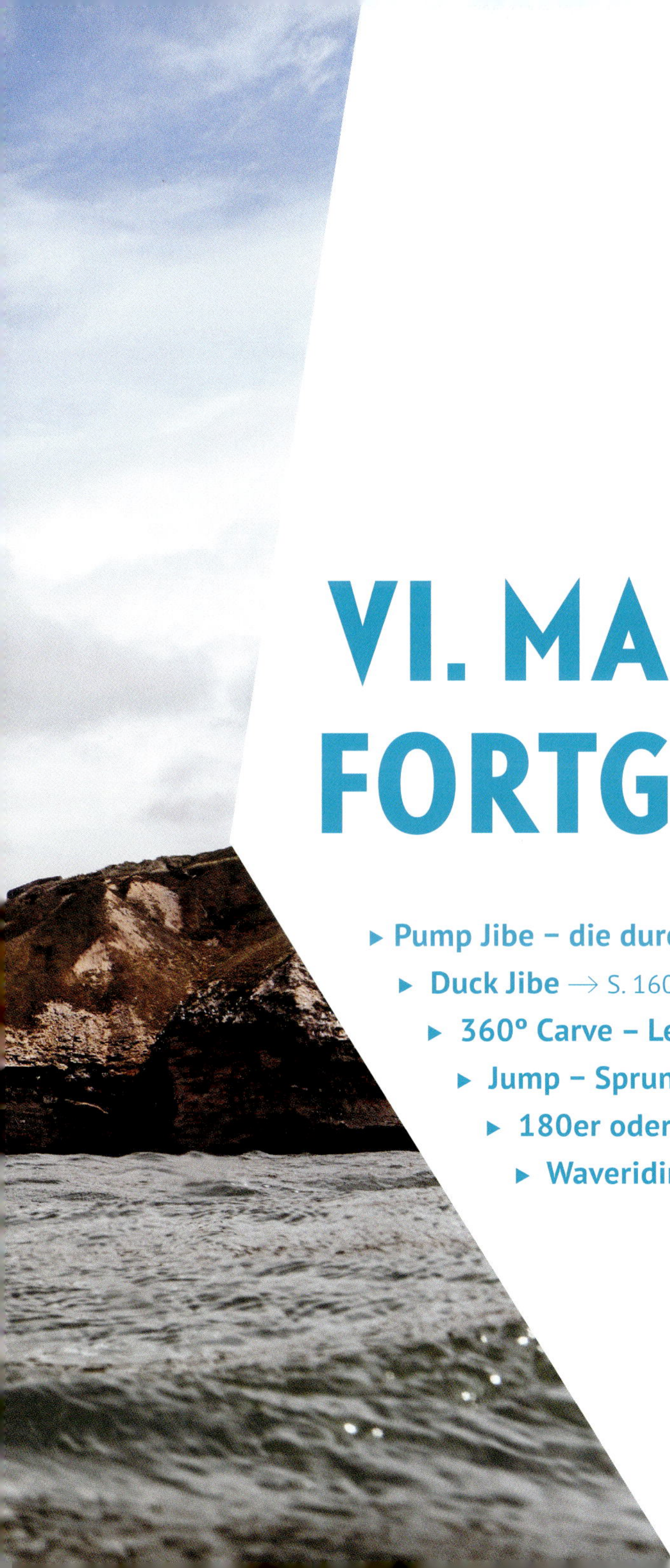

VI. MANÖVER FÜR FORTGESCHRITTENE

Foto: Frithjof Blaasch

VI. Manöver für Fortgeschrittene

Du hast die Wingfoil-Basismanöver im Kasten? Du wünschst dir mehr Herausforderungen? Dann ist es Zeit für die ersten anspruchsvolleren Manöver. Wingfoilen wird niemals langweilig, da sind wir uns sicher. Die Entwicklung geht rasant voran. Im Frühjahr 2020 wurden noch gelungene und weitgehend perfektionierte Basismanöver bestaunt. Im Herbst sah man dann schon mehr Sprünge und das Fahren in der Welle. Inzwischen zeigen sich zunehmend anspruchsvolle Manöver mit raffinierten Sprung- und Drehtechniken. Das Ende der Fahnenstange ist ganz sicher noch lange nicht erreicht!
Hast du also die Basismanöver im Kasten, kannst du beginnen, weiterführende Manöver einzuüben.
Folgende Techniken könnten deine nächsten Schritte beim Wingfoilen beinhalten:

1. **Pump Jibe**
2. **Duck Jibe**
3. **Lee-Ride (= Carved 360er oder Fahren in Back)**
4. **Jump**
5. **180er**
6. **Waveriding**

Foto: Tobias Krüger

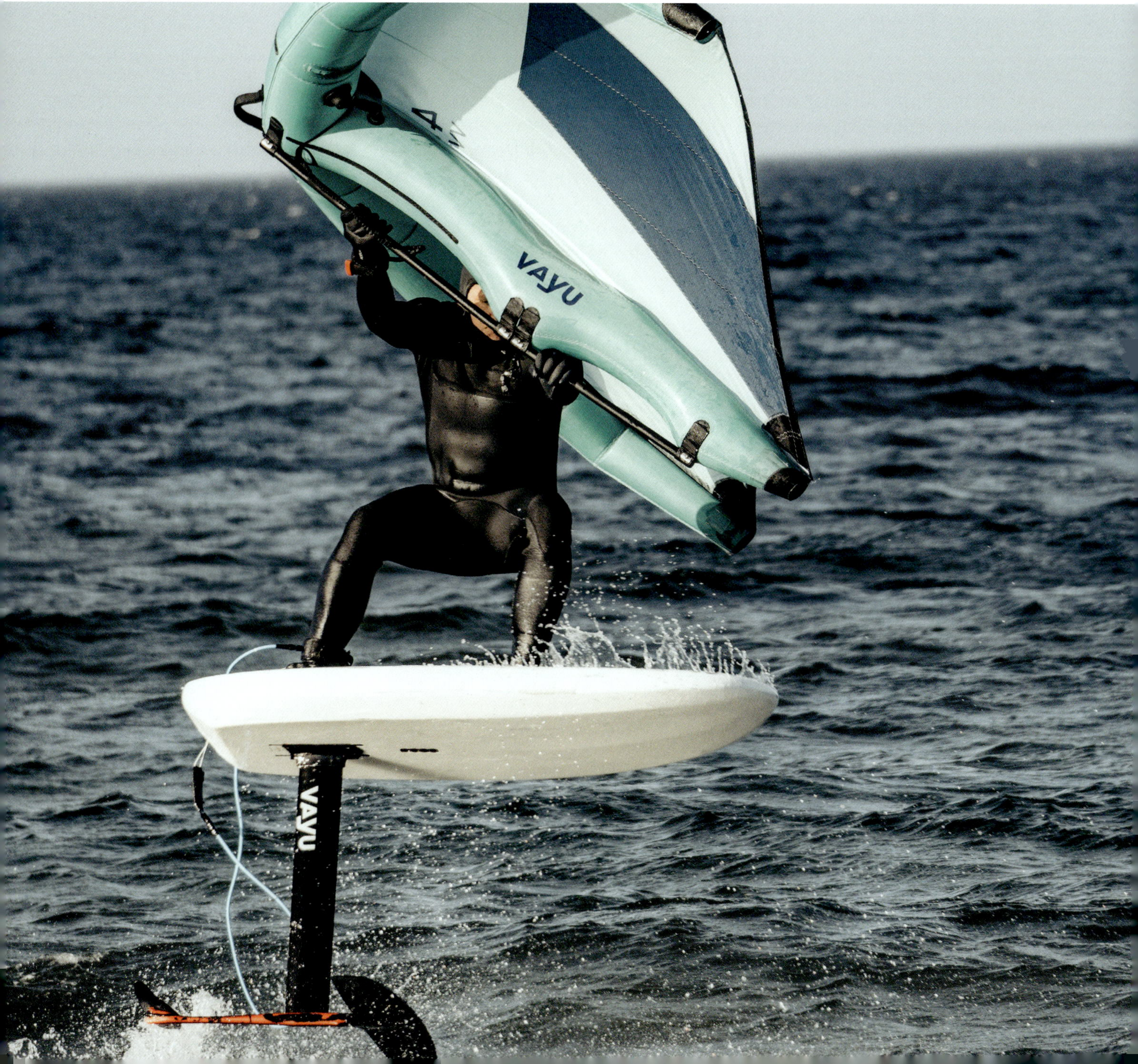
VAYU
VAYU

Pump Jibe – die durchgepumpte Halse

Wenn die Halse sitzt, wird es Zeit für die erste Variante. Ein sehr schönes Wingfoil-Manöver für Fortgeschrittene ist die Pump Jibe – die durchgepumpte Halse. Sie wird ohne die Power des Wings gefahren – die ganze Kraft für den Vortrieb kommt aus den Beinen. Gleichzeitig ist es eine gute Vorübung für das Foilen in der Welle.

Du kannst die Pump Jibe sowohl in Switch-Foot-Stellung als auch im Normalstand anfahren. Beide Varianten sind möglich.

Für dieses Manöver solltest du schon ein wenig pumpen können, das heißt, eine gewisse Strecke auch ohne die Energie des Wings und nur durch Auf-und-ab-Bewegung foilen können.

Um dich also auf die Pump Jibe vorzubereiten, kannst du den Wing während der normalen Geradeausfahrt immer mal wieder auf neutral stellen und versuchen, nur durchs Pumpen weiter zu fahren.

Ein Trockentraining brauchst du für dieses Manöver nicht mehr. Wenn du so weit bist, dürftest du bereits alle Elemente der Winghandhabung (Auswehen lassen, Kreuzgriff) beherrschen, die dafür nötig sind.

Die einzelnen Schritte der Pump Jibe lassen sich wie folgt unterteilen:

1. Fahre auf Amwindkurs, und leite die Halse wie gewohnt ein, indem du dich abfallen lässt und noch etwas mehr Geschwindigkeit aufnimmst.
2. Sobald du dich auf Raumwindkurs befindest, lass die hintere Hand los und greife mit dieser die Neutral Handle an der Fronttube (umgekehrter Kreuzgriff). Nimm den Wing herunter. Dieser weht nun in Neutralstellung aus.
3. Sobald die Geschwindigkeit abnimmt, pumpst du dich weiter durch die lang gezogene Halse. Wenn du willst, kannst du für den Stylefaktor noch einen Grab am Board machen, also in die Knie gehen und mit der freien Hand an die Boardrail greifen. Auf der Hälfte der Halse, also wenn das Board genau auf einer Linie mit dem Wind ist (Vorwindkurs), greifst du mit der freien Hand die Schlaufe an der Fronttube. Pumpe dich weiter durch die Halse.
4. Wenn du auf Raumwindkurs der neuen Fahrtrichtung bist, greifst du mit der freien Hand mittels Kreuzgriff an die vordere Schlaufe (den vorderen Bereich des Booms). Schiebe dann mit dieser Hand den Wing nach vorn, sodass die andere Hand an die hintere Schlaufe greifen kann. Du hältst den Wing nun wieder in der Grundstellung.
5. Hole den Wing dicht und fahre in die neue Richtung.

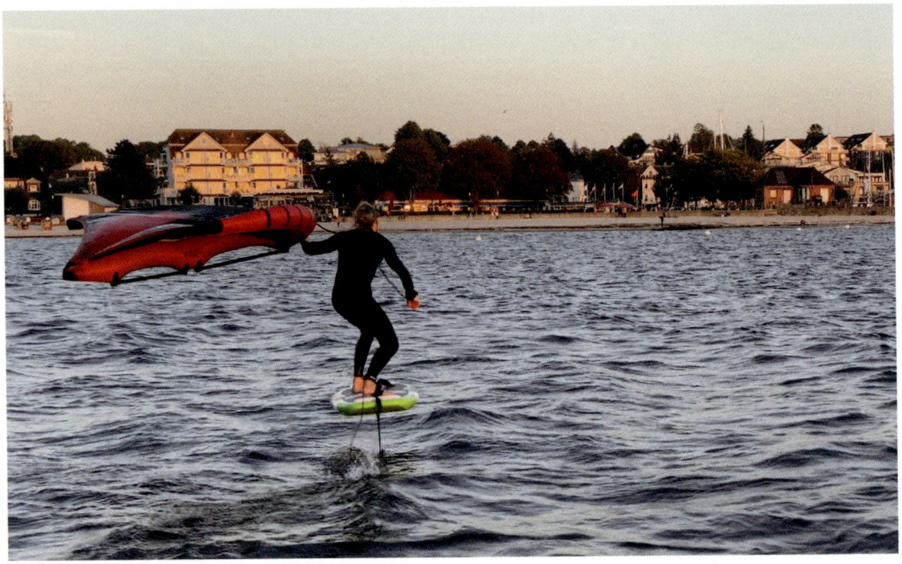

Pump Jibe: Der Vortrieb kommt aus den Beinen.

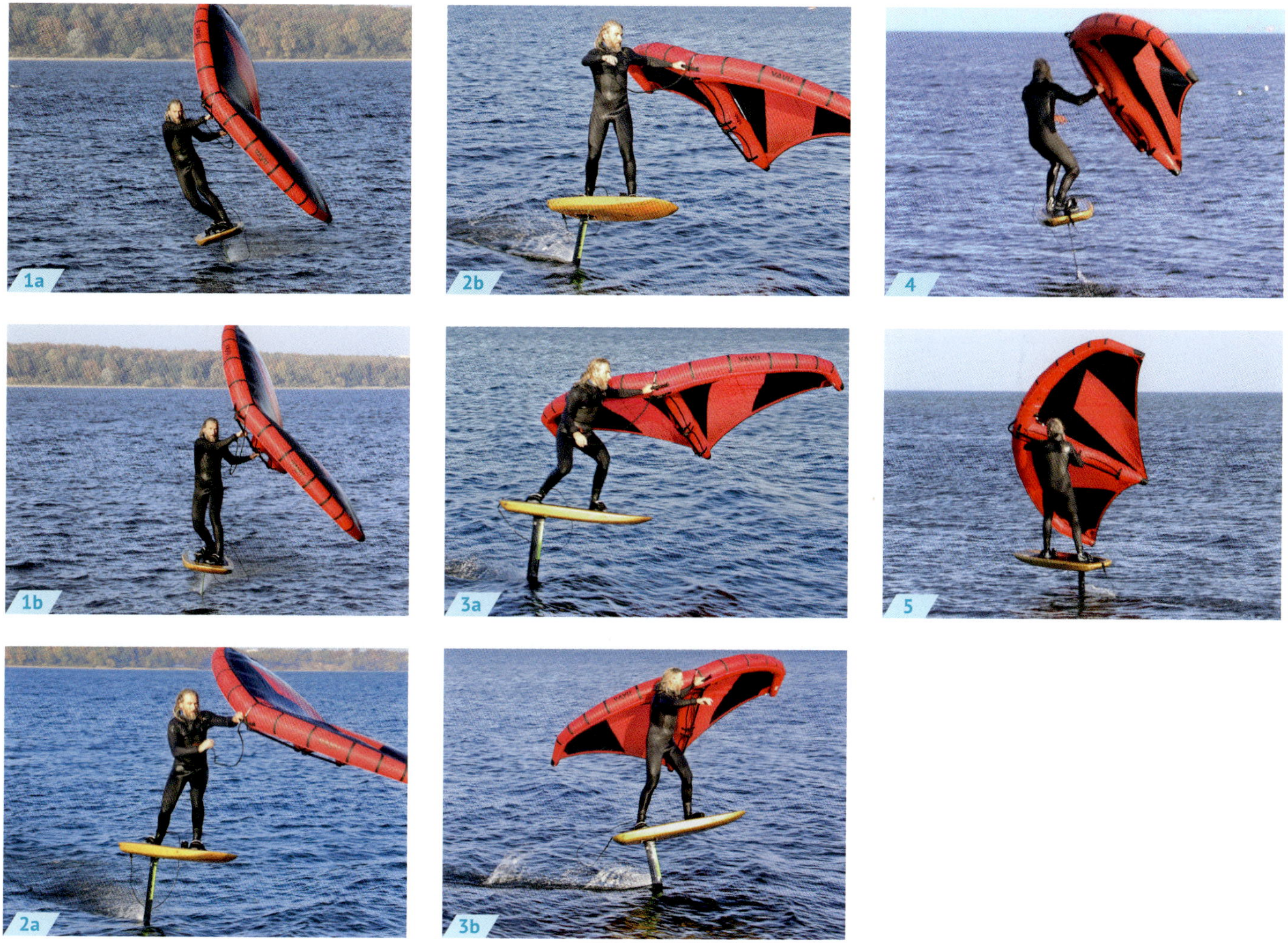

Bildserie:
Die durchgepumpte Halse.

!

Pump Jibe:
die gepumpte Halse.

Webcode: 6011

Duck Jibe

Eine weitere schöne Variante der Halse ist der sogenannte Duck Jibe. Wie der Name vermuten lässt, ist dies eine abgewandelte Halse (Jibe steht im Engl. für Halse). Sie funktioniert im Wesentlichen analog zur normalen Halse. Der Unterschied liegt darin, dass während des Manövers der Wing nicht wie üblich über die Fronttube, sondern über die Abströmkante gedreht wird. Dafür gibt es zwei Varianten: Entweder wird über die hintere Hand gedreht und die vordere Hand lässt los (Variante A), oder umgekehrt (Variante B).
Dieses Manöver lässt sich wieder gut im Trockentraining am Strand üben. Hier erklären wir Variante A.

Trockentraining – die Handarbeit

Die einzelnen Schritte für das Trockentraining der Enten-Halse sehen wie folgt aus:

1. Gehe zunächst in die Ausgangsstellung. Der Wind kommt von schräg vorn, und der Wing befindet sich in der Ausgangs- bzw. Normalstellung.
2. Während der nachfolgenden Schritte gehe bitte langsam in einem Halbkreis (circa 180–200 Grad) downwind (Richtung Lee). Der einfallende Wind wandert dabei entlang deiner Schulter von der einen auf die andere Seite.
3. Den Wing in der Ausgangsposition, gehst du nun langsam in den Halbkreis.
4. Während du gehst, hebe den Wing nach oben über deinen Kopf.
5. Kurz bevor du auf der Hälfte des Halbkreises angekommen bist, lässt du die vordere (Stütz-)Hand los. Gegebenenfalls kannst du den Wing auch leicht von dir weg, nach unten Richtung Lee stoßen. Die Fronttube geht dabei Richtung Boden. Die hintere Hand bleibt oben.
6. Während du weitergehst, greifst du mit der freien Hand an die hintere Schlaufe der Strut bzw. an den hinteren Teil des Booms. Die andere Hand lässt du los.
7. Gehe weiter; der Wind kommt nun von der anderen Seite. Greife mit der freien, nun luvseitigen Hand an die vordere Schlaufe bzw. an den vorderen Teil des Booms.
8. Kurz bevor der Halbkreis abgeschlossen ist, holt die hintere (aktive) Hand dicht, und du drehst dich weiter, bis du dich wieder im Amwindkurs befindest. Der Wind kommt wieder schräg von vorn, nun allerdings von der anderen Seite.

Trockentraining – die Fußarbeit

Beim Gehen mussten wir auch dieses Mal die Stellung der Füße auf dem Board zunächst außer Acht lassen. Denke beim Wiederholen der Trockenübung an die Position der Füße. Gehst du in der Normalstellung in die Halse und befindest du dich danach in der Switch-Foot-Stellung oder ist es umgekehrt? Spiele ein wenig mit beiden Varianten und fühle dich hinein.

Training auf dem Wasser

Das Training auf dem Wasser funktioniert im Grunde analog zum Trockentraining. Wichtig ist jedoch die Frage, ob du in Normalstellung oder in Switch-Foot-Stellung in die Halse gehst. Gegebenenfalls solltest du, daran orientiert, einen Fußwechsel vor oder nach der Halse durchführen – so wie wir es bereits bei der normalen Halse (Seite 138) beschrieben haben.
Für den Anfang ist es einfacher, wenn du dich vor der Halse in Switch-Foot-Stellung befindest. Dies macht die Kurvenfahrt bzw. den Turn etwas leichter, und du hast zum Ende des Manövers mehr Stabilität, weil du wieder in der Normalstellung stehst. Ansonsten solltest du – wie bei der Halse auch – auf die Belastung der Füße achten.

Hier die einzelnen Schritte für den Duck Jibe auf dem Wasser in der Variante B:

1. Du fährst im Amwind- oder Halbwindkurs.
2. Durch leichtes Abfallen nimmst du noch etwas mehr Fahrt auf.
3. Dann lässt du dich weiter abfallen und gehst in Richtung Lee in die Kurve.

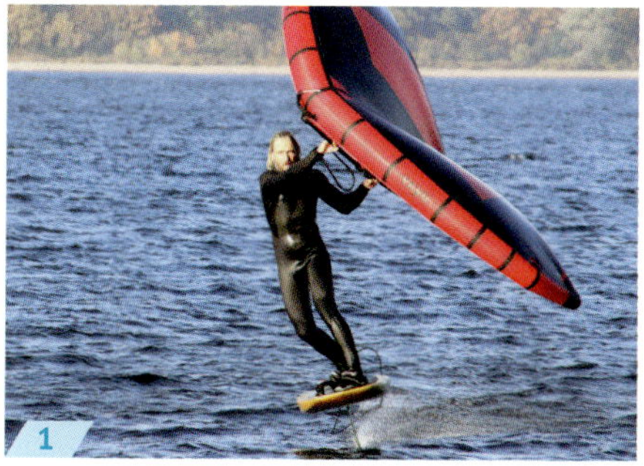
1

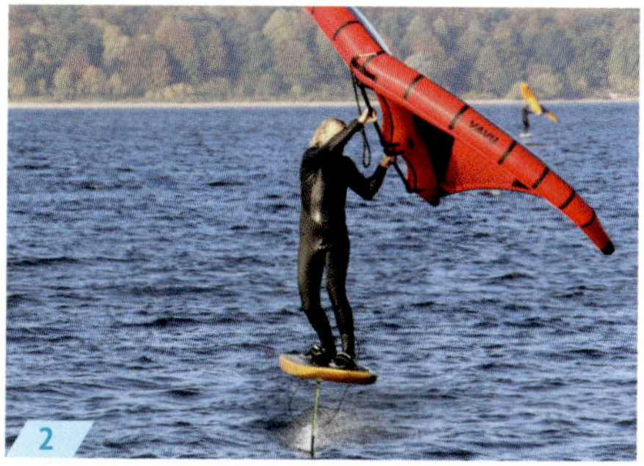
2

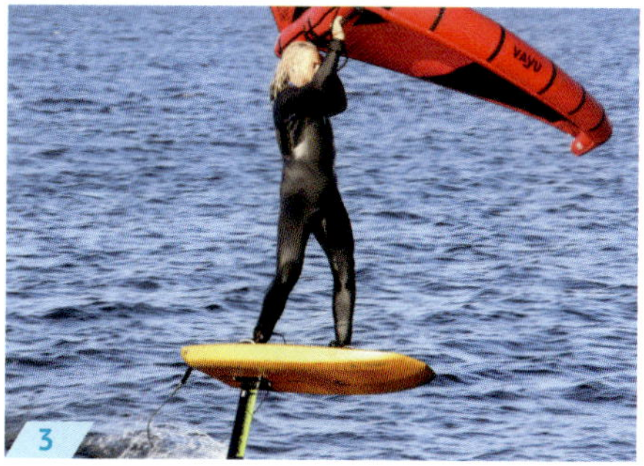
3

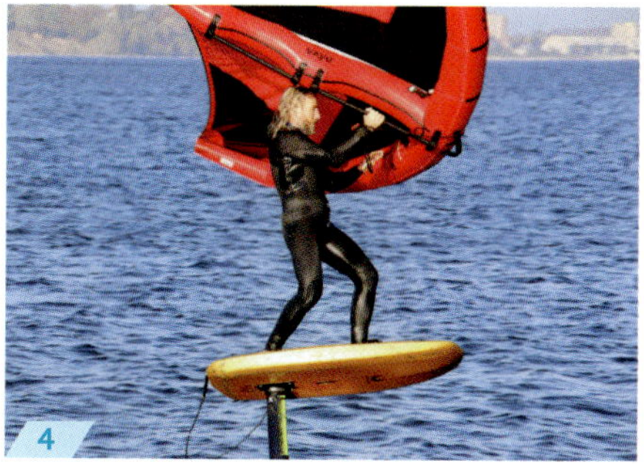
4

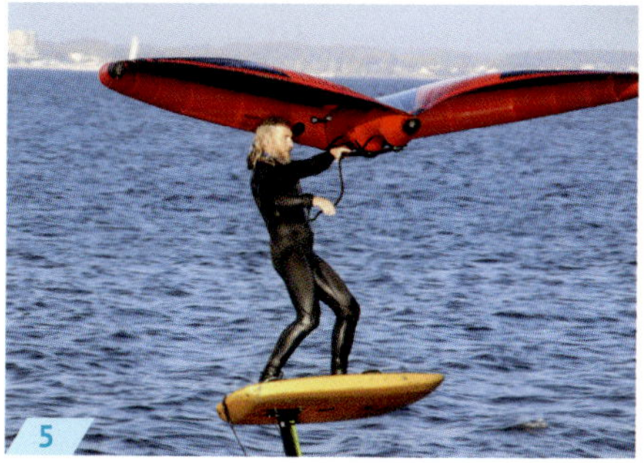
5

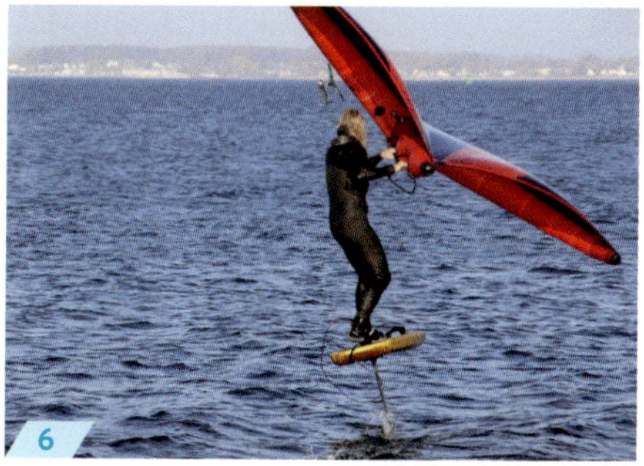
6

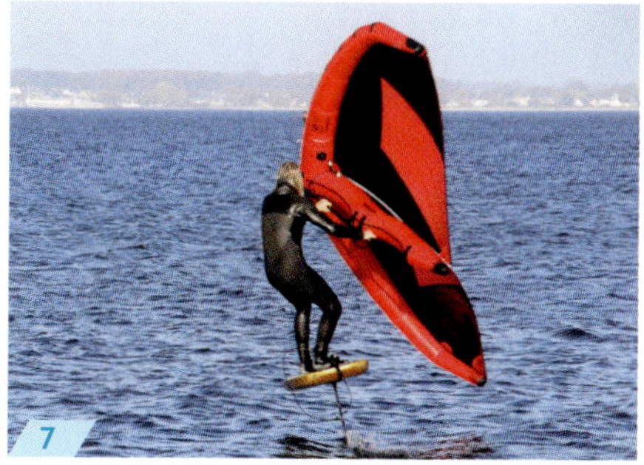
7

4. Wenn du dich auf Vorwindkurs befindest, lässt du die hintere Hand los. Die Fronttube zeigt dabei leicht nach unten Richtung Lee und Wasseroberfläche.
5. Während du weiterfährst, drehst du den Wing und greifst mit der freien Hand an die vordere Schlaufe bzw. an den hinteren Teil des Booms.
6. Greife dann mit der freien, nun luvseitigen Hand an die hintere Schlaufe bzw. an den hinteren Teil des Booms.
7. Hole die hintere (aktive) Hand dicht, luve weiter an und gehe auf Amwindkurs.

Hast du vorher in Normal- bzw. Ausgangsstellung gestanden, so fährst du nun in Switch-Foot-Stellung weiter. Im umgekehrten Fall kommst du aus der Switch-Foot- in die Normal- bzw. Ausgangsstellung.

!

Duck Jibe: Trockenübung.

Webcode: 6020

!

Duck Jibe.

Webcode: 6021

360° Carve – Lee-Ride oder Fahren in Back

Der Carved 360er, auch Lee-Ride oder Fahren in Back mit 360er Drehung genannt, ist ein tolles Wingfoil-Manöver für Fortgeschrittene. Er sieht super aus und ist bei ausreichend Wind auch gar nicht so schwer umzusetzen.
Wie der Name schon sagt, drehst du dich bei diesem Manöver mit dem Board einmal um 360 Grad und fährst danach in der ursprünglichen Fahrtrichtung weiter.

Um den 360er zu üben, suchst du dir am besten einen Spot ohne Wellen und mit konstantem Wind. Wind darf es gern etwas mehr sein – besser als zu wenig.

1. Nimm zunächst Fahrt auf, und falle auf Vorwindkurs ab. Belaste dabei deinen vorderen Fuß. Auf dem Vorwindkurs hast du keinen Druck mehr im Wing, dafür vollen Speed. Keine Sorge, daran wirst du dich gewöhnen. Belaste weiter den vorderen Fuß, und versuche locker zu bleiben (1, 2).
2. Drehe die Strut jetzt leicht nach unten, und lege den Wing etwas nach hinten. Achte darauf, dass du die Kurve immer weiter fährst, indem du deine Füße vorn belastest und dich leicht gegen den Wing lehnst (3).
3. Bist du um fast 180 Grad herum, versuche ein Gefühl für den Druck im Wing zu bekommen. Der Wind kommt nun von der anderen Seite und drückt auf die Oberseite des Wings. Nimm den Druck auf, und fahre einfach weiter (4, 5).
4. Am Ende fährst du den Rest der Kurve, bis der Wind deinen Wing wieder von hinten füllt (6).
5. Strecke dabei deinen vorderen Arm aus, um den Wind am Ende der Rotation aufzufangen und den 360er durchzufoilen.
6. Am Ende fährst du in der ursprünglichen Richtung auf dem vorherigen Kurs weiter (8).

Mit der Zeit wird dir das Abfallen mit Speed leichter fallen. Halte den Druck auf dem vorderen Fuß. Je mehr Speed du hast, umso besser kommst du rum.

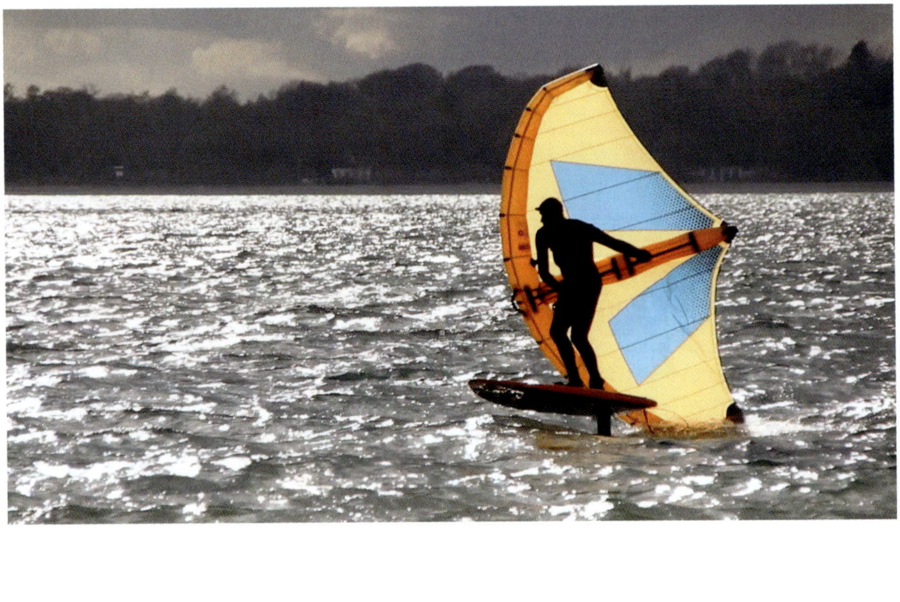

Fahren in Back sieht toll aus.

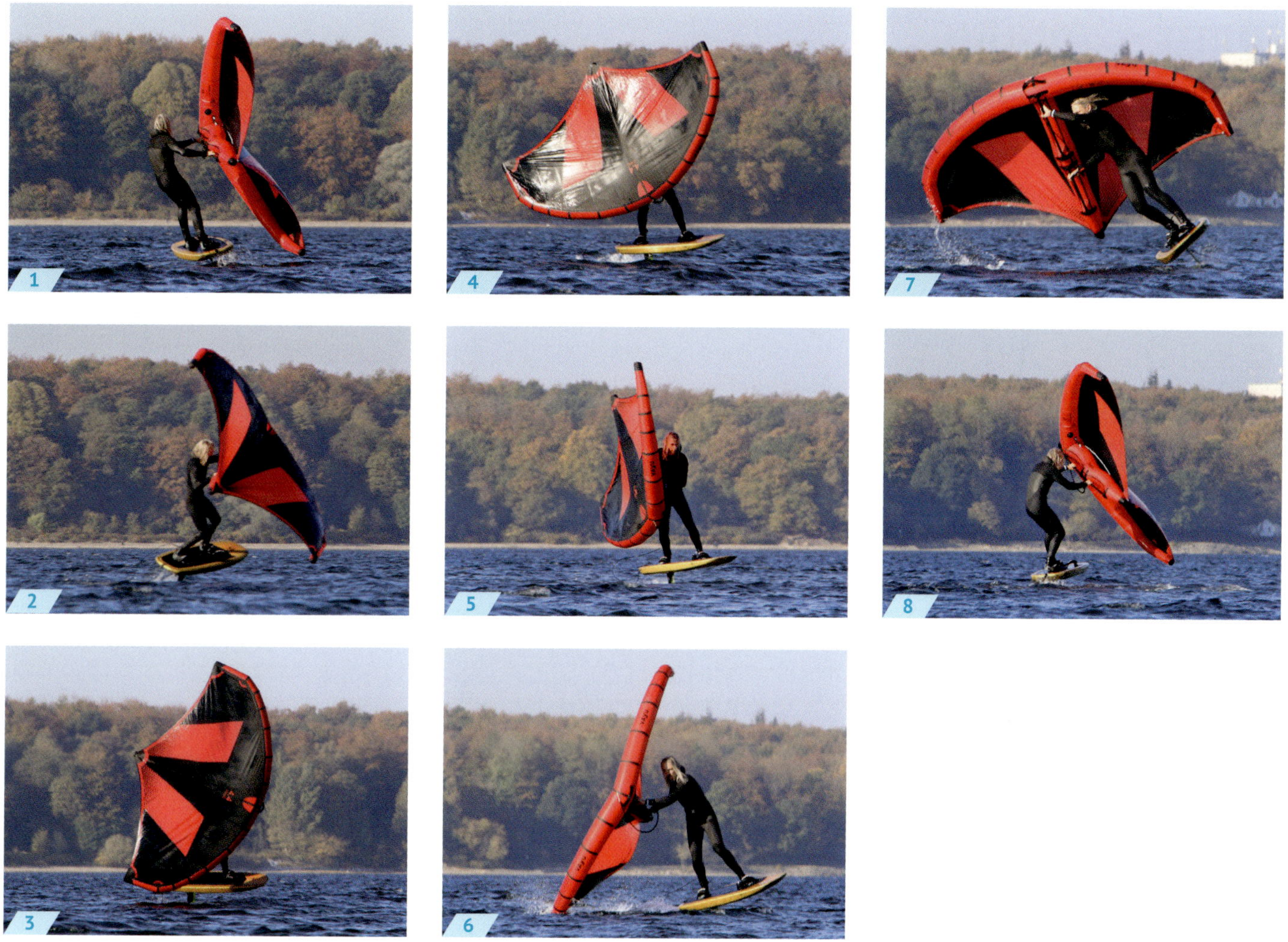

!

Carved 360er – Lee-Ride oder Fahren in Back.

Webcode: 6031

Jump – Sprung

Gelingt der Flug übers Wasser schon einigermaßen sicher und das Fahren in den Schlaufen ist auch kein Problem mehr, dann kannst du durchaus über die ersten Sprünge nachdenken.

Das klappt sogar mit etwas größeren Anfängerboards und -foils. Natürlich ist es umso einfacher, je kleiner, leichter und kompakter das Material ist. Auch ein schnelles Foil ist vorteilhaft. Aber für die ersten Sprünge tun es auch die größeren Bretter und Foils. Die Sprünge gelingen damit noch nicht ganz so hoch, der Bewegungsablauf ist aber identisch. Dabei lassen sich zwei Arten von Sprüngen unterscheiden: Windsurf-Sprung und Raley.

Beim Sprung ist der Fahrer während der Flugphase kompakt unter dem Wing, und die Flugrichtung entspricht in etwa der Fahrtrichtung – analog zu einem normalen Sprung beim Windsurfen.

Der Raley hat seinen Ursprung im Wakeboarding und Kitesurfing. Bei dieser Sprungart lässt sich der Fahrer hinter dem Wing durch die Luft ziehen. Die Körperhaltung ist eher gestreckt oder durchgebogen, die Beine und das Board sind nach hinten abgewinkelt. Die Landung erfolgt downwind.

Fange zunächst mit dem normalen Sprung an. Hast du etwas Gefühl für das Verhalten in der Luft entwickelt, kannst du mit dem Raley weitermachen.

Geschwindigkeit ist der Schlüssel für einen anständigen Sprung. Versuche also so viel Speed wie möglich aufzubauen. Halte den Wing dafür richtig dicht. Durch den erhöhten Druck neigt das Foil dazu, stärker zu steigen. Um die Kontrolle zu bewahren, muss mehr Druck auf den vorderen Fuß ausgeübt werden. Übe am Anfang am besten erst einmal, hohe Geschwindigkeiten zu kontrollieren. Frei nach dem Motto: Speed is nothing without control!

Die zweite wichtige Komponente ist, dass dir der Wing als Tragfläche dient. Das heißt, je windiger es ist, desto besser agiert der Wing als Tragfläche. Entsprechend besser gelingt auch der Sprung.

Trockentraining

Wie bei den meisten anderen Manövern bietet sich auch für das Springen ein Trockentraining an. Zwar lässt sich nicht der gesamte Bewegungsablauf an Land abbilden, aber um ein Gefühl für den Wing als Tragfläche zu erhalten, lohnt es sich trotzdem.

Ein gut geeigneter Ort für das Trockentraining an Land ist eine Erhöhung oder ein Hügel. Ideal ist zum Beispiel eine Düne mit kleinem Abhang.

Hier die einzelnen Schritte:

1. Halte den Wing zunächst in der Ausgangsposition.
2. Bringe ihn nun über deinen Kopf in die neutrale Position. Beide Hände befinden sich an der Mittelstrut. Die Fronttube zeigt in den Wind, und der Wing fängt keinen Wind.
3. Gehe oder renne nun mit dem Wing gegen den Wind und springe ab. Bergablaufen oder ein kleiner Abhang sind hierbei hilfreich.
4. Beim Absprung ziehst du die Lee-Hand heran und hältst den Wing dicht. Beide Arme sind angewinkelt.
5. Versuche dich nun für kurze Zeit an den Wing zu hängen und dich in der Luft tragen zu lassen.
6. Bei der Landung bringst du den Wing wieder in die neutrale Position, indem du die Arme wieder streckst.

Übe das, so oft du magst. Jede Wiederholung zählt!

Foto: Mathias Müller

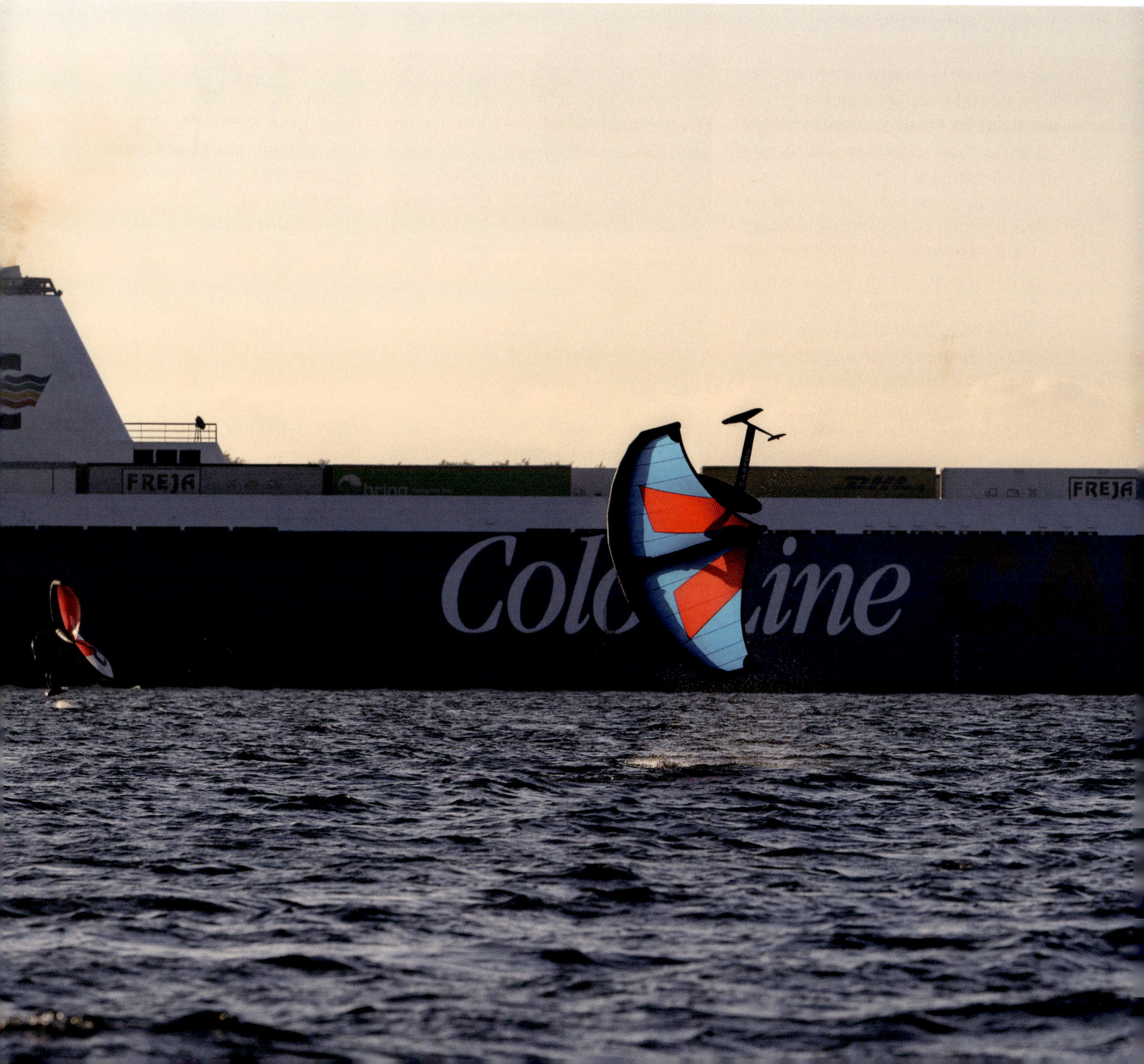
FREJA
FREJA

Training auf dem Wasser

Für das Training auf dem Wasser gehen wir auf beide Sprungvarianten ein: den normalen oder Standard-Sprung (S) und den Raley (R). Für den normalen Sprung lassen sich die einzelnen Schritte wie folgt unterteilen:

1. Nimm zunächst auf einem Halbwindkurs ordentlich Geschwindigkeit auf. Halte den Wing richtig dicht, und greife ihn auch gern etwas breiter. Luve an, und suche dir eine kleine Welle oder Chop als Orientierungspunkt für den Absprung. Gehe kurz vor dem Absprung in die Knie.
2. Verlagere dein Gewicht nach hinten, sodass sich das Foil unter Wasser um circa 45 Grad zur Wasseroberfläche neigt.
3. Springe in Fahrtrichtung ab, so wie bei einem Sprung an Land. Ziehe dabei etwas mehr an der vorderen Schlaufe. Der Wing bleibt die ganze Zeit dichtgeholt. Versuche dich nach dem Absprung kompakt zu machen, indem du die Beine anziehst, und ziehe den Wing an dich heran. Der Wing dient während der Flugphase als Tragfläche, dafür muss er konsequent dichtgehalten werden.
4. Vor der Landung streckst du die Arme und Beine wieder ein wenig und gehst aus der kompakten Haltung heraus.

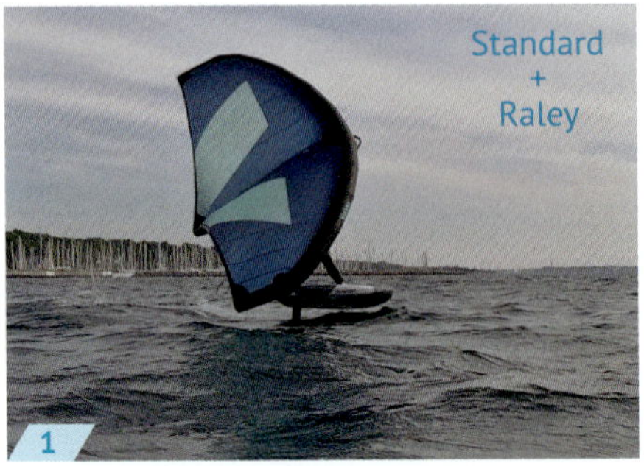

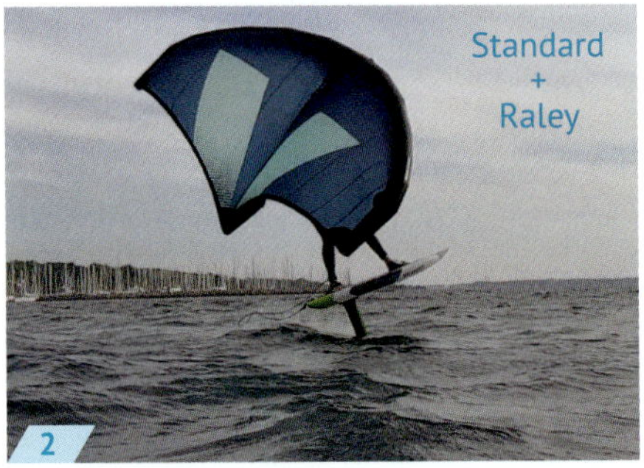

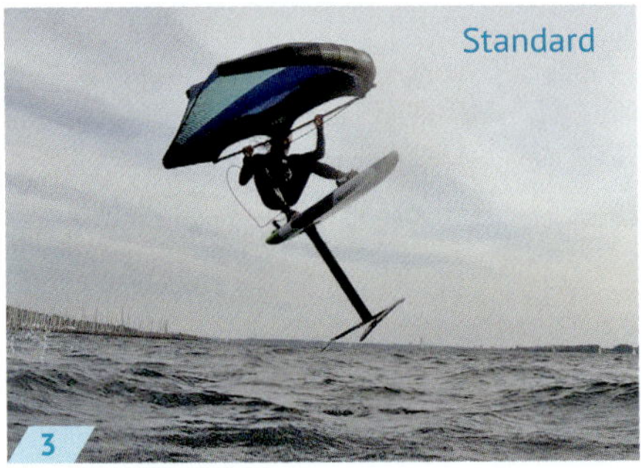

5. Versuche mit dem in leichter Hecklage befindlichen Foil zuerst auf dem Wasser aufzukommen. Die Landung wird durch die Beine abgefedert.

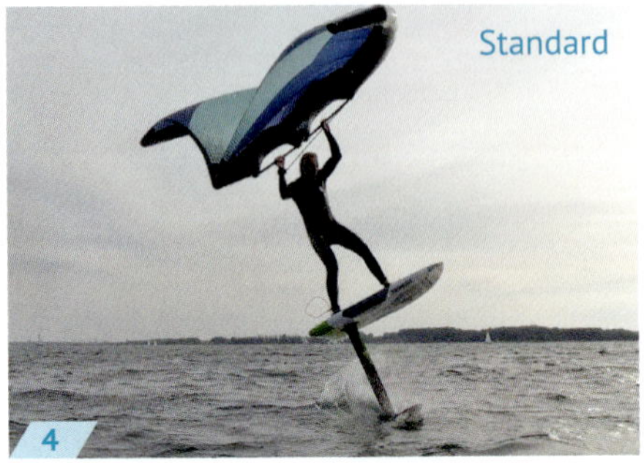

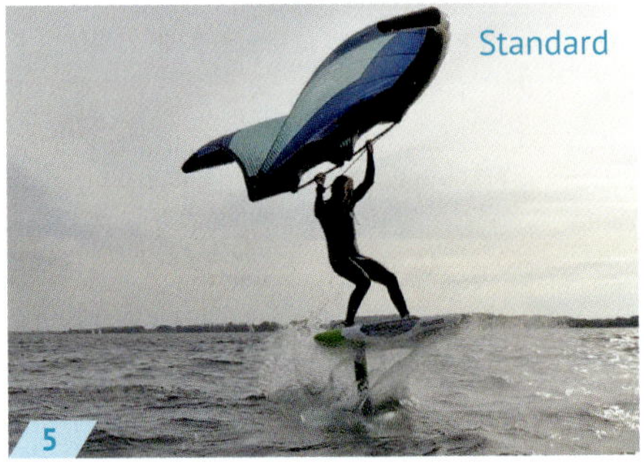

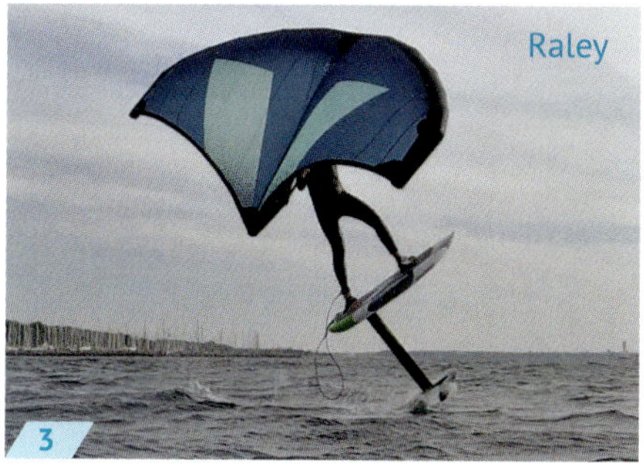

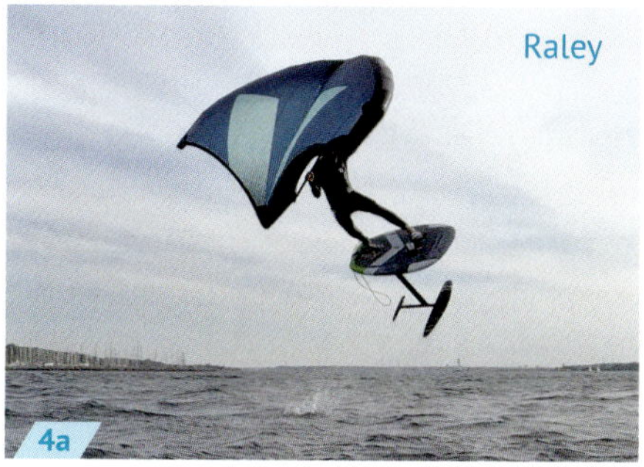

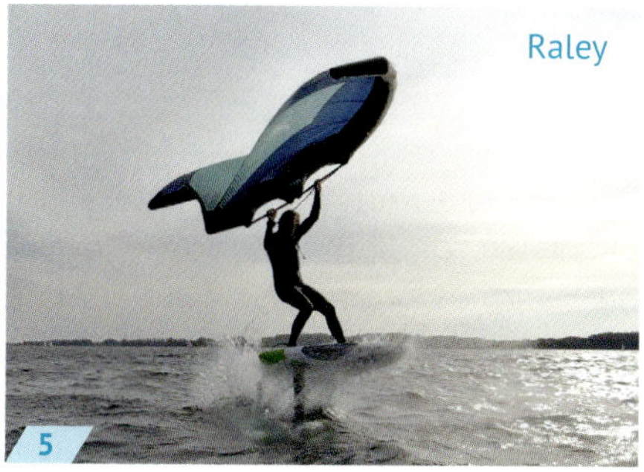

So weit zum normalen Sprung. Eine Abwandlung davon ist der Raley. Dabei sind die Schritte 1 und 2 zunächst identisch, bevor es wie folgt weitergeht:

3. Springe in Richtung downwind ab, so wie bei einem Sprung an Land. Richte deinen Kopf und deinen Blick beim Absprung in die Richtung, in die du willst. Beide Hände halten den Wing konsequent dicht.
4. Nach dem Absprung lässt du dich vom Wing downwind durch die Luft ziehen. Die Arme lässt du dabei lang und den Körper gestreckt. Der Wing dient während der Flugphase als Tragfläche; dafür muss konsequent Druck im Wing gehalten werden.
5. Vor der Landung bringst du das Board wieder unter deinen Körper und ziehst die Beine etwas an. Fixiere bereits den Landepunkt, und ziehe auch die Arme wieder leicht an.
6. Versuche mit dem Board in Richtung Raumwind aufzukommen. Dadurch ist die Landung nicht ganz so abrupt. Die Landung wird mit den Beinen abgefedert.

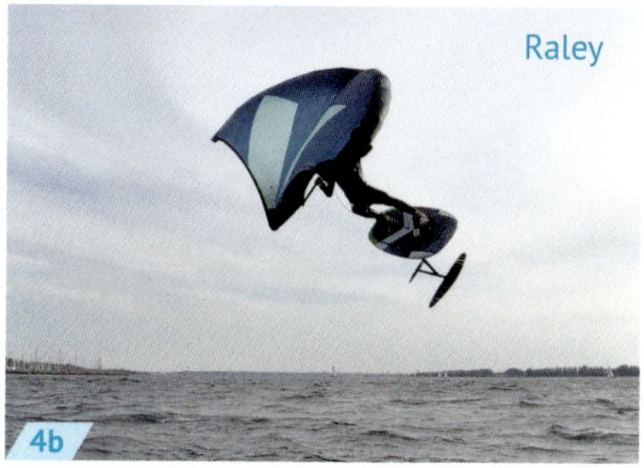

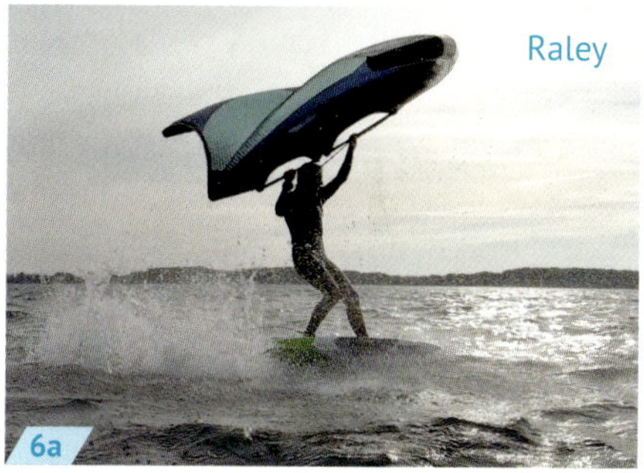

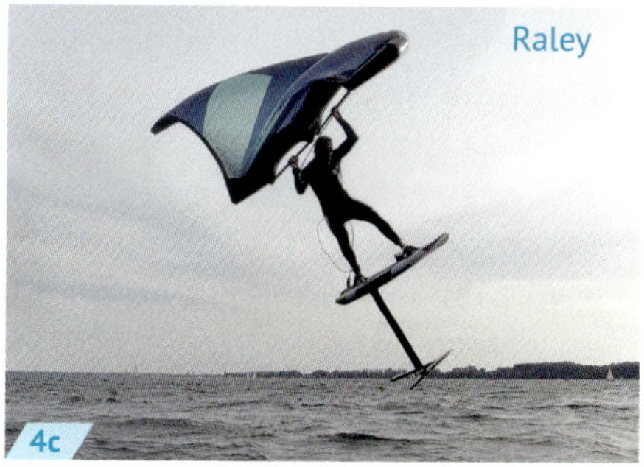

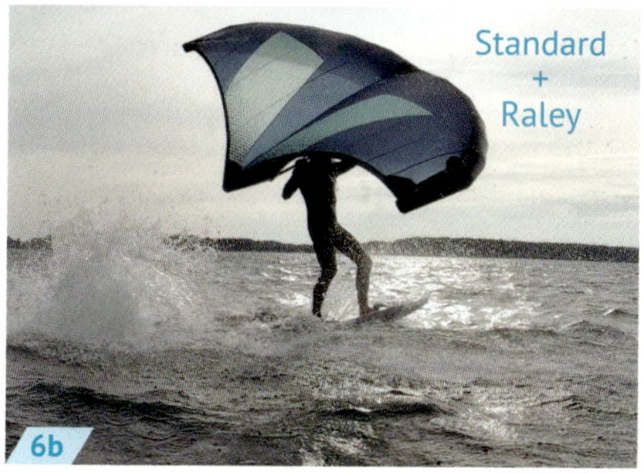

!

Jump – Sprung.

Webcode: 6041

180er oder Aerial Jibe

Wenn du sicher in Switch-Foot-Stellung (oder einfach switch) fahren kannst und die ersten Sprungerfahrungen gemacht hast, wird es Zeit für das erste richtige Sprungmanöver.

Der 180er, oder auch Aerial Jibe, ist relativ leicht zu lernen und sieht dabei schon recht spektakulär aus.

Dein Board sollte für dieses Manöver nicht allzu groß sein, da du das gesamte Brett in der Luft um 180 Grad drehen musst. Je größer das Board, desto mehr Masse musst du bewegen. Ein grober Anhaltspunkt ist dein Körpergewicht plus maximal zehn bis 15 Liter Volumen. Ein Trockentraining bietet sich für dieses Manöver leider nicht an. Zu diesem Zeitpunkt solltest du aber bereits ausreichend vertraut mit deinem Wing sein und wissen, wie er in der Luft reagiert. In jedem Fall solltest du einfache Sprungmanöver bereits gut beherrschen.

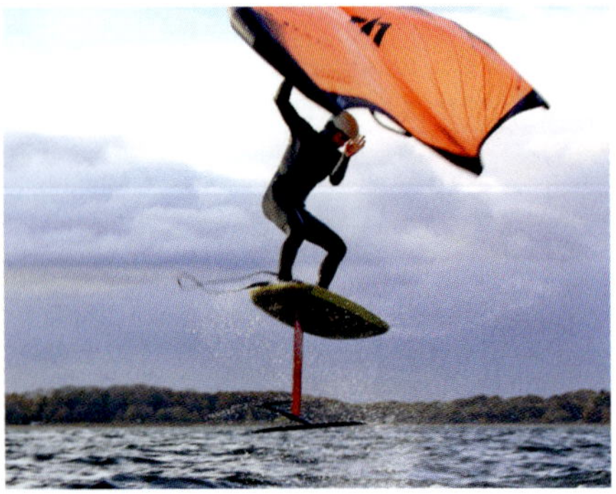

Sprünge ermöglichen faszinierende Manöver.

Die einzelnen Schritte lassen sich wie folgt unterteilen:

1. Fahre in Switch-Foot-Stellung an (1).
2. Vor dem Absprung gehst du in die Knie und lehnst dich etwas nach hinten (2).
3. Dann hopst aus dem Wasser (3, 4).
4. Mit dem Absprung leitest du die 180-Grad-Drehung ein (5–9). Dabei solltest du darauf achten, nicht zu viel Drehmoment in die Rotation zu geben. Ansonsten besteht die Gefahr, dass du dich um mehr als 180 Grad drehst. Auch brauchst du keinen gewaltigen Sprung rauszuhauen. Ein kleiner Hopser genügt, sodass das Foil aus dem Wasser kommt und die Drehung eingeleitet werden kann. Während der Flugphase hältst du den Wing weiter dicht.
5. Bei der Landung berühren Nose und Foil das Wasser nahezu zeitgleich. Mit der Landung öffnest du den Wing etwas, um nicht vom Brett gezogen zu werden (6, 7).
6. Wenn du sicher stehst, wechselst du die Position der Hände. Die hintere Hand wird zuerst losgelassen und greift nach der vorderen Schlaufe. Dann lässt du die vordere Hand los, um die hintere Schlaufe zu greifen. Nun pumpst du an und fährst im regulären Stand (Ausgangs- bzw. Normalstellung) in die neue Richtung.

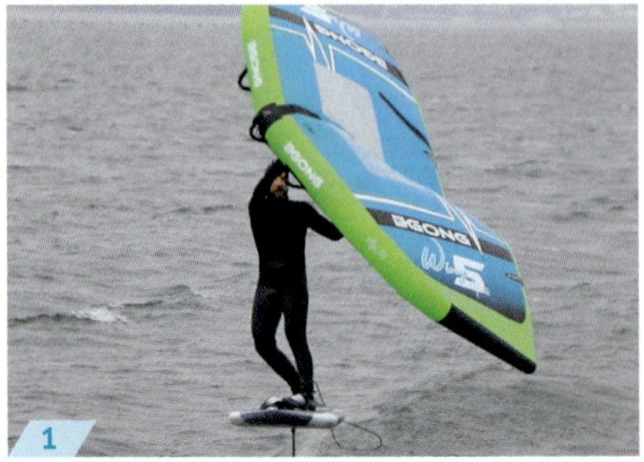

1

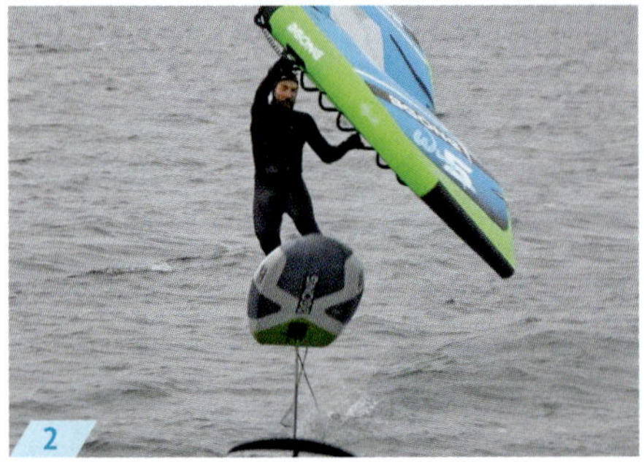

2

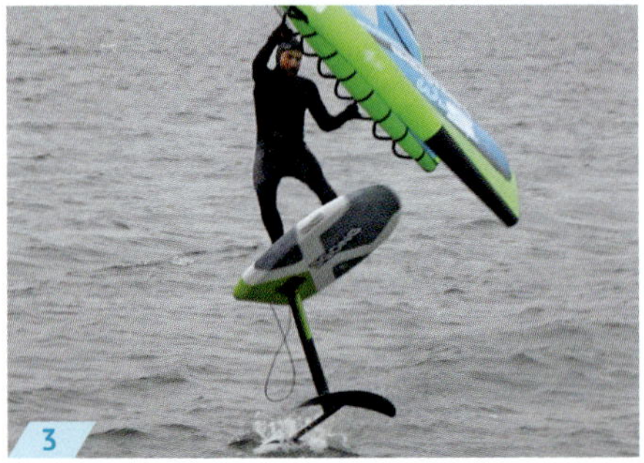

3

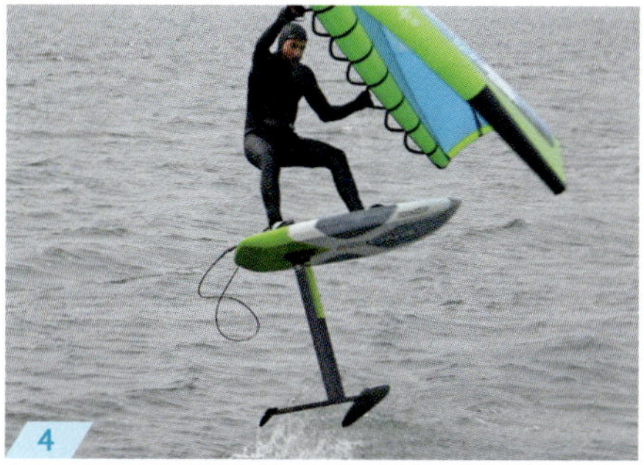

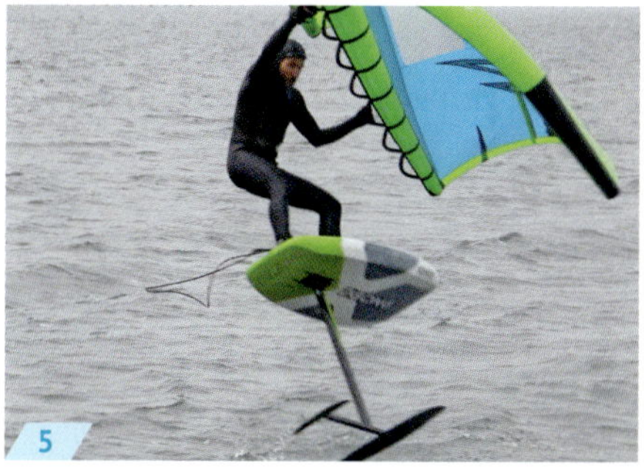

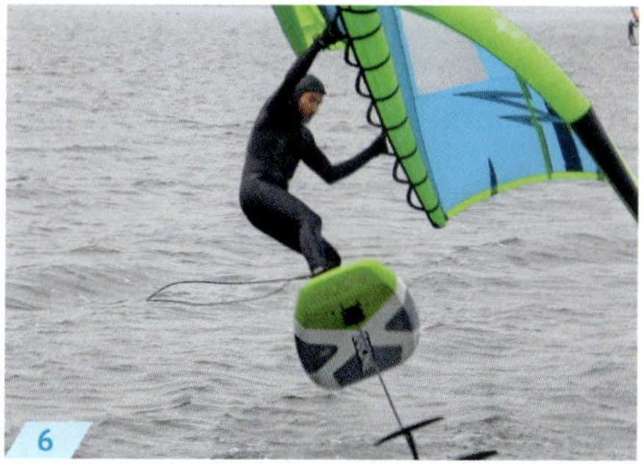

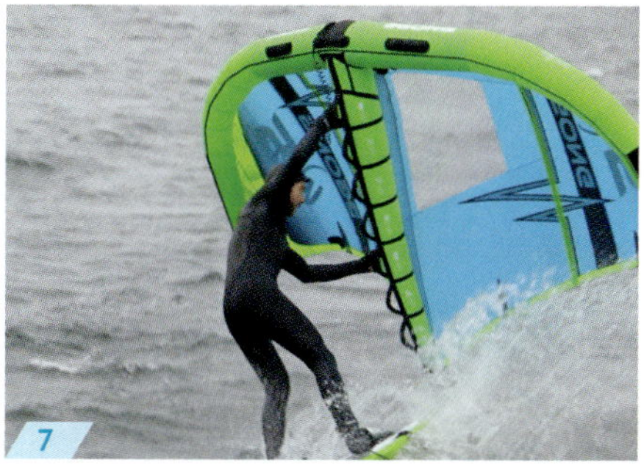

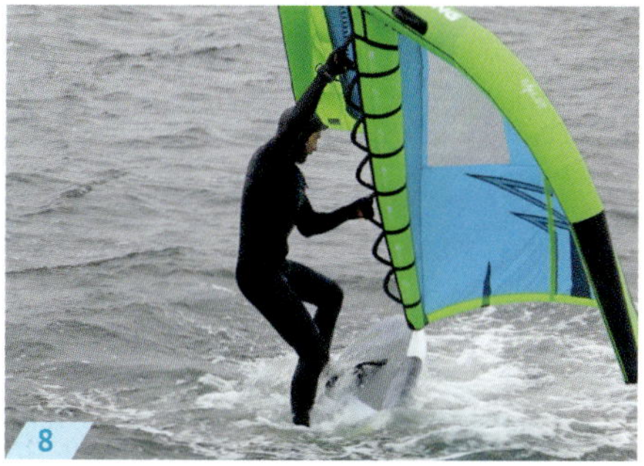

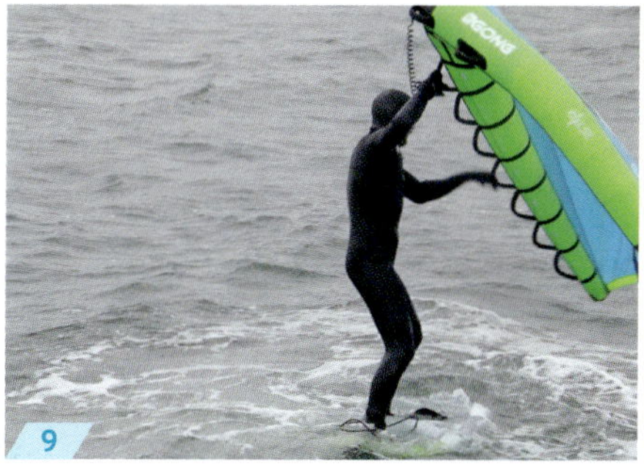

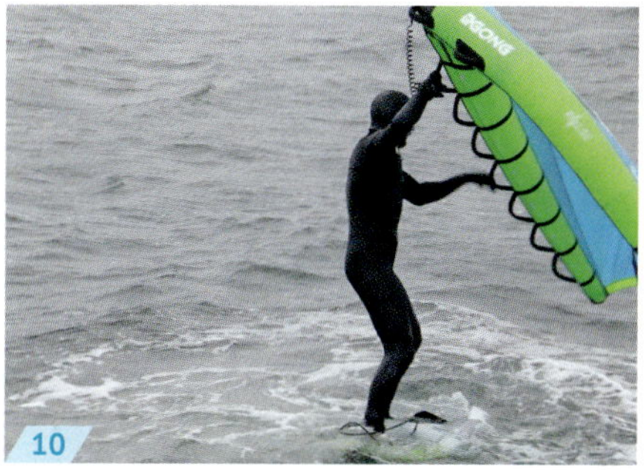

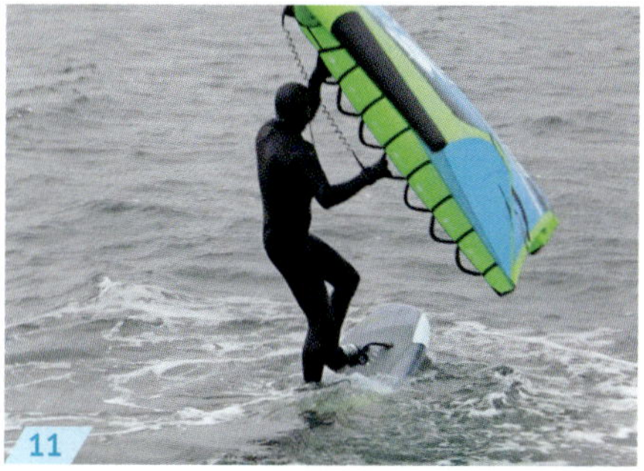

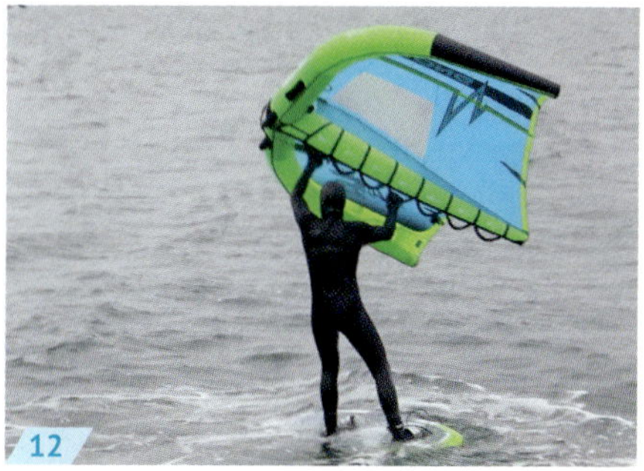

!

180er oder Aerial Jibe.

Webcode: 6051

Waveriding

Für viele ist das Abreiten von Wellen das große Ziel beim Wingfoilen. Um nur mit der Kraft der Welle übers Wasser zu schweben, braucht es noch nicht einmal große Wellen. Teilweise reichen schon 40 Zentimeter. Damit sind nun auch auf der Ostsee oder auf größeren Seen Wellenritte von 100 Metern und mehr möglich. Der große Vorteil eines Foils ist zudem, dass du auch Dünungswellen, also nicht brechende Wellen, surfen kannst.

Wenn das Fahren von Halse und Switch-Foot kein großes Problem mehr darstellt, kannst du bereits den Einstieg in die Welle wagen.

Das Abreiten von Wellen lernt man nicht von heute auf morgen. Du musst erst ein Gefühl dafür entwickeln, wie sich das Foil in der Welle verhält. Sei geduldig, und suche dir für den Anfang nicht gleich den extremsten Wave-Spot aus, sondern taste dich langsam heran.

Im Folgenden wollen wir dir erklären, wie du am einfachsten in den Genuss eines Wellenrittes kommst.

Vorübung

Bestimmt hast du beim Halsen schon einmal gemerkt, dass sogar eine kleine Windwelle genug Energie mitbringt, um das Foil ein paar Meter weiterzutragen – und das ohne Druck im Wing.

Eine gute Vorübung ist es, diese kleinen Windwellen auszunutzen und zu versuchen, sie ein paar Meter abzureiten. Die einzelnen Schritte sehen wie folgt aus:

1. Suche dir beim Geradeausfahren, sowohl in der Normal- als auch in der Switch-Foot-Stellung, eine kleine Windwelle aus.
2. Falle etwas in diese Welle ab, und versuche sie ohne Druck im Wing downwind abzureiten.
3. Am Anfang kannst du den Wing einfach auf neutral stellen. Klappt das, versuche den Wing herunterzunehmen und ihn an der vorderen Schlaufe der Fronttube zu halten.

Einstieg ins Wasser

Der Einstieg in einem Wellenrevier kann recht knifflig werden, da man aufgrund des Foils mit dem Wing erst starten kann, wenn das Wasser mindestens hüfttief ist. Oft musst du dafür einige Meter weit ins Wasser gehen. Dort sind die Wellen etwas größer. Das macht das Starten mitunter sehr anspruchsvoll.

Denke immer daran, das Foil möglichst weit vom Wing wegzuhalten. Leider wird der Wing, wenn er von einer Welle erwischt wird, von dieser mitgerissen und treibt nicht oben auf. Der damit einhergehende Zug kann ziemlich heftig sein.

Etwas einfacher wird es mitunter weiter draußen, wo die Wellen noch nicht brechen. Es hilft, den Weg zu paddeln, doch hierfür muss das Wasser erst tief genug sein, bevor du dich aufs Board legen kannst. Liegst du auf dem Board, lass den Wing los und paddle wie auf einem Wellenreiter. Natürlich sollte der Wing hierbei mit der Leash an deinem Handgelenk gesichert sein. Aber auch bei dieser Variante kann der Wing von einer Welle mitgerissen werden. Sogar ein Sturz vom Board ist möglich.

Hilfreich ist es mitunter, den Wing mit der Fronttube voran an der Strut zwischen den Füßen einzuklemmen und ihn so über dem Wasser zu halten.

Ein Patentrezept für den Einstieg können wir dir leider nicht geben. Der Einstieg erfordert ein wenig Übung und Erfahrung. Mit der Zeit entwickelst du deine eigene Taktik.

Meide Reviere mit starker Brandung, und suche dir einen Spot, an dem die Wellen weiter draußen brechen und nicht direkt im Uferbereich. Versuche die ersten Wellenritte in kleinen Wellen, um ein Gefühl für die Kraft und das Verhalten der Wellen zu entwickeln.

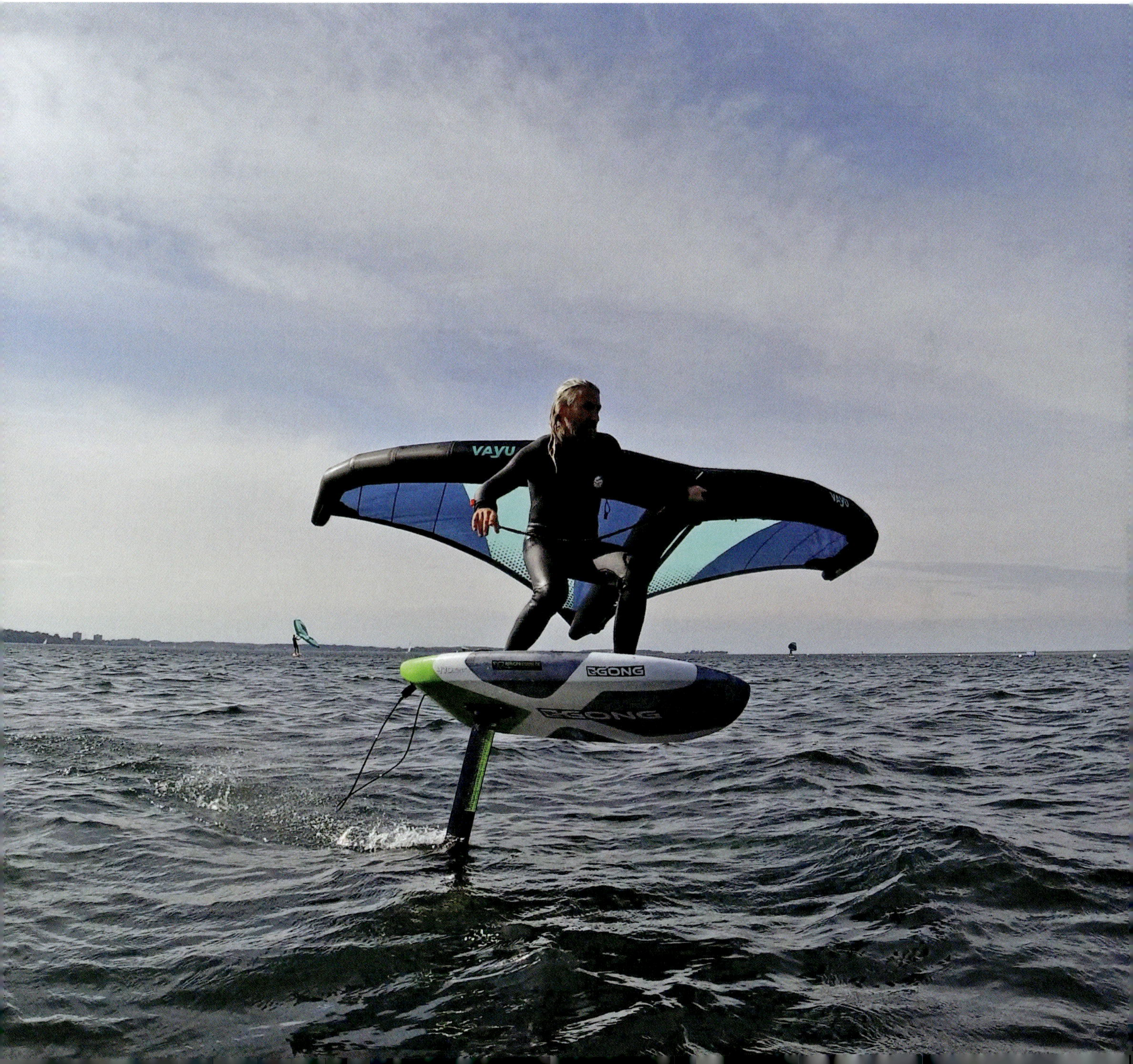
vayu
vayu
GONG
GONG

Wellen abreiten

Wir empfehlen dir, die Wellen in dem gleichen Stand (Regular oder Goofy Stance; zur Erklärung der Begriffe siehe Glossar) abzureiten, in dem du auch auf einem normalen Wellenreiter fahren würdest. Das heißt, du stehst in deiner Lieblingsposition – gegebenenfalls auch im Switch-Foot-Stand.

Hier die einzelnen Schritte:

1. Fahre zunächst mit dem Wing in die Nähe der Welle oder des Swells. Gehe auf einen Kurs parallel zum oder in Richtung Ufer.
2. Suche dir eine passende Welle aus und fahre hinein – am besten in einem 90-Grad-Winkel zur Welle.
3. Wenn du merkst, dass dich die Welle schiebt, nimm den Wing herunter. Die hintere (Lee-)Hand geht an die Neutral Handle an der Fronttube.
4. Sobald du mehr Geschwindigkeit aufnimmst, belaste den vorderen Fuß und stelle sicher, dass das Foil nicht aus dem Wasser steigt. Durch den Schub der Welle bekommt das Foil nämlich eine starke Tendenz zum Steigen. Dem musst du entgegenwirken. Am Anfang fühlt es sich beängstigend an, aber sei mutig und drücke das Foil die Welle hinunter. Nur so bleibst du auf der Welle und kannst mit ordentlich Speed hinunterrasen. Vielleicht hilft es, dir vorzustellen, dass das Foil den Wasserberg (Welle) hinunterrutschen muss, um in Fahrt zu bleiben.
5. Wenn der Druck der Welle nachlässt, sie aber noch weiter läuft und sich wieder aufbauen will, kannst du diese Phase mit Pumpen überbrücken.
6. Für den Ausstieg aus der Welle fährst du eine Halse oder Wende. Steige immer auf der nicht brechenden Seite der Welle aus.

Achte darauf, dass das Wasser tief genug ist, und steige rechtzeitig aus der Welle aus. Wann die Wassertiefe sich ändert, erkennst du daran, dass die Welle zu brechen beginnt.

Versuche dich vom Weißwasser der Welle fernzuhalten, denn hier gibt es auch unter Wasser Turbulenzen, die zum Strömungsabriss und somit zum Sturz führen können.

Hast du ausreichend Schub und fühlst du dich sicher, kannst du versuchen eine Kurve auf der Welle zu fahren. Der Körper bzw. das Board folgen dabei immer dem Kopf. Du musst in die Richtung schauen, in die du fahren willst. Versuche dabei nicht zu weit ins Wellental zu fahren, da die Welle hier keinen Schub mehr erzeugt. Kehre immer wieder ins obere Drittel der Welle zurück, um dann erneut die Welle herunterzufahren.

Fährst du auf der Welle in den Wind (nach Luv), kannst du die Hand an der Frontschlaufe lassen. Beim Abreiten mit dem Wind (nach Lee) kann es sein, dass du die Hand wechseln oder den Wing etwas höher halten musst, da er sonst gegebenenfalls das Wasser berührt oder umklappt. Der Wind trägt ihn nicht mehr so gut.

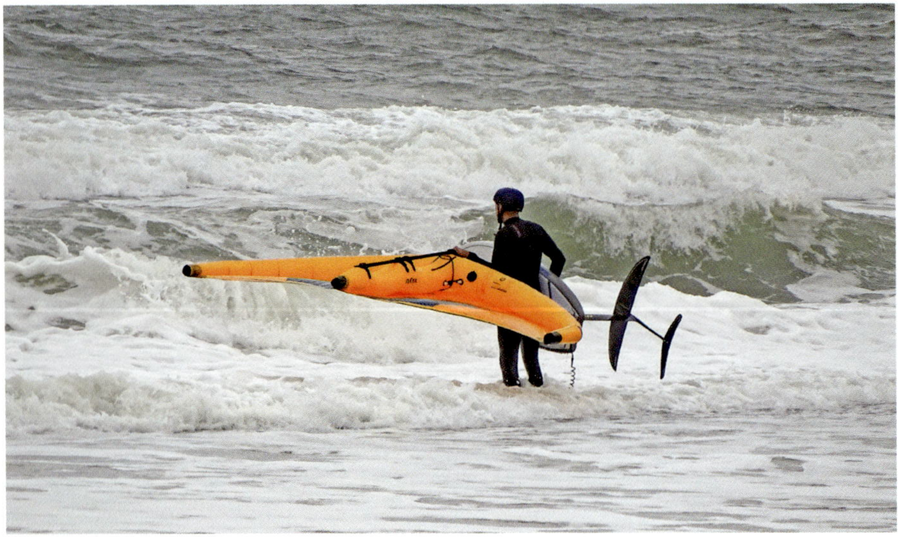

Vorsicht beim Einstieg – Weißwasser und Strömung sind nicht ungefährlich.

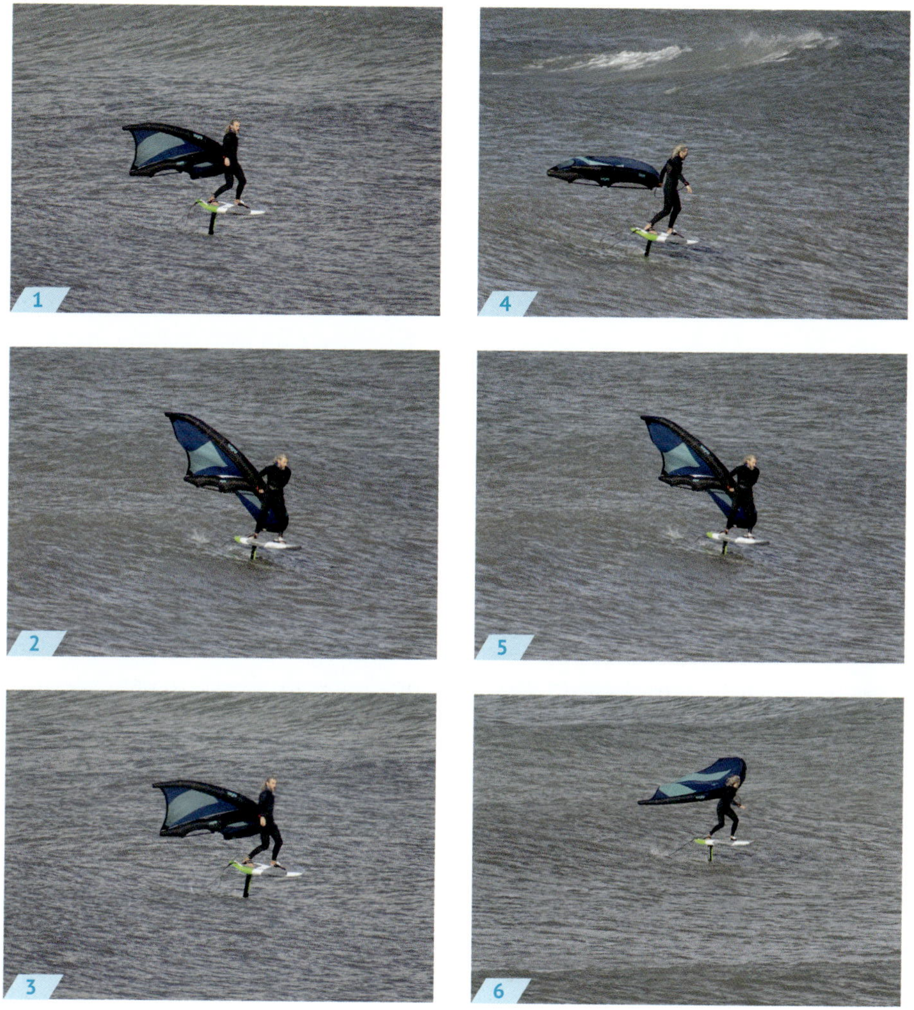

Bildserie:
Wellenritt mit Wing in Neutralstellung.

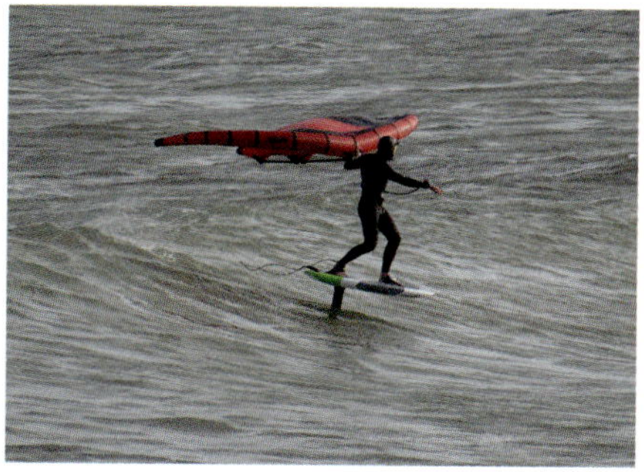

Tipp: „Ich bekomme nicht genug Druck auf das Foil und es bricht immer wieder aus."

Positioniere das Foil unter dem Board etwas weiter hinten, so bekommst du durch den größeren Hebel mehr Druck auf das Foil.

!

Waveriding

Webcode: 6061

!

Waveriding – Shorebreak: Wie komme ich sicher ins Wasser?

Webcode: 6062

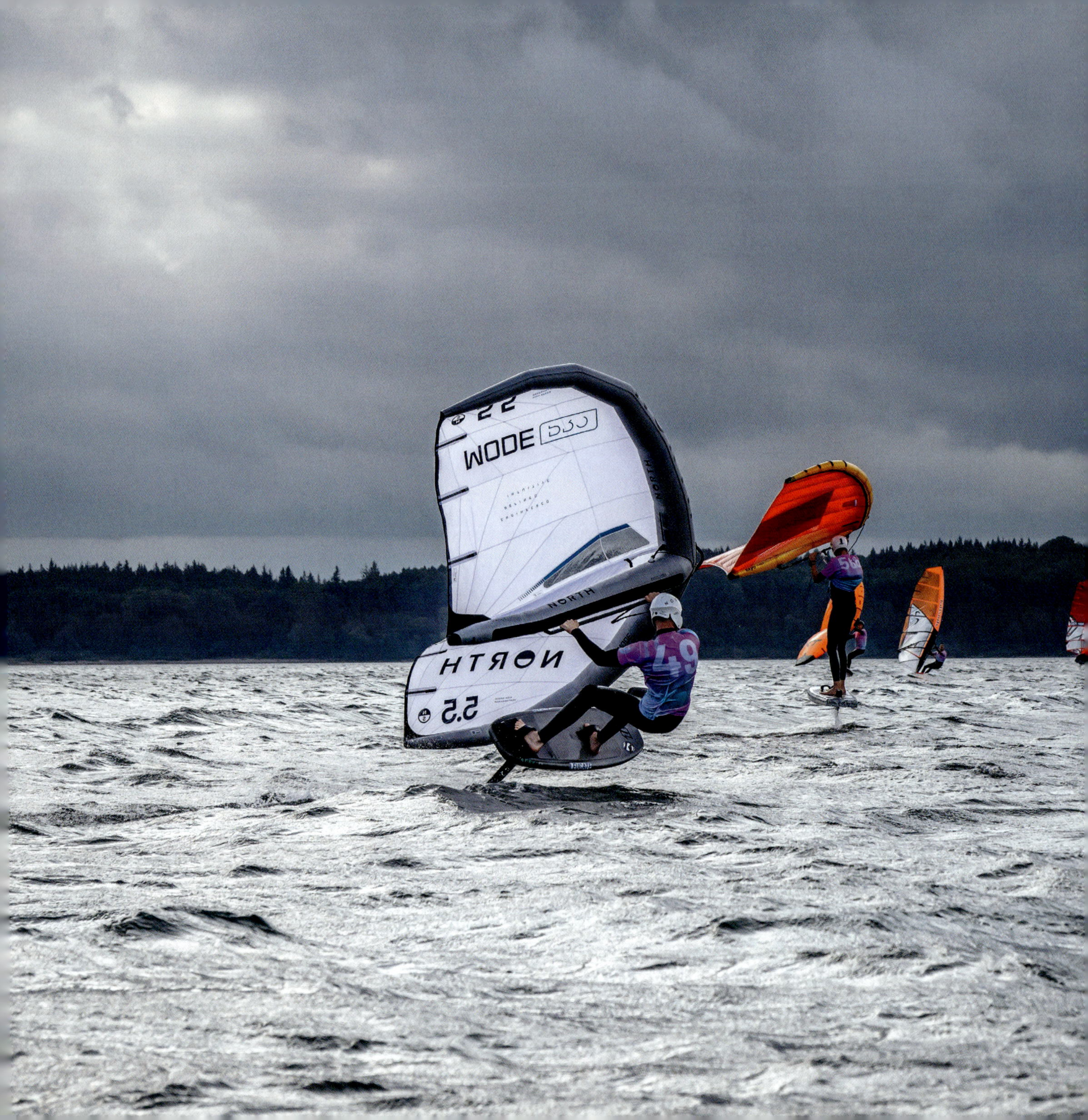
NORTH
49

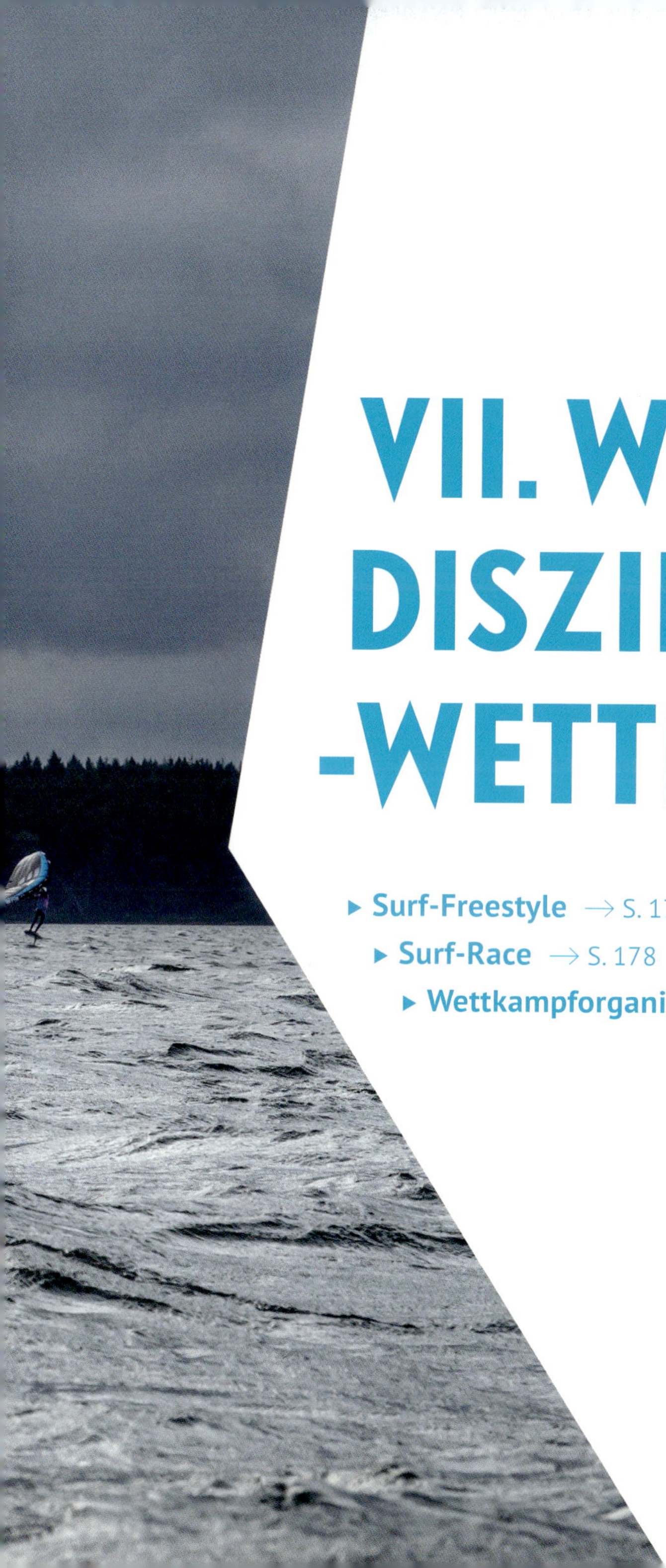

VII. WINGFOIL-DISZIPLINEN UND -WETTKÄMPFE

VII. Wingfoil-Disziplinen und -Wettkämpfe

Für den Fall, dass du dich gern mit anderen messen möchtest, wollen wir an dieser Stelle kurz die Wettkampfdisziplinen im Wingfoilen vorstellen.

Die Global Wingsports Association (GWA) und die Deutsche Wing Foil Vereinigung (DWFV) unterscheiden in ihren Regelwerken und Wettkampfformaten mehrere Disziplinen, darunter insbesondere Surf-Freestyle, Wave sowie verschiedene Race- bzw. Slalom-Formate.

Was aber sind die Unterschiede?

Foto: Kilian Rüthel

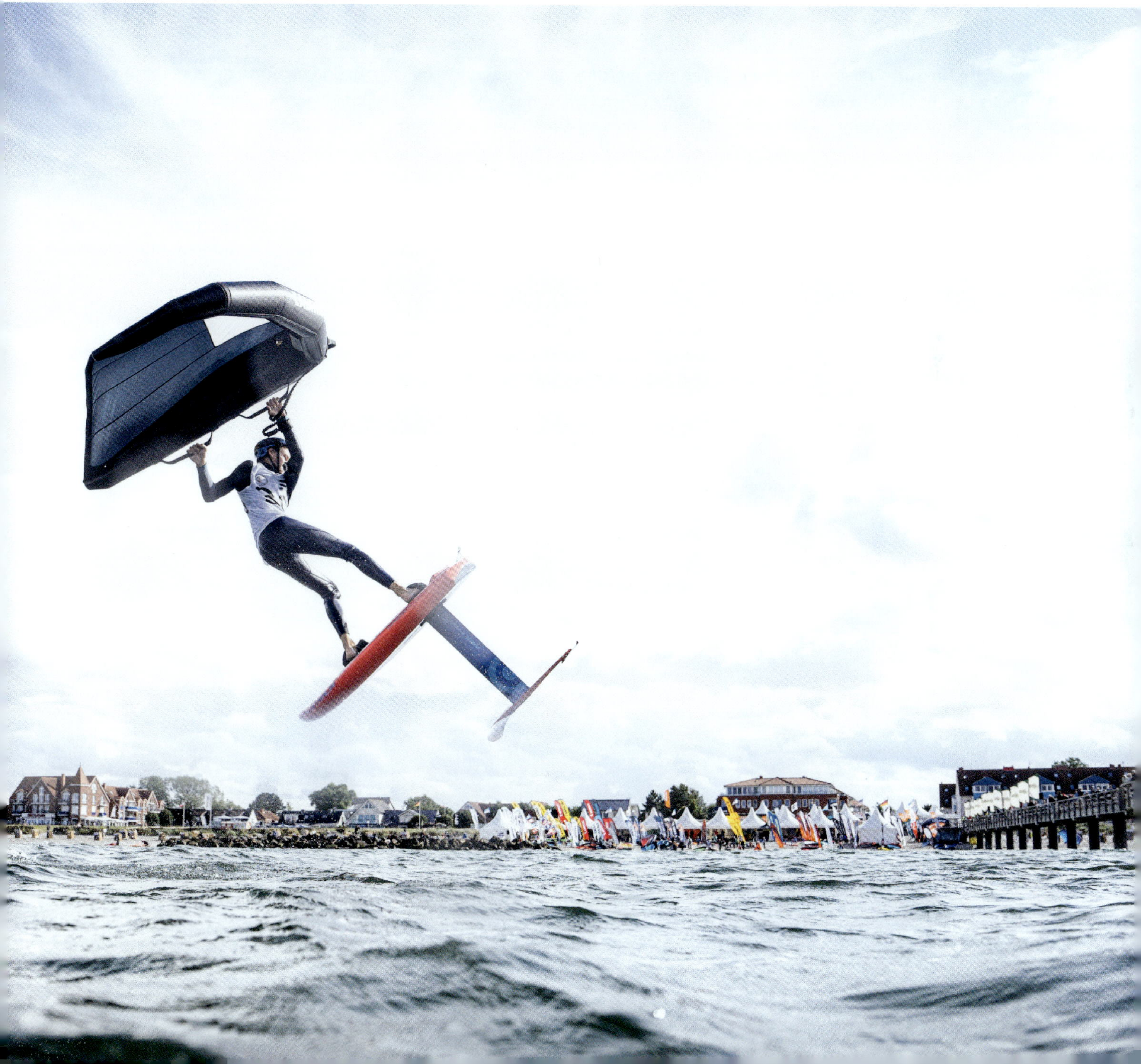

Surf-Freestyle

In der Disziplin Surf-Freestyle geht es um Tricks und besondere Manöver, die innerhalb einer bestimmten Zeitvorgabe zu zeigen sind. Es können sowohl Tricks auf der Welle als auch in der Luft gezeigt werden. Die gegebenen Bedingungen sollen so gut wie möglich genutzt werden.

Dabei werden alle Tricks, Sprünge und Manöver, die außerhalb der Welle ausgeführt werden, als Freestyle-Tricks gezählt.

Alle Bewegungen, Drehungen und Manöver, die mithilfe der Wellendünung oder der Wellen ausgeführt werden, gehen in die Wellenbewertung ein.

Eine mehrköpfige Jury bewertet die Fahrer. Dabei gibt es Kriterien wie Innovations- und Schwierigkeitsgrad sowie die Vielfältigkeit und das Gelingen einzelner Manöver. Wichtig sind aber auch Geschwindigkeit, Power und Flow, also die Abstimmung zwischen den Manövern.

Surf-Race

Beim Surf-Race geht es darum, wer auf einer vorgegebenen Rennstrecke in kürzester Zeit das Ziel erreicht.

Die Rennstrecke ist mit Bojen markiert und beinhaltet verschiedene Upwind- und Downwind-Kurse. Nach Möglichkeit sollte auch ein Abschnitt vor dem Wind enthalten sein, auf dem die Teilnehmer die Energie der Wellen nutzen oder pumpen müssen, ohne die Kraft des Wings nutzen zu dürfen.

Um erfolgreich zu sein, braucht es neben reiner Geschwindigkeit auch etwas Strategie und Taktik; beispielsweise wenn es darum geht, beim Upwind-Kurs und Höhelaufen den richtigen Punkt für eine Wende zu wählen.

Die Disziplinen Freestyle und Wave kombiniert

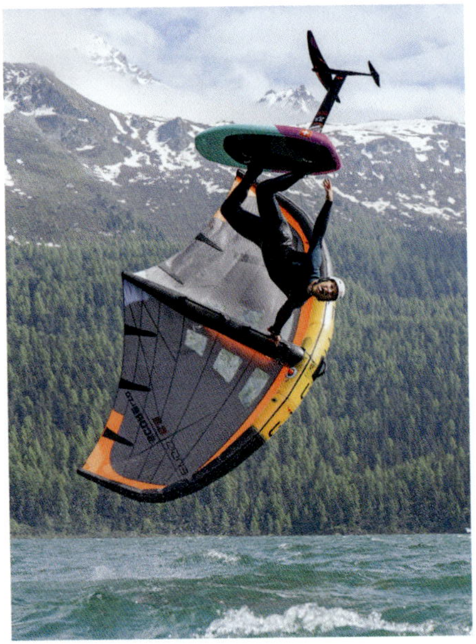

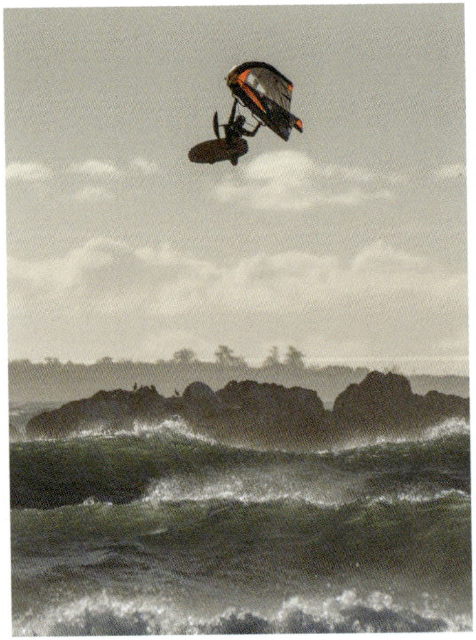

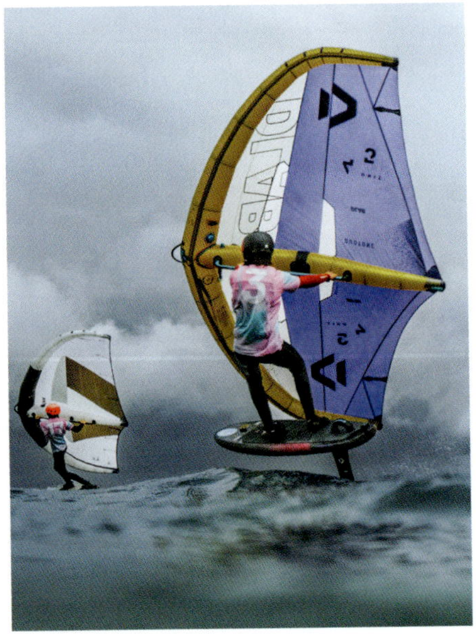

Wettkampf-organisation

Steht ein Wettkampf an, an dem du teilnehmen möchtest, musst du dich zunächst in deiner entsprechenden Altersklasse anmelden.
Bei einer größeren Anzahl von Teilnehmern wird der Wettkampf üblicherweise in mehreren Runden (Heats) organisiert. Diese sind in Vorrunden, Viertelfinale, Halbfinale und Finale unterteilt. Eine Runde besteht dabei aus mehreren Heats. In einem Race-Heat starten bis zu zehn Teilnehmer gleichzeitig. Bei einem Freestyle-Heat sind es zwei bis vier Teilnehmer. Diejenigen mit einer höheren Platzierung bzw. Wertung kommen dann eine Runde weiter.

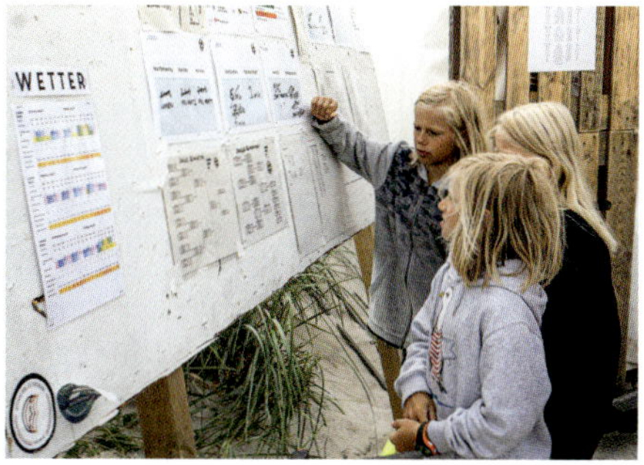

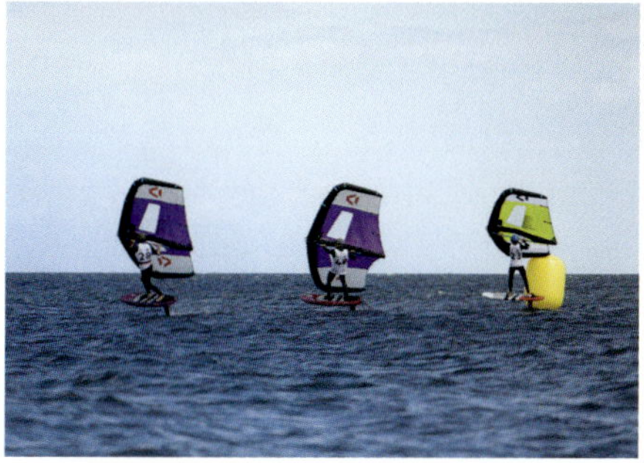

!

Wingfoil-Disziplinen und Wettkampf-impressionen.

Webcode: 7011

Information und Strategiebesprechung unter den jüngsten Fahrern.

Das Race beginnt: Zunächst geht's an der Starttonne vorbei.

Fahrerlager und Aussteller beim Foilfestival am Schönberger Strand.

Nah dran: Zuschauer auf der Seebrücke.

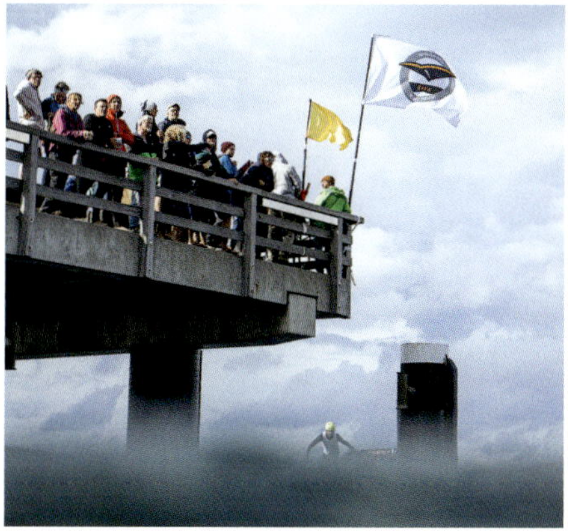

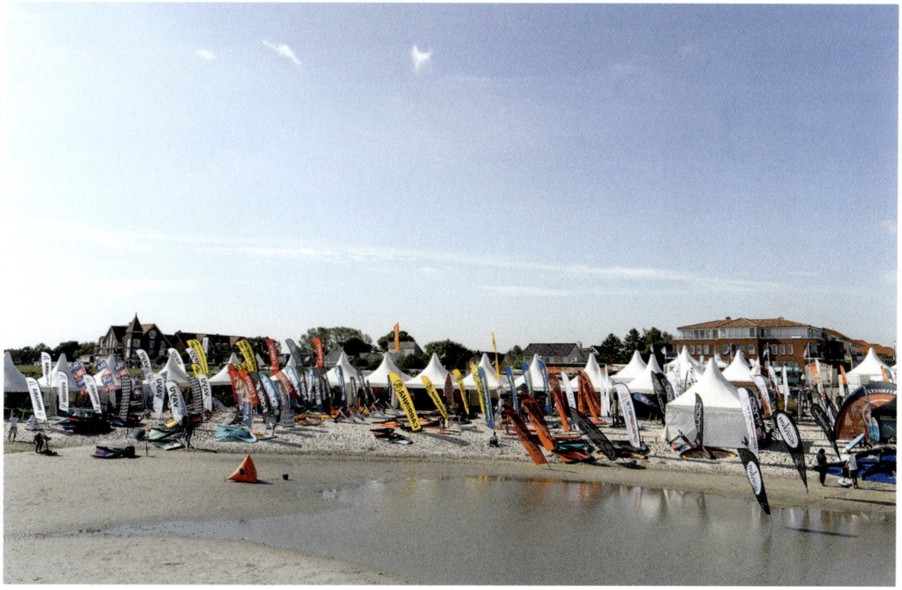

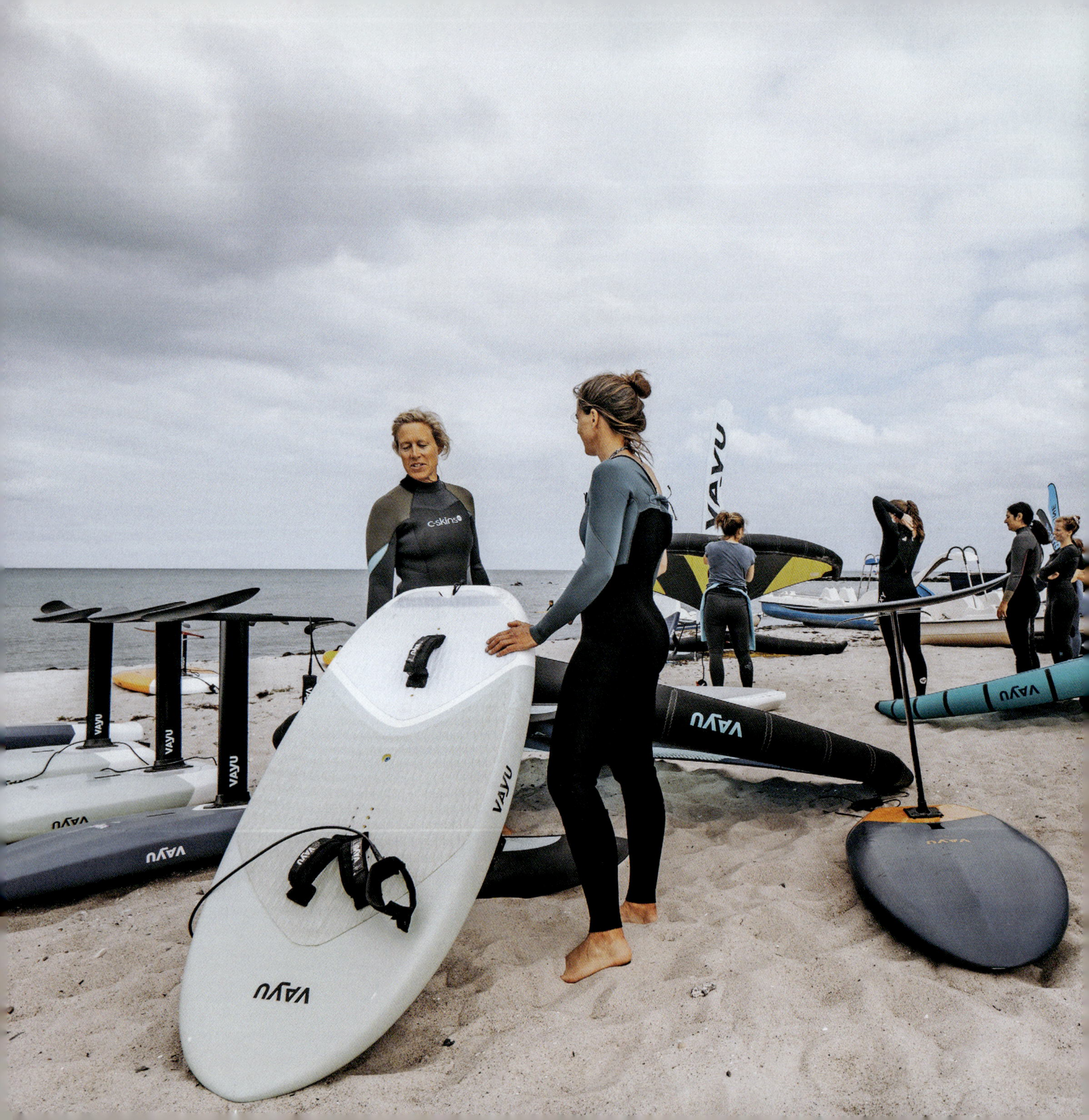
c-skins
VAYU

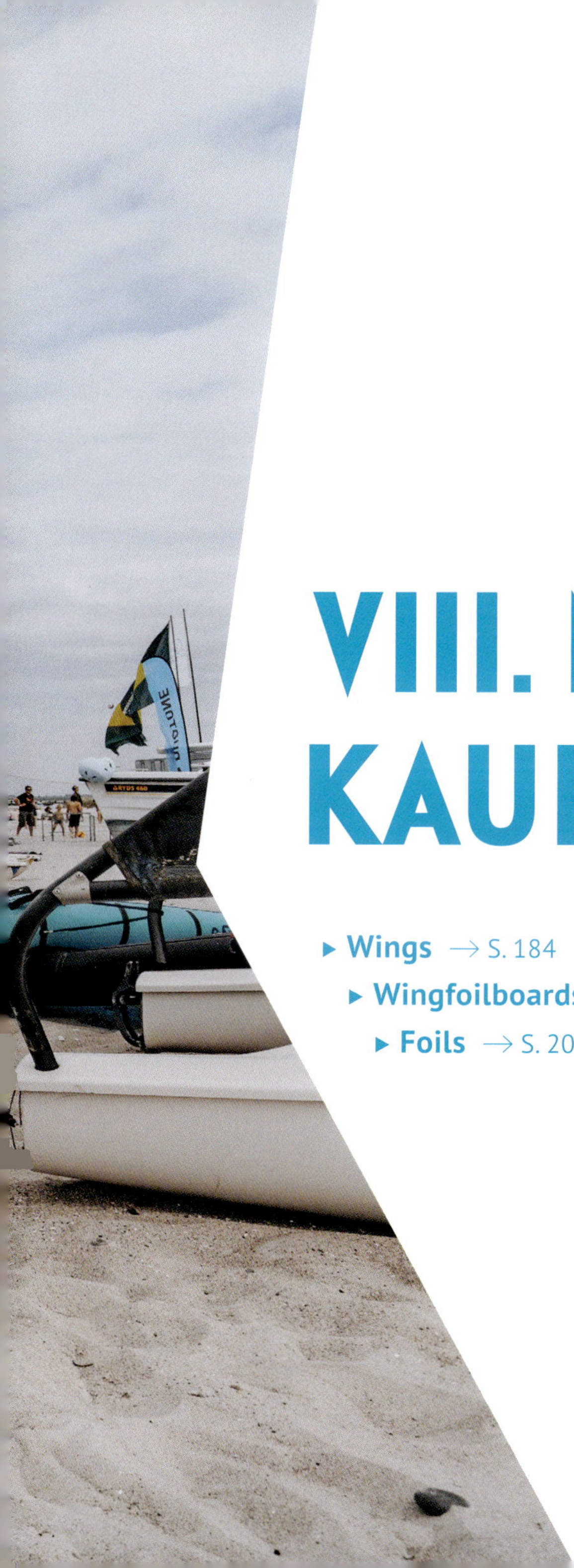

VIII. MATERIAL- UND KAUFBERATUNG

Foto: Frithjof Blaasch

VIII. Material- und Kaufberatung

Mittlerweile bist du sicher etwas vertrauter mit dem Material, das du beim Wingfoilen verwendest und benötigst. Leider ist der Markt inzwischen schon ziemlich unübersichtlich geworden. In Anbetracht der steigenden Flut an Marken und Varianten der Wings, Boards und Foils ist eine Kaufentscheidung nicht mehr ganz so einfach.
Auf den folgenden Seiten möchten wir daher noch einmal etwas tiefer in die Materialkunde einsteigen und dir Empfehlungen für den Kauf und mögliche Kaufentscheidungskriterien an die Hand geben zu:

- **Wings**
- **Boards**
- **Foils**

Foto: Frithjof Blaasch

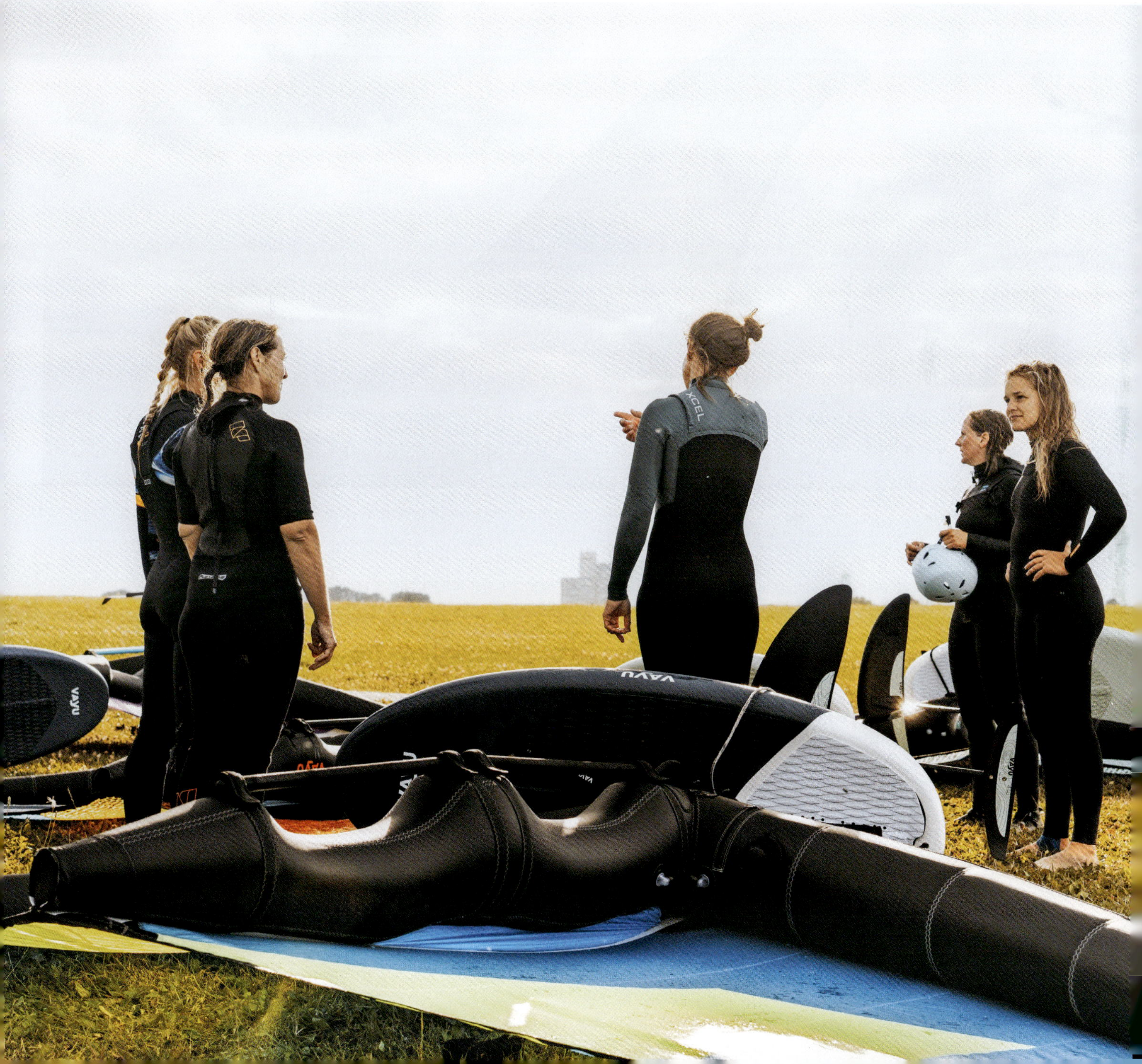
VAYU
XCEL

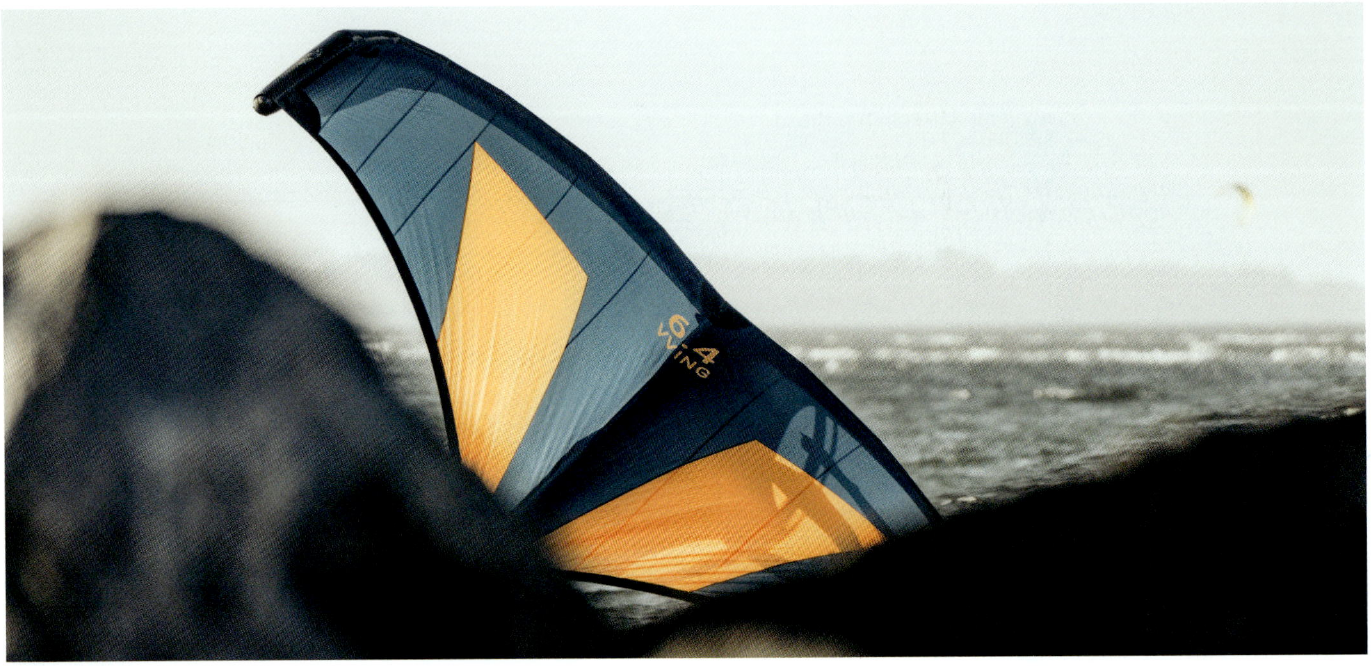

Wings

Der Aufbau eines Wings

Der Wing ist sicher der markanteste Bestandteil einer Wingsurf- und Wingfoil-Ausrüstung. Schließlich hat die Entwicklung der Wings diese Sportart als alternativen Windwassersport neben dem Windsurfen und Kiten erst entstehen lassen. Seinen Namen hat er aus dem Englischen: Wing = Flügel!

Hinsichtlich seiner Bauform und Technologie sowie der verwendeten Materialien ähnelt der Wing einem Kite. Manche bezeichnen ihn daher auch als Hand-Kite. Tatsächlich haben die langjährigen Entwicklungen in der Kitebranche den Wing in seiner heute vorrangig zu findenden Bauform erst möglich gemacht. Nicht zuletzt bieten aufgrund der herstellungstechnischen Ähnlichkeit inzwischen alle Kitehersteller auch Wings an.

Der Aufbau und die Gestaltung des Wings weichen, je nach Hersteller und inzwischen auch dem vorrangig avisierten Einsatzzweck, leicht voneinander ab. Auch wenn die meisten am Markt erhältlichen Wings noch als Allrounder angesehen werden können, so zeichnen sich doch zunehmend Differenzierungen ab. So gibt es inzwischen Wings, die auf Race, Wave oder Freestyle ausgerichtet sind.

Kaufkriterien

Folgende Merkmale bzw. Designelemente haben Einfluss auf das Handling, die Leistungsfähigkeit und die Einsatzfähigkeit eines Wings und sollten daher bei der Kaufentscheidung berücksichtigt werden:

- verwendete Materialien und Technologien
- Größe bzw. Fläche des Wing
- Gestaltung der Middle-Strut: Handschlaufen, Handles oder Boom

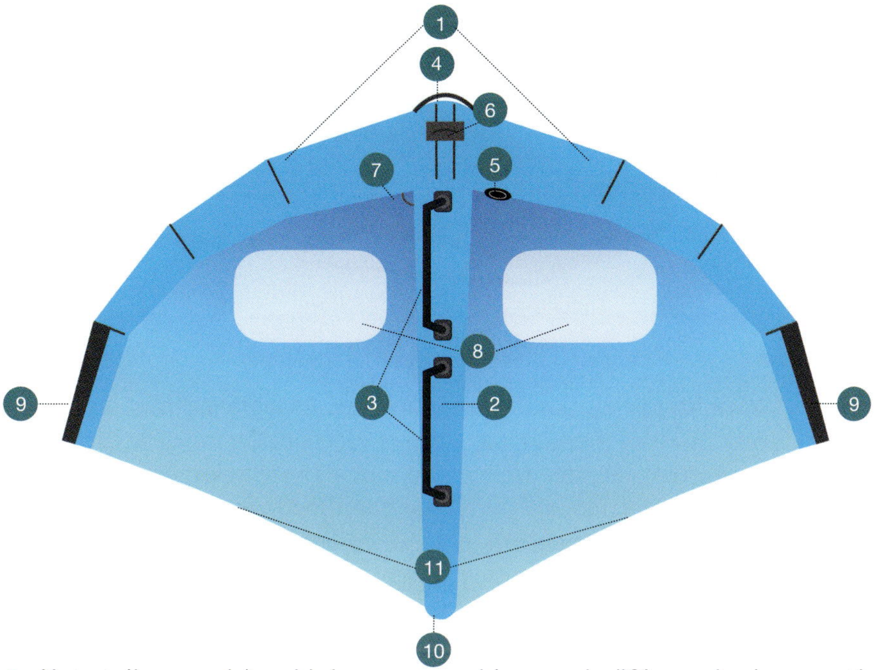

1. Leading Edge/Fronttube
2. Central Strut/Mitteltube
3. Handles/Handschlaufen
4. Neutral Handle/Neutral-Handschlaufe
5. Inflation Valve/Ventil
6. Leash Attachment/Leashbefestigung
7. Hose und Squeeze Clamp/ Schlauchverbindung und Klemme
8. Visibility Window/Fenster
9. Wing-Tips
10. Bladder Lock/Blasenverschlüsse
11. Trailing Edge/Abrisskante

- Unterteilung und Anzahl der möglichen Handpositionen
- mit oder ohne Fenster
- Flächendesign: High oder Low Aspect Ratio
- Querschnittdesign: gebogen, flach oder V-Form
- Längsschnittdesign: Tiefe und Krümmung
- Packmaß: Rucksack oder Schlauchtasche

Materialien

Die verwendeten Materialien und Technologien stammen zumeist aus der Kitebranche. Aus unserer Sicht verwenden die meisten Hersteller sehr ähnliche und vergleichbare Materialien. Mit dem Ziel der Gewichtseinsparung wird hier regelmäßig nach einem optimalen Kompromiss zwischen Robustheit und Leichtigkeit gesucht. Willst du den Wing auch an Land verwenden oder für Tricks im Freestyle-Sektor, solltest du auf mehr Robustheit achten. Dies geht jedoch mitunter zulasten des Gewichts. Beispielsweise sind die Wing-Enden (Tips) bei manchen Herstellern besonders verstärkt. Damit soll der Verschleiß bei Bodenkontakt im Landeinsatz reduziert werden. Für den Freestyle-Einsatz lohnt es sich, auf besonders robuste Nahtstellen entlang der Tubes sowie um die Handschlaufen herum zu achten.

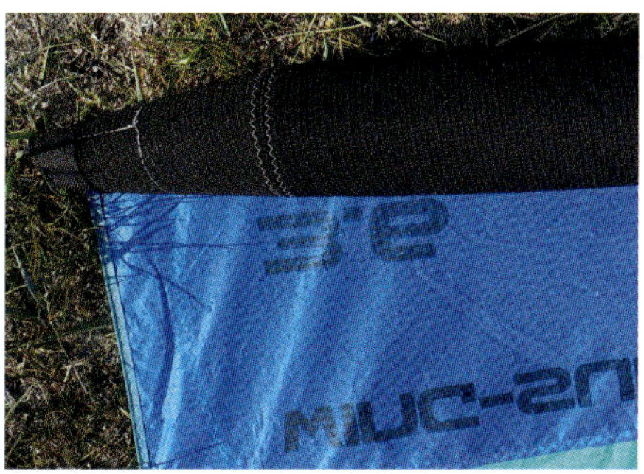

Verstärkungen an wichtigen Punkten.

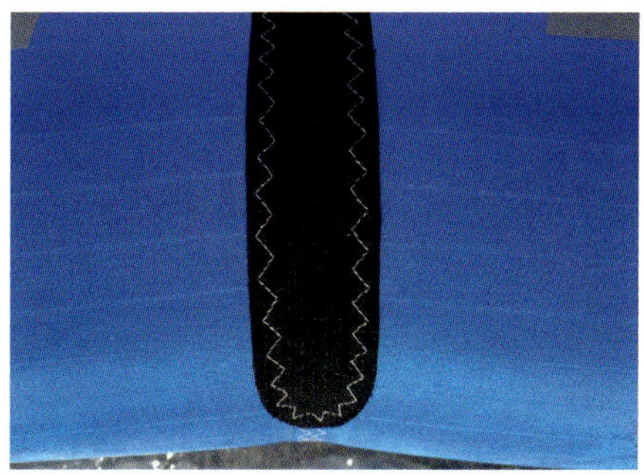

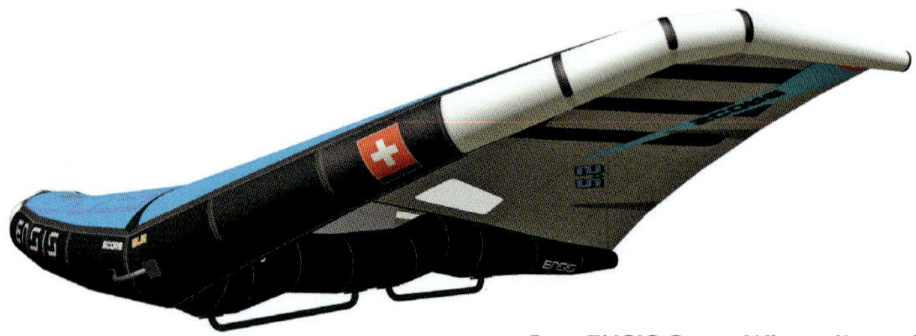

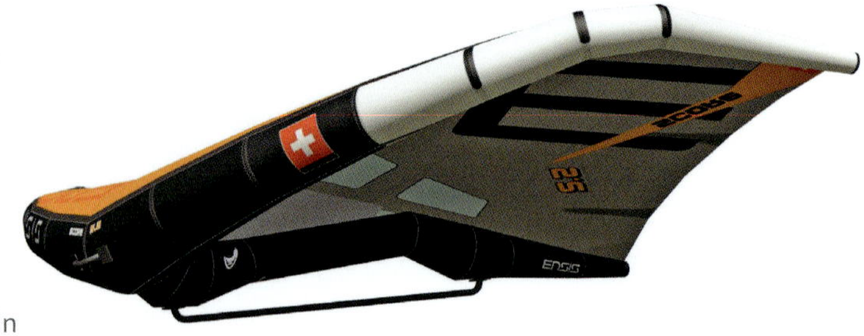

Den **ENSIS Score Wing** gibt es in zwei Versionen: mit Handles oder Boom.

Größe bzw. Fläche

Die Größe der Wings wird in Quadratmeter angegeben. Die ersten Wings, wie zum Beispiel der Naish Wingsurfer aus dem Jahr 2019, wurden mit ausschließlich vier Quadratmetern angeboten. Inzwischen bieten nahezu alle Hersteller ein breites Spektrum zwischen zwei und neun Quadratmetern an. Je nach Windstärke kann dann entsprechend dem individuellen Körpergewicht und Fähigkeitslevel die geeignete Größe ausgewählt werden – sofern man über die Auswahl verfügt.

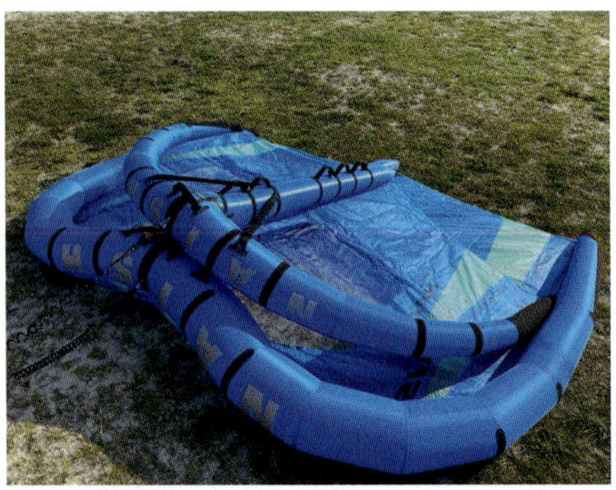

Größenvergleich:
Naish S26 Wingsurfer 3.6 versus 6.8.

Prinzipiell sollte immer ein kleinstmöglicher Wing gewählt werden, da das Handling deutlich leichter fällt. Allerdings ist für den Einstieg und um schneller aufs Foil zu kommen ein größerer Wing zu empfehlen.
Als Allround-Wing für den Anfang sollte je nach Körpergewicht ein vier (bis circa 70 Kilogramm), fünf (bis circa 85 Kilogramm) oder sechs Quadratmeter (ab 85 Kilogramm) großer Wing gewählt werden. Damit lässt sich ein sehr großes Spektrum an Windstärken abdecken. Wer sich gleich zwei Wings zulegen möchte, ist – unabhängig von Körpergröße und Fähigkeitslevel – mit einer Kombination von vier und sechs Quadratmetern gut beraten. Kleiner als dreieinhalb Quadratmeter und größer als sieben Quadratmeter ist für einen durchschnittlichen Erwachsenen unserer Einschätzung nach kaum erforderlich.

Gestaltung der Strut: Handschlaufen oder Boom

Grundsätzlich verfügen alle Wings über eine aufblasbare Fronttube – ähnlich einem Kite. An dieser befindet sich in der Regel auch eine zentrale Handschlaufe, die auch als Neutral-Handschlaufe (Neutral oder Depower Handle) bezeichnet wird. Sie ermöglicht ein Neutralstellen des Wings, sodass er keinen Winddruck mehr aufnimmt. Das ist zum Beispiel beim Transport an Land oder bei Manövern in der Welle notwendig und vorteilhaft.
Der größte Unterschied besteht in der Art der mittleren Verstrebung, auch Central Strut, Strut, Quertube oder Mitteltube genannt, über welche die Steuerung des Wings durch den Fahrer erfolgt. Bisher bieten die meisten Hersteller eine ebenfalls aufblasbare Mitteltube mit angenähten Griffen an. Bei Wings mit mehreren Griffen werden diese oft noch mit unterschiedlichen Bezeichnungen versehen. So gibt es Transfer Handles (Wechsel- oder Übergangsgriffe), die als Zwischenposition für die Hände beim Einleiten oder im Verlauf von Manövern gedacht sind. Außerdem gibt es Power Handles. Dies sind die hinteren

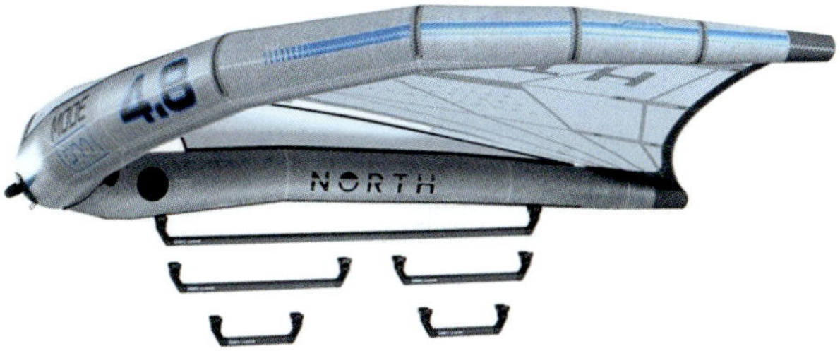

Den **NORTH Mode Pro Wing** kann man wahlweise mit Boom oder Handles ausstatten, die zudem entlang der Middle-Strut frei positioniert werden können.

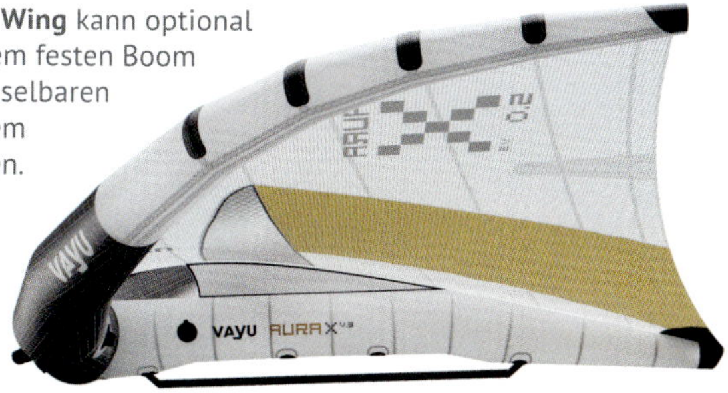

Der **VAYU Aura X Wing** kann optional mit Handles, einem festen Boom oder einem wechselbaren Click-Boom System verwendet werden.

Griffpositionen, die helfen, mehr Druck im Wing aufzubauen.
Handschlaufen an den Wings haben den Vorteil, dass sie relativ leicht und weich sind, also eine geringe Verletzungsgefahr mit sich bringen. Nachteilig ist, dass bei Manövern ein genaues Greifen erforderlich ist. Vor allem mit Handschuhen und bei relativ vielen (und damit recht kleinen) Schlaufen, kann das störend sein. Mitunter sind die Griffpositionen auch nicht für jede Körpergröße/Armlänge optimal abgestimmt.
Von Duotone gibt es daher schon länger eine Variante mit Boom (Baum). Nach nach dem Aufblasen der Fronttube wird in der Mitte, zwischen Fronttube und Abrisskante, eine Stange eingehängt. Der wesentliche Vorteil besteht in der deutlich flexibleren Positionierung der Hände entlang dieser Stange. Die wesentlichen Nachteile liegen in dem sperrigeren Packmaß sowie dem Risiko von Beschädigungen am Board, wenn der Boom darauf fällt.
Als Kompromisslösung bieten einige Hersteller (zum Beispiel Cabrinha, Ensis, Takuma, F-One) inzwischen längere angenähte Griffe an. Diese haben den Vorteil, dass die Handposition zumindest in einem gewissen Rahmen flexibel verschoben werden kann. Auch das sichere Umgreifen bei Manövern wird dadurch erleichtert. Nachteilig ist das etwas weiche und damit weniger direkte Gefühl bei der Steuerung des Wings.
Recht neu auf dem Markt sind Zwitterlösungen, die aufblasbare Strut und Boom miteinander vereinen. Die Marke Vayu bietet bisher ausschließlich solche Wings an. Von Duotone gibt es derzeit das Slick-Modell mit einer solchen Bauform. Die Vorteile liegen in der besonders ausgeprägten Stabilität und Steifheit, die eine sehr direkte Steuerung und Reaktion des Wings ermöglichen. Die Hände sind nahezu beliebig platzierbar, was ein einfaches Handling während der Manöver, auch mit Handschuhen, ermöglicht. Der teilbare Boom hält zudem das Packmaß in Grenzen. Nachteilig ist das leicht erhöhte Gewicht durch die Kombination aus Boom und aufblasbarer Strut. Die harten Teile um den Boom herum können in unglücklichen Situationen unangenehm für Board und Körper werden.

Unterteilung und Anzahl der möglichen Handpositionen

Nachdem die ersten Winggenerationen über eine Vielzahl von Griffschlaufen und damit möglichen Handpositionen sowohl an der Fronttube als auch an der Strut verfügten, haben nahezu alle Hersteller die Anzahl der Griffe deutlich reduziert.
Bei Wings mit Handschlaufen geht der Trend sehr stark zu einer Verteilung der Griffpositionen im vorderen und hinteren Bereich der Strut. Der mittlere Bereich wird oft freigelassen. Das Ziel ist dabei vor allem, Gewicht zu sparen. Gab es an der Fronttube früher zumeist drei Handschlaufen, so findet sich heute zumeist nur noch eine Handschlaufe direkt vorn in der Mitte.
Tatsächlich sind in der Regel auch nicht so viele Griffe erforderlich. Gerade Einsteigern bietet die reduzierte Anzahl der Griffe eine bessere Orientierung.

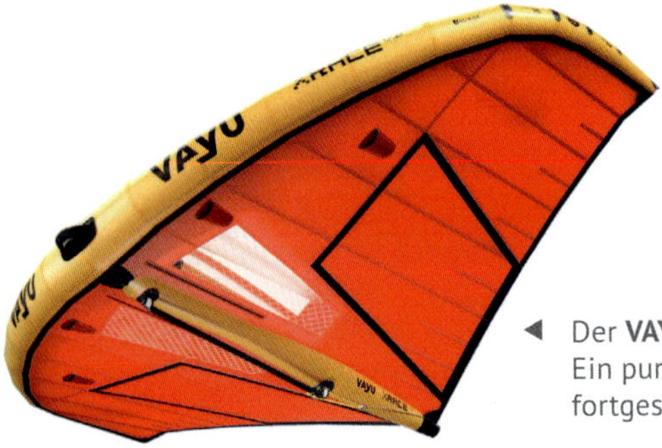

Der **VAYU X Race V2** mit Doppeltuch. Ein purer Race-Wing, der nur für fortgeschrittene Fahrer geeignet ist.

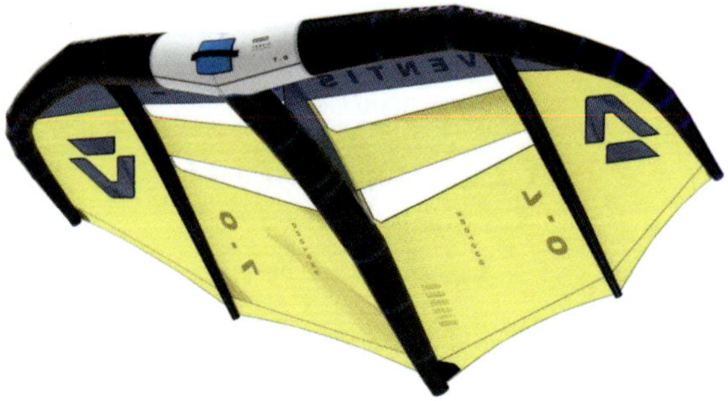

Der **DUOTONE Ventis Wing** ist für Leichtwind-Einsätze optimiert: groß, wenig Gewicht und zusätzliche Tubes zur Unterstützung der Tuchspannung.

Andererseits solltest du als Einsteiger auch darauf achten, dass nicht zu wenige Griffschlaufen am Wing vorhanden sind. Vor allem für die hintere Hand ist es gut, wenn – in Abhängigkeit von der individuellen Körpergröße und dem Winddruck – alternative Positionierungen der Hand möglich sind. Ein- bzw. Umsteiger mit Windsurferfahrung sollten durchaus einen Wing mit Boom-Variante ausprobieren.

Einige Wings verfügen darüber hinaus über Y-Schlaufen, die diagonal zwischen Fronttube und Strut angebracht sind. Diese können hilfreich sein, um Übergänge bei Manövern zu unterstützen.

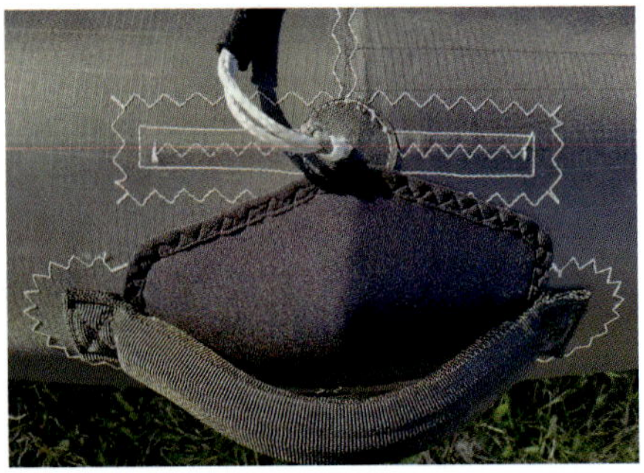

Frontschlaufe.

Aus unserer Sicht sind sie nicht zwingend erforderlich und eher abhängig von individuellen Vorlieben. Einige Hersteller, wie zum Beispiel Naish, bieten daher inzwischen auch abnehmbare Y-Schlaufen an.

Neben der Anzahl der Handschlaufen spielt auch deren Größe und Dicke eine Rolle. Größere Schlaufen lassen sich leichter greifen. Vor allem beim Umgreifen während eines Manövers spielt das eine wichtige Rolle. Die Dicke der Handschlaufen ist zum einen eine Frage des persönlichen Empfindens. Zum anderen wird die Dicke relevant, wenn du den Wing mit Handschuhen verwendest. Dickere Griffe erzeugen dann schneller eine Ermüdung, weil der Umfang durch den Handschuh vergrößert wird und ein erhöhter Haltedruck aufgebracht werden muss. Dies wird umso relevanter, je kleiner deine Hände sind.

Nicht zuletzt finden sich bei den meisten Wings Schlaufen zur Befestigung eines Trapezes. Bisher haben wir nur sehr selten gesehen, dass diese tatsächlich genutzt wurden. Einsteiger brauchen hierauf sicher kein besonderes Augenmerk zu legen.

Mit oder ohne Fenster

Ein weiteres Kriterium ist die Rundumsicht. Fenster geben dir gerade am Anfang, wenn du noch viel mit der Koordination und dem Handling beschäftigt bist, ein erhöhtes Sicherheitsgefühl. Schließlich hast du ansonsten eine Menge Tuch vor den Augen.

Nachteilig sind die Fenster beim Handling und insbesondere beim Verpacken. Sie sollten nach Möglichkeit nicht über Beton oder Sand gezogen werden, weil die Kratzer die Durchsicht vermindern. Insbesondere in der kalten Jahreszeit sollten sie beim Einpacken nicht geknickt werden, da sie sonst leicht brechen. Mitunter wird auch der Materialmix kritisiert, da die Fensterbereiche eine andere Dehnungs- und Strömungsdynamik aufweisen als das Tuch. Man sollte daher darauf achten, dass die Fenster nicht zu groß dimensioniert und an der richtigen Stelle positioniert sind.

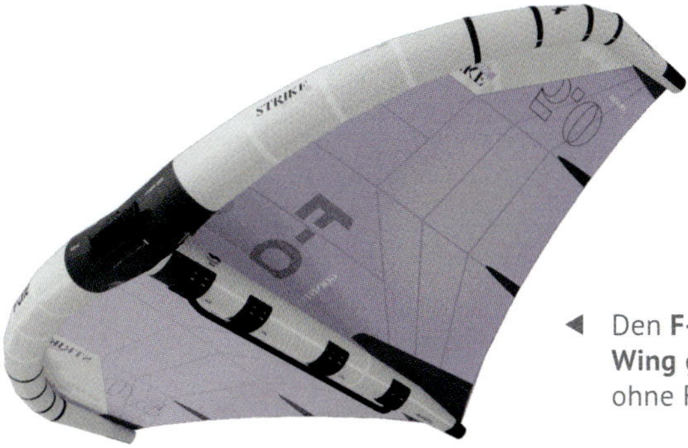

◄ Den **F-ONE Strike Wing** gibt es auch ohne Fenster.

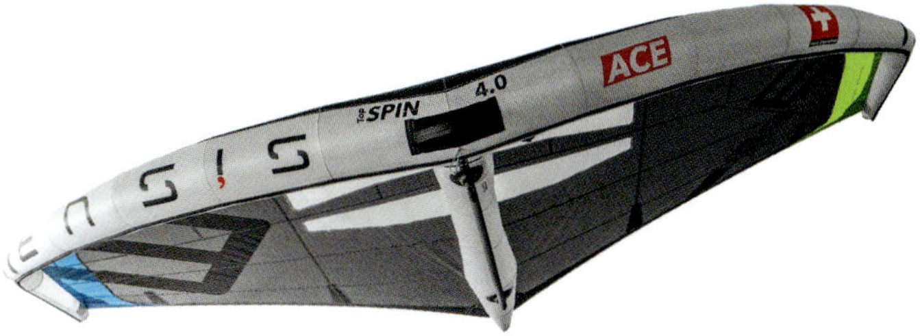

▲ Der **ENSIS Top Spin Wing** hat ein etwas höheres Aspect Ratio.

Auch hier ist eine Entwicklung bei den Herstellern zu erkennen.

Flächendesign: High oder Low Aspect Ratio

Hinsichtlich des Flächendesigns unterscheiden sich die am Markt verfügbaren Wings in der Form. Entweder verfügen sie über eine große Spannweite und dafür über eine kürzere Strut/Mitteltube (Low Aspect Ratio), oder sie haben eine geringere Spannweite und dafür eine längere Strut/Mitteltube (High Aspect Ratio).

Die Aspect Ratio bemisst dabei die Relation zwischen Länge und Breite des Wings. Je nach Größe des Ergebnisses dieser Division (Länge/Breite) wird zwischen High, Mid und Low Aspect Ratio unterschieden. So verfügt der High-Aspect-Flügel über eine größere Spannweite (Länge) und eine geringere Flügelbreite (Tiefe). Die Flügel wirken insgesamt sehr schlank und gestreckt. Der Vorteil einer geringeren Spannweite liegt in der größeren Bewegungsfreiheit und der geringeren Gefahr, mit den Wingenden (Tips) ins Wasser einzutauchen. Noch relevanter ist dieser Aspekt beim Einsatz an Land bzw. in Verbindung mit dem Skateboard, weil hier eine Bodenberührung den Wing leicht zerstören kann. Einsteiger sollten einen Low-Aspect-Ratio-Wing wählen. Das Handling fällt damit gerade am Anfang deutlich leichter. Vor allem wenn du noch nicht foilst und gegebenenfalls auf einem SUP-Board übst. Dann ist es bei einem solchen Wing deutlich einfacher, die Wingenden von der Wasseroberfläche fernzuhalten.

Ist der Einstieg geschafft und kommst du leicht und schnell aufs Foil, kannst du durchaus auch einen High-Aspect-Ratio-Wing ins Auge fassen. Derartige Wings bringen im Allgemeinen eine bessere Performance im Hinblick auf die Geschwindigkeit mit sich, lassen sich aber etwas schwerer kontrollieren.

Low Aspect Ratio

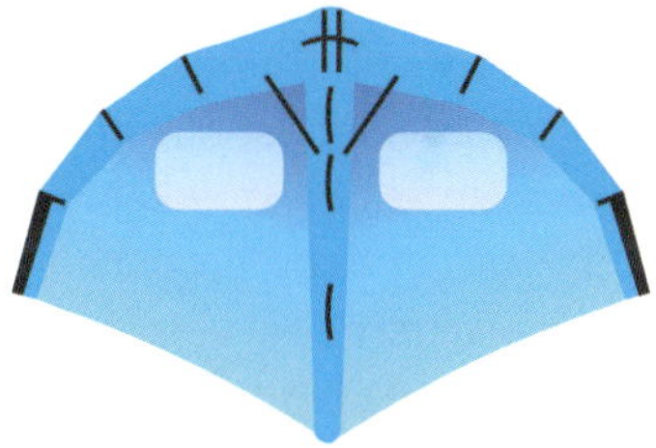

High Aspect Ratio

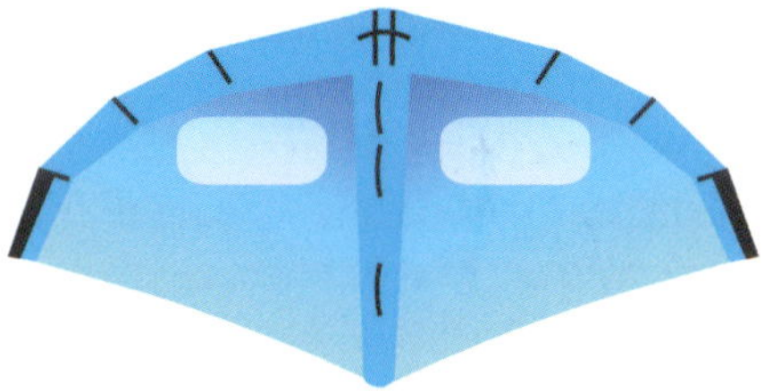

! **Arten und Eigenschaften des Wings.**

Webcode: 8011

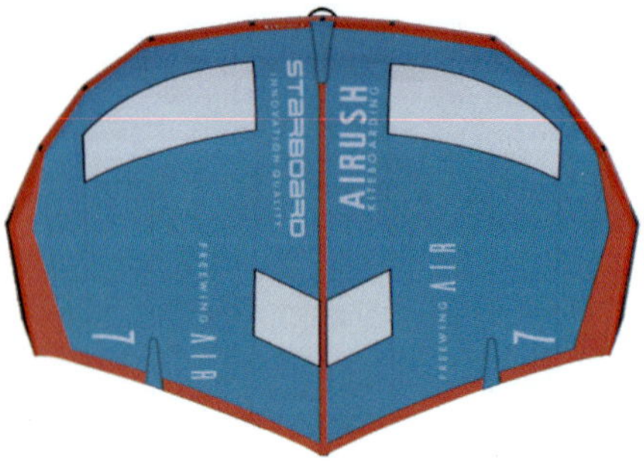

◄ **Low Aspect Ratio**
Airush Freewing Air V2.

vs. **High Apect Ratio** ►
F-One Swing.

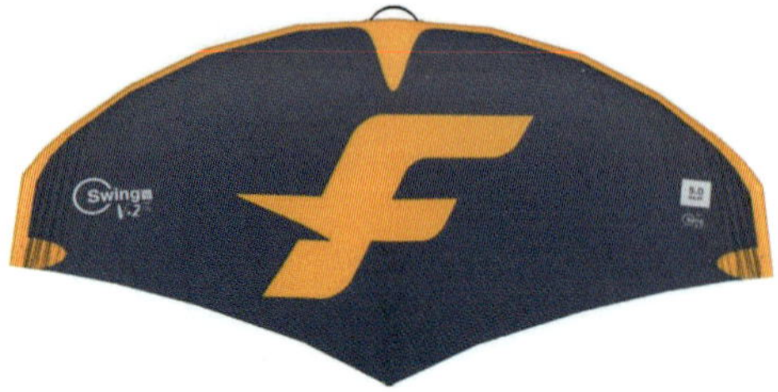

Querschnittdesign: gebogen, flach oder V-Form

Schaut man von vorn auf den Wing, also auf die Fronttube, so ist das Profil bzw. das Querschittdesign zu erkennen.
Auch hier lassen sich deutliche Unterschiede zwischen den verschiedenen Wings erkennen. Einige Wings kommen mit einem eher flachen Profil, andere haben eine nach oben gehende Dachwölbung und wieder andere eine nach unten zeigende V-Wölbung bzw. ein V-Profil. Dieses V-Profil kann auch durch einen sogenannten Dihedral- oder Diederwinkel beschrieben werden. Je ausgeprägter (spitzer) das V, desto kleiner ist der Diederwinkel, und umgekehrt.

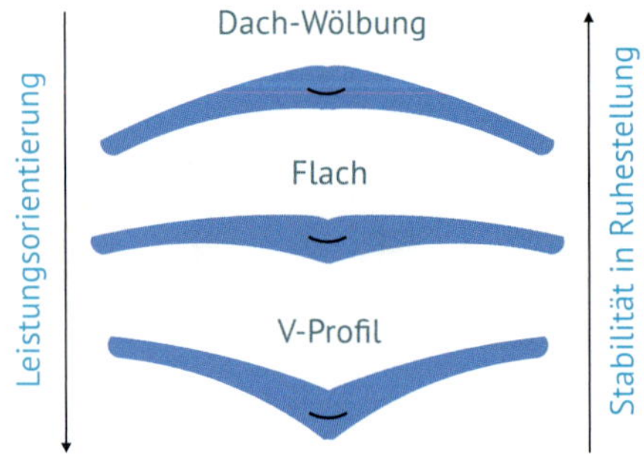

Im Allgemeinen gilt, dass eher flache Wings oder solche mit V-Wölbung (großer Diederwinkel) sich leichter handhaben lassen und daher für Einsteiger besser geeignet sind. Wings mit starker V-Wölbung (kleiner Diederwinkel) sind eher leistungsorientiert. Sie sind besser geeignet für Freestyle und Tricks. In Ruhe- oder Übergangsphasen, zum Beispiel während eines Manövers oder in der Startphase, zeigen sich diese Wings aber weniger stabil und verhalten sich eher unruhig.

Längsschnittdesign: Tiefe und Krümmung

Schaut man von der Seite oder auch von unten auf verschiedene Wings, so sind auch hier Unterschiede zu erkennen. Einige Wings sind entlang der Strut

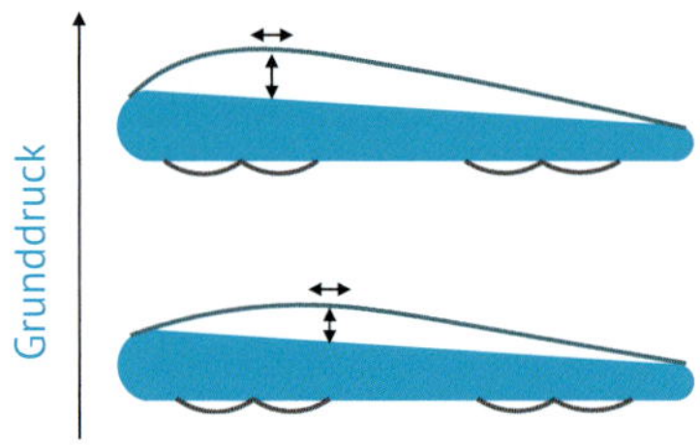

eher flach und weniger tief gehalten, während andere eine deutlich größere Tiefe aufweisen. Flacher bedeutet in der Regel weniger Druck, vor allem in stark böigen Windsituationen.
Je tiefer das Profil gehalten ist, desto mehr Grunddruck ist in der Regel gegeben. Bei weniger Wind spürst du also früher einen Zug, was beim Starten oder während eines Manövers hilfreich sein kann. Dafür können stärkere Böen schnell unangenehm werden. Es braucht dann viel mehr Kraft, um den Wing zu halten. Und es fühlt sich mitunter so an, als würden dir die Arme herausgerissen werden.
Einsteiger sind daher gut beraten, sich an eher gutmütigen Wings zu orientieren, die eine nicht zu stark ausgeprägte Tiefe aufweisen.

Luftkammersystem

Ein weiteres Designelement besteht in der Anzahl der gegebenenfalls voneinander getrennten Luftkammern – zumeist zwischen Fronttube und Mitteltube.

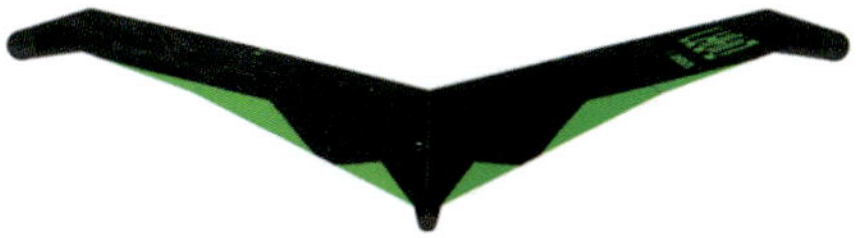

Slingshot Dart:
sehr ausgeprägtes V-Profil
(kleiner Diederwinkel).

SUP-Ventil mit
Pumpenadapter (l.).
Max-Flow Ventil (r.).

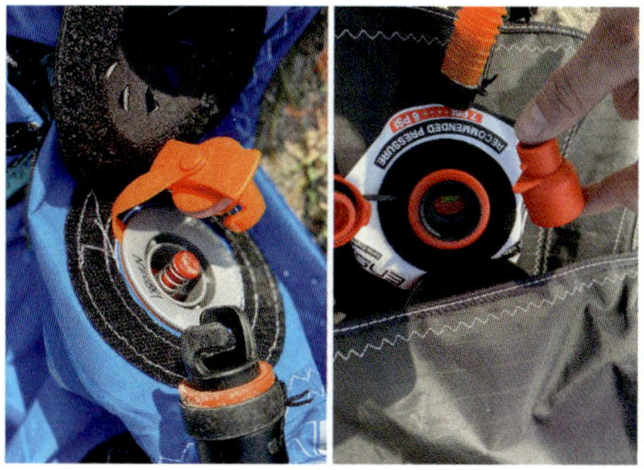

Die meisten Wings verfügen über ein Einkammersystem, bei dem Front- und Mitteltube über ein gemeinsames Ventil aufgepumpt werden. Front- und Mitteltube sind dann über einen (zum Beispiel Naish Wingsurfer) oder zwei Luftschläuche (zum Beispiel North Nova) miteinander verbunden. Beim Auf- und vor allem beim Abbau haben mehrere Luftschläuche den Vorteil, dass die Luft sich schneller verteilt und entweichen kann. Die Luftschläuche sind mit Verschlussklemmen ausgestattet, sodass bei einem Schaden an einer Tube die Luft in der anderen Tube erhalten bleibt. Bei einem Zweikammersystem sind die Front- und Mitteltube nicht miteinander verbunden und müssen getrennt voneinander aufgepumpt werden. Dementsprechend gibt es auch zwei Ventile, die beim Auf- und Abbau bedient werden müssen.

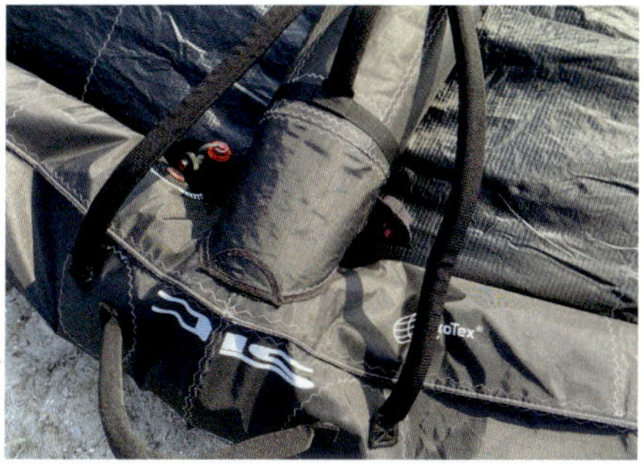

Zweikammersystem: Zwei getrennte Luftkammern mit jeweils eigenem Bajonett-Ventil (SIC RaptorWing).

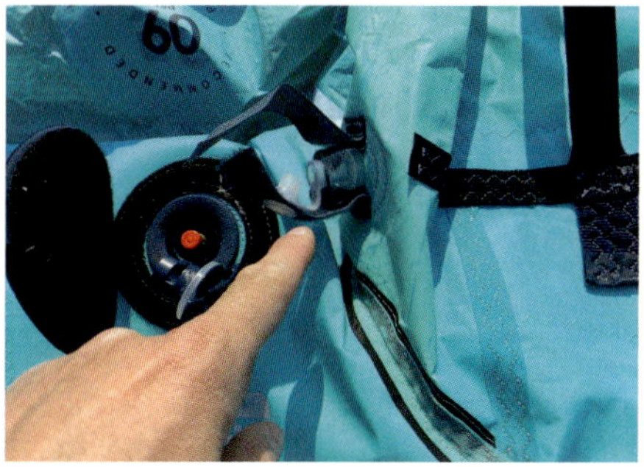

Einkammersystem mit zusätzlichem Ablassventil (F-One Strike Wing).

Anzahl und Art der Ventile

Die Art der verwendeten Ventile zum Aufpumpen ist je nach Hersteller sehr unterschiedlich. Zu unterscheiden sind die folgenden:

- SUP-Ventil (zum Beispiel Naish Wingsurfer)
- Bajonett-Ventil (zum Beispiel North Nova)
- Max-Flow-Ventil (zum Beispiel Ensis Wing)

Auch bei der Anzahl der Ventile unterscheiden sich die einzelnen Wings. Während die meisten Wings mit einem Ventil auskommen, haben Wings mit getrennten Luftkammern (Zweikammersystem) zwei Ventile verbaut (zum Beispiel Ozone Wasp 2, SIC Raptor). Manche Wings verfügen über ein zweites (Ablass-)Ventil, das – zugunsten eines schnelleren Abbaus – nur für das Ablassen der Luft vorgesehen ist (zum Beispiel F-One Strike).

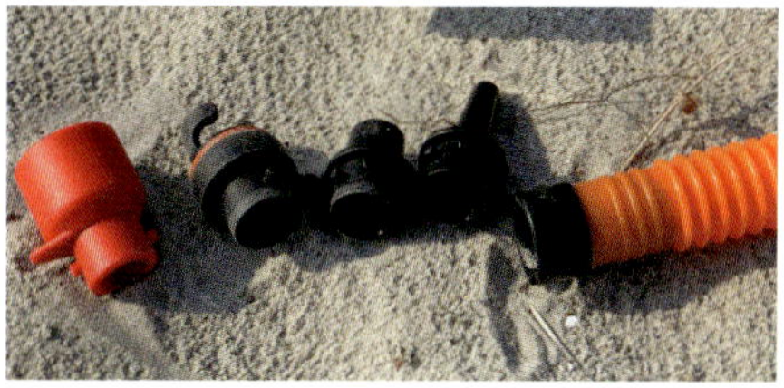

Pumpenadapter
für unterschiedliche Ventile.

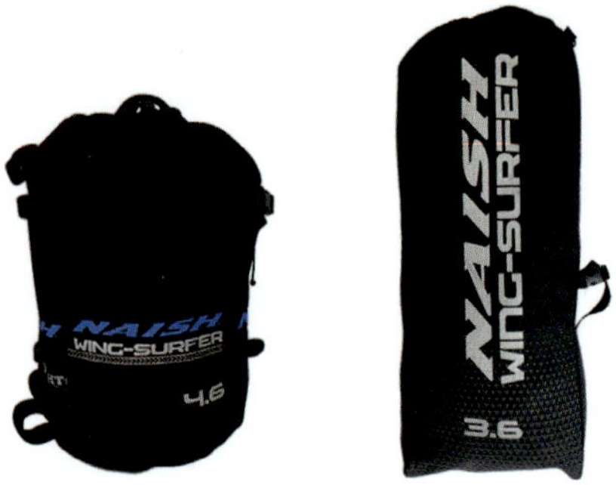

◀ Kompakte (l.) versus längliche Tasche (r.) bei Wings mit Fenster.

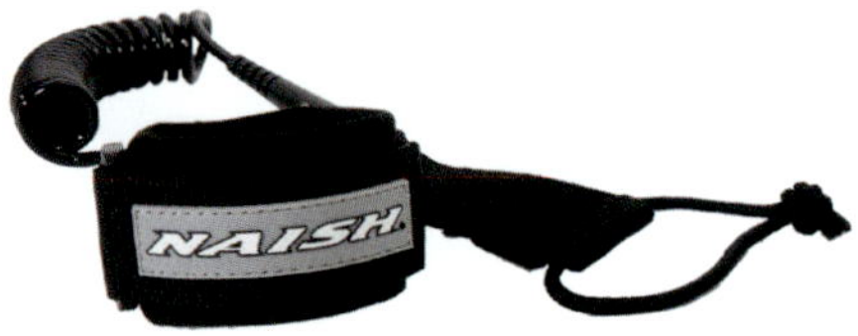

Gedrehte (coiled) Leash vom Naish Wingsurfer 26.

Packmaß – Rucksack oder Schlauchtasche

Auch wenn es die Performance auf dem Wasser wohl kaum beeinflusst, so spielt das Packmaß des Wings für einige sicher eine Rolle. Vor allem wenn (Flug-)Reisen mit dem Material geplant sind oder eine größere Auswahl an Wings mit an den Spot genommen werden will.

Abhängig ist das Packmaß vor allem von zwei Faktoren. Zum einen ist die Art der Griffe entscheidend. Das Packmaß bei Wings mit (nicht geteiltem) Boom ist naturgemäß größer. Zum anderen fällt das Packmaß anders aus, wenn Fenster verbaut sind: Sind Fenster verbaut, so sollte der Wing möglichst knickfrei verpackt werden können. Auch dies erzeugt ein weniger kompaktes Packmaß, weil die Wings zusammengerollt werden und nach Möglichkeit nur ober- oder unterhalb der Fenster gefaltet werden sollten.

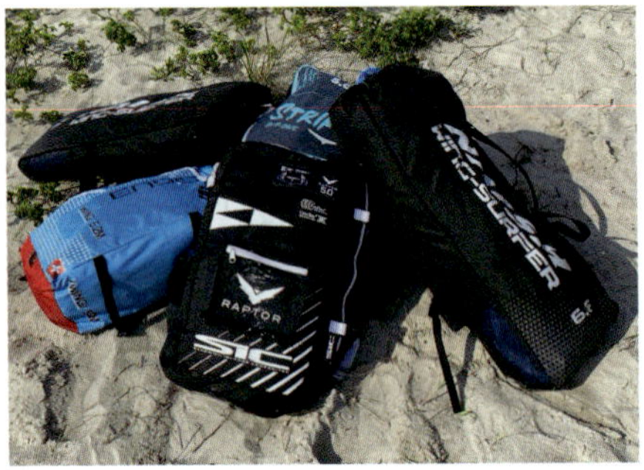

Unterschiedlich kompakte Taschen für Wings.

Die Wingleash

Last, but not least, wollen wir das Augenmerk auf ein unverzichtbares Element für den Einsatz des Wings an Land oder auf dem Wasser legen: die Leash. Sie verbindet den Wing mit dir. Zumeist wird mit jedem Wing eine solche Leash mitgeliefert.

Befestigt wird die Leash an der am Wing vorgesehenen Befestigungsschlaufe. Am anderen Ende befindet sich üblicherweise eine Handschlaufe, mitunter auch eine Bauchschlaufe (zum Beispiel beim Ozone Wasp V2). Diese wird – meist mit einem Klettverschluss versehen – um das Handgelenk oder den Bauch gelegt.

Derzeit gibt es im Wesentlichen drei Arten von Leashes, die in Verbindung mit einem Wing zum Einsatz kommen:

- einfache (gerade) PU-Leash (zum Beispiel Naish Wingsurfer S25)
- coiled (gedrehte) PU-Leash (zum Beispiel Naish Wingsurfer S26)
- Stoffleash mit Gummiseele (zum Beispiel Ensis Wing)

Auch bei den Verschlüssen werden unterschiedliche Formen angeboten:

- einfacher Klettverschluss (zum Beispiel Naish Wingsurfer S25)
- Einhandklettverschluss (zum Beispiel Naish Wingsurfer S26)
- Bauchleash mit Schnalle und Schnellöffnung oder Klettverschluss

Welche Leash die bessere ist, lässt sich schlecht sagen. Im Wesentlichen kommen bei der Beurteilung individuelle Vorlieben zum Tragen.

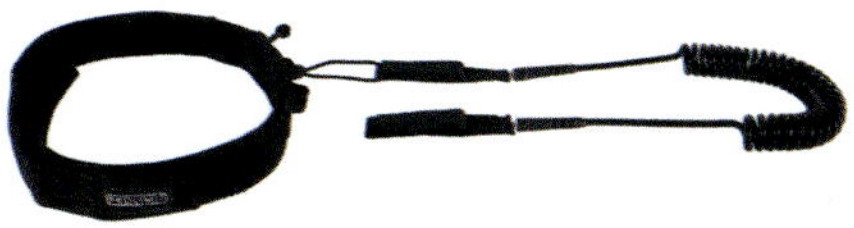

Bauchgurt Prolimit.

Unterschiedliche Wings und Leashes.

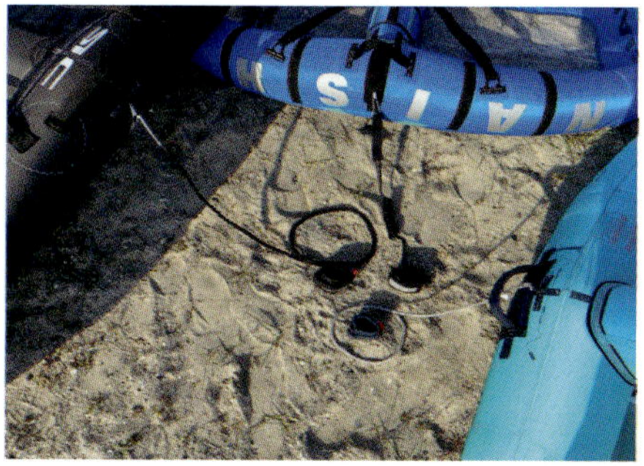

Unterschiedliche Handschlaufen.

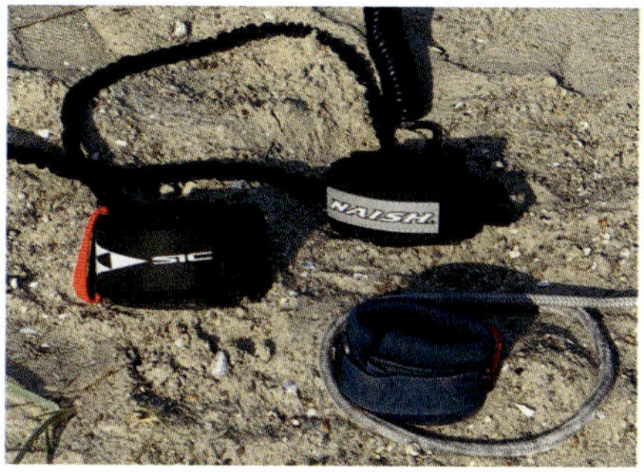

Entscheidungsparameter: Fähigkeitslevel, Einsatzziel

Aus den beschriebenen Gestaltungsmerkmalen resultieren einige Vor- und Nachteile. Diese machen die unterschiedlichen Wings für unterschiedliche Einsatzzwecke mehr oder weniger geeignet.

Weitere Parameter, die du in deine Kaufentscheidung einfließen lassen solltest, sind:

- deine individuellen Vorlieben
- dein aktuelles Fähigkeitslevel
- die bereits in deinem Besitz befindlichen Wings und Winggrößen
- der vorrangige Einsatzzweck (Seen oder Meer, Flachwasser oder Welle, Cruising, Race oder Freestyle)
- die mit dem Wing abzudeckende Windrange

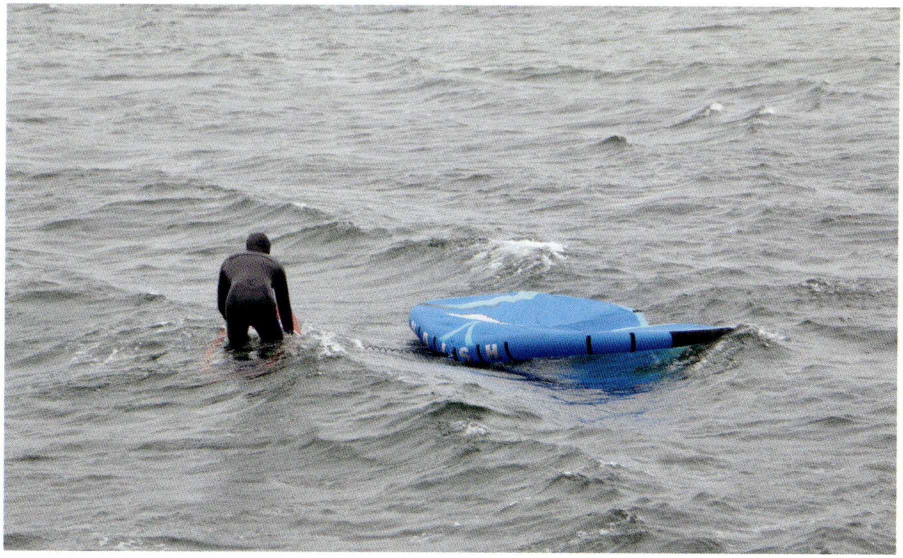

Ohne die Leash wäre der Wing weg.

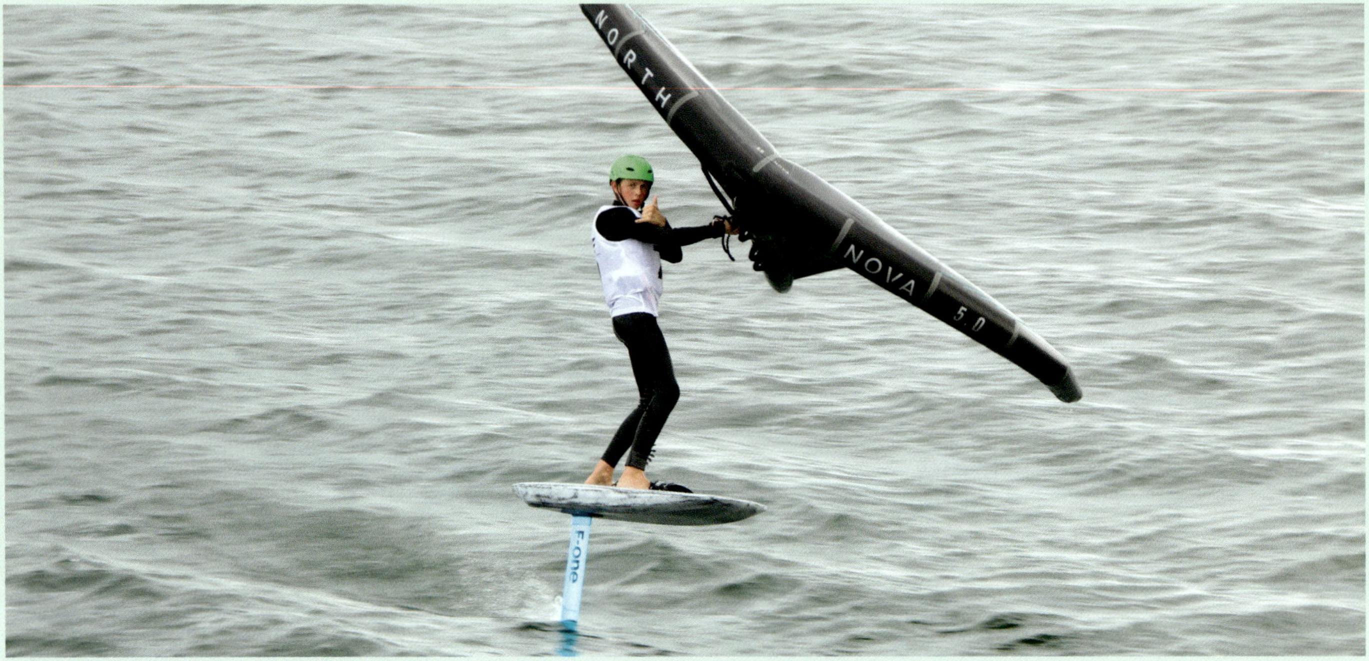

Wingfoilen für Kids: das richtige Material

Auch für Kinder und Jugendliche ist Wingfoilen eine hervorragende Wassersportalternative. Doch welches Material ist sinnvoll und geeignet – vor allem, wenn das Budget und der Platz für Lagerung und Transport begrenzt sind? Hier ein kleiner Erfahrungsbericht:
Jonathan ist mit seinen 13 Jahren und einem Gewicht von 52 Kilogramm einer der Junioren im Team von Wingpassion. Im Frühjahr wollte er endlich auch in diesen tollen Sport einsteigen. Nach der ersten Begeisterung vom Papa kam aber auch gleich eine Reihe von Fragen auf: Welches Material braucht er? Lohnt es, gleich in High End zu investieren? Wie passt ein weiteres Board in die Garage und ins Wohnmobil?
Nach einiger Überlegung und dankenswertem Austausch mit anderen Wingfoil-begeisterten Vätern waren die Antworten dann relativ schnell gefunden.

Safety first

Vielleicht nicht ganz so spannend, dafür aber umso wichtiger: Vor allen anderen Beschaffungen und vor dem Weg aufs Wasser galt es natürlich zunächst, geeignete und passende Sicherheitskleidung zu besorgen. Zur Mindestausstattung gehörten ein Wassersporthelm und eine Prallschutzweste mit Auftrieb. Darüber hinaus war natürlich ein den Temperaturen angemessener Neoprenanzug erforderlich. Ein 5/3er Neo hat sich hier als gute Allroundlösung erwiesen. Damit kann Jonathan fast das ganze Jahr hindurch aufs Wasser gehen. Schließlich sind Neoprenschuhe und -handschuhe zu empfehlen. Diese schützen nicht nur vor kalten Temperaturen, sondern auch vor Verletzungen durch Muscheln oder intensivere Berührungen mit dem Material.

Board

In Bezug auf die Boardgröße (Volumen) lassen sich bei Kindern und Jugendlichen die gleichen Regeln anwenden, wie sie auch für Erwachsene zugrunde gelegt werden: Einsteiger nehmen Körpergewicht plus 30; Fortgeschrittene Körpergewicht plus etwa zehn Liter. Kinder lernen etwas rascher und können meist entsprechend schneller umsteigen. In unserem Fall stand für die ersten Schritte ein relativ leichtes 85-Liter--Board von F-One zur Verfügung. Damit hat Jonathan die ersten Versuche gut bewerkstelligen und sehr schnelle Lernfortschritte vollziehen können. Nach sechs bis acht Sessions konnte er bereits auf ein kleineres Board umsteigen.

Neben der Boardgröße war noch die Entscheidung hinsichtlich der Art des Boards zu fällen: Hardboard oder Inflatable? Für Jonathan sollte es ein eigenes Board werden, mit dem er auch selbstständig umgehen kann. Die Kombination aus Board, Foil und Wing ist doch recht sperrig. Der Weg zum Wasser ist mit einem derart sperrigen Paket häufig alles andere als einfach. Ein Hardboard kann dabei leicht Schaden nehmen, wenn es an Steine stößt oder mal kurz über den Boden gezogen wird. Nicht zuletzt aus diesem Grund erschien ein Inflatableboard schnell eine interessante Lösung zu sein, weil es folgende Vorteile hat:

- Es widersteht auch härteren Stößen ohne größere Schäden.
- Es lässt sich platzsparend lagern und transportieren.
- Es ist bei Stürzen etwas nachgiebiger – die blauen Flecken werden nicht ganz so groß.

Für uns hat sich ein Inflatable mit 70 Liter Volumen als gute und vergleichsweise preisgünstige Lösung erwiesen.

Wing

Soll ein Wing für Kinder bzw. Jugendliche gekauft werden, kann die Auswahl der Größe (Fläche in Quadratmeter) ebenfalls in Relation zu Körpergewicht und Körpergröße vorgenommen werden. Darüber hinaus sollte man darauf achten, dass der Wing möglichst leicht und eher rundlich geformt ist sowie eine möglichst geringe Spannweite (low aspect) aufweist.

In unserem Fall hat sich bei leichterem bis mittlerem Wind ein 4er Wing als gute Universallösung erwiesen. Bei stärkerem Wind kam der 3.5er zum Einsatz. Leichtere Juniorenfahrer sollten natürlich einen entsprechend kleineren Wing wählen. Je nach Hersteller werden Wings ab zwei Quadratmeter Fläche angeboten.

Foil

Auch das Foil sollte in Relation zum Gewicht entsprechend kleiner gewählt werden. Jonathan ist der Einstieg sehr gut gelungen mit einem 1.350-Quadratzentimeter-Frontflügel und einem 65-Zentimeter-Mast. Sehr schnell ist er dann auf einen 85-Zentimeter-Mast umgestiegen.

Nach zwei bis drei Monaten

Jonathan hat viel geübt. Er kann mit dem Material sicher umgehen und fährt inzwischen alle Basismanöver sowie die hier beschriebenen Manöver für Fortgeschrittene ziemlich sicher. Für ihn steht nun der Umstieg auf ein kleineres Hardboard mit circa 60 Litern sowie ein kleineres Foil mit circa 1.000-Quadratzentimeter-Frontflügel in High Aspect an.

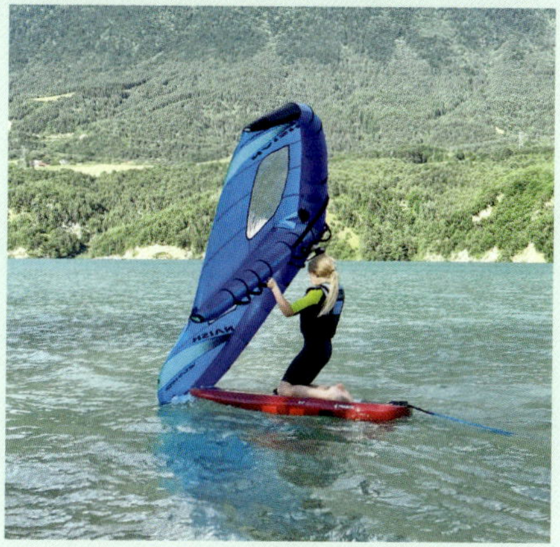

!

Es geht auch jünger! Konrad (5), Wilhelm (9) und Hubert (10) berichten.

Webcode: 5031

Wingfoilboards

Der Aufbau eines Wingboards

Das Wingboard, bzw. genauer Wingfoilboard, ist das Gerät, auf dem du stehst und über das du die Richtung deiner Fahrt bzw. deines Fluges steuerst. Es stellt zugleich die Verbindung mit dem Hydrofoil her.

Das Board ist dein Lenkrad für das Foil. Theoretisch könnte man auch nur ein Holzbrett auf dem Foil montieren, um übers Wasser zu fliegen. Aber vor dem Flug übers Wasser musst du erst einmal auf dem Wasser starten, und dafür reicht ein Holzbrett dann doch nicht.

Die Basiskonstruktion eines Wingfoilboards ist identisch mit der von SUP- oder Windsurfboards. Die Form wird durch einen Styroporkern bestimmt, auf den Hartschaum-Sandwichplatten aufgebracht werden. Zum Schluss wird das Ganze mit Glasfaser-, Carbon- oder Kevlar-Matten und Harz laminiert. Je nach gewünschten Eigenschaften (Gewicht, Robustheit) wird der Anteil der Materialien angepasst. Pauschal kann man sagen, je leichter und robuster, desto teurer ist das Board.

Als zweite Bauweise gibt es noch sogenannte Inflatables. Diese Boards werden wie eine Luftmatratze aufgepumpt (verfügbar bisher zum Beispiel von Gong, Naish, Indiana oder F-One). Auch diese Konstruktionsart kennt man von entsprechenden SUP-Boards. Die Aufnahme für das Foil ist hierbei durch eine massive Carbonplatte verstärkt. Die Vorteile liegen in einem geringeren Packmaß beim Transport sowie einer geringeren Empfindlichkeit gegen Stöße und Kratzer. Die Steifigkeit eines normalen Boards erreichen die Inflatables aber noch nicht ganz. Das ist auch der Grund, weswegen die meisten fortgeschrittenen Wingfoiler ein normales Board bevorzugen.

Das Deck aller Boards ist mit einer weichen Standfläche, dem sogenannten Pad, ausgestattet.

Des Weiteren befinden sich diverse Befestigungsmöglichkeiten für die Fußschlaufen auf dem Deck. Das Thema Schlaufen wird weiter hinten im Buch ausführlicher erläutert.

Für den Transport zum Wasser befindet sich mittlerweile bei fast allen Boards eine Griffmulde auf der Unterseite. Bei manchen Boards ist die Mulde auf der Oberseite auch schon komplett eingespart. Tipps und Hinweise dazu, wie du die sperrige Kombination aus Board mit Foil und Wing zum/ins Wasser trägst, findest du im ▶ Kapitel „Ins Wasser gehen“.

Auf der Unterseite, dem Unterwasserschiff, sind für die Befestigung des Foils zwei Schienen parallel zueinander im Board eingelassen. Dieses Konzept der sogenannten US-Box hat sich im Wingfoil-Sektor vollständig durchgesetzt. Im Wind- und Kitefoil-Sektor gibt es noch alternative Foilaufnahmen wie die Tuttle-, Deep-Tuttle-, KF- oder Pro-Box. Der wesentliche Nachteil dieser Foilaufnahmekonzepte liegt darin, dass das Foil in seiner Position am Board nicht verschiebbar ist. Die US-Box bietet hier immerhin einen Bereich von circa 20

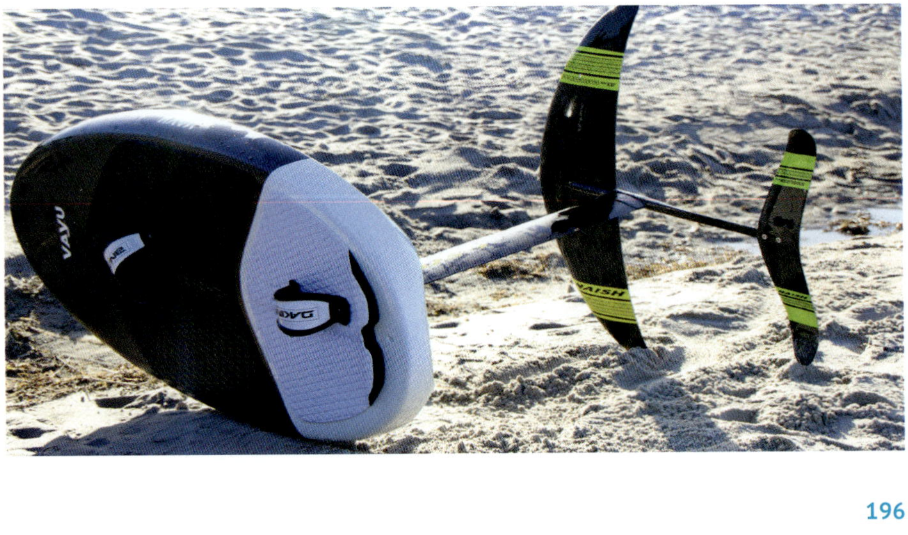

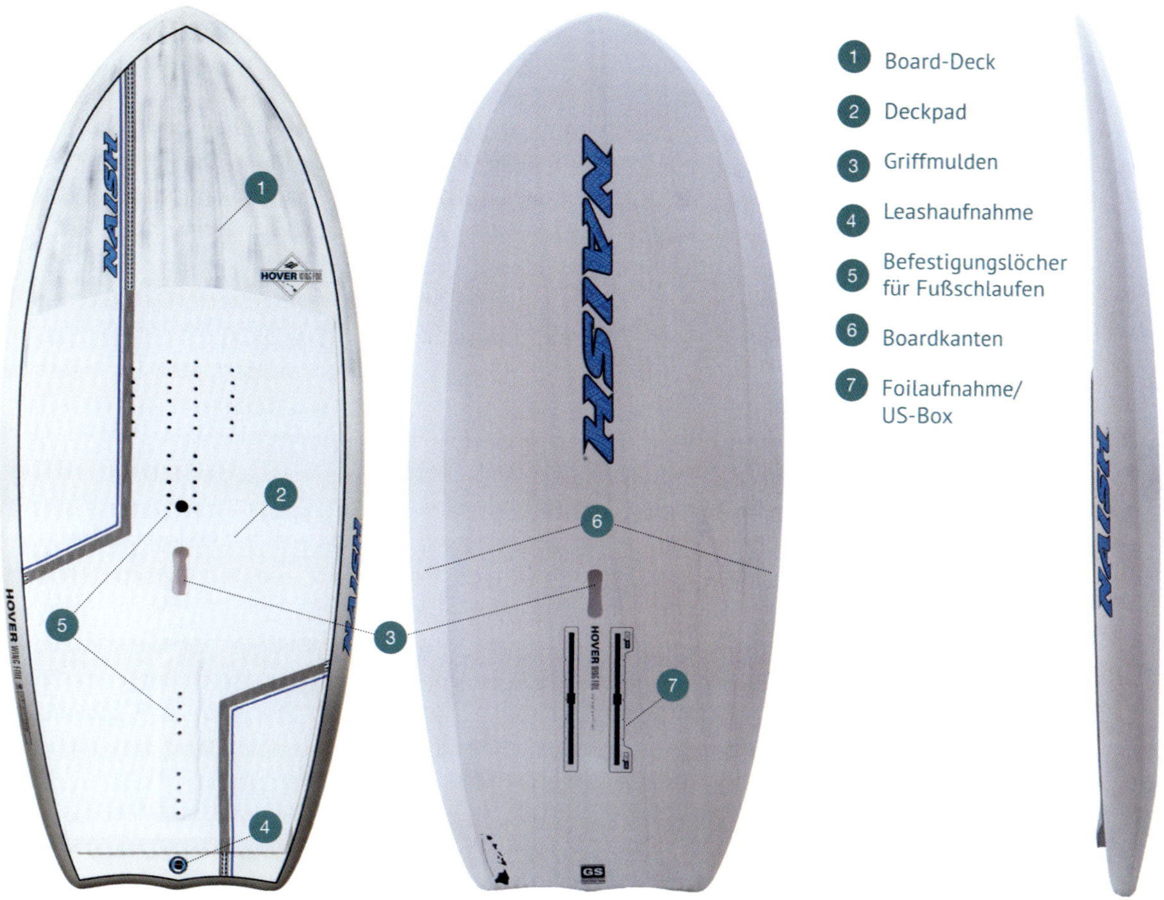

Zentimetern, in dem das Foil positioniert werden kann.
Für die Leash ist auf dem Deck am Ende des Boards ein kleiner Pin verbaut.

Die Funktionsweise eines Wingboards

Zwischen dem Board und dem Foil besteht eine feste und steife Verbindung. Schließlich wird über das Board der Flug des Foils kontrolliert. Durch Gewichtsverlagerung auf dem Board wird das Foil unter Wasser gesteuert. Um die Funktionsweise der Steuerung am besten zu verstehen, sollte man sich das Foil wie ein Unterwasserflugzeug vorstellen.
Wird der Bug des Boards belastet, erhöht sich automatisch auch der Druck auf die Vorderseite des Foils, und das Unterwasserflugzeug setzt zum Sinkflug an. Belastet man das Heck, steigt das Unterwasserflugzeug nach oben. Genauso verhält es sich auch mit Kurvensteuerung. Wird die Steuerbordkante des Boards mehr belastet, sinkt der Steuerbordflügel des Unterwasserflugzeuges, und es fliegt nach Steuerbord. Das Gleiche gilt umgekehrt natürlich auch für die Backbordseite.

Neben der Steuerung des Foils dient das Board als feste Plattform in der Startphase sozusagen als Startbahn. Zudem garantiert es, dass du bei zu wenig Wind zurück an Land kommst.

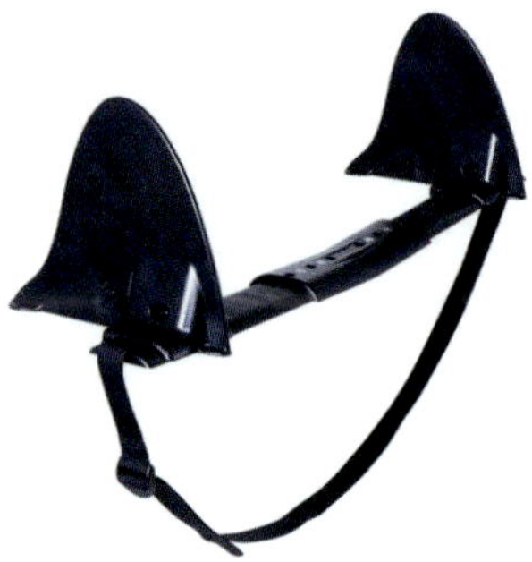

Finnenersatz zum Anschnallen:
der ADD on Drift Stopper von Duotone, Fanatic und Arrows.

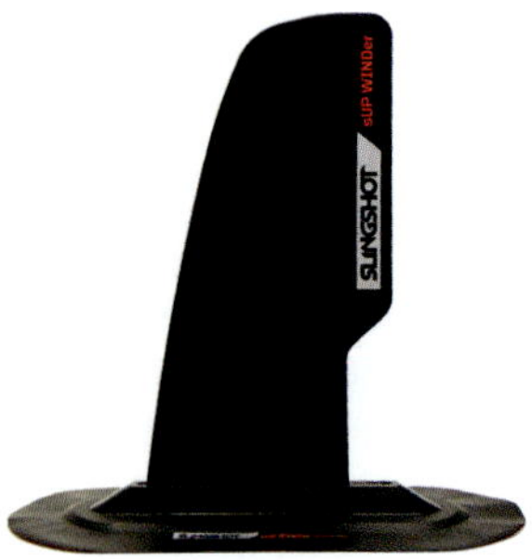

Mittelfinne zum Nachrüsten:
Beim SUP Winder von Slingshot wird der Sockel an das vorhandene SUP-Board angeklebt; die Finne ist dann abnehmbar.

Wingboard-Arten

Grundlegend kann man drei Boardkonzepte unterscheiden: SUP- und Windsurfboards, Crossover-/Hybridboards sowie reine Wingfoilboards. Wir stellen diese im Folgenden kurz vor und bewerten die grundlegenden Vor- und Nachteile der drei Boardkonzepte. Danach geben wir noch eine Empfehlung zur Boardauswahl für Einsteiger und Fortgeschrittene.

SUP- und Windsurfboards

SUP- und größere Windsurfboards sind perfekt, um den Einstieg ins Wingsurfen möglichst leicht zu gestalten. Sie kommen mit viel Volumen daher und bieten dadurch viel Kippstabilität. Wichtig ist, dass sie über ein Schwert oder eine Mittelfinne verfügen. Ansonsten ist es nicht möglich, damit ausreichend Höhe zu laufen.

Für SUP- oder Windsurfboards, die nicht über eine Mittelfinne oder ein Schwert verfügen, gibt es nachrüstbare Lösungen. Dazu gehören anschnallbare Drift Stopper (zum Beispiel der ADD on Drift Stopper von Duotone, Fanatic und Arrows) oder nachrüstbare Mittelfinnen (zum Beispiel der SUP Winder von Slingshot), deren Sockel an das SUP-Board geklebt wird.

Mit einer solchen Ausrüstung lässt sich der Umgang mit dem Wing hervorragend üben. Auch Manöver wie Halse und Wende sind damit möglich. Für genügsame Surfer und solche, die gegebenenfalls nicht allzu viel Wind vor das Haustür haben, kann dies durchaus auch eine dauerhaft zufriedenstellende Ausstattung sein. Gerade bei wenig Wind, wenn Wingfoilen nicht möglich ist, bieten solche größeren Boards mit Mittelfinne deutlich mehr Spaßpotenzial.

Crossover-/Hybridboards

Zu Beginn der Entwicklung waren viele Foilboards auf mehrere Wassersportarten ausgerichtet. Bis heute gibt es Windsurfboards, die zum Windsurffoilen geeignet sind, aber auch als SUP- oder Wingfoilboard einsetzbar sind. Der große Vorteil liegt darin, dass sich der Materialaufwand reduziert und du mit einem Board mehrere Sportarten betreiben kannst.

Nachteilig ist, dass damit auch immer Kompromisse einhergehen. Schließlich muss das Board den spezifischen Anforderungen der einzelnen Disziplinen gerecht werden. Es kann dann alles einigermaßen, aber eben nur bis zu einer bestimmten Grenze. Hier die wichtigsten Aspekte, die du gegebenenfalls berücksichtigen solltest:

- Boardkanten: Während beim Windsurfen scharfe Boardkanten erwünscht sind, so ist dies beim Wingfoilen unerwünscht. Aufs Wingfoilen optimierte Boards haben abgeschrägte Kanten an Heck, Bug und Seiten. Dies soll den Start unterstützen sowie die (versehentliche) Landung verzeihend abfangen, ohne dass das Board verkantet oder tief ins Wasser eintaucht.

- Boardlänge: Crossoverboards sind gegenüber reinen Wingfoilboards in der Regel länger, damit man mit ihnen in Verdrängerfahrt windsurfen bzw. beim Stand-Up-Paddling geradeaus paddeln kann, ohne sich die ganze Zeit im Kreis zu drehen.
- Positionierung der Schlaufen und des Foils: Nicht zuletzt unterscheiden sich bei den einzelnen Sportarten die Anforderungen an die Positionierung der Schlaufen und des Foils. Fürs Windsurfen müssen Schlaufen und Foil deutlich weiter hinten positioniert sein. Beim Wing- oder SUP-Foilen brauchen wir Schlaufen und Foil weiter vorn. Crossover-/Hybridboards bieten häufig diese erweiterten Optionen – allerdings zulasten des Gewichts.

Wenn du also gern mehrere Disziplinen mit einem Board bedienen möchtest, sind Crossover- bzw. Hybridboards sicher eine Überlegung wert. Du kannst damit Platz und Geld sparen. Hinsichtlich der Performance in den einzelnen Disziplinen musst du jedoch Kompromisse eingehen.

Wingfoilboards

Reine Wingfoilboards sind auf die speziellen Anforderungen des Wingfoilens hin optimiert:

- Größe: Wingboards sind super kompakt. Der Grund dafür ist, dass ein Board mit zunehmender Kompaktheit immer agiler wird. Die geringen Ausmaße verringern das Gewicht, die Fliehkräfte und die Windanfälligkeit. Teilweise fängt das Board erst einige Zentimeter vor den vorderen Fußschlaufen an. Die extremsten Boards sind gerade einmal einen guten Meter lang.
- Kanten: Wingfoilboards verfügen über abgeschrägte Kanten an Heck, Bug und Seiten – verbunden mit den bereits erörterten Vorteilen. Achte also darauf, dass das Board vor allem am Bug nicht zu flach gehalten ist.
- Fußschlaufen: Mit Ausnahme von reinen Einsteigerboards bieten Wingfoilboards regelmäßig die Möglichkeit, Fußschlaufen zu montieren. Für einige Fortgeschrittenen-Manöver sind diese unabdinglich. Ansonsten ist es vielfach eine Frage der individuellen Vorliebe. Neuere Boards bieten in der Regel eine Vielzahl von Fußschlaufenpositionen, sodass sie an die individuellen Bedürfnisse angepasst werden können. Vor dem Kauf solltest du prüfen, ob die von dir gewünschten Fußschlaufenpositionen mögich sind.
- Griffmulde: Da sie ausschließlich mit Foil verwendet und auch mit einem solchen montiert getragen werden, verfügen Wingfoilboards über (zusätzliche) Griffmulden an der Unterseite des Boards. Viele Hersteller verzichten mittlerweile sogar auf die traditionelle Griffmulde an der Oberseite des Boards. Aus unserer Sicht ist es hilfreich, beide Griffmulden zu haben, da für bestimmte Tragetechniken der Griff an der Oberseite sinnvoll sein kann.
- Foilbefestigung: Für die Befestigung des Foils am Board hat sich mittlerweile die sogenannte Doppel-US-Box durchgesetzt. Dabei handelt es sich um zwei Schienen, die parallel zueinander im Board eingelassen sind. Sie verlaufen längs zur Fahrtrichtung. Pro Schiene werden zur Befestigung des Foils zwei Nutensteine (auch T-Nuts genannt, kleine Metallplättchen mit einem Gewinde) eingelassen. Das Foil wird dann mit vier Schrauben am Board montiert. Tatsächlich funktionieren nicht alle Foils mit allen Boards. Es gibt zum Beispiel Foils, die stärker auftrieborientiert sind. Die Befestigung am Board ist dann weiter hinten vorgesehen. Wenn du also Board und Foil von verschiedenen Herstellern kombinieren willst, ist es ratsam, vorab zu testen, ob die Kombination harmoniert.

!

Arten und Eigenschaften von Wingfoilboards.

Webcode: 8021

Hardboard oder Inflatableboard

Das klassische Wingfoilboard besteht aus festem Verbundmaterial (Polyester- oder Epoxydharz-getränktes Glasfasergewebe oder Carbon) mit einem Schaumstoffkern im Inneren. Diese sogenannten Hardboards haben den Vorteil, dass sie recht robust und bei Schäden leicht reparierbar sind. Vor allem aber sind sie sehr formstabil. Der größte Nachteil liegt im recht sperrigen Packmaß, was Lagerung und Transport häufig komplizierter gestaltet.

Einige Hersteller bieten inzwischen auch sehr erfolgreich Inflatable Wingboards an. Wie bei aufblasbaren SUP-Boards (auch iSUP genannt), bestehen diese aus verschiedenen Lagen eines sogenannten Dropstitch-Gewebes, das mit PVC umklebt und vulkanisiert ist. Die Mastaufnahme ist durch eine Kunststoff- oder Carbonplatte verstärkt. Die Vorteile dieser Boards bestehen vor allem in der leichten, platzsparenden Lager- und Transportfähigkeit. Zudem sind sie weniger empfindlich bei Stößen gegen Steine und andere harte Gegenstände. Auch geben sie leicht nach, wenn man darauf fällt. Die Nachteile liegen in der geringeren Lebensdauer sowie der weniger gut optimierbaren Form. So sind vor allem die Kanten an der Seite des Boards (Rails), aber auch an Bug und Heck nicht so klar form- und definierbar.

Das richtige Wingboard für Einsteiger

Einsteiger sollten mit einem größeren Board starten. Die Maßgröße hierfür ist weniger die Länge oder Breite, sondern das Boardvolumen in Liter. Für echte Neulinge empfiehlt sich ein Board mit einem Volumen, das circa 40 Liter über dem Eigengewicht liegt, zum Beispiel: 80 Kilogramm Körpergewicht plus 40 Liter = 120 Liter Boardvolumen. Wassersporterfahrene können sicher auch weniger Volumen für den Einstieg ins Wingfoilen wählen.

Das passende Wingboard für Fortgeschrittene

Fortgeschrittene werden aus den oben beschriebenen Gründen tendenziell ein kleineres Board bevorzugen, gegebenenfalls auch ein spezielles Board, das auf Welle oder Freestyle ausgerichtet ist. Als Richtgröße gilt hier zunächst Körpergewicht plus zehn Liter. Mit zunehmendem Fähigkeitslevel kann das Boardvolumen auch kleiner werden. Auch zehn bis 30 Liter unter dem eigenen Körpergewicht sind möglich. Allerdings muss man sich dann beim Starten erst einmal aus dem Wasser pumpen.

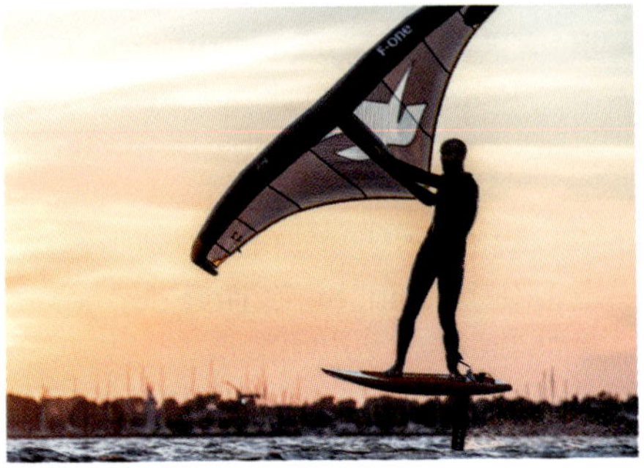

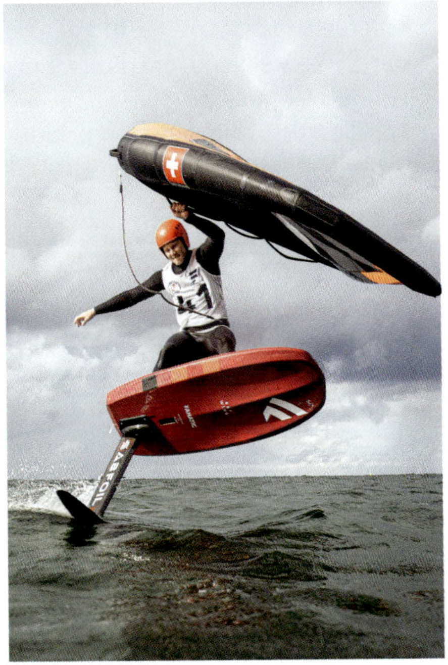

Das passende Board für Fortgeschrittene hängt vom individuellen Fähigkeitslevel, den Lernfortschritten und den Einsatzzielen ab.

Fußschlaufen

Für die Montage der Fußschlaufen gibt es zwei grundlegende Möglichkeiten, die eine Vielzahl unterschiedlicher Kombinationen und damit individueller Optimierungen ermöglichen:

- 3er Set-up: zwei Schlaufen vorn (parallel oder schräg), eine hinten
- 2er Set-up: eine Schlaufe vorn mittig, leicht schräg, eine hinten

Das 2er Set-up wird oft von fortgeschrittenen Wingfoilern verwendet. Diese wechseln die Standposition nicht mehr, sondern fahren in die eine Richtung im normalen Stand und in die andere Richtung im Switch-Foot-Stand. Dadurch steht man vorn mittiger auf dem Board, was einem in vielen Manövern und in der Welle zugutekommt.

Einsteiger sollten grundsätzlich erst einmal ohne Fußschlaufen starten. Bänder und Gelenke sind ansonsten bei Stürzen besonders gefährdet. Mit zunehmendem Können ist es hilfreich, nur die beiden vorderen Fußschlaufen zu verwenden und auf die hintere zunächst zu verzichten. Die vorderen Fußschlaufen helfen dabei, immer die richtige Fußstellung für eine optimale Gewichtsverlagerung zu finden, während der hintere Fuß flexibel bleibt und ausgleichen kann.

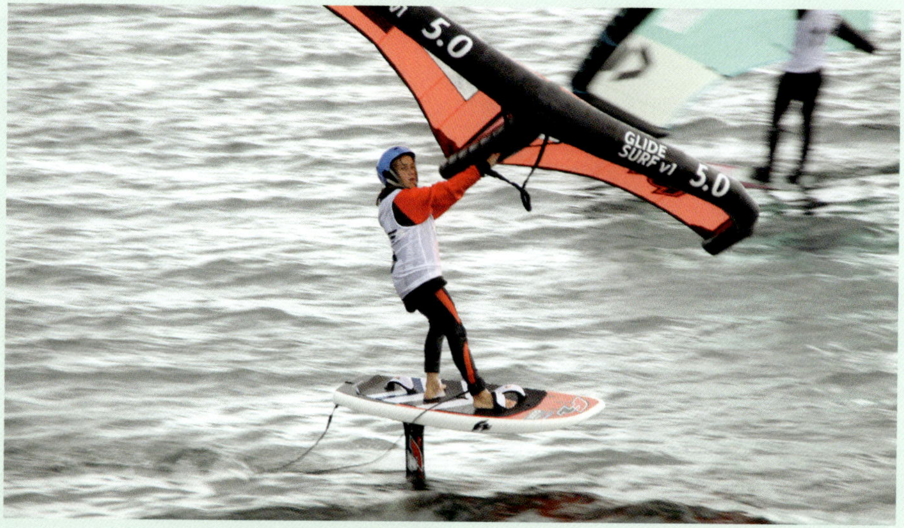

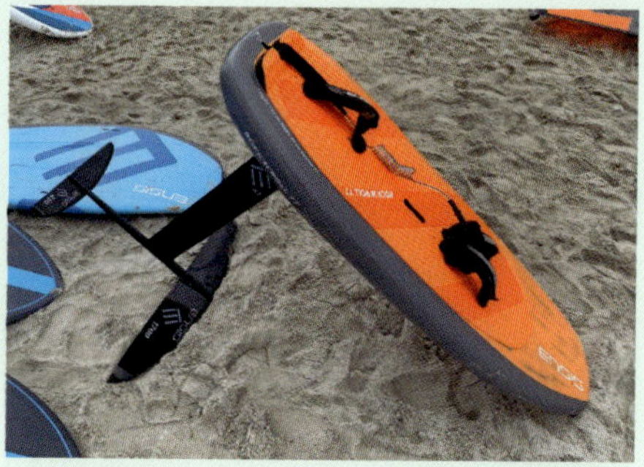

3er Set-up.

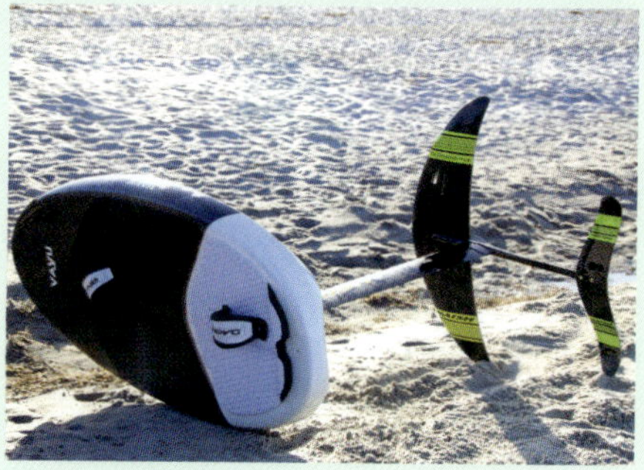

2er Set-up.

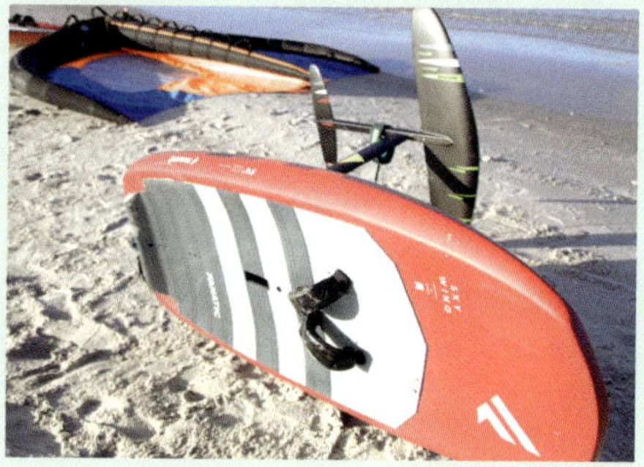

3er Set-up light.

Mit Fußschlaufen oder ohne?

Webcode: 8022

Foils

Der Aufbau eines (Hydro-)Foils

Das Foil, genauer Hydrofoil, ist das Gerät, das euch letztlich zum Fliegen bringt. Diese Tragflügelkonstruktion wird unterhalb des Boards befestigt und erinnert von der Form her tatsächlich an ein Flugzeug. Das Foil besteht aus einem Frontflügel und einem Heckflügel, auch Stabilizer oder Stabilisator genannt. Verbunden sind beide durch eine sogenannte Fuselage (englisch für Flugzeugrumpf). An dieser Fuselage ist ein Mast befestigt. Über eine Befestigungsplatte (Mastfuß) wird die Verbindung zum Board hergestellt. Bei den Befestigungsplatten hat sich die sogenannte Doppel-US-Box durchgesetzt. Ein großer Vorteil nahezu aller am Markt angebotenen Foils liegt darin, dass diese innerhalb der jeweiligen Marke beim jeweiligen Hersteller modular aufgebaut sind. Dies ermöglicht ein problemloses Austauschen der einzelnen Komponenten. Wichtig ist dies bei unterschiedlichen Einsatzbedingungen und bei fortschreitendem Fähigkeitslevel sowie zur Anpassung an das Fahrergewicht.

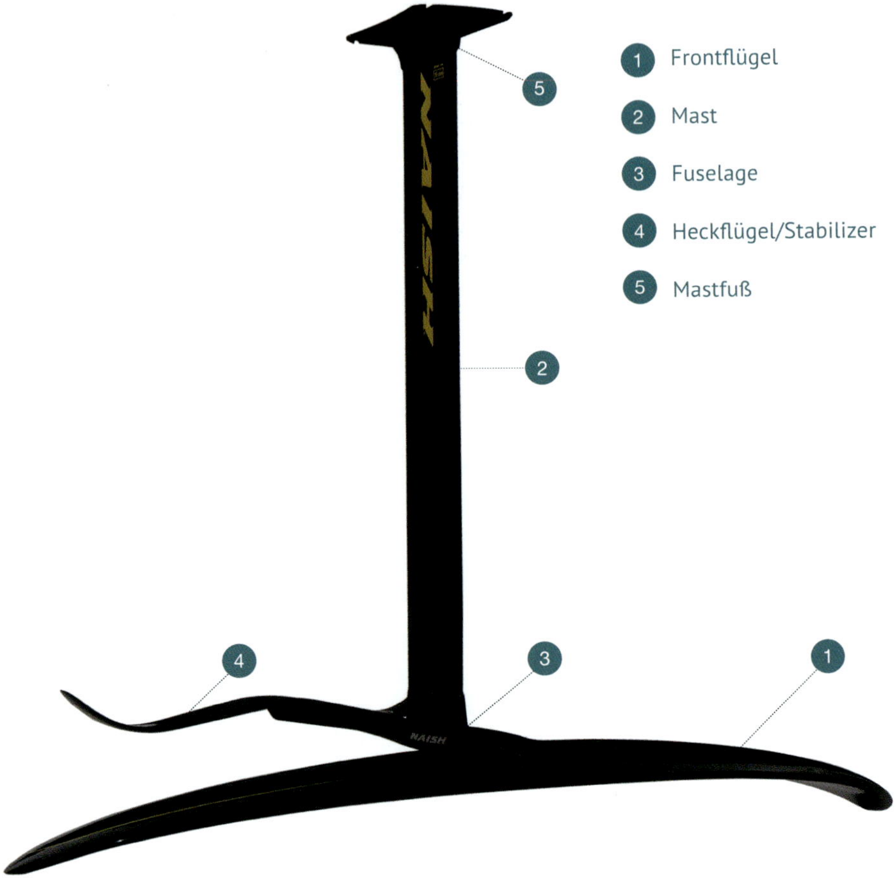

1 Frontflügel
2 Mast
3 Fuselage
4 Heckflügel/Stabilizer
5 Mastfuß

Die Funktionsweise eines (Hydro-)Foils

Das Foil befindet sich unter dem Board und bewegt sich damit zumeist unter der Wasseroberfläche. Die Konstruktion der Flügel erzeugt mit zunehmender Geschwindigkeit einen Auftrieb, der das Board anhebt, sodass es über der Wasseroberfläche fährt; je schneller, desto mehr Auftrieb. Die physikalischen Effekte, die dabei auftreten, sind tatsächlich analog zu denen, die bei einem Flugzeug zu beobachten sind; ▶ siehe Kasten „Physik des (Hydrofoil-)Fliegens", S. 208.

Bei größeren Frontflügeln genügen relativ geringe Geschwindigkeiten, um ausreichend Auftrieb zu erzeugen und das Board aus dem Wasser zu heben. Zugleich wird damit der Reibungswiderstand erheblich reduziert, was zu einer noch höheren Geschwindigkeit führt. Durch gezielte Belastung des Boards kann der Anstellwinkel des Foils verändert und die Intensität des Auftriebs gesteuert werden. Wird der hintere Teil des Boards belastet, geht die Boardnase nach oben und der Winkel zwischen Frontflügel und Strömungsrichtung wird vergrößert. Daraus entsteht bei ausreichender Geschwindigkeit ein dynamischer Auftrieb (Lift), der das Board aus dem Wasser hebt. Wird das Board vorn belastet, überwiegt der Gewichtsdruck gegenüber dem Auftrieb. Zusätzlich wird der Winkel verändert. Das Foil zieht das Board nach unten.

Unser Ziel ist es, die richtige Balance zwischen dem Auf- und Absteigen zu finden. Das Foil soll also nach dem Aufsteigen in einer möglichst konstanten Höhe unterhalb der Wasseroberfläche gehalten werden, sodass wir über das Wasser schweben!

Die Bestandteile des Foils und deren Funktion

1 Der Frontflügel

Fläche

Ein deutliches Unterscheidungsmerkmal bei den Foils ist die Fläche des Frontflügels. Diese reicht beim Wingfoilen von 1.100 bis 2.500 Quadratzentimeter. Mehr Fläche bedeutet mehr Auftrieb. Zugleich erhöht die größere Fläche aber auch den Wasserwiderstand und begrenzt damit die maximal mögliche Geschwindigkeit.

Die großen Frontflügel sind daher für wenig Wind und/oder schwere Fahrer konzipiert. Sie eigenen sich zudem hervorragend zum Lernen, da sie Fehler verzeihen. Man bleibt mit ihnen auch bei geringeren Geschwindigkeiten länger oben. Nicht zuletzt gleiten sie dadurch auch besser durch Windlöcher. Die große Fläche stabilisiert den Flug. Je stärker der Wind jedoch wird, desto schwieriger wird es auch, das Foil zu beherrschen. Durch den großen Auftrieb steigt die Tendenz, dass das Foil unkontrolliert aus dem Wasser schießt. Außerdem erhöht sich der Widerstand, das Foil gerät an seine Geschwindigkeitsgrenze.

Weniger Fläche bedeutet weniger Auftrieb. Durch die geringere Fläche verringert sich der Wasserwiderstand. Das Foil wird dadurch schneller und agiler, aber auch nervöser. Insgesamt ermöglichen kleinflächige Foils mehr Leistung. Dafür müssen kleinere Flügel oft aktiv angepumpt werden, wenn der Winddruck nicht ausreicht, um genügend Geschwindigkeit aufzubauen. Sie sind anspruchsvoller zu fahren und erfordern ein höheres Fahrkönnen.

Mehr Fläche (größerer Frontflügel) – Vor- und Nachteile:

+ mehr Auftrieb, stabiler, fehlerverzeihend, anfängertauglich
- träger, langsamer, weniger kurvenfreundlich

Weniger Fläche (kleinerer Frontflügel) – Vor- und Nachteile:

+ schneller, agiler, wendiger, kurvenfreundlicher
- weniger Auftrieb, nervöser, anspruchsvoller

Formgebung

Neben der Fläche spielt auch die Formgebung des Frontflügels eine große Rolle. Interessant ist dabei das Verhältnis zwischen Länge und Breite bzw. der Spannweite und der Cordline. Stellt man beide Größen in Relation zueinander, ergibt sich die sogenannte Aspect Ratio. Basierend darauf wird zwischen High Aspect und Low Aspect Foils unterschieden. Der Low-Aspect-Flügel hat eine geringere Spannweite (Länge), eine größere Flügelbreite (Tiefe) und ist in der Regel auch stärker gebogen. Meist ist er auch im Profil (Querschnitt) dicker. Insgesamt wirken die Flügel gedrungener. Im Verhältnis hat ein Low-Aspect-Flügel häufig auch mehr Volumen.

Durch die beschriebene Form entwickelt ein Low Aspect Foil mehr Lift und ist wendiger. Es bleibt in Windlöchern und bei geringeren Geschwindigkeiten länger oben, was das Erlernen von Manövern vereinfacht. Das Mehr an Volumen und Fläche bringt eine größere Flugstabilität.

Für Einsteiger sind vor allem zwei Dinge wichtig: frühes Abheben und stabiles Fliegen. Von daher empfiehlt es sich, zu Beginn einen Low Aspect Foil zu wählen.

!

High versus Low Aspect Foils.

Webcode: 8031

Low Aspect – Vor- und Nachteile:

+ stabiler Flug, höherer Auftrieb, wendiger, leichteres Durchfoilen, gut für Anfänger geeignet, unterstützt das Erlernen von Manövern
- geringere Maximalgeschwindigkeit

Der High-Aspect-Flügel hat eine größere Spannweite (Länge), eine geringere Flügelbreite (Tiefe) und ist meist kaum gebogen (ausgeprägte Streckung). Das Profil ist sehr dünn. Die Flügel wirken insgesamt sehr schlank und gestreckt. Im Verhältnis hat er weniger Fläche und Volumen.

High Aspect Foils fühlen sich instabiler an und wirken nervöser. Dafür haben sie einen besseren Geradeauslauf, sie sind sehr laufrichtungsstabil, und vor allem sind sie schneller! Sie benötigen jedoch mehr Geschwindigkeit sowie etwas mehr Technik zum Starten. Man braucht schon Foilerfahrung, um mit einem solchen Flügel abzuheben.

Die High-Aspect-Flügel sind performance-orientiert. Durch die hohe Geschwindigkeit kann man Manöver schneller fahren, was zum Beispiel bei einer Wende vorteilhaft ist und zum Gelingen beiträgt. Auch lassen sich Sprünge viel besser und höher ausführen. Derartige Manöver erfordern aber auch ein höheres Fahrerkönnen.

Durch die beschriebenen Eigenschaften ist ein High-Aspect-Flügel nicht für Anfänger geeignet und nur fortgeschrittenen Fahrern zu empfehlen.

High Aspect – Vor- und Nachteile:

+ höhere Geschwindigkeiten möglich, laufrichtungsstabil, performance-orientiert, unterstützt Sprünge
- höheres Fahrkönnen erforderlich, nervöser, instabiler, nicht für Einsteiger geeignet

Einige Hersteller bieten noch eine dritte Flügelvariante an, die versucht, die Vorteile von Low und High Aspect zu vereinen. Sie wird als Mid Aspect bezeichnet. So gibt es erfolgreiche Foils, deren Biegung eher der eines Low Aspects ähnelt und bei denen die Spannweite etwas größer und die Flügelbreite geringer ist. Das Profil ist dünner. Damit sind sie gut geeignet für motivierte Aufsteiger bzw. Fahrer, die sich etwas mehr Dynamik wünschen, ohne Geschwindigkeitsrekorde aufstellen zu wollen.

2 Der Mast

Der Mast ist die Verbindung zwischen dem eigentlichen Foil, dem Unterwasserflugzeug, und dem Board. Die Länge des Mastes variiert zwischen 45 und 100 Zentimetern.

Am Anfang empfiehlt sich ein kürzerer Mast (unter 75 Zentimeter), da das Foil damit eine schnellere Reaktionszeit hat und die Abstürze aus einer geringeren Höhe erfolgen. Auch ist die Fahrt in Revieren mit weniger Wassertiefe möglich. Gerade für Einsteiger ist das Fahren in Stehrevieren sehr angenehm und deutlich weniger kräftezehrend.

Mit einem längeren Mast ist das Fahren in Wellen leichter und entspannter, weil das Foil nicht so leicht aus dem Wasser kommt. Außerdem kann, bedingt durch den besseren Hebel, mehr Druck auf das Foil ausgeübt werden. Dadurch sind extremere Amwindkurse möglich. Generell erhöht sich durch die Mastlänge die Leistung des Foils. Ein Mast ab 75 Zentimeter aufwärts ist daher, je nach Anspruch und Revierbedingungen, für Aufsteiger und Fortgeschrittene zu empfehlen.

Kürzerer Mast – Vor- und Nachteile:

+ sicherer, mehr Kontrolle (gerade am Anfang), schnellere Reaktionszeit möglich, weniger Wassertiefe erforderlich, geeignet für Anfänger
- anspruchsvoller in Wellen und bei Manövern

Längerer Mast – Vor- und Nachteile:

+ mehr Freiraum in höheren Wellen, eher für Fortgeschrittene
- mehr Wassertiefe erforderlich, dadurch vor allem für Einsteiger deutlich anstrengender

3 Die Fuselage

Die Fuselage stellt die Verbindung zwischen dem Frontflügel, dem Heckflügel und dem Mast her. Sie ist sozusagen der Rumpf des Unterwasserflugzeuges. Natürlich hat auch ihre Länge Auswirkungen auf das Verhalten des Foils.

Je länger die Fuselage ist, desto besser sind der Geradeauslauf, der mögliche

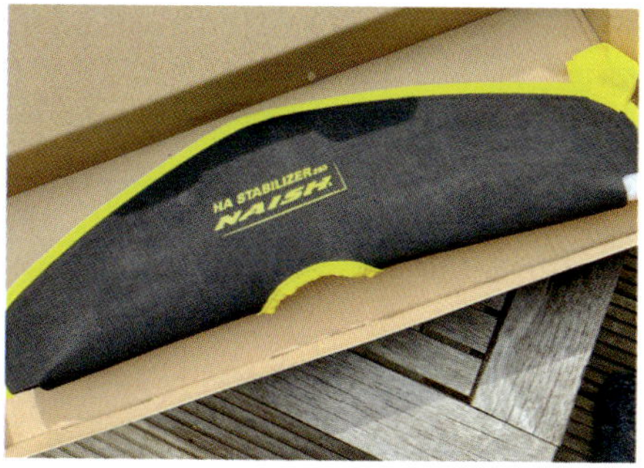

Einzelne Module lassen sich leicht nachkaufen.

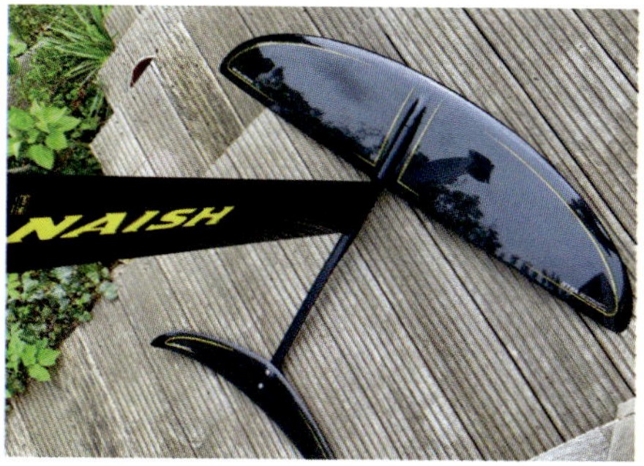

Naish S26 Jet Foil HA 1800 komplett.

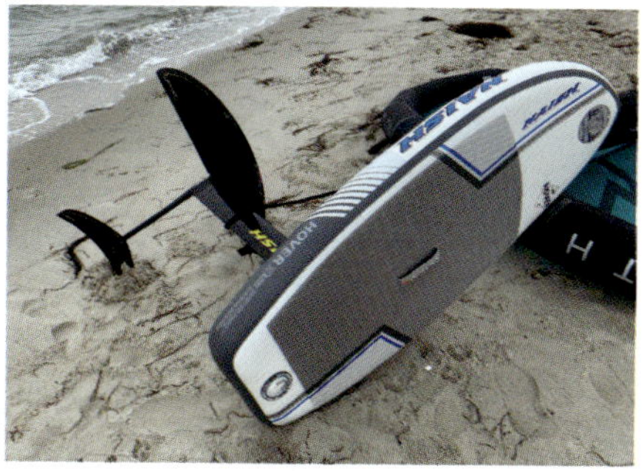

Die Bestandteile des Foils sollten untereinander, aber auch mit dem Board harmonieren.

Amwindkurs und die Kontrolle. Das Foil fährt sich horizontal gesehen stabiler, und die Neigung zum ungewollten Rauf und Runter verringert sich. Es ist insgesamt fehlerverzeihender. Zugleich bedeutet mehr Länge auch etwas mehr Gewicht und weniger Dynamik.

Ein Foil mit einer kürzeren Fuselage ist schneller, agiler und wendiger. Das Foil wirkt insgesamt nervöser. Der Grund ist, dass die stabilisierende Wirkung des Stabilizers bei einer kürzeren Fuselage geringer ist als bei einer längeren Fuselage.

Die gute Nachricht: Alle Hersteller haben die Länge der Fuselage optimiert und auf ihre Wingsurffoils abgestimmt, sodass man sich um dieses Detail eigentlich keine Gedanken machen muss.

Lange Fuselage – Vor- und Nachteile:

+ besserer Geradeauslauf, hohe Leistung auf dem Amwindkurs, mehr Stabilität/Kontrolle
- geringere Wendigkeit und Agilität, größeres Gewicht

Kurze Fuselage – Vor- und Nachteile:

+ schneller, wendiger, agiler, leichter
- nervöser, vertikales Verhalten weniger stabil

4 Der Heckflügel (Stabilizer)

Der Heckflügel ist für die Stabilisierung zuständig. Deshalb wird er auch als Stabilizer bezeichnet. Seine Größe beeinflusst die Wendigkeit und Agilität, vor allem aber die horizontale Laufruhe des Foils. Grundsatz: Je kleiner der Heckflügel, desto agiler reagiert das Foil. Und je größer der Stabilizer, desto laufruhiger und stabiler verhält sich das Foil.

Bei der Form gibt es zwischen den Herstellern deutliche Unterschiede. Einige sind, ähnlich den High-Aspect-Frontflügeln, sehr flach gestaltet. Bei anderen sind die seitlichen Enden abgekantet. Dies soll den seitlichen Drift und den Geradeauslauf unterstützen. Die Spannweite der Heckflügel liegt zwischen 40 und 55 Zentimetern, die Breite zwischen sieben und elf Zentimetern, die Fläche zwischen 200 und 450 Zentimetern. Die Dicke der Flügel reicht von 0,7 bis 1,2 Zentimeter. Das sich ergebende Volumen liegt zwischen 0,08 und 0,3 Liter.

Für Einsteiger ist tendenziell ein etwas größerer Stabilizer zu empfehlen. Mit zunehmendem Können kann hier ein Finetuning vorgenommen und die Agilität des Foil gezielt beeinflusst werden. Im Grunde brauchst du dir zum Einstieg keine Gedanken darüber zu machen. Die Hersteller machen es dir hier leicht. Mit deiner Entscheidung für einen bestimmten Frontflügel liefern sie meist den passenden Stabilizer mit.

5 Der Mastfuß

Der Mastfuß stellt die Verbindung zum Board her. Je nach Hersteller ist er fest mit dem Mast verbunden oder kann mittels Schrauben ausgetauscht werden. Die Befestigung des Mastfußes am Board erfolgt über vier Schrauben und

T-Nuts, die in die US-Boxen am Board eingeführt werden. Bis auf die Gewindegröße (M8 oder M10) ist dies bei allen Foils gleich, was flexible Board-Foil-Kombinationen ermöglicht.

Das Material – Aluminium versus Carbon

Hinsichtlich des verwendeten Materials bzw. der Technologie gibt es im Wesentlichen zwei Alternativen: Aluminium oder Carbon.

Aluminium

Aluminiumfoils bestehen im Wesentlichen aus Aluminium. Mastfuß, Mast und Fuselage sind vollständig aus diesem Material gefertigt. Die Front- und Heckflügel sind dabei in der Regel aus Glasfaser oder Glas plus Carbon hergestellt. Der Vorteil liegt darin, dass die Produktion vergleichsweise einfach, schnell und preiswert ist. Außerdem bricht Aluminium nicht so schnell. Aluminiumfoils sind daher ideal für Einteiger.

Der größte Nachteil von Aluminiumfoils ist die Korrosionsanfälligkeit, die eine gute Wartung erfordert. Besonders im Salzwasser kommt es an den Kontaktflächen zwischen den Edelstahlschrauben und dem Aluminium zu Korrosion. Es empfiehlt sich daher, die Verbindungen regelmäßig zu lösen und zu reinigen. Einen gewissen Korrosionsschutz bietet eine Tef-Gel-Schraubenpaste, die eine isolierende Schutzschicht erzeugt und sich in Salzwasser nicht auflöst. Man braucht nicht viel. Es genügt daher, wenn du dir gegebenenfalls eine kleine Tube davon zulegst. Alternativ kannst du auch Vaseline verwenden. Die ist allerdings nicht ganz so beständig und muss entsprechend häufiger aufgetragen werden. Ein weiterer Nachteil von Aluminiumfoils besteht darin, dass die nicht aus einem Stück gefertigten Teile aufgrund der Schraubverbindungen eine geringere Verbindungssteifigkeit aufweisen. Dies begrenzt Dynamik und Leistungsfähigkeit der Foils. Für Ein- und Aufsteiger sind sie aber völlig ausreichend.

Carbon

Carbonfoils bestehen zum Großteil aus Carbon. Darüber hinaus sind an der Konstruktion in der Regel auch Materialien wie Schaum, Kevlar und Glas beteiligt. Die großen Vorteile von Carbon liegen im geringeren Gewicht, vor allem aber in der Dynamik. Entgegen häufigen Annahmen ist es nicht unbedingt steifer als Aluminium, es ist formtreuer. Bei Verdrehungen kehrt es deutlich schneller in seine ursprüngliche Form zurück. Dadurch gibt ein Carbonfoil dem Fahrer unmittelbare Rückmeldungen und ermöglicht eine sehr präzise Steuerung. Durch die Möglichkeit, auch komplexere Formen aus einem Stück zu fertigen und damit Schraubverbindungen zu vermeiden, wird dieser Effekt noch verstärkt. Der größte Nachteil von Carbon liegt in der Gefahr des Bruchs. Wenn einmal ein kritischer Punkt überschritten wird, bricht es wie Glas und ist dann nicht oder nur sehr schwer zu reparieren.

Nicht zuletzt aufgrund des deutlich höheren Preises, aber auch aufgrund der relativ marginalen Vorteile, die erst bei höheren Anforderungen an die Performance relevant werden, sind Carbonfoils vor allem für ambitionierte Fortgeschrittene interessant.

Das richtige Foil für Wingsurf-Einsteiger

Einsteiger beginnen üblicherweise mit einem relativ großen Frontflügel mit passendem, eher größerem Stabilizer, einem kürzeren Mast sowie gegebenenfalls einer längeren Fuselage. Das bringt insgesamt Gutmütigkeit und Stabilität, wodurch das Lernen unterstützt wird.

Im Einzelnen: Ein großer Frontflügel unterstützt das Aufsteigen des Boards bereits bei geringer Geschwindigkeit. Außerdem sorgt er für seitliche Stabilität und unterstützt das Geradeauslaufen. Auch fortgeschrittene Fahrer nehmen bei Leichtwind (Windstärken um 3–4 Beaufort) einen großen Frontflügel. Ein kurzer Mast verhindert ein zu hohes Aufsteigen des Boards und gegebenenfalls unkontrollierte, gefährliche Stürze. Eine längere Fuselage sowie ein größerer Heckflügel bringen mehr Stabilität in Längsrichtung und verhindern damit ein zu starkes Auf- und Abschwingen des Boards.

Die folgende Kombination funktioniert für 90 Prozent der Einsteiger:

- Größe (Fläche) Frontflügel: 2.000 (Fahrer bis circa 85 Kilogramm) bis 2.500 Quadratzentimeter (Fahrer ab circa 85 Kilogramm)
- Mastlänge: 60 bis 75 Zentimeter

Das richtige Foil für Wingsurf-Fortgeschrittene

Über die Variation der Form, Größe und Anordnung (Neigung) der Front- und Heckflügel lassen sich unterschiedliche Fahreigenschaften des Foils erzielen, zum Beispiel dynamischer Auftrieb bei langsamer Geschwindigkeit (low speed plus high lift) versus wenig Auftrieb bei hoher Geschwindigkeit (high speed plus low lift), Kurven- und Drehfreudigkeit etc. Kleinere (und flachere) Frontflügel mit weniger Fläche ermöglichen höhere Geschwindigkeiten und sorgen für mehr Drehfreudigkeit. Ebenso unterstützen flacher angestellte Tragflügel höhere Geschwindigkeiten und erzeugen weniger Lift.

Das Gleiche gilt im Wesentlichen auch für die Heckflügel (Stabilizer). Diese werden in der Regel passend zum jeweiligen Frontflügel gewählt. Die Empfehlungen der Hersteller geben hier eine gute Orientierung.

Auch die Länge des Mastes kann (sollte) auf den jeweiligen Einsatzweck angepasst werden. Mit zunehmendem Können lassen sich so neue Herausforderungen und anspruchsvollere Manöver (Sprünge) umsetzen.

Lange Masten zwischen 80 und 100 Zentimetern ermöglichen effektiveres Wingfoilen. Der größere Bewegungsspielraum in der Höhe unterstützt ausgeglicheneres Fahren, vor allem bei unruhigem Wasser und größeren Wellen. Ungewolltes Bremsen durch Wasserberührung oder ungewollte Ausbrüche aus dem Wasser lassen sich so leichter verhindern. Auch kleinere Fehler bei Manövern werden ausgeglichen.

Mit zunehmendem Anspruch und größerer Performance-Orientierung werden auch Carbonfoils interessanter.

Ähnlich wie bei den Wings, werden viele Fortgeschrittene sich über kurz oder lang ein kleines Sortiment (Quiver) zusammenstellen, um für unterschiedliche Einsatzbedingungen ein möglichst optimales Foil unter dem Board zu haben. Grundsätzlich können alle Teile des Foils variiert und miteinander kombiniert werden. Das wird durch die modulare Bauweise ermöglicht.

Sinnvolle Ansatzpunkte für ein Foil-Quiver

1. Unterschiedliche Frontflügel: Ein größerer, gegebenenfalls Mid-Aspect-/Low-Aspect-Frontflügel (circa 1.800 Quadratzentimeter) für weniger Wind stellt die Basis dar und kann universell genutzt werden. Ergänzend ist ein kleinerer, gegebenenfalls High-Aspect-Flügel (circa 1.400 Quadratzentimeter) interessant für mehr Wind und in der Welle. Da insbesondere in der Welle deutlich höhere Geschwindigkeiten und größerer Auftrieb entstehen, kann gegebenenfalls auch ein noch kleinerer Frontflügel (circa 1.200 Quadratzentimeter) interessant sein.
2. Stabilizer: Der Heckflügel sollte möglichst passend zum Frontflügel gewählt werden. Für die perfekte Abstimmung ist also entsprechend der Frontflügel jeweils der passende Stabilizer anzuschaffen.
3. Unterschiedliche Mastlängen: Die meisten Fahrer werden sich einen Mast zwischen 75 und 100 Zentimetern zulegen und diesen weitestgehend durchgängig nutzen. Ein Wechsel und die Umstellung auf eine kürzere Mastlänge stellt regelmäßig eine Herausforderung dar. Es braucht dann ein paar Runden auf dem Wasser, bis du dich auf den geringeren Freiraum eingestellt hast. Zugleich ist es aber auch eine gute Übung zur Verfeinerung deiner Manöverfähigkeiten. Insbesondere aber, wenn auch einmal flachere Reviere angefahren werden, ergibt es Sinn, sich ergänzend einen kürzeren Mast zuzulegen.

Physik des (Hydrofoil-)Fliegens

Das Foil ist ein gewölbter Tragflügel, der unter der Wasseroberfläche durch das Wasser gleitet. Während der Fahrt strömt das Wasser um das Foil herum. Es folgt denselben physikalischen Gesetzen wie die Tragflügel beim Fliegen. Genau genommen treten die gewünschten Effekte zur Erzeugung von Auftrieb sogar verstärkt auf. Der Grund ist, dass Wasser 800-mal dichter ist als Luft und dadurch entsprechend mehr Auftrieb erzeugt wird. Der Flügel beim Hydrofoil kann daher deutlich kleiner ausfallen. Wird, zum Beispiel durch den Wing, Vortrieb erzeugt, so strömt das Wasser oberhalb und unterhalb des Frontflügels entlang. Da der Frontflügel beim Foil jedoch nach oben gewölbt ist, strömt das Wasser über dem Flügel schneller als darunter. Es entsteht ein Überdruck auf der Unterseite und ein Unterdruck auf der Oberseite des Foils/Tragflügels. Das Resultat ist ein nach oben gerichteter Sog und Druck, der das Board und den Fahrer mit zunehmender Geschwindigkeit (entgegen der Gewichts- oder Erdanziehungskraft) aus dem Wasser hebt. Um diesen Effekt zu verstärken, ist der Frontflügel beim Foil, wie beim Flugzeug, leicht schräg nach oben geneigt. Der Stabilizer oder auch Heckflügel hat – wie der Name schon sagt – die Aufgabe, für Stabilität zu sorgen. Er ist leicht nach unten gerichtet und erzeugt damit einen Abtrieb, der aufgrund der asymmetrischen Konstruktion vor allem bei höherer Geschwindigkeit zum Tragen kommt. Der Stabilizer arbeitet also quasi in die entgegengesetzte Richtung des Frontfügels. Er gleicht die mit höherer Geschwindigkeit zunehmende Auftriebswirkung des Frontflügels aus.

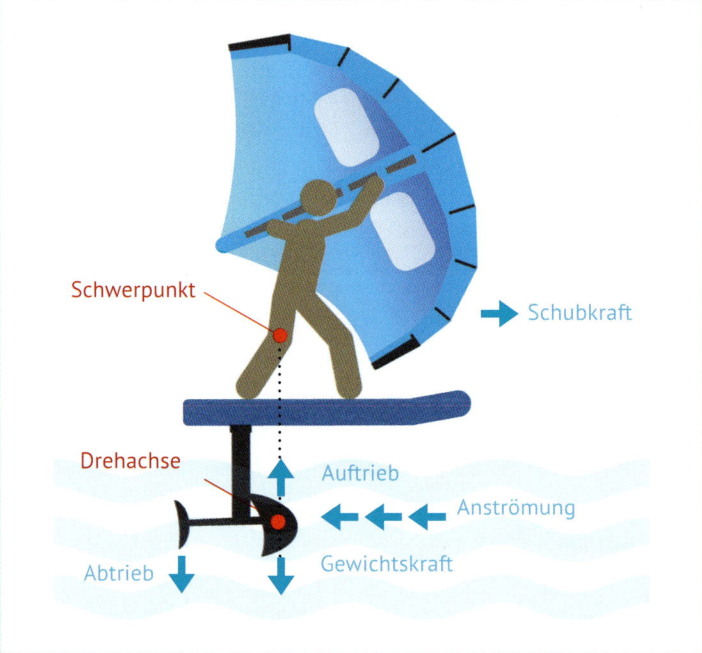

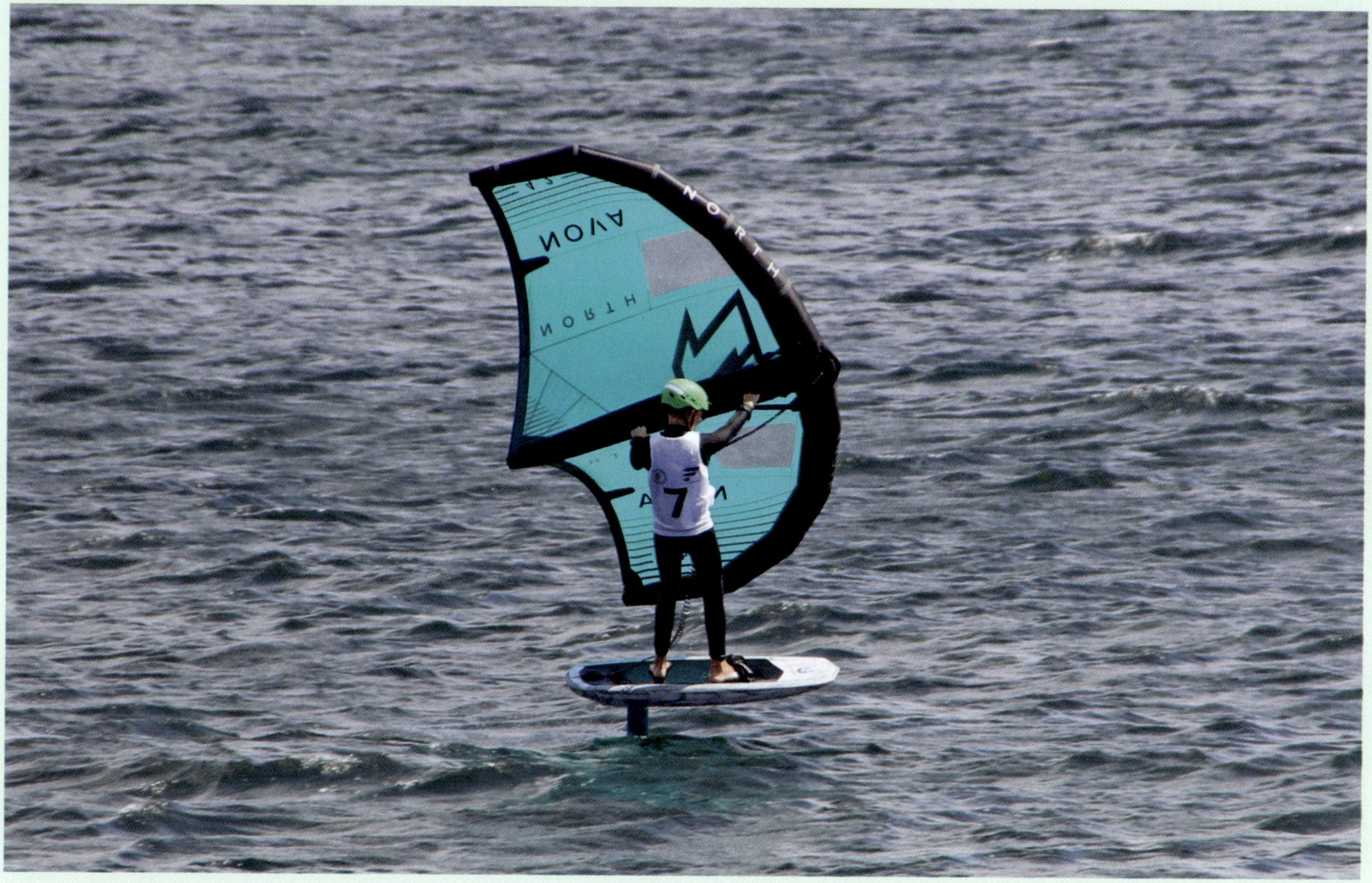

Balance zwischen Vor-, Auf- und Abtrieb.

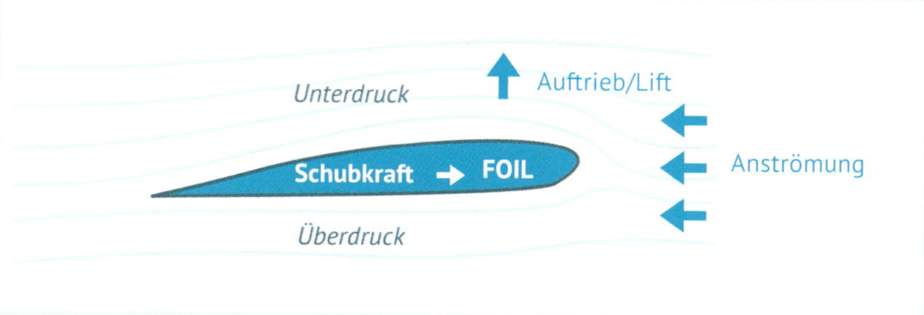

!

Hydro-Foil – wie funktioniert's?

Webcode: 8031

Tipps für den Kauf von gebrauchtem Material

Wingfoilen gibt es erst seit wenigen Jahren. Der Gebrauchtmarkt entwickelt sich zunehmend. Damit es nicht zu bösen Überraschungen kommt, möchten wir dir gern ein paar Tipps für den Kauf von gebrauchtem Material an die Hand geben.

Wings

Pumpe den Wing auf, und überprüfe, ob er die Luft hält. Am besten pumpst du ihn gleich am Anfang der Besichtigung auf und schaust ihn dir im aufgepumpten Zustand an. Hat er am Ende der Besichtigung den Druck gehalten, dann passt alles. Den Druck prüfst du am besten händisch durch Schnipsen auf die Tube oder durch leichtes Einknicken der Tube. Die meisten Manometer der Pumpen stimmen (irgendwann) nicht mehr.
Schaue dir den Wing genau an. Hat er irgendwo kleine Risse? Professionelle Reparaturstellen sind nicht schlimm, denn an dieser Stelle geht der Wing mit hoher Wahrscheinlichkeit nicht noch einmal kaputt. Auch wenn kleine Risse geklebt sind, ist dies eigentlich nicht so wild. Allerdings sollten die Risse nicht zu lang und mit speziellem Segelmachertape repariert sein. Alle kleinen Reparaturstellen geben etwas Spielraum bei der Preisverhandlung.
Frage den Verkäufer, was mit dem Wing passiert ist und warum er den Wing verkaufen möchte.

Boards

Überprüfe das Board auf defekte Stellen. Kleine Kratzer oder Lackabplatzer sind nicht schlimm. Auch professionelle Reparaturen sind im Allgemeinen kein Problem. Ist das Laminat eingedrückt oder eingerissen, kann an dieser Stelle Wasser eingedrungen sein, was irgendwann zu einer Delamination führt. Alle kleinen Reparaturstellen geben Spielraum bei der Preisverhandlung.
Hebe das Board hoch, um das Gewicht zu überprüfen. Wenn es auffällig schwer ist, könnte es Wasser gezogen haben.
Überprüfe das Board auf weiche Stellen, indem du mit dem Daumen auf das Board drückst. Weiche Stellen sind ein Indiz für Delamination.
Schaue dir die Schienen für die Aufnahme des Foils genau an. Durch die Hebelwirkung des Foils sind diese stark belastet und können gegebenenfalls herausbrechen. Risse um die Schienen herum sollten dich skeptisch stimmen.
Frage den Verkäufer, was mit dem Board passiert ist und warum er das Board verkaufen möchte.

Foils

Schaue dir das Foil genau an. Kleine Kratzer und Unebenheiten haben kaum Auswirkungen auf das Fahrverhalten. Herausgebrochene Stücke, tiefe Einkerbungen und Risse sind nicht so schön. Dies alles ist aber im Verhältnis zu sehen. Sind es nur ein paar Millimeter, dann ist es halb so wild. Im Bereich von mehreren Zentimetern hat es aber Einfluss und sollte repariert werden.
Schraube das Foil auseinander. Sind alle Gewinde und Verbindungen in Ordnung? Sind Spuren von Korrosion zu erkennen, welche die Funktion und Stabilität beeinflussen könnten?
Prüfe die Stabilität des Foils. Wirkt es instabil, überprüfe noch mal alle Schrauben. Manchmal ist eine Schraube einfach nicht richtig angezogen. Ist es immer noch instabil, stimmt etwas nicht.
Schaue dir auch den Mastfuß genauer an. Sind hier kleine Haarrisse zu erkennen? Wenn ja, ist das ein Zeichen dafür, dass dieser extremen Belastungen ausgesetzt war. Er könnte demnächst reißen oder brechen.
Frage den Verkäufer, was mit dem Foil passiert ist und warum er das Foil verkaufen möchte.

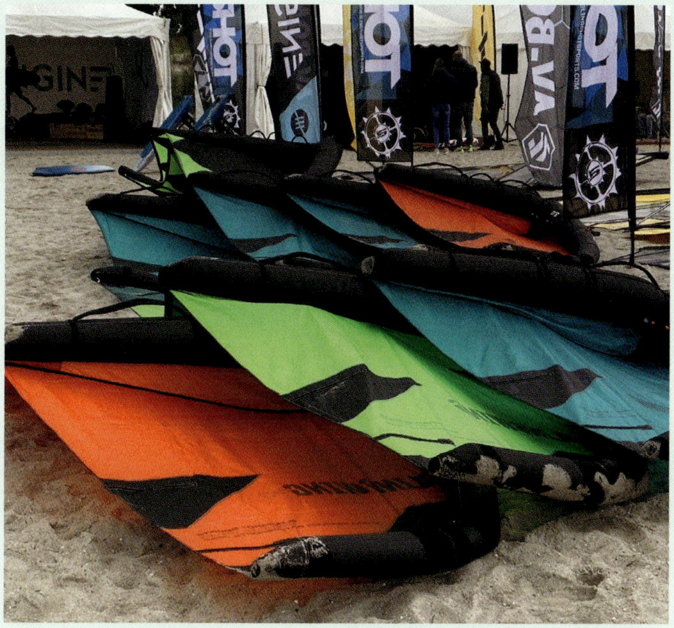

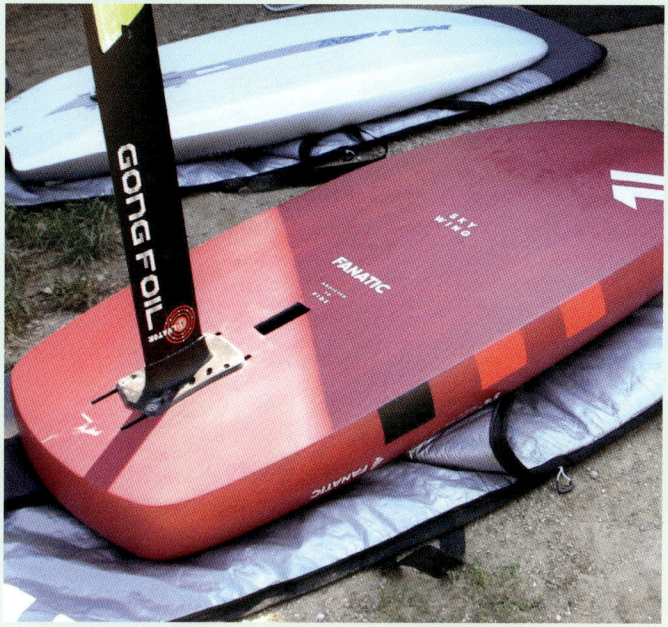
GONG FOIL
FANATIC
SKY WING

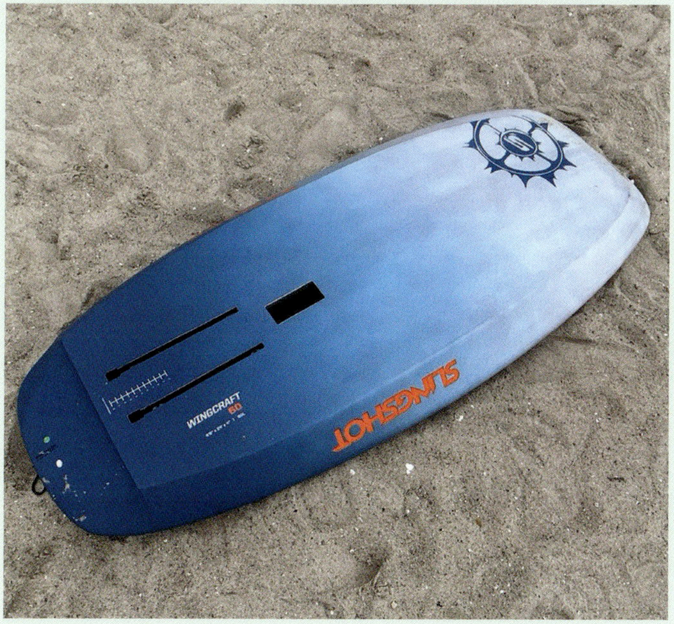
SLINGSHOT
WINGCRAFT 60

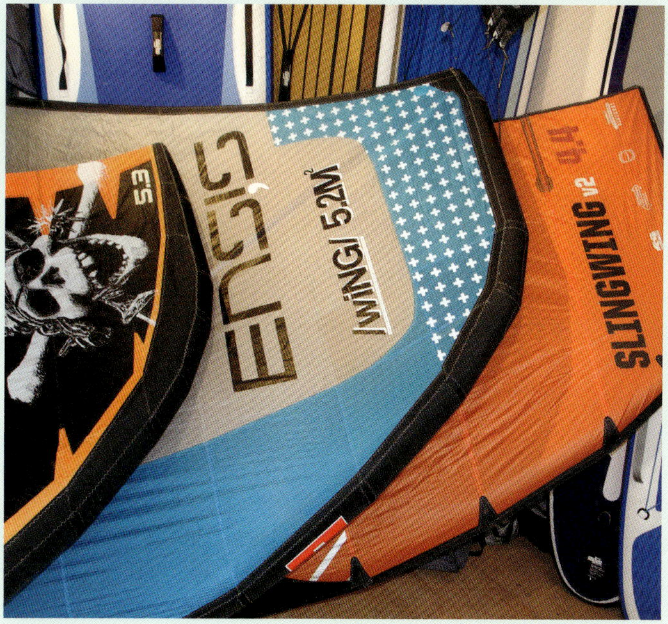
5.3
ENSIS
WING/ 5.2M²
4.4
SLINGWING v2

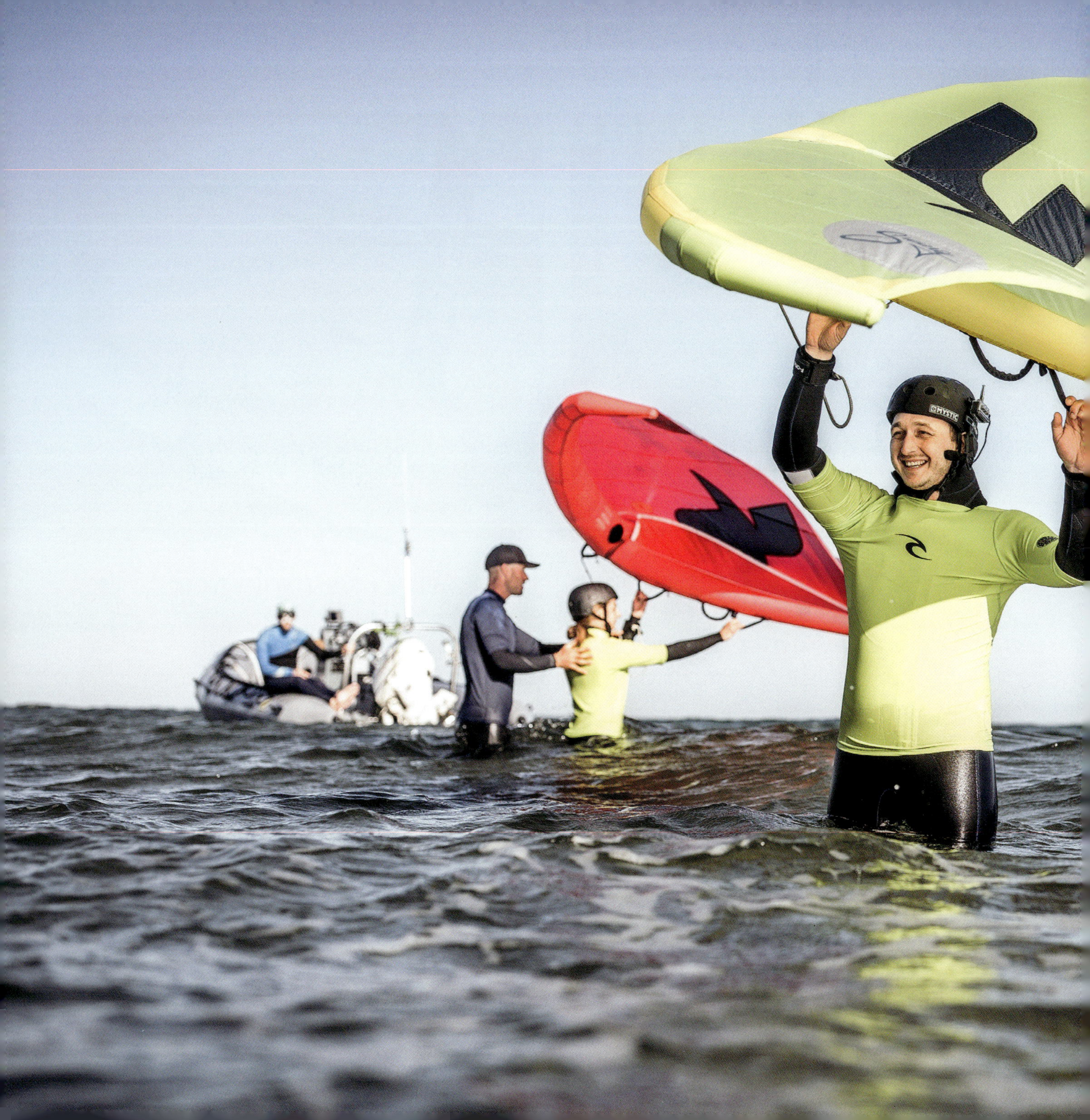

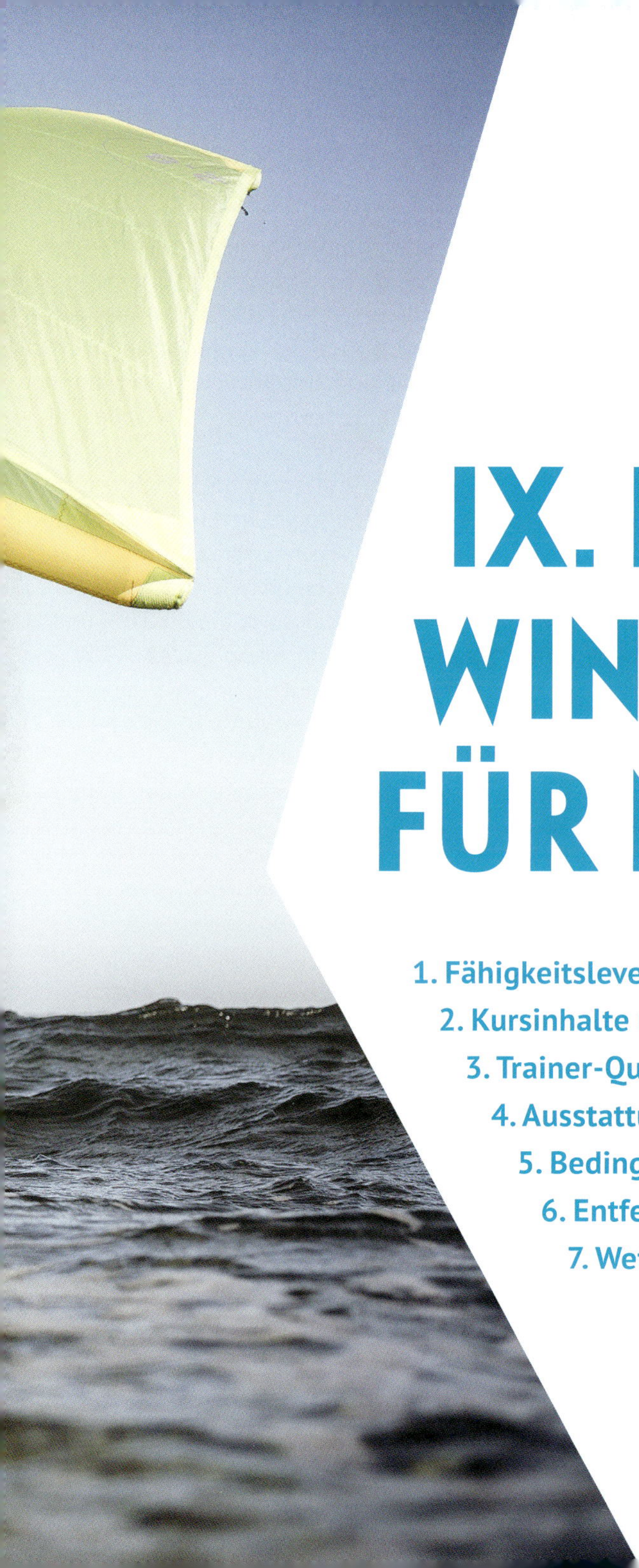

IX. DER RICHTIGE WINGFOIL-KURS FÜR MICH

Foto: Daniel Pankoke

IX. Der richtige Wingfoil-Kurs für mich

Du bist auf der Suche nach einem guten Kurs, um Wingfoilen zu lernen? Aus Gesprächen mit erfahrenen Trainern und unseren eigenen Erfahrungen haben wir im Folgenden Kriterien zur Auswahl einer für dich geeigneten Wingsurfschule zusammengestellt.

1. Fähigkeitslevel

Die grundlegende Frage lautet: Was kannst du schon? Abhängig von deinem Vorwissen und deinen Fähigkeiten im Wind- und Wassersport, solltest du Ausschau nach einem Kurs halten, der auf deinem Vorwissen aufsetzt. Was nützt es, wenn du stundenlang Theorie zum Wind vermittelt bekommst, wenn du bereits segeln kannst? Auch Manöverkunde oder Boardbalance-Übungen erübrigen sich, wenn du bereits erfahren im Windsurfen oder Kiten bist. Und hast du schon Wingsurfen auf dem SUP- oder dem Skate-/Mountainboard geübt, brauchst du vermutlich auch kein Trockentraining mehr. Aus deinen Vorkenntnissen leitet sich also ab, auf welche Inhalte du bei der Auswahl eines Kurses achten solltest.

Grundsätzlich gilt: Je mehr Vorkenntnisse du im Wingfoilen hast, desto sinnvoller ist vermutlich ein Einzeltraining. Je weniger Vorkenntnisse, desto passender dürften gut strukturierte Kleingruppenkurse sein. Letztlich gilt es, das Preis-Leistungs-Verhältnis abzuwägen.

Erstes Kriterium für die Auswahl eines Kurses sollte daher sein: Werden Kurse angeboten, die auf dein Fähigkeitslevel abgestimmt sind? Eine gute Wingsurfschule wird dies bei der Buchung abfragen und eine entsprechende Abstufung im Kursangebot vorgesehen haben!

2. Kursinhalte und Struktur

Das zweite Kriterium zur Kursauswahl sollte lauten: Passen die Didaktik und Struktur des angebotenen Kurses? Und zwar zu meinem Fähigkeitslevel und zu mir!

Ausgehend vom Fähigkeitslevel sind aus unserer Sicht für Wingfoil-Einsteiger mit oder ohne Vorerfahrung folgende Kursstruktur und -inhalte wichtig für eine Orientierung (▶ siehe Tabelle Seite 218). Neben den Vorkenntnissen ist es sicher auch immer eine Frage des individuellen Lerntyps, ob ein Kurs in seiner Struktur und der angebotenen Art der Vermittlung zu dir passt. Nicht zuletzt ist es auch eine Frage der persönlichen Chemie – passen die Art und der Stil der Schule/des Trainers zu dir? Letztlich kannst du nur versuchen, dies im persönlichen Gespräch oder über authentische Erfahrungsberichte herauszufinden und für dich selbst zu beurteilen.

3. Trainer-Qualität und -Erfahrung

Ein weiteres wichtiges Kriterium ist aus unserer Sicht die Qualität und Erfahrung der Trainer. Auch diese hat – unabhängig vom mitgebrachten eigenen Talent – einen erheblichen Einfluss auf deinen Lernerfolg. Leider lassen sich Qualität und Erfahrung im Vorhinein nur bedingt beurteilen. Hilfreiche Indizien liefern unserer Erfahrung nach vor allem authentische Berichte und Bewertungen von früheren Teilnehmern. Vergleichsweise niedrige Preise und Schnelllernversprechen sollten dagegen eher skeptisch stimmen. Titel und Zertifikate (zum Beispiel vom VDWS) geben vielleicht eine Orientierung, sind aber auch nur bedingt verlässliche Indikatoren – zumindest was Erfahrung und Einfühlungsvermögen der Trainer angeht.

4. Ausstattung der Wingsurfschule – Schulungsmaterial

Auch wenn es aus unserer Sicht derzeit kaum wirklich schlechtes Wingfoil-Material am Markt gibt, lohnt es sich zum einen darauf zu achten, dass hochwertiges und aktuelles Schulungsmaterial (Wings, Boards, Foils), am besten von bekannteren Marken sowie aus der aktuellen Saison, eingesetzt wird.

Zum anderen sollte die Schule eine ausreichende Auswahl an Wing-, Board- und Foilgrößen vorrätig haben.

Foto: Daniel Pankoke

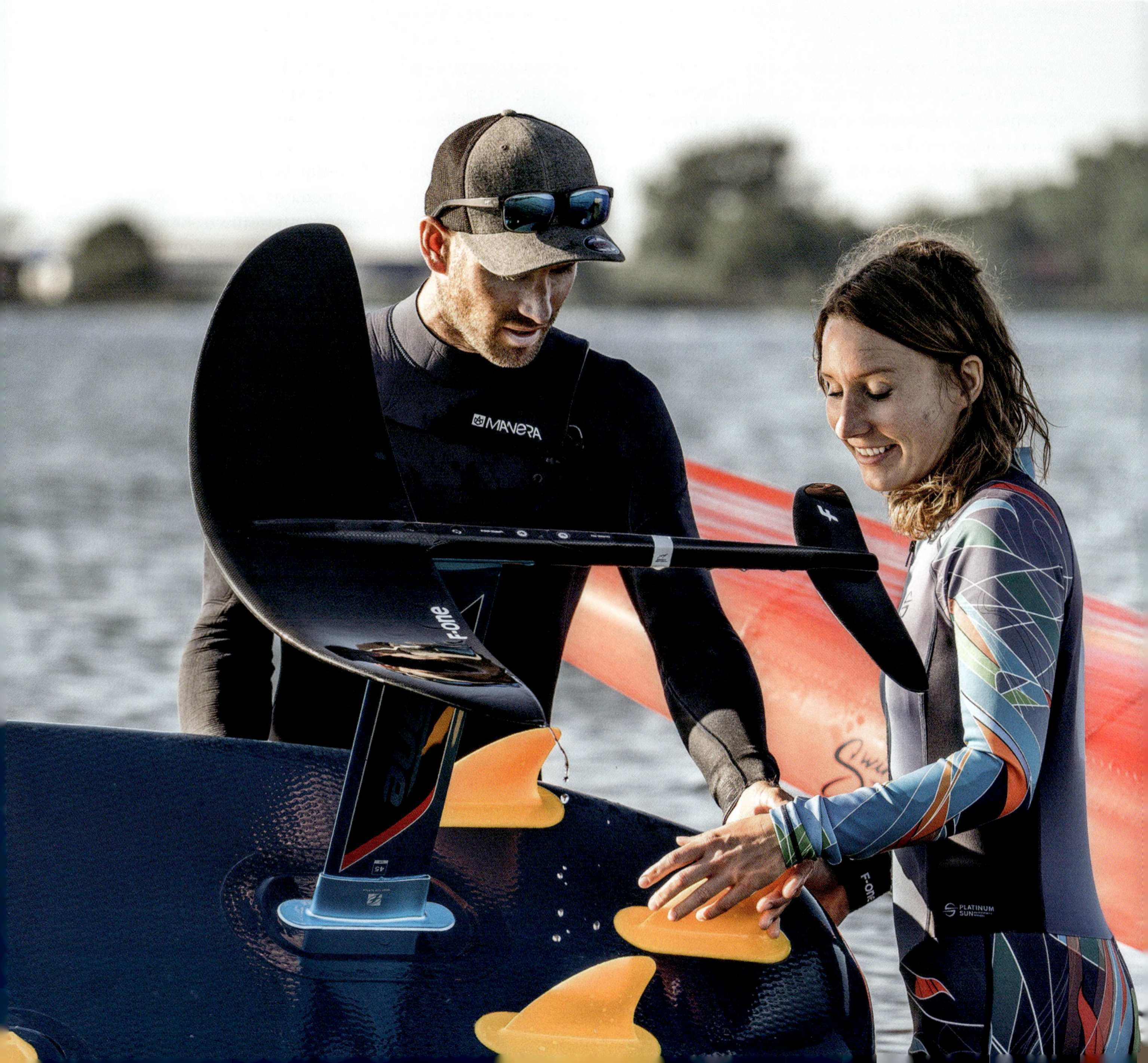
MANERA
F-one
PLATINUM SUN

Nichts ist hinderlicher für einen schnellen Lernfortschritt als zu groß oder zu klein dimensioniertes Material. Die Schule sollte in der Lage sein, das zur Verfügung gestellte Material entsprechend deinem individuellen Fähigkeitslevel sowie Wind- und Wellenbedingungen am Schulungstag anzupassen.

Auch sollten Kälteschutzkleidung wie Neoprenanzug, Schuhe und Handschuhe entweder zur Verfügung gestellt werden oder – im Fall von hygienisch relevanten Teilen (zum Beispiel Schuhe) – mindestens zu angemessenen Preisen käuflich zu erwerben sein. Sicherheitskleidung wie Prallschutzweste und Helm sollten selbstverständlich ebenfalls bereitgestellt werden und in der Kursgebühr enthalten sein.

Neben dem eigentlichen Wingfoil-Material sollte auch geeignetes Material zum vorbereitenden Training zum Umgang mit Wing, Board und Foil vorhanden sein. Dazu gehören großvolumige SUP- oder Windsurfboards mit Mittelfinne bzw. Schwert, auf denen die Handhabung von Board und Wing ohne Foil und gern im flachen Wasser geübt werden kann. Hilfreich sind auch Trockentrainer, wie sie zum Beispiel die Wingfoil-Schule Fehmarn einsetzt (siehe Foto rechte Seite). Damit lassen sich die erforderlichen Bewegungen zur Körperdrehung, zur richtigen Stellung des Wings für ein erfolgreiches Höhelaufen, die Aufstehtechnik auf dem Board sowie die Griffwechsel im Verlauf der Basismanöver (Halse, Wende) trocken und sicher einüben.

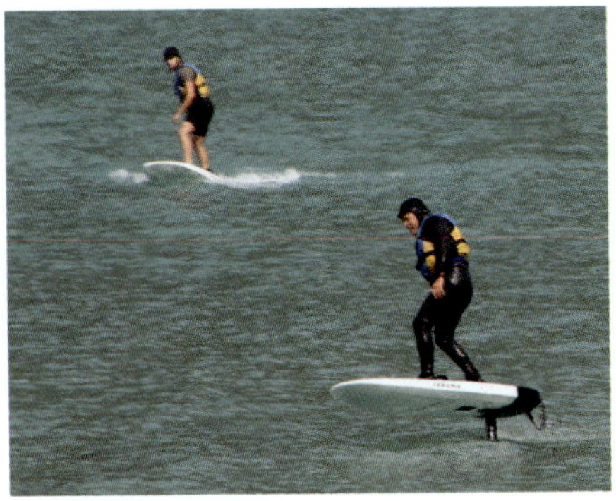

Foiltraining: E-Foiling.

Zum vorbereitenden und fokussierten Training für den Umgang mit dem Foil gibt es eigentlich nur zwei Möglichkeiten:

1. Das sogenannte Tow-in-Foiling, bei dem das Foilen auf einem Foilboard im Schlepp hinter dem Motorboot erlernt und geübt werden kann.
2. Das Üben auf einem E-Foil. Hier übernimmt ein am Foil befindlicher Elektromotor die Vorschubarbeit. Eine gute Wingfoil-Schule hat idealerweise beide oder zumindest eine der Möglichkeiten im Angebot. Das Erlernen des Foilens kann damit deutlich beschleunigt werden. Sehr interessant und von einigen Schulen angeboten: ein begleitendes Wingfoil-Training via Funkhelm vom Motorboot aus.

Mitunter ist es auch interessant, nach dem Unterricht freie Übungsmöglichkeiten zu haben. Schön ist es dann, wenn die Schule Leihmaterial anbietet.

5. Bedingungen vor Ort

Schau dir vorab auch an, welche Bedingungen die Schule vor Ort zu bieten hat. Neben der Trainer-Qualität und dem Schulungsmaterial solltest du das Revier beachten:

- Sind geeignete Wingfoil- und Übungs-Spots vorhanden?
- Wenn ja, sind die Spots leicht zugänglich und nicht allzu weit entfernt?

Geeignete Wingfoil- und Übungs-Spots sollten folgende Bedingungen erfüllen:

- Es muss eine ausreichende Wassertiefe zum Foilen gegeben sein.
- Der Wind muss in der richtigen Stärke und aus der richtigen Richtung (Sideshore) wehen.
- Neben Spots mit ausreichender Tiefe zum Foilen sollten auch Spots mit flachen Bereichen zum Üben mit dem SUP- oder Windsurfboard zur Verfügung stehen.
- Idealerweise gibt es am Spot relativ geschützte Bereiche mit weniger Wellengang.
- Wichtig ist auch, dass ausreichend Platz zum Üben vorhanden ist. Gibt es nur wenige Spots, aber viele Wind-

wassersportler, so kann es an beliebten Spots schnell eng werden. Vor allem beim Lernen und Üben kann das sehr hinderlich sein.

Sind diese Bedingungen erfüllt, sollten die Spots auch leicht und schnell erreichbar sein. Nichts ist frustrierender, als wertvolle Kraft und Kurszeit mit langen oder mühsamen Wegen zum Spot zu vergeuden. Einen Ausgleich kann auch ein Motorboot bieten. Damit können die Spots gezielt angefahren werden. Die Chance auf konstant gute Bedingungen ist dann besonders hoch, wenn die Schule Zugang zu mehreren Spots mit unterschiedlicher Ausrichtung und unterschiedlichen Wassertiefen zur Verfügung hat. So kann sie – entsprechend dem Lernziel und den vorherrschenden Windbedingungen (Richtung und Stärke) – den geeigneten Spot auswählen.

6. Entfernung zur Schule, Organisation von Übernachtung etc.

In der Nähe deines Wohnortes gibt es eine Wingfoil-Schule? Das ist doch super! Erfüllt sie deine Kriterien? Falls nicht, kann es vielleicht sinnvoll sein, etwas weiter zu fahren, um bessere Lernbedingungen vorzufinden. Dann gilt es, eine geeignete Unterkunft mit Parkmöglichkeiten sowie gegebenenfalls einem interessanten Freizeitangebot zu finden. Viele Schulen helfen dabei; ebenso bei der Organisation der Anreise.

7. Wetter-Risiko – wer trägt es?

Für das Wetter gibt es leider keine Garantie. Sollte das Wetter eine erfolgreiche Durchführung des Kurses verhindern, zum Beispiel weil es zu stürmisch oder kein Wind vorhanden ist, sollte es selbstverständlich sein, dass du dein Geld zurückerhältst oder dir einen neuen Kurstermin aussuchen kannst. Achte also darauf, dass die Schule das Wetter-Risiko übernimmt.

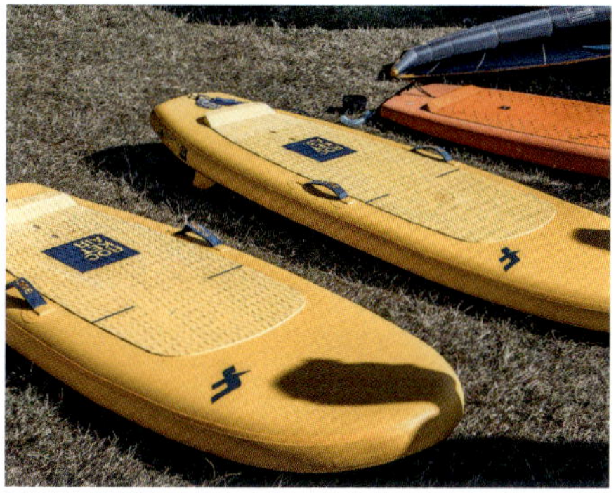

Wichtig: Materialauswahl zur individuellen Abstimmung.

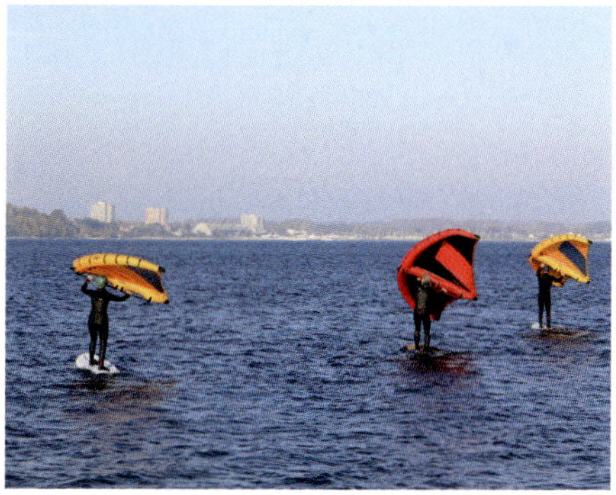

Risiko: kein Wind, kein (gutes) Training zur individuellen Abstimmung.

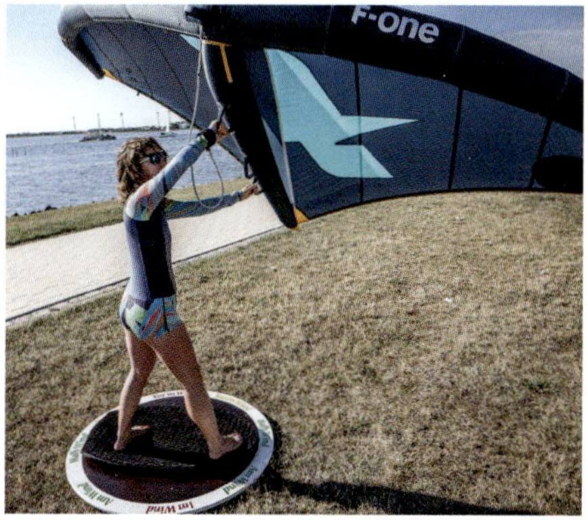

Üben auf dem Trockentrainer: eine Innovation von Malte, Wingfoil-Schule Fehmarn.

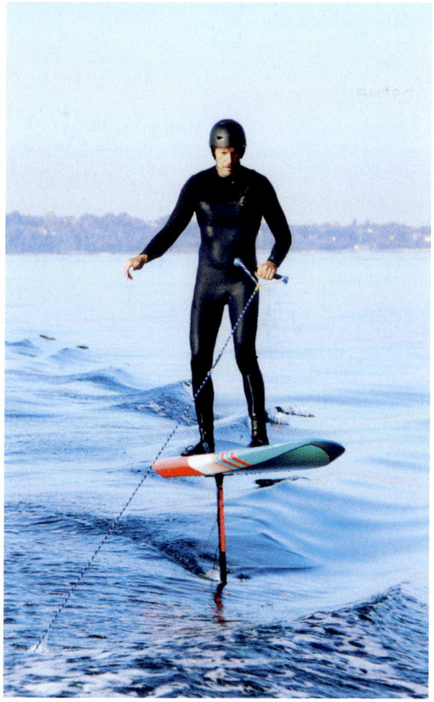

Foiltraining: Tow-in-Foiling.

Persönliches Fähigkeitslevel und sinnvolle Kursinhalte

Die in der folgenden Tabelle aufgelisteten Kursinhalte bieten eine Übersicht und Orientierung. Nicht alles ist unbedingt erforderlich. Während du auf ein Sicherheitstraining bestehen solltest, ist ein separates Foiltraining hinter dem Motorboot eher nice to have. Auch ohne dieses kannst du gut Wingfoilen lernen. Nicht zuletzt steigen mit dem erhöhten Aufwand seitens der Schule auch die Preise.

Kursinhalt	Einsteiger ohne Wassersporterfahrung	Einsteiger mit Wassersporterfahrung	Einsteiger mit Foilerfahrung
Theorie: Wind und Manöver, Vorfahrts-/Ausweichregeln	x	(x)	(x)
Materialkunde: Wing, Board, Foil	x	x	(x)
Materialhandling: Aufbau, Lagerung, Transport, Abbau	x	x	(x)
Sicherheitstraining: Selbstrettung	x	x	x
Boardtraining: im Wasser	x	(x)	(x)
Wingtraining: an Land (reines Trockentraining o. Skateboard)	x	x	x
Wingtraining: im Wasser (auf SUP- o. Windsurfboard)	x	x	x
Foiltraining (mit E-Foil u./o. hinter Motorboot)	x	x	(x)
Wingfoil-Taining: Starten, Lenken, Basismanöver	x	x	x

Foto: Frithjof Blaasch

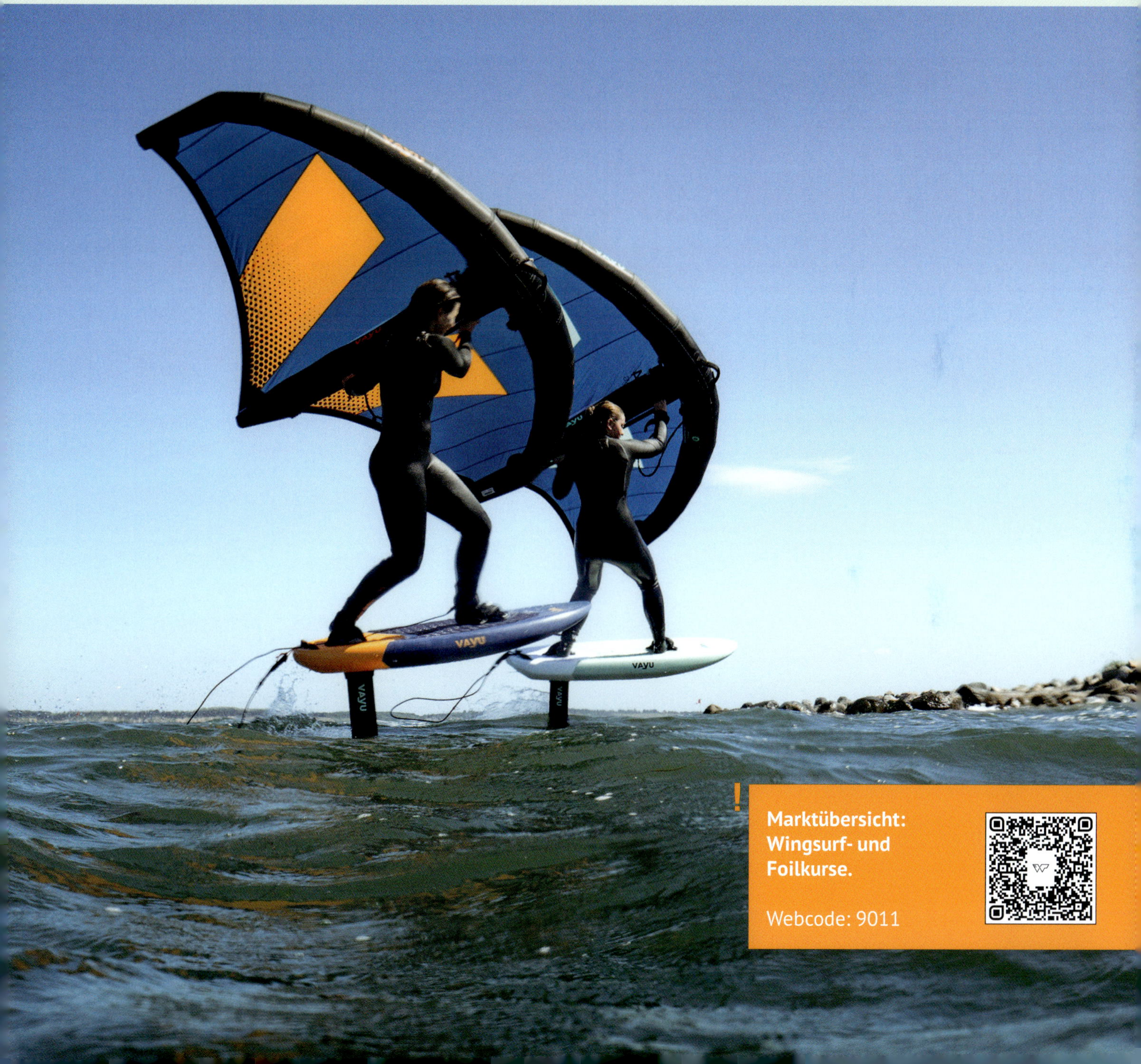

!

Marktübersicht: Wingsurf- und Foilkurse.

Webcode: 9011

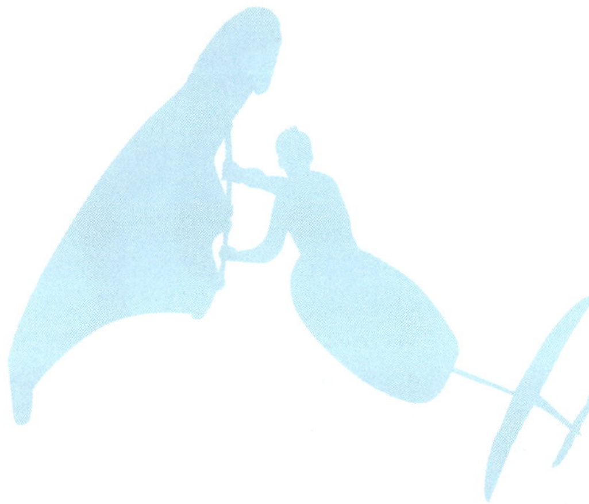

GLOSSAR UND WINGFOIL-LEXIKON

In unserem Wingfoil-Lexikon und Glossar erklären wir die aus unserer Sicht wichtigsten Begriffe rund ums Wingfoilen und Wingsurfen. Einsteiger und Fortgeschrittene finden hier eine grundlegende Orientierung.
Zum Zeitpunkt der Veröffentlichung dieses Buches beinhaltet es über 200 Begriffe. Auf der Website wird es darüber hinausgehend fortlaufend aktualisiert und erweitert (siehe *wingpassion.de/lernen/wingfoil-lexikon*). Solltest du einmal einen Begriff nicht oder nicht ausreichend verständlich erklärt finden, sende uns gern eine E-Mail an *info@wingpassion.de*.

0–9

2ER SET-UP

Bezeichnung für die Kombination der Fußschlaufen auf dem Wingfoilboard. Eine Schlaufe ist vorn mittig leicht schräg und eine hinten mittig in Längsrichtung angebracht.

3ER SET-UP

Bezeichnung für die Kombination der Fußschlaufen auf dem Wingfoilboard. Zwei Schlaufen sind vorn, parallel oder schräg zueinander, eine ist hinten mittig in Längsrichtung angebracht.

180ER

Auch als Aerial Jibe bezeichnet – ein Sprungmanöver, bei dem die Halse mittels einer 180-Grad-Drehung in der Luft ausgeführt wird. Der Sprung wird dabei aus der Switch-Foot-Position heraus durchgeführt, sodass die 180-Grad-Drehung in der Luft relativ leicht erfolgen kann. Nach erfolgreicher Landung kann die Fahrt dann in entgegengesetzter Richtung fortgesetzt werden.

360ER

Gruppe von Manövern, bei der sich der Wingfoiler mit Board und Foil einmal um seine vertikale Achse dreht.

360° CARVE

Wingfoil-Manöver, bei dem der Wing back genommen wird, also zwischenzeitlich verkehrt herum mit der Oberseite im Wind steht. Der Fahrer vollzieht eine 360-Grad-Drehung. Das Fahren in Back wird auch als Lee-Ride bezeichnet.

A

ABDRIFT

Durch Wind und Welle erzeugte Seitwärtsbewegung beim Wingfoilen. Aufgrund des seitlichen Drucks wird zum Beispiel beim Halbwindkurs der Ausgangspunkt am Ufer nicht wieder erreicht. Die Abdrift muss durch Höhelaufen mithilfe eines Amwindkurses ausgeglichen werden.

ABFALLEN

Steuerbewegung vom Wind weg. Häufig zur Einleitung von Manövern (zum Beispiel der Halse) oder zum Kurswechsel (zum Beispiel von Amwindkurs zu Raumwindkurs).

ABLANDIGER WIND

Offshore-Windrichtung. Der Wind weht vom Land kommend aufs Meer hinaus. Dies birgt die Gefahr, dass man abgetrieben wird und nicht mehr ans Land zurückkommt. Wingsurfen ist dann äußerst gefährlich und sollte unterlassen werden.

ABSTRÖMKANTE/ABRISSKANTE/TRAILING EDGE

Die Trailing Edge bzw. Abriss- oder Abströmkante ist die hintere Kante des Wings, also die Kante, über die der Wind den Wing verlässt bzw. die er zuletzt berührt.

!

Hier geht's zu unserem Wingfoil-Lexikon.

Webcode: 9020

AERIAL
Auch Air. Englische Bezeichnung für (radikalere) Sprungmanöver, bei denen der Wingfoiler mit seinem Board und Foil aus dem Wasser herausspringt. Dies kann, wie zum Beispiel beim Areal Jibe, mit einer Drehung verbunden werden.

AERIAL JIBE
Auch als 180er bezeichnet – ein Sprungmanöver, bei dem die Halse mittels einer 180-Grad-Drehung in der Luft ausgeführt wird. Der Sprung wird dabei aus der Switch-Foot-Position heraus durchgeführt, sodass die 180-Grad-Drehung in der Luft relativ leicht erfolgen kann. Nach erfolgreicher Landung kann die Fahrt dann in entgegengesetzter Richtung fortgesetzt werden.

AKTIVE HAND
Auch als Lee-Hand bezeichnet. Hintere Hand am Wing, die im Wesentlichen für die Veränderung des Anstellwinkels und damit für die Steuerung des Wings verantwortlich ist.

AMWINDKURS
Fahrtrichtung in Relation zum Wind. Der scheinbare Wind kommt schräg von vorn; man versucht so weit wie möglich gegen den Wind zu fahren (Höhe laufen). Der Winkel zur Windrichtung ist kleiner als 90 Grad.

ANGABE
Meint beim Wingsurfen das Herannehmen des Wings in die Ausgangsposition.

ANLUVEN
Steuerbewegung zum Wind hin. Häufig zur Einleitung von Manövern (zum Beispiel der Wende) oder zum Kurswechsel (zum Beispiel von Halbwindkurs zu Amwindkurs).

ANSTELLWINKEL
Stellung des Wings, worüber die Intensität der Windaufnahme reguliert wird. Der durch den Wind erzeugte Druck sowie der daraus resultierende Auf- und Vortrieb wird durch die Winkelstellung verändert.

ANSTRÖMKANTE
Die vordere Kante des Wings, wo der Wind zuerst auftrifft. Auch Fronttube genannt.

ASPECT RATIO
Je nach Verhältnis zwischen Länge (Spannweite) und Breite (Cordline) des Frontflügels am (Hydro-)Foil wird zwischen High, Mid und Low Aspect Ratio unterschieden. So verfügt der High-Aspect-Flügel über eine größere Spannweite (Länge), eine geringere Flügelbreite (Tiefe) und ist kaum gebogen (sehr ausgeprägte Streckung). Das Profil ist sehr dünn. Die Flügel wirken insgesamt sehr schlank und gestreckt. Im Verhältnis hat er weniger Fläche und Volumen.

AUFLANDIGER WIND
Onshore-Windrichtung. Der Wind weht vom Meer kommend aufs Land. Wingsurfen ist relativ schwierig, weil man schnell wieder an den Strand getrieben wird.

AUSGANGS- oder NORMALSTELLUNG DES WINGS
Der Wing wird schräg über dem Kopf gehalten. Die vordere Hand (Luv-Hand) befindet sich an einer der vorderen Schlaufen an der Strut (bzw. im vorderen Drittel des Booms) und ist nahezu nach oben ausgestreckt. Die hintere Hand (Lee-Hand) greift an eine der hinteren Schlaufen (bzw. an das hintere Drittel des Booms). Der Unterarm ist gebeugt.

AUSGANGSPOSITION
Auch Ausgangsstellung oder Startposition. Meint beim Wingsurfen die kniende Ausgangsstellung auf dem Board. Der Wing wird dabei in der Ausgangs- oder Normalstellung schräg über dem Kopf gehalten, die vordere Hand nahezu nach oben ausgestreckt.

AUSWEHEN
Der Wing wird an der Neutral Handle (neutrale Handschlaufe an der Fronttube) in Ruhestellung gehalten. Er weht oder steht dabei frei im Wind.

B

BACKFAHREN
Im Gegensatz zur normalen Stellung des Wings befindet sich dieser auf der Luv-Seite. Der Fahrer steht also auf der Lee-Seite des Wings.

BACKWING
Auch als Stabilizer, Heckflügel oder Rear Wing am (Hydro-)Foil bezeichnet.

BASE PLATE
Englische Bezeichnung für Mastfuß.

BASISMANÖVER
Basiseinheitsmanöver beim Wingfoilen sind, wie bei allen anderen Windwassersportarten auch, die Halse und die Wende.

BEAUFORT (Bft)
Maß für die Windstärke. Um die Stärke des Windes einteilen und unterscheiden zu können, nutzt man unter anderem die Beaufortskala. Sie ist benannt nach Sir Francis Beaufort. Er hat sich Gedanken gemacht, wie man die Windstärke in der freien Natur abschätzen kann, und eine Zuordnung erstellt. Dies sind die Windstärken in Beaufort (Bft). Abzugrenzen von der Windstärke ist die Windgeschwindigkeit, die in Knoten (kn), Kilometer pro Stunde (km/h) sowie Meter pro Sekunde (m/s) gemessen und angegeben wird.

BEREITSCHAFTSSTELLUNG
Meint beim Wingsurfen das Liegen des Wings auf dem Wasser in korrekter Position. Die Fronttube zeigt dabei Richtung Luv und damit in Richtung Board und Fahrer. Die Strut (Mitteltube) liegt auf dem Wasser.

BLADDER
Der Schlauch im Inneren der Fronttube und der Strut (Mitteltube) des Wings. Im Inneren der Tubes befindet sich ein hauchdünner Schlauch. Das Material ist häufig aus Latex und damit sehr weich und empfindlich. Ohne die Stoff-/Kevlar-Ummantelung der Tubes würden sich diese beim Aufpumpen ausdehnen, bis sie schließlich platzten – ähnlich einem Fahrradschlauch ohne Mantel.

BLADDER LOCK
Verschluss der Wing-Tips und Schutz für die Bladder.

BOARD
Das Wingboard, genauer Wingfoilboard, ist das Gerät, auf dem du stehst und über welches du die Richtung deiner Fahrt bzw. deines Fluges steuert. Es stellt zugleich die Verbindung mit dem Hydrofoil her.

BOARD BAG
Tasche für das Wing(foil-)board. Die Bag ist eine Tasche, um das Board mittels Griffen oder Tragegurt transportabel zu machen und vor allem beim Transport oder Lagern vor Beschädigungen zu schützen. Board Bags gibt es in verschiedenen Größen und Formen.

BOARDLEASH
Verbindung zwischen Board und Fahrer. Es gibt verschiedene Formen von Leashes (gerade, gedreht) sowie unterschiedliche Befestigungspunkte am Fahrer (Knöchel, Wade, Bauch).

BOARDVOLUMEN
Anzahl der Liter, die das Board mit seiner Außenhaut umschließt. Es ist ein wichtiger Indikator für die Größe und den Auftrieb des (Wingfoil-)Boards.

BÖE oder BÖ
Kurzzeitig stärkere Zunahme des Windes (Windstoß).

BOOM
Eine Griffstange, die von einzelnen Wingherstellern als Alternative zu Handschlaufen verbaut ist. Der Vorteil liegt vor allem in der äußerst flexiblen Positionierung der Hände. Der Begriff ist aus dem Windsurfen übernommen, wo der Boom bzw. Baum die Verbindung zwischen Fahrer und Mast bzw. Segel herstellt.

C

CANOPY
Englische Bezeichnung für das Flugtuch am Wing.

CARVING
Englische Bezeichnung für scharfes Drehen. Carves sind die tieferen, radikaleren Kurven. Sie werden gefahren, um die Richtung schnell und drastisch zu ändern. Dazu muss man als (Wing-) Surfer mehr Druck auf den hinteren Fuß ausüben.

CENTRAL STRUT
Auch nur Strut genannt. Englischer Begriff für Mitteltube oder Quertube. Sie stabilisiert den Wing und stellt in der Regel über die Handschlaufen oder den Boom die Verbindung zum Fahrer her.

CHOPPY WATER
Englische Bezeichnung für eine aufgewühlte Wasseroberfläche. Die Wellen laufen kreuz und quer.

COILED LEASH
Englische Bezeichnung für gedrehte, ausziehbare Leashes. Beim Wingfoilen kommen diese als Wristleash (Handgelenksleash) für den Wing oder auch als Boardleash zur Befestigung und Sicherung des Boards an Wade, Knöchel oder Bauchgurt zum Einsatz.

CORDLINE
Die Breite des Wings (Länge der Strut) oder des Frontflügels beim (Hydro-) Foil. Die Länge wird als Spannweite bezeichnet.

CROSSOVER-FOILBOARD
(Foil-)Boards, die auf mehrere (Foil-)Wassersportarten ausgerichtet sind. Dazu gehören zum Beispiel Windsurfboards, die zum Windsurffoilen geeignet, aber auch als SUP- oder eben Wingfoilboard einsetzbar sind. Der große Vorteil liegt darin, dass sich der Materialaufwand reduziert und du mit einem Board mehrere Sportarten betreiben kannst.

D

DEPOWERN
Meint, dass du den Wing öffnest, also den Anstellwinkel veränderst, und damit dem Wind weniger Angriffsfläche bietest. Der Druck bzw. die Zugkraft des Windes wird dadurch reduziert.

DEPOWER HANDLE
Auch Neutral Handle oder Neutral-Handschlaufe. Handschlaufe am Wing, die vorn mittig an der Fronttube angebracht ist. Sie ermöglicht es, den Wing neutral im Wind zu halten (Neutrale oder Depower-Stellung), sodass kein bzw. kaum Zug oder Vortrieb erzeugt wird.

DEPOWER-STELLUNG
Ruhestellung des Wings. Dabei wird der Wing an der Neutral Handle (neutrale Handschlaufe an der Fronttube) gehalten. Man lässt ihn auswehen.

DEUTSCHE WING FOIL VEREINIGUNG (DWFV)
Ein Zusammenschluss von Personen zur Pflege und Förderung der Wassersportarten Wingfoilen, Wingsurfen und Surffoilen.

DIAGONAL-HANDSCHLAUFE
Auch Y-Handle, Y-Schlaufe oder Diagonal-Handle genannt. Handschlaufen, die diagonal zwischen Fronttube und Strut angebracht sind. Diese gibt es bei moderneren Wings nicht mehr. Sie waren ursprünglich dazu gedacht, Übergänge während der Manöver zu erleichtern.

DIEDERWINKEL
Auch Dihedralwinkel. Beim Wing ist damit die Ausprägung bzw. der Winkel des V-Profils gemeint, wenn man von vorn auf die Fronttube schaut.

DOCKSTART
Englische Bezeichnung für das Starten zum Pump-Foiling vom Steg oder einer Mole bzw. einem festen Stand aus. Das Foilen erfolgt ohne körperfremde Energie. Es gibt also keinen Anschub durch ein Boot (Tow-in-Foiling) o. Ä.

DOWNWIND
Die Bewegung in Richtung Lee, also mit dem Wind. Ein Downwinder ist dementsprechend die Fahrt mit dem Wind über längere Zeit.

DOWNWINDER
Siehe Downwind.

DUCK JIBE
Wingfoil-Manöver, bei dem während der Halse der Wing nicht wie üblich über die Fronttube, sondern über die Abströmkante gedreht wird.

DÜNUNG
Auch Swell oder Schwell. Das sind Wasserwellen, die durch Wind auf dem Meer entstanden sind. Sie haben sich im Verlauf ihrer Wanderung über das Meer in wenigen, gleichmäßigen Wellen formiert. Erreicht die Dünung die Küste, dann haben sich die Wellen in Sets formiert. Trifft die Dünung im Küstenbereich auf Untiefen, so brechen die Wellen. Es entsteht Brandung.

DWFV
Siehe Deutsche Wing Foil Vereinigung.

E

E-FOILING
Das Foilen mit einer Board-Foil-Kombination, an der ein Elektromotor angebracht ist, der mittels eines Propellers für den Vortrieb sorgt. Die Steuerung erfolgt mit einer Fernbedienung, die der Fahrer in der Hand hält.

F

FÄCHERPUMPEN
Einfache Pumptechnik mit dem Wing, um mehr Vortrieb zu erzeugen. Die hintere Lee-Hand bzw. Powerhand wird dabei rhythmisch herangezogen, so als ob du einen großen Fächer bewegst und die Luft nach hinten wedelst. Pendant: Kurbelpumpen.

FAHREN IN BACK
Auch als Lee-Ride bezeichnet. Der Wing steht dabei verkehrt herum, also mit der Lee-Seite bzw. Oberseite im Wind.

FINNE
Unterhalb des (Surf-)Boards angebrachter Spurhalter, der auch die Abdrift vermindert. Einige Wingfoilboards (zum Beispiel Crossoverboards) verfügen zusätzlich zur Foilaufnahme mittels US-Box über Aufnahmen für Finnen; gegebenenfalls auch im vorderen Bereich der Unterwasserlinie des Boards.

FOIL
Genauer als Hydrofoil bezeichnet, meint das Unterwasserflugzeug, mit dem das Foilen ermöglicht wird. Es besteht aus einem Frontflügel und einem Heckflügel, auch Stabilizer (Stabilisator) genannt. Verbunden sind beide durch eine sogenannte Fuselage (englisch für Flugzeugrumpf). An dieser Fuselage ist ein Mast befestigt. Über eine Befestigungsplatte (Mastfuß) wird die Verbindung zum Board hergestellt. Bei den Befestigungsplatten hat sich das sogenannte Doppel-US-System durchgesetzt.

FOILAUFNAHME
Einrichtung zur Installation des Foils am Board. Neben der für Wingfoilboards üblichen US-Box gibt es im Windsurffoil-Bereich auch andere Systeme wie zum Beispiel die Deep-Tuttle-Box.

FOILBAG
Tasche(n) zum Verstauen, Transport und Lagerung des Foils. In der Regel werden die Foils in zerlegtem Zustand in der Tasche aufbewahrt. Meist sind in der Tasche entsprechende Fächer für die Einzelteile vorgesehen. Daneben gibt es auch Schutzhüllen für die einzelnen Teile des Foils (zum Beispiel Frontflügel, Mast) oder Kombinationen daraus (zum Beispiel für montierte Frontflügel, Fuselage und Stabilizer).

FOIL-MOUNTING-SYSTEM
Set aus Schrauben und Nutensteinen (auch T-Nuts) zur Befestigung des Mastfußes am Schienensystem der US-Box an der Unterseite des Boards.

FOOT (ft)
Auch Fuß. Englische Maß- bzw. Längeneinheit, die unter anderem für die Anga-

be der Größe von (Wingfoil-)Boards für Wellen verwendet wird. International wird sie vor allem in der See- und Luftfahrt häufig verwendet. Ein Fuß (Foot) entspricht 30,48 Zentimetern.

FREESTYLE
Siehe Wingfoil-Surf-Freestyle-Disziplin.

FRONTFLÜGEL
Der vordere Flügel am (Hydro-)Foil. Je nach Einsatzzweck, Wind- und Wellenbedingungen sowie in Abhängigkeit vom individuellen Fähigkeitslevel kann aus unterschiedlichen Größen und Formen gewählt werden. Eine wesentliche Unterscheidung erfolgt zwischen High-Aspect- und Low-Aspect-Flügeln.

FRONTTUBE
Auch Anströmkante.

FUSELAGE
Englische Bezeichnung für Flugzeugrumpf. Sie ist ein wichtiger Bestandteil des (Hydro-)Foils und stellt die Verbindung zwischen Frontflügel und Heckflügel (Stabilizer) her.

FUSSSCHLAUFEN
Fußschlaufen auf dem Board unterstützen die Positionierung der Füße und geben zusätzlichen Halt. Wingfoil-Einsteiger sollten grundsätzlich erst einmal ohne Fußschlaufen starten. Bänder und Gelenke sind ansonsten bei Stürzen besonders gefährdet. Mit zunehmendem Können ist es dann gegebenenfalls hilfreich, nur die beiden vorderen Fußschlaufen zu verwenden und auf die hintere zunächst zu verzichten. Die vorderen Fußschlaufen helfen dabei, immer die richtige Fußstellung für eine optimale Gewichtsverlagerung zu finden, während der hintere Fuß flexibel bleibt und ausgleichen kann. Erforderlich werden Fußschlaufen erst bei Sprungmanövern, bei denen das Board hochgezogen werden soll.
Für die Montage der Fußschlaufen gibt es zwei grundlegende Möglichkeiten, die eine Vielzahl unterschiedlicher Kombinationen und damit individueller Optimierungen ermöglichen:

- 3er Set-up: zwei Schlaufen vorn, parallel oder schräg, eine hinten
- 2er Set-up: eine Schlaufe mittig, leicht schräg vorn, eine hinten

Das 2er Set-up wird oft von fortgeschrittenen Wingfoilern verwendet. Diese wechseln die Standposition nicht mehr, sondern fahren in die eine Richtung im normalen Stand und in die andere Richtung im Switch-Foot-Stand. Dadurch steht man vorn mittiger auf dem Board, was einem bei vielen Manövern und in der Welle zugutekommt.

G

GLOBAL WINGSPORTS ASSOCIATION (GWA)
Unter der Global Wingsports Association (GWA), *globalwingsportsassociation.org,* haben sich viele Firmen aus der Surfindustrie zusammengeschlossen. Zu den Gründungsmitgliedern gehören unter anderem Duotone, Slingshot, Airush, F-One sowie weitere Marken aus der Windsurf- und Kitebranche. Das Ziel der GWA ist es, den Wingfoil-, Wingsurf- und Wingboardsport sowie auch andere Sportarten, bei denen ein Flügel zu Wasser, zu Land oder im Schnee eingesetzt wird, weltweit zu fördern. In Zusammenarbeit mit nationalen Verbänden, Schulen und Ausrüstungsherstellern sollen Informationen bereitgestellt sowie Richtlinien und eine Infrastruktur entwickelt werden. Ein wichtiges Projekt ist die Wingfoil World Tour.

GOOFY STANCE
Auch nur Goofy. Englischer Begriff für die Grundstellung auf dem Board, bei welcher der rechte Fuß vorn steht und der linke Fuß hinten. Das Gegenteil ist Regular (Stance).

GRAB
Eine Geste, die den Griff zum Board während der Fahrt oder während eines Sprungs bezeichnet.

GUSTY WIND
Englische Bezeichnung für böigen Wind, der unterschiedlich stark und vielfach aus unterschiedlichen Richtungen weht.

GWA
Siehe Global Wingsports Association.

H

HALBWINDKURS
Fahrtrichtung in Relation zum Wind. Der Halbwindkurs verläuft in etwa quer, also im 90-Grad-Winkel zur Windrichtung. Es ist ein angenehmer Kurs, weil die Geschwindigkeit recht hoch ist und wir vergleichsweise wenig Kraft aufwenden müssen.

HALSE
Basismanöver für den Wechsel der Fahrtrichtung. Dabei wird die hintere Boardkante bzw. der Rücken des Fahrers durch den Wind gedreht. Das Manöver kann mit einem Fußwechsel kombiniert werden, der vorher oder nachher erfolgt.

HANDGELENKSLEASH
Auch Wristleash, zur Befestigung des Wings am Handgelenk des Fahrers.

HANDLES
Englischer Begriff für Handschlaufen am Wing bzw. dessen Strut (Mitteltube).

HANDSCHLAUFE
Auch als Handle (engl.) bezeichnet. Unterschiedlich positionierte Griffe am Wing.

HARDBOARD
(Wingfoil-)Board, das aus festem Verbundmaterial (Polyester- oder Epoxydharz-getränktes Glasfasergewebe oder Carbon) mit einem Schaumstoffkern im Inneren besteht. Alternative: Inflatableboard.

HANG LOOSE
Klassischer Surfergruß. Von der geschlossenen Hand werden Daumen und kleiner Finger nach oben bzw. unten abgestreckt.

HARNESS
Englischer Ausdruck für Trapez.

HECKFLÜGEL
Korrekt Stabilizer. Auch als Backwing oder Stabilizer am (Hydro-)Foil bezeichnet.

HEEL-SIDE
Englischer Begriff. Heel-Side ist die Boardkante, die in Fersenrichtung zeigt (Rückenseite). In Bezug auf die Durchführung von Manövern beim Wingsurfen meint Heel-Side, dass das Manöver in Richtung der Fersen durchgeführt wird; diese sich also zum Beispiel bei einer Halse auf der Innenseite der Kurve befinden. Das Gegenteil wird als Toe-Side bezeichnet.

HELM
Elementare Sicherheitsausrüstung beim Wingfoilen, mindestens für Einsteiger obligatorisch!

HIGH ASPECT
Siehe Aspect Ratio.

HÖHELAUFEN
Wird durch das Fahren im Amwindkurs erreicht. Durch die Abdrift (verursacht durch Wind und Welle) wird man beim Windwassersport downwind getrieben. Um also mindestens wieder am Ausgangspunkt anzukommen, muss diese Abdrift ausgeglichen werden. Man versucht dafür möglichst gut gegen den Wind zu fahren – und Höhe zu gewinnen.

HOSE UND SQUEEZE CLAMP
Schlauchverbindung und Klemme zwischen Front- und Mitteltube am Wing.

HYBRIDBOARD
Siehe Crossoverboard.

HYDROFOIL
Korrekte Bezeichnung für das Foil.

I

INFLATABLEBOARD
Englische Bezeichnung für ein aufblasbares (Wingfoil-)Board. Alternative ist ein Hardboard.

INFLATIONVALVE
Englischer Begriff für das Ventil zum Aufpumpen und Ablassen der Luft im Wing oder gegebenenfalls beim Inflatableboard.

I-SUP
Kurzform für Inflatable SUP – ein SUP-(Wing-)Board, das sich aufpumpen lässt.

J

JIBE
Englische Bezeichnung für Halse.

JUMP
Englische Bezeichnung für Sprung und die entsprechenden Manöver beim Wingfoilen.

K

KLAMMERREFLEX
Natürlicher Reflex, sich bei empfundener Gefahr oder Unsicherheit (am Wing) festzuhalten. Er sollte beim Wingen möglichst früh abtrainiert werden: bei Gefahr oder Unsicherheit immer den Wing loslassen! Idealerweise lässt man zunächst nur die hintere Hand los. Meist ist das Ziel damit schon erreicht.

KNOTEN (kn)
Eine Maßeinheit für die Windgeschwindigkeit. Diese kann alternativ auch in Kilometer pro Stunde (km/h), Meter pro Sekunde (m/s) oder miles per hour (mph) angegeben werden. Die Windstärke wird in Beaufort (Bft) angegeben. Für die Umrechnung gibt es entsprechende Kalkulatoren oder auch Tabellen.

KREUZEN
Zickzackkurs gegen den Wind, in der Regel mithilfe von aufeinanderfolgenden Amwindkursen und Manövern mit geringem Verlust an Höhe. Das optimale Kreuzen besteht aus Amwindkursen und der Wende als Manöver.

KREUZGRIFF
Grifftechnik zur Aufnahme und Angabe des Wings: Die Hand in Lee greift den Wing zunächst an der Neutral Handle (neutrale Handschlaufe an der Fronttube). Danach greift die Luv-Hand die vorderste Handschlaufe an der Strut (Mitteltube) – dies ist der Kreuzgriff –, bevor die ursprüngliche Lee-Hand von der Neutral Handle an eine der hinteren Handschlaufen an der Strut (Mitteltube) greift.

KURBELPUMPEN
Komplexere Pumptechnik mit dem Wing, um mehr Vortrieb zu erzeugen. Der Wing wird dabei kreisförmig vom Körper wegbewegt und herangezogen – so als ob man an einer großen Kurbel dreht. Pendant: Fächerpumpen.

L

LANDWIND
Thermisch bedingte, ablandige Luftströmung, die meist nachts auftritt, weil dann die Luft über dem Wasser wärmer ist als über dem Land. Pendant: Seewind.

LEADING EDGE
Englische Bezeichnung für Anströmkante. Beim Wing ist es die Fronttube.

LEASH
Stellt die Verbindung zwischen dem Surfmaterial (Board, Wing) und dem Fahrer her. Sie ist ein wichtiges Sicherheitselement und verhindert, dass Fahrer und Board/Wing voneinander getrennt werden.

LEE
Die dem Wind abgewandte Seite, auch Downwind-Seite. Beim Wingen ist es automatisch die Seite, auf der der Wing gehalten wird.

LEE-HAND
Die auf der windabgewandten Seite befindliche Hand. Gegenteil: Luv-Hand.

LEE-RIDE
Siehe Fahren in Back.

LIFT
Der Auftrieb, der zum Beispiel durch das (Hydro-)Foil oder den Wing erzeugt wird.

LUV
Die dem Wind zugewandte Seite, auch Upwind-Seite.

LUV-HAND
Die auf der windzugewandten Seite befindliche Hand. Gegenteil: Lee-Hand.

LOW ASPECT
Siehe Aspect Ratio.

M

MANOMETER
Ein Druckmessgerät mit Anzeige zum Aufpumpen des Wings. Das Manometer ist an der Pumpe angebracht. Die Angabe des physikalischen (Luft-)Druckes erfolgt in PSI.

MAST
Senkrechter Teil des (Hydro-)Foils.

MASTFUSS
Befestigungsplatte am Mastende. Stellt die Verbindung zwischen Foil und Board her.

MID ASPECT
Siehe Aspect Ratio.

MITTELTUBE
Auch Mittelstrut, Middle Strut, Central Strut, Strut oder Quertube. Sie stabilisiert den Wing und stellt in der Regel über die Handschlaufen oder den Boom die Verbindung zum Fahrer her.

MOVE
Englische Bezeichnung für Bewegung. Im Wingfoilkontext bezieht sich der Begriff auf Teile eines Manövers oder die Ausführung eines Sprungs.

N

NEOPRENANZUG
Auch Wetsuit. Aus Neopren hergestellter Anzug, bei dem eine Wasserschicht zwischen Haut und Anzug als Wärmeisolierung wirkt. Die Dicke des Anzugs wird in Millimetern angegeben, zum Beispiel 4/3 oder 5/4. Das heißt, dass der Anzug am Körper eine Dicke von vier oder fünf Millimetern hat und an den Armen und Beinen drei oder vier Millimeter aufweist.

NEUTRAL HANDLE
Auch Neutral-Handschlaufe. Handschlaufe am Wing, die vorn mittig an der Fronttube angebracht ist. Sie ermöglicht es, den Wing neutral im Wind zu halten (neutrale oder Depower-Position), sodass kein bzw. kaum Zug oder Vortrieb erzeugt wird.

NEUTRALE POSITION
Auch bezeichnet als den Wing auswehen lassen. Bezeichnung für die Stellung des Wings in der Art, dass der Wind keine bzw. kaum noch Angriffsfläche hat, über den Wing also kein Vortrieb mehr erzeugt wird.

NORMAL STANCE
Auch Regular Stance. Englischer Begriff für Normalstand. Gegenteil: Goofy Stance.

NORMALSTAND
Englisch auch Regular Stance, Normal Stance. Meint die Art der Grundstellung auf dem Board, bei welcher der linke Fuß vorn steht und der rechte Fuß hinten. Das Gegenteil ist der Goofy oder Goofy Stance.

NUTENSTEINE
Auch als T-Nuts bezeichnet. Die Nutensteine sind Schraubenmuttern, die in das Schienensystem der US-Box an der Unterseite des Boards eingelassen werden. Sie dienen zur Positionierung und Verschraubung des Foils mittels vier Schrauben. Meist sind diese aus Messing oder Edelstahl. In der Regel sind es vier Stück.

O

OFFSHORE-WIND
Ablandiger Wind. Der Wind weht vom Land kommend aufs Meer hinaus. Dies birgt die Gefahr, dass man abgetrieben wird und nicht mehr an Land zurückkommt. Wingsurfen ist dann äußerst gefährlich und sollte unterlassen werden.

ONE-PUMP-SYSTEM
Ein System zum Aufpumpen des Wings, bei dem die Fronttube und die Strut (Mitteltube) über Schläuche miteinander verbunden sind und über ein gemeinsames Ventil aufgepumpt werden. Als Alternative gibt es auch das Single-Pump-System, bei dem die Tubes getrennt sind und separat aufgepumpt werden.

ONSHORE-WIND

Auflandiger Wind. Der Wind weht vom Meer kommend aufs Land. Wingsurfen ist dann relativ schwierig, weil man schnell wieder an den Strand getrieben wird.

OVERPOWERED

Ist man, wenn der Wing und gegebenenfalls das Foil für die gegebenen Windbedingungen zu groß gewählt wurden.

P

PARAWING

Ein Parawing ist ein leinengestützter Flügel ohne aufblasbaren Rahmen, dessen Konstruktion an eine kleine Gleitschirm- oder Kite-Matte erinnert. Anders als ein Kite wird er jedoch direkt in den Händen gehalten. Durch seine kompakte Konstruktion kann er während der Fahrt zusammengefaltet und verstaut werden und eignet sich insbesondere für Downwind-Foiling.

PLUG

Die Leashaufnahme am Board. Ein kleiner Einlass mit einer Querverstrebung am hinteren Ende des Boards.

POWERHAND

Auch als Steuerhand bezeichnet – die hintere Hand am Wing (auch Lee-Hand). Sie ist für das Öffnen und Schließen (Dichtholen) des Wings und damit für die wesentlichen Steuerbewegungen verantwortlich.

POWER HANDLE

Bei Wings mit mehreren Handschlaufen sind damit die hinteren Griffpositionen gemeint. Die zweite Schlaufe vorn und die letzte Schlaufe hinten helfen, Druck im Wing aufzubauen.

PRALLSCHUTZWESTE

Wichtiger Teil der Sicherheitsausrüstung, für Einsteiger obligatorisch! Sie schützt bei Stürzen und bietet zusätzlichen Auftrieb. So bleibt beim Aufprall auf dem Wasser nicht sofort die Luft weg. Bei Berührungen mit dem Board oder Foil werden Verletzungen vermieden.

PRONE-FOILING

Wellenreiten mit Foil, also das Foilen in der Welle auf einem entsprechend geeigneten Surfboard.

PSI

Abkürzung für Pound-force per square inch oder pounds per square inch (Pfund pro Quadratzoll) – eine in den USA gebräuchliche Maßeinheit des Drucks. Die Hersteller geben auf ihren Wings Empfehlungen für die Höhe des Drucks in PSI.

PUMPEN

Technik zur Erzeugung von Vortrieb auf dem Foilboard. Der Fahrer bewegt sich dabei rhythmisch auf und ab, indem er Kniebeugen macht. Ohne Wing in der Hand werden zur Unterstützung des Schwungs häufig auch die Arme auf und ab bewegt. Alternativ gibt es Pumptechniken mit dem Wing: das Fächerpumpen und das Kurbelpumpen.

PUMP JIBE

Halse-Manöver, bei dem der Fahrer zur Unterstützung des Vortriebs eine Pumpbewegung (siehe Pumpen) durchführt. Fortgeschrittene Fahrer nehmen den Wing dann häufig zur Seite in die neutrale Position und verlängern/unterbrechen das Halse-Manöver um eine längere Geradeaus- oder Kurvenfahrt.

PUMP-FOILING

Fortbewegung auf dem Foil durch Eigenbewegung – das Pumpen. Gestartet wird dabei häufig vom Steg aus. Der Fahrer springt auf das Board und bewegt sich in Form kleiner Kniebeugen in rhythmischen Wellenbewegungen auf und ab. Das Board und Foil werden dabei in Wellen auf und ab bewegt, was einen entsprechenden Vortrieb erzeugt. Die Arme und der gesamte Körper müssen die Bewegung unterstützen. Vorteilhaft ist ein großes High Aspect Foil.

PUMPLEASH

Eine an der Pumpe befestigte Leine mit einem kleinen Haken. Dieser Haken wird beim Aufpumpen am Wing angebracht, und zwar in der Regel an der Schlaufe für die Leash, die sich in der Mitte der Fronttube befindet. So wird der Wing gegen ungewolltes Wegfliegen gesichert.

PUMPTECHNIKEN
Unterschiedliche Techniken zur Erzeugung von Vortrieb, alternativ mit dem Wing und/oder dem Board. Beim Pumpen nur mit dem Board werden rhythmische Kniebeugen durchgeführt, die zu einer wellenartigen Vorwärtsbewegung führen. Beim Pumpen mit dem Wing lassen sich das Fächerpumpen und das Kurbelpumpen unterscheiden.

Q

QUERTUBE
Auch Central Strut oder Mitteltube. Sie stabilisiert den Wing und stellt in der Regel über die Handschlaufen oder den Boom die Verbindung zum Fahrer her.

QUIVER
Englische Bezeichnung für Köcher. Beim Surfen meint es das Sortiment, über das jemand verfügt. Zum Beispiel die verschiedenen Wings, Boards oder Foils, die man besitzt.

R

RACE
Siehe Wingfoil-Surf-Race-Disziplin.

RAILS
Seitliche Kanten am (Wingfoil-)Board.

RALEY
Der Raley ist ein Sprungstil mit Ursprung im Wakeboarding und Kitesurfing. Der Fahrer lässt sich dabei hinter dem Wing durch die Luft ziehen. Die Körperhaltung ist eher gestreckt oder durchgebogen, die Beine und das Board nach hinten abgewinkelt.

RAUMWINDKURS
Auch Raumschotskurs, bei dem der Wind relativ zur Windrichtung achterlich (schräg von hinten) kommt. Es ist der schnellste Kurs, weil die Mischung aus Vortrieb und Widerstand optimal ist. Leider führt dieser Kurs downwind und damit weg vom Ausgangspunkt – man verliert Höhe.

REAR WING
Auch als Heckflügel oder Stabilizer am (Hydro-)Foil bezeichnet.

REGULAR STANCE
Auch Normal Stance. Englischer Begriff für Normalstand. Gegenteil: Goofy Stance.

RELATIVER WIND
Gefühlter und real genutzter Wind beim (Wing-)Surfen. Er setzt sich zusammen aus dem tatsächlich wehenden Wind (atmosphärischer oder wahrer Wind) und dem Fahrtwind.

RIP CURRENT
Auch Brandungsrückströme, Rippstrom, Rippströmung oder Trecker. Englische Bezeichnung für lokal begrenzte und sehr gefährliche Meeresströmungen, die an Küsten auftreten und aufs Meer hinausziehen.

ROCKER
Die Biegung des Boards bzw. der Boardunterseite.

RÜCKENLAGE DES WINGS
Der Wing liegt verkehrt herum auf dem Wasser. Vor dem (Neu-)Start muss dieser – idealerweise auf dem Board sitzend oder kniend – zunächst gedreht und in seine korrekte Bereitschaftsposition gebracht werden.

S

SCHEINBARER WIND
Der beim Fahren auf dem Board wahrgenommene Wind, der sich aus dem Zusammenwirken von wahrem Wind und Fahrtwind ergibt.

SEEWIND
Thermisch bedingte ablandige Luftströmung, die meist tagsüber auftritt, weil dann die Luft über dem Land wärmer ist als über dem Wasser. Pendant: Landwind.

SEITLICHER WIND
Auch Sideshore. Windrichtung, bei der der Wind seitlich/parallel zum Ufer weht. Dies ist die optimale und sicherste Windrichtung für das Wingsurfen, weil man auf Halbwindkurs immer wieder zum Ufer gelangt.

SET
Eine Gruppe von Wellen, die aus Dünung entsteht und in regelmäßigem Abstand auf die Küste trifft.

SHAPE
Die Form bzw. Geometrie des Wings, des Boards oder des Foils.

SHIFTEN
Das Shiften des Wings meint bei Manövern die aktive Bewegung und Übergabe des Wings in die neue Position. So kann beispielsweise bei einer Halse die Drehung des Wings durch einen Push der Strut unterstützt werden.

SHOREBREAK
Englische Bezeichnung für Wellen, die bei geringer Wassertiefe nahe dem Ufer sehr kurz brechen. Im Vergleich zu länger auslaufenden Wellen konzentriert sich die Wucht der Welle beim Shorebreak auf einen kürzeren Bereich. Zudem ist die Wassertiefe beim Shorebreak sehr gering. Beides macht den Shorebreak besonders für Wingfoiler und deren Material sehr gefährlich.

SIDESHORE
Seitlicher Wind. Windrichtung, bei der der Wind seitlich/parallel zum Ufer weht. Dies ist die optimale und sicherste Windrichtung für das Wingsurfen, weil man auf Halbwindkurs immer wieder zum Ufer gelangt.

SINGLE-PUMP-SYSTEM
Ein System zum Aufpumpen des Wings, bei dem die Fronttube und die Strut (Mitteltube) getrennt voneinander sind und dementsprechend einzeln voneinander aufgepumpt werden müssen. Das hat den Vorteil, dass beide Tubes unterschiedlich stark aufgepumpt werden können und der Druck damit getrennt dosiert werden kann. Die meisten Wings verfügen momentan über ein One-Pump-System, bei dem Front- und Mitteltube über Schläuche miteinander verbunden sind und nur ein Ventil zum Aufpumpen zur Verfügung steht.

SKATE-WINGEN
Wingen an Land auf dem Skateboard, auf Inlineskates, auf dem Mountainboard oder auf Schlittschuhen (Ice Skates).

SPANNWEITE
Die Länge des Wings (von Wing-Tip zu Wing-Tip gemessen) oder des Frontflügels beim (Hydro-)Foil. Die Breite wird als Cordline bezeichnet.

SPOT
Ein Ort bzw. eine ufernahe Stelle, an der Wingsurfen und/oder Wingfoilen möglich ist.

STABILIZER
Auch als Heckflügel, Stabilisator oder Backwing bezeichnet. Es handelt sich um den hinteren Flügel am (Hydro-)Foil. Dieser sollte auf die Art (high aspect vs. low aspect) und Größe des Frontflügels abgestimmt sein. Die Hersteller geben hier entsprechende Empfehlungen.

STARTPOSITION
Auch Ausgangsstellung oder Ausgangsposition. Meint beim Wingsurfen die kniende Ausgangsstellung auf dem Board. Der Wing wird dabei schräg über dem Kopf gehalten, die vordere Hand nahezu nach oben ausgestreckt.

STEHREVIER
In einem Stehrevier kannst du überall stehen. Die Wasserlinie befindet sich auf Knie- oder maximal auf Hüfthöhe. Insbesondere für Einsteiger sind solche Reviere gut geeignet. Nachteilig ist, dass nur Foils mit (sehr) kurzem Mast verwendet werden können.

STEUERHAND
Häufiger als Powerhand bezeichnet. Die hintere Hand am Wing (auch Lee-Hand). Sie ist für das Öffnen und Schließen (Dichtholen) des Wings und damit für die wesentlichen Steuerbewegungen verantwortlich.

STRAPS
Englischer Begriff für Fußschlaufen auf dem Board.

STRUT
Auch Central Strut. Englischer Begriff für Mitteltube oder Quertube. Sie stabilisiert den Wing und stellt in der Regel

über die Handschlaufen oder den Boom die Verbindung zum Fahrer her.

STÜTZHAND

In der Ausgangs- oder Normalstellung ist dies die vordere Hand am Wing (Luv-Hand). Am leicht nach vorn oben gestreckten Arm hält sie den Wing an einer der vorderen Schlaufen (bzw. im vorderen Bereich des Booms) oberhalb des Kopfes.

SUP-BOARD

Stand Up Paddle Board.

SUP-WINGEN

Wingsurfen auf dem SUP oder einem großen Windsurfboard.

SURF RACE

Die Wingfoil-Surf-Race-Disziplin umfasst laut GWA und DWFV alle Wettkämpfe mit einer Start- und Ziellinie, die um eine definierte Rennstrecke mit Bojen verläuft und einen Abschnitt vor dem Wind umfasst, auf dem die Teilnehmer die Energie der Wellen nutzen oder pumpen sollten, ohne die Kraft des Wings nutzen zu dürfen.

SURFER'S EAR

Kaltes (Salz-)Wasser in den Ohren kann zu Ohrenentzündungen führen. Wenn das häufiger passiert, reagiert der Körper mit einer Knochenbildung und Verengung rund um den Gehörgang. Das kann langfristig zu Schwerhörigkeit und sogar Taubheit führen. Man spricht dabei von einem Surfer's Ear oder auch einer Gehörgangsexostose.

SWELL

Englische Bezeichnung für Dünung, auch Schwell. Das sind Wasserwellen, die durch Wind auf dem Meer entstanden sind. Sie haben sich im Verlauf ihrer Wanderung über das Meer in wenigen gleichmäßigen Wellen formiert. Erreicht die Dünung die Küste, dann haben sich die Wellen in Sets formiert. Trifft die Dünung im Küstenbereich auf Untiefen, so brechen die Wellen. Es entsteht Brandung.

SWITCH-FOOT

Englischer Begriff, der sich ursprünglich auf die Fähigkeit bezieht, beim Wellenreiten sowohl Regular als auch Goofy surfen zu können – also sowohl mit linkem Fuß vorn als auch mit rechtem Fuß vorn. Beim Windsurfen und Wingsurfen ist normalerweise der Luv-Fuß vorn. Hat man aber den Lee-Fuß vorn, den Wing auf der anderen Seite und damit den Körper seitlich verdreht, so wird dies beim Wingsurfen als Fahren in Switch-Foot oder auch als Switch-Foot-Stellung bzw. Switch Stance bezeichnet.

SWITCH-FOOT-STELLUNG

Auch Switch Stance. Bezog sich ursprünglich auf die Fähigkeit, beim Wellenreiten sowohl Regular als auch Goofy surfen zu können – also sowohl mit linkem Fuß vorn als auch mit rechtem Fuß vorn. Beim Windsurfen und Wingsurfen ist normalerweise der Luv-Fuß vorn. Hat man aber den Lee-Fuß vorn, den Wing auf der anderen Seite und damit den Körper seitlich verdreht, so wird dies beim Wingsurfen als Fahren in Switch-Foot oder auch als Switch-Foot-Stellung bzw. Switch Stance bezeichnet.

SWITCH STANCE

Englische Bezeichnung für Switch-Foot-Stellung auf dem Board.

T

TACK

Englische Bezeichnung für Wende.

TIP

Auch Wing-Tip. Die beiden äußeren Enden am Wing. Häufig sind diese mit widerstandsfähigerem Kevlar-Material verstärkt.

T-NUTS

Englische Bezeichnung für Nutensteine.

TOE-SIDE

Englischer Begriff. Toe-Side ist die Boardkante, die in Zehenrichtung zeigt (Blickrichtung).

In Bezug auf die Durchführung von Manövern beim Wingsurfen meint Toe-Side, dass das Manöver in Richtung der Fußzehen durchgeführt wird; diese sich also zum Beispiel bei einer Halse auf der Innenseite der Kurve befinden. Das Gegenteil wird als Heel-Side bezeichnet.

TORX-SCHRAUBEN UND -TOOL

Um ein ausreichend großes Drehmoment und auch eine längere Haltbarkeit der Schrauben sicherzustellen, verwenden die meisten Foilhersteller zur Verschraubung der Einzelteile sowie zur Befestigung des Foils am Board inzwischen sogenannte Torx-Schrauben. Diese besitzen ein Mitnahmeprofil, das aussieht wie ein sechszackiger Stern mit abgerundeten Spitzen und Ecken. Das entsprechende Tool nennt sich Torx-Tool.

TOW-IN-FOILING

Englische Bezeichnung für das Foilen hinter einem Boot, einem Jetski oder einer Wakeboard-Kabelanlage.

TRAILING EDGE

Die Abriss- oder Abströmkante ist die hintere Kante des Wings, also die Kante, über die der Wind den Wing, zuletzt berührt.

TRANSFER HANDLE

Englische Bezeichnung für Wechsel- oder Übergangsgriffe am Wing. Gedacht sind diese als Zwischenposition für die Hände beim Einleiten oder im Verlauf von Manövern. Vor allem die Wings der ersten und zweiten Generation hatten viele (kleinere) Handschlaufen. Inzwischen reduzieren die meisten Hersteller die Anzahl der Handschlaufen zugunsten der Griffgröße. Dies spart Gewicht und bringt letztlich mehr Flexibilität für den Fahrer.

TRAPEZ

Ein Hüftgurt (Hüfttrapez), in den der Wing über einen Trapez-Tampen eingehängt werden kann. Häufig sind an den Wings entsprechende Schlaufen für die Befestigung von Trapez-Tampen vorgesehen. Das Ziel ist, die Zugkräfte zu reduzieren und den Fahrer zu entlasten. Da die Zugkräfte beim Wingen nicht so stark sind wie beispielsweise beim Kiten oder Windsurfen, verwenden nur sehr wenige Windsurfer ein Trapez.

TROCKENTRAINING

Beim Erlernen neuer Manöver sollte der Bewegungsablauf idealerweise zunächst an Land durchgeführt werden. Dies bezeichnen wir als Trockentraining. Man kann dieses zu Fuß oder – entsprechende Fähigkeiten vorausgesetzt – auf dem Skateboard, dem Snowboard, auf Inlineskates, Schlittschuhen etc. durchführen.

TURN

Englische Bezeichnung für das Fahren einer Kurve bzw. einen Fahrtrichtungswechsel.

U

ÜBERGEKLAPPTE POSITION DES WINGS

Mitunter liegt der Wing nicht nur in Rückenlage auf dem Wasser, sondern zusätzlich auch noch mit der Abströmkante in Richtung Fahrer. Der Fahrer muss dann zunächst um den Wing herumgehen bzw. sich herumschieben, bevor er dann – idealerweise auf dem Board sitzend oder kniend – herumgedreht werden kann.

UPSIDE-DOWN

Siehe Rückenlage des Wings.

UPWIND

Auch Luv. Die dem Wind zugewandte Seite.

US-BOX

Bei Wingfoilboards inzwischen übliche Foilaufnahme am Board. Diese besteht aus zwei parallel in das Board eingelassenen Schienen. Das Schienensystem ermöglicht eine Veränderung und Optimierung der Position des Foils.

V

VERDRÄNGERFAHRT

Bedeutet, dass das Board das gesamte Gewicht (Wingsurfer, Wing, Eigengewicht des Boards) als Wasservolumen verdrängen muss und entsprechend langsam ist. Beim Wingsurfen ist das der Fall, solange man mit dem Board vergleichsweise tief im Wasser liegt. Mit zunehmender Geschwindigkeit kommt man in Gleitfahrt, bevor man schließlich abhebt und aufs Foil kommt.

VISIBILITY WINDOW
Englischer Begriff für Fenster am Wing.

VORDERER FLÜGEL
Auch Frontwing genannt. Siehe Frontflügel beim (Hydro-)Foil.

VORFAHRTSREGELN
Betreffen das notwendige und verpflichtende Verhalten gegenüber anderen Wingsurfern, Wassersportlern sowie allen Fahrzeugen, denen man auf dem Wasser begegnet.

1) Begegnung mit anderen Wasserfahrzeugen: Wingsurfer müssen grundsätzlich allen anderen Wasserfahrzeugen ausweichen.
2) Wingsurfer und andere Windwassersportler untereinander: Fahren zwei Wing-, Wind- oder Kitesurfer aufeinander zu, muss derjenige ausweichen, der in Fahrtrichtung gesehen seine linke Hand vorn hat. Derjenige mit der rechten Hand vorn hat eine Kurshaltepflicht. Anders ausgedrückt: „Wind von rechts vor Wind von links".
3) Hindernisse: Fahren zwei (Wing-)-Surfer hintereinander auf ein Hindernis zu, hat der hintere Fahrer die Pflicht, frühzeitig zu wenden, um den vor ihm fahrenden Wingsurfer nicht zu behindern oder zu einem Notstopp zu drängen.
4) Überholen: Wer einen anderen Wind- oder Kitesurfer überholt, der hält einen Abstand von mindestens einer Mastlänge bzw. einer Segellänge ein. Bei Wingsurfern dürfte es mindestens eine Winggröße sein. Das Überholen sollte in Lee erfolgen.
5) Lee vor Luv: Fahren zwei (Wing-)Surfer in die gleiche Richtung bzw. haben beide Surfer den Wing (Segel, Kite) auf der gleichen Seite, gilt die Regel „Lee vor Luv". Das heißt, der (Wing-) Surfer auf der windabgewandten Seite hat Vorfahrt, und der (Wing-)Surfer, der sich höher am Wind befindet, weicht aus.
6) Manövrierunfähigkeit: Seht ihr einen manövrierunfähigen (Wing-)Surfer im Wasser, so solltet ihr immer mit ausreichend großem Abstand ausweichen bzw. diesem immer Vorfahrt gewähren oder bei Bedarf Hilfe leisten.

VORWINDKURS
Fahrt vor dem Wind, also genau in Windrichtung, auch Downwind- oder Leekurs genannt.

V-PROFIL
Schaut man von vorn auf den Wing, also auf die Fronttube, so ist das Profil bzw. Querschnittdesign zu erkennen. Die Ausprägung des V-Profils wird durch den Diederwinkel beschrieben.

W

WAVE
Englische Bezeichnung für Welle.

WAVERIDING
Wingfoiltechnik in der Welle. Der Wing wird hierbei zum Hinausfahren in die Welle genutzt. Danach nutzt der Fahrer den Vortrieb der Welle, um wieder Richtung Land zu fahren. Der Wing befindet sich dann in neutraler Position.

WENDE
Basismanöver zum Fahrtrichtungswechsel. Die Spitze des Boards wird dabei durch den Wind gedreht.

WETSUIT
Auch Neoprenanzug. Englische Bezeichnung für Surfanzug, deutsch: Nassanzug. Aus Neopren hergestellter Anzug, bei dem eine Wasserschicht zwischen Haut und Anzug als Wärmeisolierung wirkt. Die Dicke des Anzugs wird in Millimetern angegeben, zum Beispiel 4/3 oder 5/4. Das heißt, dass der Anzug am Körper eine Dicke von vier oder fünf Millimetern hat und an den Armen und Beinen drei oder vier Millimeter aufweist.

WINDRANGE
Einsatzbereich eines Wings bei bestimmten Windgeschwindigkeiten. In Abhängigkeit von der Windgeschwindigkeit, dem individuellen Fähigkeitslevel und dem Körpergewicht werden unterschiedlich große Wings gewählt. Ziel ist es, nicht zu sehr unter- oder überpowert zu sein. Häufig machen die Hersteller der Wings entsprechende Angaben zum Einsatzbereich. Eine grobe Orientierung

für mittelschwere, leicht fortgeschrittene Fahrer kann wie folgt aussehen:

- > 7 m²: ab circa 7 Knoten (sehr leichter Wind)
- > 6 m²: ab circa 10 Knoten (leichter Wind)
- > 5 m²: ab circa 14 Knoten (mittlerer Wind)
- > 4 m²: ab circa 18 Knoten (stärkerer Wind)
- > 3,5 m²: ab circa 22 Knoten (starker Wind)

WINDSTÄRKE

Um die Stärke des Windes einteilen und unterscheiden zu können, nutzt man unter anderem die Beaufortskala. Sie ist benannt nach Sir Francis Beaufort. Er hat sich Gedanken gemacht, wie man die Windstärke in der freien Natur abschätzen kann und eine Zuordnung erstellt. Dies sind die Windstärken in Beaufort (Bft). Abzugrenzen von der Windstärke ist die Windgeschwindigkeit, die in Knoten (kn), Kilometer pro Stunde (km/h), miles per hour (mph) sowie Meter pro Sekunde (m/s) gemessen und angegeben werden kann.

WINDSWELL

(Kleinere) Wellen, die durch starken lokalen Wind entstanden sind. Mitunter werden dadurch auch Dünungswellen in ihrer Struktur zerstört.

WING

Aufblasbarer Flügel, ähnlich einem Kite, der beim Wingsurfen und Wingfoilen direkt in der Hand gehalten wird.

WINGBOARDING

Das Fahren auf einem Board an Land oder im Wasser beim gleichzeitigen Verwenden eines Wings.

WING-DING

Häufig in launigem Zusammenhang verwendeter Begriff für den Wing.

WINGFOILEN/WINGFOILING

Das Surfen mit Wing auf einem Board, an dem ein Foil befestigt ist.

WINGFOIL-SURF-FEESTYLE-DISZIPLIN

Die Wingfoil-Surf-Freestyle-Disziplin kombiniert laut GWA und DWFV Freestyle-Tricks mit Surf-/Carvingmanövern. Alle Tricks, Sprünge und Manöver, die außerhalb der Welle ausgeführt werden, werden als Freestyle-Tricks gezählt. Auf der anderen Seite gehen alle Bewegungen, Drehungen und Manöver, die mithilfe der Wellendünung oder der Wellen ausgeführt werden, in die Wellenbewertung ein.

WINGFOIL-SURF-RACE-DISZIPLIN

Das „Wingfoil Surf Race" umfasst laut GWA und DWFV alle Wettkämpfe mit einer Start- und Ziellinie, die um eine definierte Rennstrecke mit Bojen verläuft und einen Abschnitt vor dem Wind umfasst, auf dem die Teilnehmer die Energie der Wellen nutzen oder pumpen sollten, ohne die Kraft des Flügels (Wings) nutzen zu dürfen.

WINGFOIL WORLD TOUR

Die Wingfoil World Tour ist die erste Welttour für internationale Wingfoil-Events. Website: *wingfoilworldtour.com.* Sie wird organisiert von der Global Wingsports Association (GWA).

WINGSURFEN/WINGSURFING

Das Surfen mit dem Wing auf einem beliebigen Board (SUP-Board, Windsurfboard, Wellenreiter) ohne Foil.

WING-TIPS

Die beiden äußeren Enden am Wing. Häufig sind diese mit widerstandsfähigerem Kevlar-Material verstärkt.

WRISTLEASH

Englischer Begriff für die Handgelenksleash, die bei den Wings häufig zum Einsatz kommt.

Y

Y-HANDLE

Auch Y-Handle, Y-Schlaufen oder Diagonal-Handschlaufe. Handschlaufen, die diagonal zwischen Fronttube und Strut angebracht sind. Diese können hilfreich sein, um Übergänge bei Manövern zu unterstützen.

INDEX